乡村干部依法行政知识问答

杨 易 编著

金盾出版社

内容提要

　　本书是面向农村基层干部和广大农民的实用法律知识读物。内容丰富，包括宪法及相关法律、村委会组织与管理、土地与宅基地管理、农村常用合同、婚姻家庭和继承、村民关系和纠纷处理、农村资源和环境保护管理、计划生育与户籍管理、农民权益保障和农村乡镇企业管理等法规知识，以及其他有关农村的民事、行政、刑事法律知识，并附有相关主要法律法规。针对性、实用性强，是乡村干部依法行政和广大农民依法办事的好帮手。

图书在版编目(CIP)数据

　　乡村干部依法行政知识问答/杨易编著 .—北京:金盾出版社，2015.11（2018.1重印）
　　ISBN 978-7-5186-0514-9

　　Ⅰ.①乡…　Ⅱ.①杨…　Ⅲ.①农村—行政执法—中国—干部教育—问题解答　Ⅳ.①D922.114-44

　　中国版本图书馆 CIP 数据核字(2015)第 203240 号

金盾出版社出版、总发行
北京太平路 5 号(地铁万寿路站往南)
邮政编码:100036　电话:68214039　83219215
传真:68276683　网址:www.jdcbs.cn
封面印刷:北京印刷一厂
正文印刷:北京万博诚印刷有限公司
装订:北京万博诚印刷有限公司
各地新华书店经销
开本:880×1230 1/32　印张:14.125　字数:450 千字
2018 年 1 月第 1 版第 5 次印刷
印数:31 001～35 000 册　定价:43.00 元

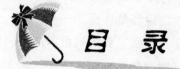

第一章 宪法及相关法律知识

第二章 村委会组织与管理

第三章　土地与宅基地管理

第四章 农村常用合同知识

第五章　婚姻家庭和继承知识

第六章 村民关系和纠纷处理

第七章　农村资源和环境保护管理

第八章 计划生育与户籍管理

第九章　农民权益保障知识

第十章　农村乡镇企业管理

第十一章　农村民事法律知识

第十二章　农村行政法律知识

第十三章 农村刑事法律知识

附录 相关主要法律法规

第一章　宪法及相关法律知识

1. 什么是宪法　我国有过几部宪法

　　1954年6月14日，毛泽东主席在中央人民政府委员会第三十次会议上关于《中华人民共和国宪法草案》的讲话中指出："一个团体要有一个章程，一个国家也要有一个章程，宪法就是一个总章程，是根本大法。"宪法是国家的根本大法，是特定社会政治经济和思想文化条件综合作用的产物，它集中反映各种政治力量的实际对比关系，确认革命胜利成果和现实的民主政治，规定国家的根本任务和根本制度，即社会制度、国家制度的原则和国家政权的组织以及公民的基本权利义务等内容。

　　新中国成立以来，我国一共有过四部宪法。

　　第一部宪法：1954年9月20日第一届全国人民代表大会第一次会议通过。

　　第二部宪法：1975年1月17日第四届全国人民代表大会第一次会议通过。

　　第三部宪法：1978年3月5日第五届全国人民代表大会第一次会议通过。

　　第四部宪法（现行宪法）：1982年12月4日第五届全国人民代表大会第五次会议通过。

现行《中华人民共和国宪法》（以下简称《宪法》）于1982年12月4日由第五届全国人民代表大会第五次会议通过后,至今已经过4次修订。即1988年4月12日第七届全国人民代表大会第一次会议通过的《中华人民共和国宪法修正案》,1993年3月29日第八届全国人民代表大会第一次会议通过的《中华人民共和国宪法修正案》,1999年3月15日第九届全国人民代表大会第二次会议通过的《中华人民共和国宪法修正案》和2004年3月14日第十届全国人民代表大会第二次会议通过的《中华人民共和国宪法修正案》。

2. 为什么说宪法是国家的根本大法

说宪法是国家的根本大法,是其与其他法律相比而言的,宪法与普通法律有如下三个方面的主要区别:

（1）在规定的内容上与普通法律不同。普通法律作为部门法,调整的只是国家生活中某一方面的社会关系,而作为根本法的宪法,它规定的是国家政治生活和社会生活中最根本、最重要的问题。我国现行《宪法》在序言中就明确宣布:"本宪法以法律的形式确认了中国各族人民奋斗的成果,规定了国家的根本制度和根本任务,是国家的根本法。"

（2）在法律效力上与普通法律不同。由于宪法是国家的根本法,它所具有的就不仅是一般的法律效力,而是具有最高的法律效力。宪法法律效力的最高性表现在:①宪法是制定普通法律的依据和基础;②普通法律不得与宪法相抵触;③宪法是一切组织或者个人的根本活动准则。

（3）在制定和修改的程序上与普通法律不同。由于宪法是国家的根本法,具有最高的法律效力,为了体现宪法的严肃性,保持宪法的稳定性和连续性,国家对宪法的制定和修改都规定了不同于普通立法的特别程序。如要成立专门的修宪机构,广泛征求意见,必须经全国人民代表大会绝大多数通过等。

3. 执行宪法有何特殊要求

宪法作为国家根本法,在执行实施上也有特殊要求。党的十八届四中全会通过的《中共中央关于全面推进依法治国若干重大问题的决定》(以下简称《决定》)强调,要完善以宪法为核心的中国特色社会主义法律体系,加强宪法实施,指出:"宪法是党和人民意志的集中体现,是通过科学民主程序形成的根本法。坚持依法治国首先要依宪治国,坚持依法执政首先要坚持依宪执政。全国各族人民、一切国家机关和武装力量、各政党和各社会团体、各企业事业组织,都必须以宪法为根本的活动准则,并且负有维护宪法尊严、保证宪法实施的职责。一切违反宪法的行为都必须予以追究和纠正。"

《决定》同时规定:"将每年十二月四日定为国家宪法日。在全社会普遍开展宪法教育,弘扬宪法精神。建立宪法宣誓制度,凡经人大及其常委会选举或者决定任命的国家工作人员正式就职时公开向宪法宣誓。"

4. 宪法有哪些主要内容

宪法是国家根本法,在整个国家法律体系中具有最高地位和最高法律效力,宪法的内容主要包括以下七个方面:

(1)序言。宪法序言的内容都是有关宪法本身的规定,诸如制定宪法的宗旨、目的和依据,制定宪法的经过,宪法的构成,宪法的演变,宪法的修改,宪法的本质,宪法的原则,宪法的地位等。除此之外,还有一些国家在宪法序言中阐述了本国和本民族长期奋斗的历史和取得的胜利成果,指出今后国家的主要任务和奋斗目标。

(2)国家基本政治制度。国家的基本政治制度是宪法的主要内容之一,包括国家的性质、国家政权组织形式、国家结构形式、选举制度、政党制度和国家的标志与象征制度。由于国家本质的不同,不同类型国家的宪法对国家性质的规定有所不同。例如,我国《宪法》中明确规定,中华人民共和国是工人阶级领导的,以工农联盟为基础的人民民主专政的社会主义国家。

(3)国家基本经济文化制度。国家的基本经济文化制度包括经济制度及教育、科学和其他文化制度等。宪法反映国家基本经济文化制度经过了一个由简到繁的过程,社会经济制度是指一定生产关系的总和,也就是社会经济基础,包括三个方面的内容:生产资料的所有制形式;人们在生产中的地位及其相互关系;产品分配形式等。

(4)公民的基本权利和义务。这是宪法最基本、也是非常重要的内容,其中全面明确规定公民享有的权利和自由,主要包括:政治方面的权利和自由,人身方面的权利和自由,宗教信仰方面的权利和自由,经济和社会方面的权利,教育文化方面的权利,等等。

(5)国家机构。国家机构是宪法的重要构成部分,宪法规定的国家机构一般都有国家元首、国家立法机关、国家行政机关和国家司法机关。宪法中都对这些机关的地位、产生、组成、职权、活动原则以及相互关系作出了详尽的规定。

(6)宪法保障。宪法保障是指维护宪法尊严,保证宪法实施的措施和制度。归纳起来讲,主要包括以下几个方面:其一,明确规定宪法在整个国家法律体系中的最高法律地位和最高法律效力。任何机关、团体和公民都必须遵守宪法,任何法律、法规都必须符合宪法。这是保障宪法实施的前提条件。其二,明确规定修改宪法的严格程序,以维护宪法的稳定性,世界上绝大多数国家的宪法都规定了比普通法律更为严格的修改程序。其三,明确规定了监督宪法实施的机关和违宪审查制度,这是世界上大多数国家的宪法所共有的。

(7)其他规定。除上述基本内容之外,大多数国家的宪法最后都另有一些附则条款。

5. 宪法的基本原则有哪些

宪法的基本原则是指在制定宪法时所依据的基本理论,在规定国家制度和社会制度时所遵循的根本标准,它贯穿于宪法的全部内容之中,体现着宪法的基本精神,突出反映宪法的本质属性。

(1)人民主权原则。人民主权原则的核心就是指国家主权这一最高权力来源于人民,同时永远属于人民,人民有权参与国家事务的管理。我国《宪法》第二条规定:"中华人民共和国的一切权力属于人民。人民行使国家权力的机关是全国人民代表大会和地方各级人民代表大会。人民依照法律规定,通过各种途径和形式,管理国家事务,管理经济和文化事业,管理社会事务。"这一规定充分表明,我国现行宪法不仅确认了人民主权原则,同时也规定了实现人民主权原则的方式,即人民代表大会制度。

(2)人权原则。所谓人权就是作为一个自然人所应该享有的权利。我国宪法条文中没有直接使用"人权"一词,而是使用"公民的基本权利"这一表述。我国《宪法》第二章具体规定了公民的各项基本权利,不仅包括政治权利和自由、宗教信仰自由、人身自由、人格尊严不受侵犯、住宅不受侵犯、通信自由和通信秘密等,而且还规定了公民的劳动权、休息权和从国家及社会获得物质帮助权等社会经济权利。

(3)法治原则。法治原则的基本含义是:法律是国家和公民的最高活动准则,任何国家机关、政党和团体、公民包括国家领导人都必须遵守法律,在法律的范围内活动;国家任何权力都必须有法律的依据,而对公民权利的任何限制也都必须源于法律,法律面前人人平等。

6. 什么是公民 公民的基本权利和义务有哪些特点

公民是一个法律概念,是指具有一国国籍,并根据该国宪法和法律,享有权利并承担义务的人。我国《宪法》第三十三条规定,凡具有中华人民共和国国籍的人都是中华人民共和国公民。

宪法规定的公民的基本权利和义务特点有：（1）权利与义务的平等性；（2）权利和自由的广泛性；（3）权利和自由的真实性；（4）权利和义务的一致性。

7. 国籍有什么意义

国籍是指一个人属于某个国家的一种法律上的身份或者资格。它是区别一个人是本国人还是外国人的唯一标准,在实践中一般把国籍看作是每个人不可剥夺的权利。一个人一旦具有某个国家的国籍,通常就被认为是该国公民,享有该国宪法和法律规定的权利,履行该国宪法和法律规定的义务,享受国民待遇和受国家保护。

8. 如何取得国籍

根据我国国籍法规定,中国国籍有自然取得和申请取得两种形式。自然取得是属地原则加血缘关系原则,有以下三种情况：

（1）父母双方或一方为中国公民,本人出生在中国,即具有中国国籍。

（2）父母双方或一方为中国公民,本人出生在外国,也具有中国国籍。但出生时已取得外国国籍的,不再具有中国国籍。

（3）父母无国籍或国籍不明,定居在中国,本人出生在中国,即具有中国国籍。

申请取得国籍有以下两种情况：

（1）外国人或无国籍人愿意遵守中国的宪法和法律,且具有下列条件之一：①中国人的近亲属；②定居在中国；③有其他正当理由的,可以申请中国国籍。被批准后,不得再保留外国国籍。

（2）曾有过中国国籍的外国人,具有正当理由,可以申请恢复中国国籍。被批准后,不得再保留外国国籍。

9. 一个人可以有两种国籍吗

根据法律规定,我国不承认中国公民具有双重国籍。中国公民取得外国国籍的,即丧失中国国籍;外国人取得中国国籍的,即不得再保留外国国籍。因此一个人不能有两种国籍。

10. 我国公民的基本权利有哪些

根据我国宪法的明确规定,公民的基本权利包括以下几个方面:

(1) 政治权利和自由,主要包括:

①平等权。《宪法》第三十三条明确规定:"中华人民共和国公民在法律面前一律平等。"这是我国公民的一项基本权利,也是社会主义法制的一个基本原则。

②选举权和被选举权。《宪法》第三十四条规定:"中华人民共和国年满十八周岁的公民,不分民族、种族、性别、职业、家庭出身、宗教信仰、教育程度、财产状况、居住期限,都有选举权和被选举权;但是依照法律被剥夺政治权利的人除外。"

③言论自由。《宪法》第三十五条规定:"中华人民共和国公民有言论、出版、集会、结社、游行、示威的自由。"言论自由是指公民享有宪法赋予的通过口头、书面、著作及电影、戏剧、音乐、广播、电视等手段发表自己意见的自由权利。它是公民政治自由中最重要的一项权利,其他自由都是言论自由的具体和扩大。

④出版自由。出版自由是言论自由的扩充表现,是广义的言论自由。它是公民以出版物形式表达思想和见解的自由。它的主要媒介物是书籍、报纸、传单、广播、电视等。

⑤集会、游行、示威自由。

⑥结社自由。结社自由是指为了一定的宗旨而依照法律规定

的某种社会团体的自由。

（2）宗教信仰自由。《宪法》第三十六条规定："中华人民共和国公民有宗教信仰自由。"这是公民基本的权利之一。宗教信仰自由的含义是指：每个公民既有信教的自由，也有不信教的自由；有信仰这种宗教或者那种宗教的自由；在同一宗教里面，有信仰这个教派或者那个教派的自由；有过去不信教而现在信教的自由，有过去信教而现在不信教的自由。

（3）人身自由。人身自由是指公民的人身不受非法拘捕、阻挠、搜查和审查。广义的人身自由除了公民的人身自由不受侵犯，还包括与人身自由相连的人格尊严不受侵犯和公民的住宅不受侵犯，公民的通信自由和通信秘密受法律保护。公民的人身自由是公民最基本、最起码的权利，是公民参加其他活动和享有其他各项权利的先决条件。

（4）批评、建议、申诉、控告、检举和取得赔偿的权利。《宪法》第四十一条规定："中华人民共和国公民对于任何国家机关和国家工作人员，有提出批评和建议的权利；对于任何国家机关和国家工作人员的违法失职行为，有向有关国家机关提出申诉、控告或者检举的权利，但是不得捏造或者歪曲事实进行诬告陷害。"这是宪法赋予公民对国家机关和国家工作人员的一种监督权。

①批评权，是指公民对国家机关和国家工作人员在工作中的缺点和错误，有提出批评意见的权利。

②建议权，是指公民对国家机关和国家工作人员的工作有提出建设性意见的权利。

③申诉权，是指公民的合法权益因行政机关或司法机关作出错误的、违法的决定、判决而受损害时，受害公民有向有关机关申述理由，要求重新处理的权利。

④控告权，是指公民对于任何国家机关和国家工作人员的违法失职行为，有向有关机关揭发和指控的权利。

⑤检举权，是指公民对违法失职的国家机关和国家工作人员，

有向有关机关揭发事实，请求依法处理的权利。

⑥公民的取得赔偿权。《宪法》第四十一条第三款规定："由于国家机关和国家工作人员侵犯公民权利而受到损失的人，有依照法律规定取得赔偿的权利。"

（5）公民的社会经济权利。社会经济权利，是指公民享有经济物质利益方面的权利。宪法规定的公民社会经济权利主要包括劳动权、休息权、退休权、退休人员的生活保障权和获得物质帮助权。

①劳动权，是指有劳动能力的公民有获得参加劳动并领取相应报酬的权利，劳动是人们生存的基本权利，是其他权利的基础。《宪法》第四十二条第一款规定："中华人民共和国公民有劳动的权利和义务。"

②休息权，是指劳动者在享受劳动权的过程中，有为保护身体健康，提高劳动效率，根据国家的法律和制度的有关规定，而享有的休息和休养的权利。《宪法》第四十三条规定："中华人民共和国劳动者有休息的权利。国家发展劳动者休息和休养的设施，规定职工的工作时间和休假制度。"

③退休人员的生活保障权。退休制度，是国家机关工作人员和企业事业组织的职工在达到一定年龄后，退出现职，并按照规定领取一定离休金、退休金，实行休养的一种制度。《宪法》第四十四条规定："国家依照法律规定实行企业事业组织的职工和国家机关工作人员的退休制度。退休人员的生活受到国家和社会的保障。"

④物质帮助权，是指公民因失去劳动能力或者暂时失去劳动能力而不能获得必要的物质生活资料时有从国家和社会获得生活保障，享受集体福利的一种权利。《宪法》第四十五条规定："中华人民共和国公民在年老、疾病或者丧失劳动能力的情况下，有从国家和社会获得物质帮助的权利。"

（6）文化教育权利。我国公民享有的文化教育方面的权利和自由，包括受教育权和进行科研、文艺创作及其他文化活动自由。受教育权，是指公民有在各类学校和各种教育机构中学习科学文化知识的权利。《宪法》第四十六条规定:"中华人民共和国公民有受教育的权利和义务。"《宪法》第四十七条规定:"中华人民共和国公民有进行科学研究、文学艺术创作和其他文化活动的自由。"

(7)婚姻、家庭、妇女、老人、儿童受国家保护的权利。

①国家保护妇女的权益。《宪法》第四十八条规定:"中华人民共和国妇女在政治的、经济的、文化的、社会的和家庭的生活等各方面享有同男子平等的权利。"

②国家保护婚姻、家庭、母亲、儿童和老人。《宪法》第四十九条第一款、第四款分别规定:"婚姻、家庭、母亲和儿童受国家的保护。""禁止虐待老人、妇女和儿童。"

(8)保护华侨和归侨以及侨眷的权益。《宪法》第五十条规定:"中华人民共和国保护华侨的正当的权利和利益,保护归侨和侨眷的合法的权利和利益。"

11. 我国公民的基本义务有哪些

公民在依法享有各项权利和自由的同时,还必须履行各项法定的义务。公民的基本义务是社会和国家对公民的最基本的要求。

(1)维护国家统一和各民族的团结。《宪法》第五十二条规定:"中华人民共和国公民有维护国家统一和全国各民族团结的义务。"这是我国宪法对公民要求的首要义务。

(2)遵纪守法和尊重社会公德。《宪法》第五十三条规定:"中华人民共和国公民必须遵守宪法和法律,保守国家秘密,爱护公共财产,遵守劳动纪律,遵守公共秩序,尊重社会公德。"这是公民遵纪守法和尊重社会公德的义务。

(3)维护祖国的安全、荣誉和利益。《宪法》第五十四条规定:"中华人民共和国公民有维护祖国的安全、荣誉和利益的义务,不得有危害祖国的安全、荣誉和利益的行为。"

(4)保卫祖国,依法服兵役和参加民兵组织。《宪法》第五十五条规定:"保卫祖国、抵抗侵略是中华人民共和国每一个公民的神圣职责。依照法律服兵役和参加民兵组织是中华人民共和国公民的光荣义务。"

(5)依法纳税。《宪法》第五十六条规定:"中华人民共和国公民有依法纳税的义务。"

(6)其他方面义务。在宪法中,除以上专门规定的公民的五种义务外,在基本权利条文中还规定了其他四种义务。《宪法》第四十九条规定:夫妻双方有实行计划生育的义务。父母有抚养教育未成年子女的义务,成年子女有赡养扶助父母的义务。以及公民有劳动的义务和受教育的义务。

12. 怎样理解权利与义务的关系

宪法规定:任何公民都享有宪法和法律规定的权利,同时必须履行宪法和法律规定的义务。由此可以看出,权利和义务是对等统一、相辅相成的,是不能分割的。任何人都不可以只享受权利而不履行义务,或者只履行义务而不享受权利。因此,每个公民必须既充分依法享受行使权利,同时又必须认真地履行好应尽的义务。

13. 自由权利是想干什么就干什么吗

这个说法是不对的。自由都是相对的,而不是绝对的。法律规定的自由也是如此。我国宪法规定:公民在行使权力和自由的时候,不得损害国家的、社会的、集体的利益和其他公民的合法的自由和权利。这就是对自由的限制,一是你的自由不能妨碍别人的自由;二是你要为自己的言行负责。公民只有在法律范围内行使权利和自由,才能受到法律的保护,才是真正的享受法定权利和自由。享有自由权利不是随心所欲、想干什么就干什么。如果个人的"自由行为"损害了国家、集体或他人的合法利益,就是违法行为,就要受到法律的追究。

14. 我国国家机关的组织活动原则有哪些

根据《宪法》规定,我国国家机关的组织活动原则主要包括如下几条:

(1)民主集中制原则

民主集中制是指在民主基础上的集中和在集中指导下的民主的结合。它体现了我国国家制度的基本特点和人民民主专政政权建设经验的主要优点,是我国国家机构组织活动的根本原则。《宪法》第三条第一款规定:"中华人民共和国的国家机构实行民主集中制的原则。"

(2)社会主义法制原则

在我国,任何国家机关的组织和活动都依照法律的规定办事。社会主义法制原则在国家机构中的体现有两个主要方面:一是国家机构内部的各级各类国家机关的组织都要依照宪法和法律的规定进行。二是依照宪法和法律组织起来的国家机关,应依照法律规定行使职权,履行职责,做到各司其职,各负其责。

(3)精简、效率、廉政原则

现行《宪法》第二十七条第一款规定:"一切国家机关实行精简的原则,实行工作责任制,实行工作人员的培训和考核制度,不断提高工作质量和工作效率,反对官僚主义。"

(4)联系群众,为人民服务原则

一切国家机构都必须依靠人民的支持,经常保持同群众的密切联系,倾听人民的意见和建议,接受人民的监督,努力为人民服务。

15. 依法治国的含义是什么

依法治国,简单地说,就是依靠完善的法律法规来管理国家和社会事务,规范人们的言论和行动。这是现代文明社会的基本要求,也是我国的基本管理制度。广大人民群众在党的领导下,依照宪法和法律规定,通过各种途径和形式管理国家事务,管理经济文化事业,管理社会事务,保证国家各项工作都依法进行,实现社会主义民主的制度化、法律化。并以此保障人民群众的根本利益,维护社会的正常秩序,保证国家的长治久安和进步发展。

依法治国的基本要求是:有健全完善的法律,做到有法可依;各种法律得到严格执行落实,做到执法必严;各种违法行为得到及时惩处,做到违法必究。

依法治国的三个含义:第一,"依法治国"的主体是中国共产党领导下的最广大人民群众;第二,"法"是代表最广大人民群众意志的,是维护人民民主专政的国体的人民代表大会制度的政体,体现为国家意志的宪法和法律,是把社会主义民主制度化、法律化的宪法和法律;第三,"治国"的内涵是通过各种途径和形式管理国家事务、经济文化事业和社会事务,保证国家各项工作都依法进行。

16. 什么是国体和政体 二者是怎样的关系

国体就是国家性质,即在一个国家中,哪些阶级处于统治地位,哪些阶级是其同盟者,哪些阶级处于被统治地位,体现的是哪个阶级对哪个阶级的专政。我国的国体是工人阶级领导的、以工农联盟为基础的人民民主专政的社会主义国家。政体是指国家政权的组织形式,即统治阶级采取何种原则和形式去组织旨在反对敌人、保护自己、治理社会的政权机关。我国的政体是人民代表大会制度。

国体与政体的关系。政权组织形式与国家性质是形式和内容的关系,政权组织形式是国家性质的外在表现,而国家性质是政权组织形式的内容。国家性质决定政权组织形式,有什么样的国家性质,就会有与之相适应的政权组织形式;当国家性质发生变化时,其政权组织形式也会发生变化,以便与新的国家性质相适应。政权组织形式反映着国家的阶级本质。适合国家性质的政权组织形式,就能够促进国家政权的巩固和发展;反之,就会妨碍国家政权的巩固和发展。

17. 我国有多少个民族 具体是哪些

我国是个多民族国家,共有 56 个民族。分别是:汉族、蒙古族、回族、藏族、维吾尔族、苗族、彝族、壮族、布依族、朝鲜族、满族、侗族、瑶族、白族、土家族、哈尼族、哈萨克族、傣族、黎族、傈僳族、佤族、畲族、高山族、拉祜族、水族、东乡族、纳西族、景颇族、柯尔克孜族、土族、达斡尔族、仫佬族、羌族、布朗族、撒拉族、毛南族、仡佬族、锡伯族、阿昌族、普米族、塔吉克族、怒族、乌孜别克族、俄罗斯族、鄂温克族、德昂族、保安族、裕固族、京族、塔塔尔族、独龙族、鄂伦春族、赫哲族、门巴族、珞巴族、基诺族。

18. 各民族间是什么关系

根据宪法规定,我国各民族不分人员多少、地域大小,其地位是一律平等的,各个民族之间是平等、团结、互助的关系。禁止对任何民族的歧视和压迫,禁止破坏民族团结和制造民族分裂的行为。

19. 为什么对少数民族有帮扶政策

这是因为,我国民族众多,分布广泛,有许多少数民族由于人员、地域、历史等原因,发展相对落后,为了实现各民族的共同繁荣发展,宪法规定:国家根据少数民族的特点和需要,帮助各少数民族地区加速经济和文化的发展。我国有许多帮扶少数民族发展的具体政策,这是各民族平等、团结互助关系的体现,也是维护民族团结、促进社会和谐发展的需要。

20. 宪法对社会主义精神文明建设有哪些规定

社会主义精神文明建设包括社会主义教育科学文化建设和社会主义思想道德建设两方面的内容。

在教育科学文化建设方面。宪法根据我国社会主义现代化建设的需要和我国的实际情况,分别对教育科学文化建设作出了规定。即发展社会主义教育事业;发展社会主义科学事业;发展卫生事业和体育事业;发展社会主义文学艺术事业和其他文化事业。教育科学文化建设是社会主义精神文明建设的重要组成部分。它既是物质文明建设的重要条件,又是提高整个中华民族的思想道德素质和科学文化素质的重要条件。

在思想道德建设方面。宪法对思想道德建设的内容、形式作了规定,包括:国家通过普及理想教育、道德教育、文化教育、纪律和法制教育,通过在群众中制定和执行各种守则、公约,加强社会主义精神文明建设;国家提倡爱祖国、爱人民、爱劳动、爱社会主义的"五爱公德",广泛进行爱国主义、集体主义和国际主义、共产主义教育,进行辩证唯物主义和历史唯物主义教育,反对封建主义、资本主义和其他腐朽思想。

21. 人民代表大会制度的内涵是什么

根据我国宪法规定,人民代表大会制度的内涵有以下六个方面:

(1)人民是国家的主人。《宪法》第二条第一款规定:"中华人民共和国的一切权力属于人民。"这是人民代表大会制度的核心。它回答了国家权力的归属和来源问题。

(2)人民通过人民代表大会行使国家权力。《宪法》第二条第二款规定:"人民行使国家权力的机关是全国人民代表大会和地方各级人民代表大会。"这就是说,人民当家做主主要是通过民主选举产生各级人民代表大会来行使管理国家事务的权力。

(3)各级人民代表大会受人民监督。《宪法》第三条第二款规定:"全国人民代表大会和地方各级人民代表大会都由民主选举产生,对人民负责,受人民监督。"

(4)政府、法院、检察院受同级人民代表大会监督。《宪法》第三条第三款规定:"国家行政机关、审判机关、检察机关都由人民代表大会产生,对它负责,受它监督。"宪法还规定,各级行政机关是同级国家权力机关的执行机关,应当依法行政;各级审判机关、检察机关应当公正司法。

(5)坚持中央统一领导,发挥地方积极性。我国历史上就是单一制的国家,但是注意发挥中央和地方两个积极性。《宪法》第三条第四款规定:"中央和地方的国家机构职权的划分,遵循在中央的统一领导下,充分发挥地方的主动性、积极性的原则。"

(6)少数民族聚居的地方实行民族区域自治。我国是一个统一的多民族的国家。《宪法》第四条第三款规定:"各少数民族聚居的地方实行区域自治,设立自治机关,行使自治权。各民族自治地方都是中华人民共和国不可分离的部分。"这既保证了少数民族能够充分享有和行使管理地方国家事务的权力,又维护了民族团结和国家统一。

22. 人民代表大会制度为什么是我国的根本政治制度

人民代表大会制度之所以成为我国的根本政治制度,是由其特征和在我国政治生活中的地位所决定的:(1)人民代表大会制度直接反映着我国的阶级本质,体现了各阶级、各阶层和各民族在国家生活中的地位;(2)人民代表大会制度是适合我国国情的根本政治制度,是中国人民革命的创造性产物,是马克思主义关于政治制度学说在中国的具体应用；(3)人民代表大会制度体现出我国政治生活的全貌,是其他制度赖以建立的基础；(4)人民代表大会制度是人民实现国家权力的组织形式,我国各族人民通过这一制度来行使国家权力,保证了国家政权机关的高效运行,从而体现了"一切权力属于人民"的原则,这也是对人民利益加以维护的根本保证。

23. 我国社会主义经济制度的基础是什么

社会主义经济制度的基础是生产资料的社会主义公有制,即全民所有制和劳动群众集体所有制。社会主义公有制消灭人剥削人的制度,实行各尽所能、按劳分配的原则。

农村集体经济组织实行家庭承包经营为基础、统分结合的双层经营体制。农村中的生产、供销、信用、消费等各种形式的合作经济,是社会主义劳动群众集体所有制经济。参加农村集体经济组织的劳动者,有权在法律规定的范围内经营自留地、自留山、家庭副业和饲养自留畜。

24. 我国宪法就土地问题是如何规定的

我国宪法就土地问题的原则规定主要有：(1)城市的土地属于国家所有；(2)农村和城市郊区的土地,除由法律规定属于国家所有的以外,属于集体所有；宅基地和自留地、自留山,也属于集体所有；(3)国家为了公共利益的需要,可以依照法律规定对土地实行征收或者征用并给予补偿；(4)任何组织或者个人不得侵占、买卖或者以其他形式非法转让土地,土地的使用权可以依照法律的规定转让；(5)一切使用土地的组织和个人必须合理地利用土地。

25. 全国人民代表大会行使哪些职权

根据宪法规定,全国人民代表大会的主要职权有：(1)修改宪法；(2)监督宪法的实施；(3)制定和修改刑事、民事、国家机构和其他基本法律；(4)选举中华人民共和国主席、副主席；(5)根据中华人民共和国主席的提名,决定国务院总理人选；根据国务院总理的提名,决定国务院副总理、国务委员、各部部长、各委员会主任、审计长、秘书长的人选；(6)选举中央军事委员会主席；根据中央军事委员会主席的提名,决定中央军事委员会其他组成人员的人选；(7)选举最高人民法院院长；(8)选举最高人民检察院检察长；(9)审查和批准国民经济和社会发展计划和计划执行情况的报告；(10)审查和批准国家的预算和预算执行情况的报告；(11)改变或者撤销全国人民代表大会常务委员会不适当的决定；(12)批准省、自治区和直辖市的建置；(13)决定特别行政区的设立及其制度；(14)决定战争与和平的问题；(15)应当由最高国家权力机关行使的其他职权。

26. 全国人民代表大会常务委员会行使哪些职权

根据宪法规定,全国人民代表大会常务委员会的主要职权有：(1)解释宪法,监督宪法的实施；(2)制定和修改除应当由全国人民代表大会制定的法律以外的其他法律；(3)在全国人民代表大会闭会期间,对全国人民代表大会制定的法律进行部分补充和修改,但是不得同该法律的基本原则相抵触；(4)解释法律；(5)在全国人民代表大会闭会期间,审查和批准国民经济和社会发展计划、国家预算在执行过程中所必须作出的部分调整方案；(6)监督国务院、中央军事委员会、最高人民法院和最高人民检察院的工作；(7)撤销国务院制定的同宪法、法律相抵触的行政法规、决定和命令；(8)撤销省、自治区、直辖市国家权力机关制定的同宪法法律和行政法规相抵触的地方性法规和决议；(9)在全国人民代表大会闭会期间,根据国务院总理的提名,决定部长、委员会主任、审计长、秘书长的人选；(10)在全国人民代表大会闭会期间,根据中央军事委员会主席的提名,决定中央军事委员会其他组成人员的人选；(11)根据最高人民法院院长的提请,任免最高人民法院副院长、审判员、审判委员会委员和军事法院院长;(12)根据最高人民检察院检察长的提请,任免最高人民检察院副检察长、检察员、检察委员会委员和军事检察院检察长,并且批准省、自治区、直辖市的人民检察院检察长的任免;(13)决定驻外全权代表的任免;(14)决定同外国缔结的条约和重要协定的批准和废除;(15)规定军人和外交人员的衔级制度和其他专门衔级制度;(16)规定和决定授予国家的勋章和荣誉称号;(17)决定特赦;(18)在全国人民代表大会闭会期间,如果遇到国家遭受武装侵犯或者必须履行国际间共同防止侵略的条约的情况,决定战争状态的宣布;(19)决定全国总动员或者局部动员;(20)决定全国或者个别省、自治区、直辖市进入紧急状态;(21)全国人民代表大会授予的其他职权。

27. 各级人民代表大会代表如何产生　人民代表的权利和义务有哪些

全国人民代表大会的代表,省、自治区、直辖市、设区的市、自治州的人民代表大会的代表,由下一级人民代表大会选举。不设区的市、市辖区、县、自治县、乡、民族乡、镇的人民代表大会的代表,由选民直接选举。

根据宪法和相关组织法的规定,人民代表享有的权利有:(1)出席本级人民代表大会会议,参加审议各项议案、报告和其他议题,发表意见;(2)依法联名提出议案、质询案、罢免案等;(3)提出对各方面工作的建议、批评和意见;(4)参加本级人民代表大会的各项选举;(5)参加本级人民代表大会的各项表决;(6)获得依法执行代表职务所需的信息和各项保障;(7)法律规定的其他权利。

人民代表应履行的义务有:(1)模范地遵守宪法和法律,保守国家秘密,在自己参加的生产、工作和社会活动中,协助宪法和法律的实施;(2)按时出席本级人民代表大会会议,认真审议各项议案、报告和其他议题,发表意见,做好会议期间的各项工作;(3)积极参加统一组织的视察、专题调研、执法检查等履职活动;(4)加强履职学习和调查研究,不断提高执行代表职务的能力;(5)与原选区选民或者原选举单位和人民群众保持密切联系,听取和反映他们的意见和要求,努力为人民服务;(6)自觉遵守社会公德,廉洁自律,公道正派,勤勉尽责;(7)法律规定的其他义务。

28. 哪些国家事项应制定法律

根据我国《立法法》的规定,有关以下的国家事项应制定法律:(1)国家主权的事项;(2)各级人民代表大会、人民政府、人民法院和人民检察院的产生、组织和职权;(3)民族区域自治制度、特别行政区制度、基层群众自治制度;(4)犯罪和刑罚;(5)对公民政治权利的剥夺、限制人身自由的强制措施和处罚;(6)对非国有财产的征收;(7)民事基本制度;(8)基本经济制度以及财政、税收、海关、金融和外贸的基本制度;(9)诉讼和仲裁制度;(10)必须由全国人民代表大会及其常务委员会制定法律的其他事项。

29. 哪些机构可制定地方性法规 地方性法规可就哪些事项作出规定

根据宪法规定,可以制定地方性法规的机构有:

(1)省、自治区、直辖市的人民代表大会及其常务委员会根据本行政区域的具体情况和实际需要,在不同宪法、法律、行政法规相抵触的前提下,可以制定地方性法规。

(2)较大的市人民代表大会及其常务委员会根据本市的具体情况和实际需要,在不同宪法、法律、行政法规和本省、自治区的地方性法规相抵触的前提下,可以制定地方性法规,报省、自治区的人民代表大会常务委员会批准后施行。

(3)经济特区所在地的省、市人民代表大会及其常务委员会根据全国人民代表大会的授权决定,制定法规,在经济特区范围内实施。

地方性法规可以就以下事项作出规定:

(1)为执行法律、行政法规的规定,需要根据本行政区域的实际情况作具体规定的事项;

(2)属于地方性事务需要制定地方性法规的事项。

除只能制定法律的事项外,对其他国家尚未制定法律或者行政法规的事项,省、自治区、直辖市和较大的市根据本地方的具体情况和实际需要,可以先制定地方性法规。

30. 宪法对公民私有财产的保护以及非公有制经济的地位是怎样规定的

我国宪法对公民私有财产的保护规定主要是:(1)公民的合法的私有财产不受侵犯;(2)国家依照法律规定保护公民的私有财产权和继承权;(3)国家为了公共利益的需要,可以依照法律规定对公民的私有财产实行征收或者征用并给予补偿。

非公有制经济在社会主义市场经济中的地位是:在法律规定范围内的个体经济、私营经济等非公有制经济,是社会主义市场经济的重要组成部分。国家保护个体经济、私营经济等非公有制经济的合法权利和利益。国家鼓励、支持和引导非公有制经济的发展,并对非公有制经济依法实行监督和管理。

31. 行政区划的含义及其确定原则是什么

行政区划即行政区域划分,属于国家结构的范围,也是国家领土结构。国家按照经济发展和行政管理的需要,把全国的领土划分为大小不同、层级不同的部分,并设立相应的地方国家机关,以便于管理。

我国确定行政区划采用的原则是：(1)便于人民群众行使国家权力的原则；(2)有利于各民族之间团结的原则；(3)有利于经济发展的原则；(4)照顾历史状况的原则。

根据我国《宪法》第三十条规定,中华人民共和国的行政区域划分如下：(1)全国分为省、自治区、直辖市；(2)省、自治区分为自治州、县、自治县、市；(3)县、自治县分为乡、民族乡、镇。

直辖市和较大的市分为区、县。自治州分为县、自治县、市。自治区、自治州、自治县都是民族自治地方。

32. 什么是特别行政区 我国宪法是如何规定的

所谓特别行政区,是指在我国行政区域内,根据我国宪法和法律规定设立的具有特殊法律地位,实行特别的政治、经济和社会制度的行政区域。我国《宪法》第三十一条规定："国家在必要时得设立特别行政区。在特别行政区内实行的制度按照具体情况由全国人民代表大会以法律规定。"

33. 中华人民共和国主席的职权是什么

根据宪法规定,中华人民共和国主席的职权主要有：根据全国人民代表大会的决定和全国人民代表大会常务委员会的决定,公布法律,任免国务院总理、副总理、国务委员、各部部长、各委员会主任、审计长、秘书长,授予国家的勋章和荣誉称号,发布特赦令,宣布进入紧急状态,宣布战争状态,发布动员令。

中华人民共和国主席代表中华人民共和国进行国事活动,接受外国使节；根据全国人民代表大会常务委员会的决定,派遣和召回驻外全权代表,批准和废除同外国缔结的条约和重要协定。

34. 国务院的人员组成和行使的职权有哪些

根据宪法规定,国务院由下列人员组成:总理、副总理若干人,国务委员若干人,各部部长,各委员会主任,审计长,秘书长。

国务院行使以下职权:

(1)根据宪法和法律规定行政措施,制定行政法规,发布决定和命令;(2)向全国人民代表大会或者全国人民代表大会常务委员会提出议案;(3)规定各部和各委员会的任务和职责,统一领导各部和各委员会的工作,并且领导不属于各部和各委员会的全国性的行政工作;(4)统一领导全国地方各级国家行政机关的工作,规定中央和省、自治区、直辖市的国家行政机关的职权的具体划分;(5)编制和执行国民经济和社会发展计划和国家预算;(6)领导和管理经济工作和城乡建设;(7)领导和管理教育、科学、文化、卫生、体育和计划生育工作;(8)领导和管理民政、公安、司法行政和监察等工作;(9)管理对外事务,同外国缔结条约和协定;(10)领导和管理国防建设事业;(11)领导和管理民族事务,保障少数民族的平等权利和民族自治地方的自治权利;(12)保护华侨的正当权利和利益,保护归侨和侨眷的合法权利和利益;(13)改变或者撤销各部、各委员会发布的不适当的命令、指示和规章;(14)改变或者撤销地方各级国家行政机关的不适当的决定和命令;(15)批准省、自治区、直辖市的区域划分,批准自治州、县、自治县、市的建置和区域划分;(16)依照法律规定决定省、自治区、直辖市的范围内部分地区进入紧急状态;(17)审定行政机构的编制,依照法律规定任免、培训、考核和奖惩行政人员;(18)全国人民代表大会和全国人民代表大会常务委员会授予的其他职权。

35. 什么是国家象征 国家象征包括哪些

国家象征是一个主权国家的代表和标志,主要包括国旗、国徽、国歌和首都等。中华人民共和国的国旗是五星红旗;中华人民共和国国徽,中间是五星照耀下的天安门,周围是谷穗和齿轮;中华人民共和国的国歌是《义勇军进行曲》;中华人民共和国的首都是北京。

36. 关于尊重和爱护国旗有什么规定

宪法和国旗法规定:中华人民共和国国旗是五星红旗,国旗是中华人民共和国的象征和标志,每个公民和组织,都应当尊重和爱护国旗;不得升挂破损、污损、褪色或者不合规格的国旗;国旗及其图案不得用作商标和广告,不得用于私人丧事活动;在公众场合故意以焚烧、毁损、涂划、玷污、践踏等方式侮辱中华人民共和国国旗的,依法追究刑事责任;情节较轻的,参照治安管理处罚法的处罚规定,由公安机关处以十五日以下拘留。

37. 关于尊重和爱护国徽有什么规定

宪法和国徽法规定:中华人民共和国国徽,中间是五星照耀下的天安门,周围是谷穗和齿轮。国徽是中华人民共和国的象征和标志,一切组织和公民,都应当尊重和爱护国徽。国徽及其图案必须按规定悬挂和使用,不得用于:商标、广告,日常生活的陈设布置,私人庆吊活动以及规定不得使用的其他场合;不得悬挂破损、污损或者不合规格的国徽;在公众场合故意以焚烧、毁损、涂划、玷污、践踏等方式侮辱中华人民共和国国徽的,依法追究刑事责任;情节较轻的,参照治安管理处罚法的处罚规定,由公安机关处以十五日以下拘留。

第二章　村委会组织与管理

38. 什么是村民和村民委员会　村民委员会的任务是什么

村民是指具有我国国籍,长期在农村一定区域内居住和工作的农民。本村村民是指居住在本村、户籍也在本村并与本村发生土地使用关系的自然人。

村民委员会是村民自我管理、自我教育、自我服务的基层群众性自治组织,不是国家基层政权组织,不是一级政府,也不是乡镇政府的派出机构。村民委员会根据需要设人民调解、治安保卫、公共卫生等委员会。

根据《中华人民共和国村民委员会组织法》(以下简称《村民委员会组织法》)的规定,村民委员会的任务主要有:

(1)办理本居住地区的公共事务和公益事业

公共事务是指与本村全体村民生产和生活直接相关的事务,公益事业是指本村的公共福利事业。两者有所不同,但又不能截然分开,在实际工作中,村民委员会兴办的公共事务和公益事业主要有修桥建路、修建码头、兴修水利,兴办学校、幼儿园、敬老院,植树造林、整理村容、美化环境,扶助贫困、救助灾害等。

(2)调解民间纠纷

调解民间纠纷是村民委员会的一项重要的经常性工作。这项工作主要由村民委员会下设的调解委员会完成。在日常生活中,由于各种利益的冲突,邻里之间、家庭之间、村民之间,不可避免地会发生一些纠纷,有些纠纷也不宜由司法机关解决。村民委员会是村民自己选举产生的,受到村民的信赖,在村民中享有威信,并且对本村的情况和人际关系比较熟悉,有条件及时调解和解决纠纷,制止矛盾的发展,避免矛盾的激化。

(3)协助人民政府维护社会治安

在我国,维护社会治安,保证人民群众的生命财产安全,维护正常的社会秩序和经济秩序,是公安行政管理机关的一项重要职责。但是,在我国这样一个人口众多、地域辽阔的大国,仅靠公安机关来维护社会治安是不够的,必须动员和组织广大人民群众参加社会治安工作。因此,法律赋予村民委员会协助人民政府维护社会治安的职责。村民委员会协助维护社会治安的这一任务主要是通过下设的治安保卫委员会来完成的。

(4)做好其他事务工作

宣传法律、法规、政策,教育和推动农民履行法律规定的义务;支持和组织村民发展各种形式的合作经济和其他经济,承担本村生产的服务和协调工作;依照法律规定,管理本村属于农民集体所有的土地和其他财产,教育村民合理利用自然资源,保护和改善生态环境;组织开展多种形式的社会主义精神文明建设活动;维护村民的合法权益;协助乡、镇政府开展工作,向人民政府反映村民的意见、要求;教育村民加强民族团结,互相尊重,互相帮助。

39. 村民委员会具有哪些特点

在我国农村普遍建立的村民委员会,具有三个显著特点:一是基层性。村是我国农村最基层的单位,是村民长期生产、居住、生活的单位,跟村民关系最直接、最紧密。一个村就是一个社区,村民们在社会生活中有着共同的利益和要求。村民委员会根据村民居住状况、人口多少，按照便于群众自治的原则设立，具有基层性的特点。二是群众性。村民自治的主体是本村村民，本村村民都有权参加村民自治。村民委员会由村民直接选举产生，不得通过任命、委派和指定产生；村民委员会成员来自于本村村民，享有选举权的本村村民都有机会被选举为村民委员会成员；村民委员会成员不脱离生产，既从事劳动生产，又从事村民委员会的工作；村民委员会代表和维护村民利益，向人民政府反映村民的意见、要求和提出建议；村民委员会进行工作，应当走群众路线，坚持说服教育。三是自治性。村民委员会是村民自治的执行机构和工作机构。村民组成村民会议，讨论决定涉及村民利益和村民普遍关心的事项，村民委员会向村民会议负责并报告工作。办什么不办什么，先办什么后办什么以及如何办理，由村民自己决定。对于村民自治范围内的事项，任何组织和个人都不得干预。

　　村民委员会的性质特点使它区别于国家政权机关。在我国，国家政权机关包括国家权力机关、行政机关、审判机关和检察机关。村民委员会不是国家政权机关中的任何一种，也不是国家政权机关的派出机关。村民委员会的性质特点，还使它区别于其他的群众组织。在我国，有许多从事社会活动的群众组织，如全国总工会、共产主义青年团、全国妇女联合会、全国青年联合会等。村民委员会作为基层群众组织，和它们有一定的共同之处，但在设立、任务、服务对象、作用等方面有明显的不同之处。村民委员会的性质特点还使它区别于民族自治地方的自治机关。根据宪法规定，少数民族聚居的地方实行民族区域自治。民族自治地方建立自治机关，行使自治权。自治机关除行使一般地方国家机关的职权外，还行使自治权，是国家政权机关的组成部分，不同于村民委员会。村民自治推行以来，得到各级国家机关的大力支持和帮助，受到广大人民群众的热烈拥护，受到海内外的广泛关注和高度评价，这就证明村民自治的原则和方向是正确的，应当坚定不移地坚持。

40. 村民委员会应当履行哪些职责

按照《村民委员会组织法》的相关规定,村民委员会应当履行下列职责:召集村民会议,并向村民会议报告工作,执行村民会议的决定、决议,接受村民的评议和监督;编制本村经济和公益事业发展规划和年度工作计划草案,经村民会议讨论通过后组织实施;依法管理本村属于村农民集体所有的土地,合理开发利用自然资源,保护和改善生态环境;教育村民实行计划生育;支持和组织村民依法发展各种形式的合作经济和其他经济,尊重集体经济组织和其他经济组织依法独立进行经济活动的自主权,维护以家庭承包经营为基础、统分结合的双层经营体制,保障集体经济组织和村民、承包经营户或者合伙的合法财产权及其他的合法的权利和利益;编制年度财务预算草案,管理村级财务和集体财产,提出村集体重大事项开支的草案;编制村庄建设规划草案,并按照规划进行街道建设,指导村民建设住房,改善居住环境,提高村民生活质量;调解民间纠纷,协助维护社会治安,促进村民团结和村与村之间的团结、互助,加强民族团结;向村民宣传宪法、法律、法规和政策,增强村民的法制观念,教育村民履行法定义务,发展科技文化教育卫生事业,组织村民开展多种形式的社会主义精神文明建设活动,提高村民的道德修养和文化素质;教育村民爱护国家及集体财产;履行法律、法规规定的其他职责。

41. 村民委员会由哪些人员组成　任期是多长

《村民委员会组织法》第六条规定:"村民委员会由主任、副主任和委员共三至七人组成。村民委员会成员中,应当有妇女成员,多民族村民居住的村应当有人数较少的民族的成员。"

根据《村民委员会组织法》第十一条的规定,村民委员会每届任期3年,届满应当及时举行换届选举。村民委员会成员可以连选连任。

村民委员会作为基层群众性自治组织,为了便于村民监督,便于开展工作,任期不宜过长,也不宜过短。首先,任期3年,可以增强村民委员会成员的责任感,努力做出工作成绩,比较适合我国农村基层的实际情况。其次,任期3年,可以使年轻有为的人才有更多的机会进入村民委员会,给村民委员会带来新鲜血液。随着我国改革开放的深入以及社会的进步,增加农民的收入已成为当前"三农"问题的重点和难点,而最根本的出路还在于搞活广大农村地区的微观经济。因此村民委员会对具有现代市场经济头脑的人才的需求也是越来越迫切。村民委员会任期3年有利于成员的"更新换代"。最后,乡镇人民代表大会任期为3年,村民委员会可与乡镇人大同步换届,有利于集中力量搞好选举,有利于节省人力、物力和财力资源。

村民委员会3年任期届满应及时进行换届选举。村民委员会要依法按期进行民主选举。未经县(市、区)委批准,无故拖延选举的,要追究乡镇党委和村党支部、村民委员会主要负责人的责任。任期届满,成绩显著,受到村民拥护和信任的,可以连任。村民委员会成员可以连选连任是一种很好的激励机制,它有利于村民委员会成员在任期内热心为老百姓办好事、办实事,争取下届连任;其最大的好处还在于可以保持村民委员会工作的连续性、稳定性并积累工作经验,使一些好的"土政策"不至于因换届而废除。

42. 村民委员会主任是否有权决定转让集体土地

村民委员会主任没有权力决定转让集体土地。我国宪法规定,农村和城市郊区的土地,除由法律规定属于国家所有的以外,均属于集体所有;宅基地和自留地、自留山,也属于集体所有。国家为了公共利益的需要,可以依照法律规定对土地实行征用。任何组织或者个人不得侵占、买卖、出租或者以其他形式非法转让土地。《中华人民共和国土地管理法》(以下简称《土地管理法》)第六十三条规定:"农民集体所有的土地的使用权不得出让、转让或者出租用于非农业建设;但是,符合土地利用总体规划并依法取得建设用地的企业,因破产、兼并等情形致使土地使用权依法发生转移的除外。"也就是说,土地的所有权是不能转让的,土地的使用权可以依照法律的规定转让。而按照《村民委员会组织法》的规定,转让村集体的土地使用权必须经过村民会议讨论通过,村民委员会主任无权决定。

43. 农村党支部选举程序是怎样的 党支部怎样领导村民委员会的工作

农村党支部选举大会的一般程序是:(1)说明到会的党员人数,宣布会议是否有效。(2)听取和讨论上届支部委员会的工作报告。(3)通过选举办法。(4)宣布候选人名单。(5)推选监、计票人。(6)发选票,说明填写选票时的注意事项。(7)投票。(8)清点收回的选票,宣布选举是否有效。(9)计票。(10)由监票人公布选举结果,会议主持宣布当选人名单。

农村党支部对村民委员会的领导主要有五个方面:一是组织村民委员会领导成员学习党的路线、方针、政策,学习国家的法律法规,提高他们的政策水平和工作能力。二是指导村民委员会制定和实施本村经济和社会发展规划及重大措施。三是定期听取村民委员会的工作汇报,定期讨论、研究村民委员会的工作,及时帮助他们解决工作中的困难,保证村民委员会按照宪法和法律规定行使自己的职权,充分发挥他们的职能作用。四是了解村民委员会领导成员的工作情况,并对在村民委员会中担任领导职务的党员进行考核和监督。五是协调村民委员会同其他组织之间的关系。

44. 信仰宗教的人能否加入中国共产党

中国共产党是中国工人阶级的先锋队,共产党员是工人阶级中有共产主义觉悟的先锋战士,是唯物论者和无神论者,必须树立辩证唯物主义和历史唯物主义的世界观,树立共产主义人生观。而宗教信仰是另外一种人生观,是与共产主义信仰和人生观有着本质区别的。因此,共产党员只能信仰马克思列宁主义、共产主义,不得信仰宗教。对信仰宗教和有浓厚宗教感情的人不能发展入党。

我国是一个多民族的国家,在信教比较普遍的少数民族聚居地区,要把信教和参加某些民族风俗活动区别开来。对于主要是为了不脱离形式,尊重和顺随本民族的风俗习惯,参加一些民俗活动,如传统的婚丧仪式和群众性节日活动等,不应视为宗教信仰或参加宗教活动。同时,对过去曾经信教,后来与之彻底脱离而不再信教的人,如果符合党员条件,也可以吸收入党。

45. 哪些村民有选举权与被选举权

选举权是指本村村民有权直接参加投票选举村民委员会成员的权利;被选举权是指在本村的村民委员会选举中,有可以被提名为本村村民委员会成员候选人的权利。

根据《宪法》和《村民委员会组织法》的规定,年满十八周岁的村民,不分民族、种族、性别、职业、家庭出身、宗教信仰、教育程度、财产状况、居住期限,都有选举权和被选举权;但是,依照法律被剥夺政治权利的人除外。村民委员会选举前,应当对下列人员进行登记,列入参加选举的村民名单:(1)户籍在本村并且在本村居住的村民;(2)户籍在本村,不在本村居住,本人表示参加选举的村民;(3)户籍不在本村,在本村居住一年以上,本人申请参加选举,并且经村民会议或者村民代表会议同意参加选举的公民。已在户籍所在村或者居住村登记参加选举的村民,不得再参加其他地方村民委员会的选举。

《村民委员会组织法》第十四条规定:"登记参加选举的村民名单应当在选举日的二十日前由村民选举委员会公布。对登记参加选举的村民名单有异议的,应当自名单公布之日起五日内向村民选举委员会申诉,村民选举委员会应当自收到申诉之日起三日内作出处理决定,并公布处理结果。"

确定村民的选举权和被选举权资格,必须符合以下三个条件:

(1)年龄要件,必须年满 18 周岁。村民是否年满 18 周岁,应以户籍证明上村民的出生日和本村村民委员会选举日为准。那为什么把选民的年龄确定为 18 周岁呢?这主要是因为只有年满 18 周岁的公民才被法律认定为是具有独立的完全行为能力的人。

(2)属地要件,即村民委员会选举前,应当对人员进行登记,列入参加选举的村民名单。

(3)政治要件,即未因刑事案件,被人民法院依法判决剥夺政治权利。确认是否被剥夺政治权利,应以人民法院的判决书为准。被羁押,如逮捕、拘留等,正在接受侦查、起诉、审判的人。人民检察院或人民法院没有决定停止行使选举权的,准予行使选举权。

精神病患者不能行使选举权利的,经村民选举委员会确认,不列入选民名单。

46. 什么是差额选举　如何进行差额选举

差额选举又叫不等额选举,是指正式候选人人数多于应选人人数的选举方式。实行差额选举,候选人人数多于应选人人数,可以让选民更充分地发扬民主,更好地行使自己的民主权利,让选民有自由挑选的余地,真正做到好中择优。村民委员会的差额选举,是指选举村民委员会主任、副主任和委员,都要实行差额选举。由选民直接选举的代表候选人名额应多于应选代表名额的三分之一至一倍;而间接选举的代表候选人名额应多于应选代表名额的五分之一至二分之一。差额比例的确定有利于选民根据自己的自由意志选择满意的候选人。

差额选举有两种方式:

一是直接采用候选人人数多于应选人人数的差额选举办法进行正式选举;

二是先采用差额选举办法进行预选,产生候选人名单,然后进行正式选举。

差额选举的积极意义:

(1)可以让选民或代表对候选人进行比较,并按照自己的意愿选择自己信赖的人当领导,有利于增强选举人的主人翁责任感。

(2)实行差额选举,在选举中引入竞争机制,意味着对候选人提出了更高的要求,有利于候选人更好地发挥长处,克服不足。

(3)实行差额选举,能使当选者增强对人民负责的责任感,有利于其克服人身依附观念和恩赐观念。

(4)差额选举拓宽了候选人提出的渠道,扩大了候选人的选择面,有利于优秀人才脱颖而出。

(5)实行差额选举有利于改进干部管理体制,使干部管理部门对干部的考察更加认真,选拔干部更注重民意,从而有利于党风建设的加强。

差额选举的实施,不仅为选举人依法行使选举权提供了选择的余地,而且也在被选举人的选择上形成了相应的竞争机制,有助于从制度上切实提高选举的民主化程度,也有利于人才的选拔。

47. 什么是无记名投票 为什么选举要一律采用无记名投票方式

无记名投票是指在采取投票的方式进行选举或表决时,选举人或表决人不用在选票或表决票上署自己的名字,并由本人亲自将选票或表决票投入票箱的投票方式。

"无记名投票"是民主选举的通用原则,是保障选民充分表达自己真实意愿的重要保证措施。采用无记名投票的方式,可以使选举人不受候选人在场的影响,免除顾虑,充分表达自己的意愿,更好地行使自己的民主权利,选出自己最信赖的人作为支部委员会成员和出席上级党代表大会的代表,充分体现选举人的意志;采用无记名投票的方式,可以有效地避免可能出现的某些违反党内选举规定的行为,保证选举工作的顺利进行。采用无记名投票方式,对于充分发扬党内民主,进一步健全党内民主生活,具有非常重要的意义。

48. 怎样确定选票是否有效

选举收回的选票,等于或少于投票人数,选举有效;多于投票人数,选举无效,应当重新选举。

每一选票所选人数等于或少于规定应选人数的为有效票,多于规定应选人数的为无效票。无效票既不能计入赞成票,也不能计入反对票或弃权票。

选举时,党员"可以弃权"。党组织要切实保障党员的这一权利。但是,作为党的组织,在选举时,要尽量避免发生党员弃权的现象。这就要在确定候选人时,经过反复酝酿,广泛征求选举人的意见,然后再进行选举。如果发现对候选人有重大分歧,则不要仓促进行选举。只要这样做了,一般可以避免出现弃权现象。

作为党员个人,一般不应轻易放弃自己的选举权利。如果对候选人的情况不了解,可以要求党组织介绍情况,而不应持消极、马虎的态度。假如党员对候选人确有意见,还可以向上级党组织反映,以积极的态度来对待选举。

这一原则对于党内进行的其他表决,如讨论发展党员,讨论预备党员转正等,也是适用的。

49. 对选民名单有不同意见怎么办

选民名单的确定是广大农民行使选举权的一个前提条件,因而,了解选民名单的异议程序对于保护广大选民的选举权具有十分重要的意义。依据《全国人民代表大会和地方各级人民代表大会选举法》(以下简称《选举法》)等法律、法规的相关规定,广大农民可以通过两个互相联系的步骤来维护自己的选举权。在人民代表大会的选举过程中,如果对于公布的选民名单有不同意见的,选民首先可以向本选区的选举委员会提出申诉。选举委员会对申诉意见应在 3 日内作出处理决定。申诉人如果对处理决定仍不服,可以在选举日的 5 日以前向选区所在地的基层人民法院起诉,人民法院应在选举日以前作出判决,并将判决书在选举日前送达选举委员会和起诉人。人民法院的判决为最后决定。

50. 村民选举委员会如何产生 其选举原则是什么

选举村民委员会,由登记参加选举的村民直接提名候选人。村民提名候选人,应当从全体村民利益出发,推荐奉公守法、品行良好、公道正派、热心公益、具有一定文化水平和工作能力的村民为候选人。候选人的名额应当多于应选名额。村民选举委员会应当组织候选人与村民见面,由候选人介绍履行职责的设想,回答村民提出的问题。

选举村民委员会,有登记参加选举的村民过半数投票,选举有效;候选人获得参加投票的村民过半数的选票,始得当选。当选人数不足应选名额的,不足的名额另行选举。另行选举的,第一次投票未当选的人员得票多的为候选人,候选人以得票多的当选,但是所得票数不得少于已投选票总数的三分之一。

选举实行无记名投票、公开计票的方法,选举结果应当当场公布。选举时,应当设立秘密写票处。

登记参加选举的村民,选举期间外出不能参加投票的,可以书面委托本村有选举权的近亲属代为投票。村民选举委员会应当公布委托人和受委托人的名单。

具体选举办法由省、自治区、直辖市的人民代表大会常务委员会规定。

根据法律规定,村民委员会选举的原则主要有六个方面:

(1)普遍选举权原则。我国村民委员会选举的普遍选举权原则主要体现是,凡达到法定年龄,法律无限制规定的公民,即年满18周岁,未被剥夺政治权利的村民,均享有选举权和被选举权。法律规定,中华人民共和国未年满18周岁的公民(村民),不分民族、种族、性别、职业、家庭出身、宗教信仰、教育程度、财产状况和居住期限,都有选举权和被选举权,依法被剥夺政治权利的除外。这就表明,中国公民(村民)的选举权不因公民(村民)天生的差别和后天的经济、教育等条件造成的差异而受到影响,这充分体现了选举权的普遍性。

(2)平等选举权原则。平等选举权原则即每一选民在一次选举中只有一个投票权。村民的平等选举权原则概括起来有两层含义:一是每一位村民在一次直接选举中只有一个投票权,不能同时参加两个或两个以上村民委员会的选举;另一层含义是每一位村民所投选票的效力是相同的,不能因身份、地位、民族、种族、性别、年龄等的不同而产生差别。也就是说,既不允许任何村民享有特权,也不允许对任何村民有任何限制和歧视。在各地村民委员会选举中,每次选举所投的票数,等于或少于投票人数的选举有效,多于投票人数的选举无效。每一选举所选的人数,多于规定应选名额的无效,少于或等于应选名额的有效。这些程序性的规定,就是根据平等选举权原则制定的,充分表明村民的选举权是平等的。

(3)直接选举原则。直接选举原则是相对于间接选举而言的,村民委员会的直接选举是指享有选举权的村民,直接投票选举村民委员会主任、副主任和委员的选举方式。对此,村民委员会组织法作出了明确的规定。为了贯彻法律规定的这一原则,在村民委员会的选举工作中,要坚决纠正不由村民直接选举村民委员会主任、副主任和委员,而擅自改为由村民代表或村民代表会议选举,或先选村民委员会委员、然后再在委员中实行分工而产生主任、副主任和委员的错误做法。

(4)差额选举原则。差额选举是等额选举的对称。差额选举是指候选人的名额多于应选人名额的选举,又称不等额选举。村民委员会的选举实行差额选举,是指委员要差额,副主任要差额,主任更应要差额。不能搞等额选举,也不能把主任、副主任、委员三种职务混在一起进行差额选举。一般情况下,村民委员会主任、副主任的正式候选人名额应比应选人数多1人,委员的正式候选人名额应比应选人数多1~2人。差额选举是社会主义民主的重要体现,具有很多优越性。一是差额选举候选人多于应选人数,为村民提供了选择的空间,村民可以对候选人进行比较,按照自己的意愿选举自己认为合适的人成为村民委员会的主任、副主任或委员,增强了村民的责任感,有利于发挥民主。二是实行差额,对村民委员会候选人提出了新的要求,差额选举的过程对他们也是激励和鞭策,有利于他们发挥长处,克服不足,使选上的人懂得一定要认真履行职务,接受村民监督,树立全心全意为村民服务的思想;使落选的人心里明白要正确对待自己的不足。三是实行差额选举,引入竞争机制,拓宽了提出候选人的渠道,可以扩大对村民委员会成员的选择面,使优秀人才脱颖而出,使有知识、有能力、有水平的人尽显才华,真心实意为村民服务。

(5)竞争选举原则。所谓竞争选举是指候选人之间为了争取村民的信任而采取的符合法律要求的自我宣传、自我表现、主动承诺和相互竞争的活动。但是,这种竞选活动是在村民选举委员会组织下有序进行的。在村民选举委员会向村民介绍候选人情况的同时,也允许候选人宣讲自己的依法治村方案和当选后的打算。它的最大优点在于能使村民进一步全面了解候选人的情况,提高选举的质量。

(6)选举权秘密原则。选举权秘密原则也称无记名投票原则,是相对于记名投票而言的。选举权秘密原则是指选举人在参加选举时采用不公开的投票方法,亲自书写选票,对投票人投赞成票还是反对票或者投弃权票,或者另选他人,都只有投票人自己知道,别人当时或事后不知,并无从所知,选举人在选票上不署自己的姓名,亲自把选票投入密封的票箱。无记名投票较之记名投票,选举人更能自由表达自己的意志,排除外来因素的干扰,毫无顾虑地把自己的真实选择表达出来。

51. 如何认定选举是否有效

认定选举是否有效主要从以下五个方面进行分析判定:

(1)是否直接、差额、无记名投票、公开计票、当场公布选举结果。违背直接选举原则,如每户派代表或村民代表投票选举,或先选委员,再从中推选主任、副主任的做法;违背差额选举原则,实行等额选举;违背无记名投票原则,如要求选民署名或违背选民意愿,观看选民写票过程,不当场公布选举结果等。

(2)正式候选人是否是本村选民并依法产生。

(3)参加选举的选民数和选民投票数是否合法。一是参加投票的选民数是否符合法律规定的选民总数过半数。二是票箱收回的选票总数与发出的选票总数是否符合法律规定。

(4)选举投票是否依照法定程序进行,投票是否在已经确定的选举日进行;选举日变更是否经批准;是否召开选举投票大会;制作的票箱是否符合标准,是否由选民将选票投入票箱,而不是由工作人员收票投入票箱;开箱计票是否在中心会场,当天当场开箱计算。

(5)唱票及当选票数的计算是否正确。辨认画票是否准确,符合法律规定;正式候选人得票数是否超过法定过半数选票。

全部符合以上要求的选举有效,只要其中有一项不是符合要求的则选举无效。

52. 投票选举包括哪些程序

(1)投票选举的准备工作:

第一,拟参加选举的人数,办理委托投票事项;

第二,提前 5 日公布投票选举的具体时间、地点;

第三,准备票箱和选票,布置选举大会会场和投票站;

第四,培训选举工作人员。

(2)投票选举时,应当召开选举大会。村民选举委员会应当根据选民居住状况和便于组织选举的原则,设立中心投票会场和若干投票站。对不便到会场或投票站投票的,可以设流动投票箱。每个投票站或流动票箱必须有 3 名以上监票人员负责。村民委员会成员候选人及其配偶和直系亲属不得担任监票和计票工作。

(3)村民委员会选举采取无记名投票方式,选举会场应当设立秘密写票处和公共代写处。文盲或因其他原因不能填写选票的,可以委托代写处或除候选人以外的其他人代写,代写人不得违背选民的意愿。选民在投票选举时,可以对候选人投赞成票、反对票,或者弃权,也可代为投票,但每一选民接受委托投票不得超过 3 人。

(4)投票结束后,所有投票箱应当于当日集中到中心会场,并当众开箱,由监票、计票人员公开核对、计算票数,做出记录,并由监票人签字。

(5)村民委员会选举,可以先选主任,再选副主任,最后选委员;也可以一次性投票选举主任、副主任和委员。

(6)全体选民的过半数参加投票,选举有效。每次选举所投的票数多于投票人数的,选举无效;等于或少于投票人数的有效。选票上所选的每项职务人数多于应选人数的无效,等于或少于应选人数的有效。书写模糊无法辨认或者不按规定符号填写的无效。

(7)候选人获得参加投票的村民的过半数选票,始得当选。获得半数以上选票的候选人人数多于应选名额时,以得票多的当选;如果票数相同,不能确定当选人时,应当就票数相同的候选人再次投票,以得票多的当选。获得过半数选票的候选人人数少于应选名额时,不足的名额应当在没有当选的候选人中另行选举。

(8)经过多次投票选举,当选人仍不足应选名额,而当选人已达3人以上的,不足的名额可以暂缺,但应当在3个月内召开村民会议另行选举。当选人数不足3人,不能组成新一届村民委员会的,应当在10日之内就不足的名额另行选举。

(9)村民选举委员会确认选举有效后,当场公布选举结果,并报乡级村民委员会选举工作指导小组和县级人民政府主管部门备案。县级人民政府主管部门应当于10日内颁发统一印制的村民委员会主任、副主任和委员的当选证书。

53. 村民委员会的候选人应当如何提名和确定

提名、确定候选人既是村民委员会选举工作的一个关键环节,也是保证选民充分行使自己的民主权利的重要环节,它直接关系到选举是否民主、是否反映民意。只有保证村民真正自由地表达自己的意愿,提出自己所信赖的、符合条件的候选人,才能保证村民委员会选举的成功,保证新一届村民委员会成员的素质、权威和工作效能。

村民委员会主任、副主任和委员会的候选人由本村有选举权的村民直接提名产生。也就是说,村民委员会候选人的提名权在本村有选举权的村民手里,而不是其他人或组织手里。这就在法律上排除了其他与此相悖的提名候选人方式,诸如"协商"、"上级指定"、"政党组织提名"等。村民直接提名村民委员会候选人有两种方式:

(1)有选举权的村民单独提名,即发给每个村民提名票,由每个村民个人单独提出主任、副主任和委员人选,根据被提名人得票的多少,按差额数确定正式候选人。

(2)由村民联名提出候选人。关于多少人可以联名提出候选人,法律没有规定,可由各地的选举办法具体规定。如果联名提出的候选人超过差额数,应当将所提候选人全部交由村民讨论、考察,根据多数村民的意见按差额数确定正式候选人。确定多数村民的意见。可以采用投票或征求意见票的办法。

正式候选人确定之后,村民选举委员会应当将候选人名单及时公布。对于通过投票方式确定的候选人,应按得票多少的顺序排列候选人的名单,张榜公布。对于通过联名提出的候选人,没有经过预选直接列为正式候选人的,可以按姓氏笔画的顺序排列候选人名单。如果选民对候选人名单有质疑,村民选举委员会应当做出解释和答复。

54. 村民委员会选举的投票方式有哪些 如何认定选票与画票

村民委员会选举的投票方式有两种:一种是一次性投票。即把村民委员会主任、副主任和委员的正式候选人名单印在同一张选票上,由选民分别画票后,一次性投入票箱;或将主任、副主任和委员候选人姓名分别印在三种不同颜色的选票上,一次性填好后同时投入票箱。一种是分次投票。即先投村民委员会主任的票;选举完主任后,再投副主任的票;选举完副主任后,再投委员的票。三次发票,三次投票,三次计票,分别选出主任、副主任和委员。

根据选举法以及其他选举办法的相关规定,每次选举所投的票数,等于或者少于投票人数的有效,多于投票人数的无效。每一选票所选的人数,等于或者少于应选名额的有效,多于应选名额的无效。选票无法辨认的,经村民选举委员会认定,作废票处理。在检验认定选票的过程中,应该依此原则检验认定选票。在检验认定个别疑难选票时,应由村民选举委员会成员集体认定,唱票等选举工作人员不得自作主张、自行认定。对难以确定,极易引发选举纠纷的选票,村民选举委员会可临时召集村民代表会议,集体研究决定。村民代表会议也不能认定的,可由镇级以上选举工作机构认定。

未按规定符号画票,但能表达选举人明确意向的选票应视为有效选票。如有的未在候选人上方空格内画符号而是在候选人姓名下画等,类似这样的选票能明显表达选举人的意向,只是符号填写的位置和画法不规范,也应视为有效选票。

55. 什么是破坏选举罪

破坏选举罪是指违反选举法的规定,以暴力、威胁、欺骗、贿赂、伪造选举文件、虚报选举票数等非法手段破坏选举或者妨害选民自由行使选举权和被选举权的情节严重的行为。破坏选举罪的主体是一般主体,可能是国家工作人员,也可能是普通群众。该罪的客体是侵犯了公民的选举权和被选举权;主观方面是故意的心理态度,具有使选举不能正常进行或使选举失败的目的;客观方面,是违反选举法的规定,以非法手段对选举活动进行破坏的行为。《中华人民共和国刑法》(以下简称《刑法》)第二百五十六条规定:"在选举各级人民代表大会代表和国家机关领导人员时,以暴力、威胁、欺骗、贿赂、伪造选举文件、虚报选举票数等手段破坏选举或者妨害选民和代表自由行使选举权和被选举权,情节严重的,处三年以下有期徒刑、拘役或者剥夺政治权利。"

56. 村民是否有权罢免村民委员会成员

罢免村民委员会成员的权力属于本村村民。选举权和罢免权是不可分割的整体,罢免权是选举权的延伸,也是对选举权的保护。村民委员会由村民选举产生,对村民负责,受村民监督,监督罢免的权力属于村民。同时,村民委员会选举产生后,既要保证它始终如一地、尽心尽职地工作,全心全意为村民服务,不脱离群众,也必须把监督权交给村民,赋予村民把不称职的成员从村民委员会中撤换下来的权利。因此,《村民委员会组织法》第十六条规定:本村五分之一以上有选举权的村民或者三分之一以上的村民代表联名,可以提出罢免村民委员会成员的要求,并说明要求罢免的理由。被提出罢免的村民委员会成员有权提出申辩意见。罢免村民委员会成员,须有登记参加选举的村民过半数投票,并须经投票的村民过半数通过。

没有选举权的本村村民,没有罢免权。有的村民委员会成员在当选之后,放松对自己的要求,多吃多占,腐化堕落,蜕化变质;有的工作不称职,不能带领全村村民致富奔小康;有的违法乱纪,辜负村民的信任。对此,村民均有权将其罢免掉。

57. 什么是村民会议　它有哪些职权

村民会议是村民集体讨论决定涉及全村村民利益问题的一种组织形式,是村民行使自治权的根本途径和形式。《村民委员会组织法》第二十一条规定:村民会议由本村 18 周岁以上的村民组成。对于这一规定,应把握三个要点:

(1)参加会议的村民应年满 18 周岁。我国《宪法》第三十四条规定,年满十八周岁的中华人民共和国公民有选举权和被选举权,但被剥夺政治权利的人除外。《中华人民共和国民法通则》(以下简称《民法通则》)第十一条规定:18 周岁以上的公民是成年人,具有完全民事行为能力,可以独立进行民事活动,是完全民事行为能力人。18 周岁以下的人属于未成年人,不具备完全民事行为能力,即使已经参加了生产劳动,以自己的劳动收入为主要生活来源,也不能参加村民会议,不是村民会议的组成人员。

(2)参加村民会议的必须是本村村民,即必须是在本村居住,有本地户口的村民。

（3）依照法律被剥夺政治权利的本村村民是否可以参加村民会议，法律没有明确规定。根据《刑法》第五十四条的规定，剥夺政治权利是指剥夺公民享有的选举权和被选举权；言论、出版、集会、结社、游行、示威自由的权利；担任国家机关职务的权利；担任国有公司、企业、事业单位和人民团体领导职务的权利。而宪法规定的其他权利，则和其他村民一样享有。依法被剥夺政治权利的本村村民，尽管不能参加村民会议的表决，但他们仍是本村村民，有权了解村民会议议决的涉及其切身利益的事项，因此可以列席村民会议。

根据《村民委员会组织法》的规定，村民会议有以下职权：

（1）讨论决定涉及全村利益的重大问题，如本村享受误工补贴的人员及补贴标准、集体经济所得收益的使用、公益事业的兴办和筹资筹劳方案及建设承办方案、土地承包经营方案、集体经济项目的立项承包方案、宅基地的使用方案、征地补偿费的使用分配方案、以借贷租赁或者其他方式处分村集体财产等；

（2）审议村民委员会的年度工作报告；

（3）监督和评议村民委员会及其成员的工作；

（4）选举、罢免或补选村民委员会成员；

（5）撤销或变更村民委员会、村民代表会议不适当的决定；

（6）审查并监督村级财务的收支情况；

（7）反映村民的意见、要求和建议。

此外，村民自治章程和村规民约的制定和修改，村民委员会的设立、撤销和范围调整等事项，要提交村民会议讨论决定。村民选举委员会的产生、选举办法的通过，也可以提交村民会议讨论决定。

58. 关于村民会议的规定有哪些

《村民委员会组织法》关于村民会议的规定主要有：

（1）村民会议由本村18周岁以上的村民组成。

（2）村民会议由村民委员会召集。有十分之一以上的村民或者三分之一以上的村民代表提议，应当召集村民会议。召集村民会议，应当提前十天通知村民。

（3）召开村民会议，应当有本村18周岁以上村民的过半数，或者本村三分之二以上的户的代表参加，村民会议所作决定应当经到会人员的过半数通过。法律对召开村民会议及作出决定另有规定的，依照其规定。

（4）召开村民会议，根据需要可以邀请驻本村的企业、事业单位和群众组织派代表列席。

59. 什么是村民自治　哪些是村民自治范围内的事项

村民自治是指农村居民以村为自治区域，在没有国家行政权力的直接干预下，由村民自己组织起来，对本村的公共事务和公益事业实行自我管理、自我教育、自我服务。

（1）自我教育

自我教育是指通过村民自治活动的进行使村民受到各种教育。在这种教育中，教育者与被教育者是统一的。每个村民既是教育者，又是受教育者，每个村民都通过自己的行为影响其他村民，主要担当教育任务的村民委员会也来自于村民之中。自治活动与教育是统一的。村民进行各种形式的自治活动本身就是对村民进行的丰富多彩的教育。村民通过行使选举权和被选举权，参加村民会议，监督村民委员会的工作，受到社会主义民主的教育，从而在实践中认识民主，学习民主，习惯按民主的原则和程序办事。村民通过制定和遵守村民自治章程和村规民约，受到社会主义法制和道德的教育。通过发展文化教育，普及科技知识，开展移风易俗、破除封建迷信等活动，提高村民的文化素养。

（2）自我管理

自我管理是指村民自己管理村里的事务，自己管理自己，自己约束自己。这种管理主要是通过村民会议集中全体村民的意见，制定村民自治章程、村规民约，由全体村民遵守执行，从而形成良好的社会秩序来实现。它不同于行政管理和经济管理，具有以下几个特点：①自我管理依靠的是说服教育、村民之间的相互帮助、先进模范的带头作用以及每个村民的自觉意识，不靠国家强制力来保障；②管理者与被管理者是统一的，管理者由村民选举产生，并接受每个村民的监督；③管理的方式主要是通过村民会议集中全体村民的意见，制定村民自治章程、村规民约，由全体村民遵守执行，从而形成良好的社会秩序；④管理的内容主要是与村民利益密切相关的公共事务，调解解决本居住地区内的各种纠纷，如村民之间、邻里之间、村民与集体之间的各种纠纷等。

（3）自我服务

自我服务是指由村民自己确定所需要的服务项目。重大项目由村民会议或村民代表会议讨论决定，所需经费由村民自筹，形成由村民委员会协调下的"大家的事大家一起来办"的良好风气。自我服务的内容主要有两个方面：一是社会服务，也就是办理本村的公共事务和公益事业，如修路铺桥，兴办托儿所、敬老院、发展教育，开展公共卫生，举办群众性的文化娱乐活动等。这对于解除村民的后顾之忧，集中精力搞生产，丰富村民的物质文化生活，充分发挥社会主义制度的优越性具有重要作用。二是生产服务。我国农村实行以家庭承包经营为基础、统分结合的双层经营体制，开展生产服务十分必要。生产服务包括产前、产中、产后服务，如播种、植保、收割、销售等，这可以大大提高生产效率，促进农村的生产建设。

自我教育、自我管理、自我服务，是紧密联系、相辅相成、不可分割的，自我管理本身就是一种自我教育，自我教育又推动自我管理，自我服务增强自治的吸引力和凝聚力，为自我管理和自我教育创造条件。

60. 哪些事务村民委员会必须提请村民会议讨论决定方可办理

《村民委员会组织法》第二十四条规定,涉及村民利益的下列事项,经村民会议讨论决定方可办理:

(1)本村享受误工补贴的人员及补贴标准;

(2)从村集体经济所得收益的使用;

(3)本村公益事业的兴办和筹资筹劳方案及建设承包方案;

(4)土地承包经营方案;

(5)村集体经济项目的立项、承包方案;

(6)宅基地的使用方案;

(7)征地补偿费的使用、分配方案;

(8)以借贷、租赁或者其他方式处分村集体财产;

(9)村民会议认为应当由村民会议讨论决定的涉及村民利益的其他事项。

村民会议可以授权村民代表会议讨论决定前款规定的事项。

法律对讨论决定村集体经济组织财产和成员权益的事项另有规定的,依照其规定。

第三章 土地与宅基地管理

61. 什么是农用地、耕地、建设用地 建设用地包括哪些类型

根据《土地管理法》和国土资源部颁布的《土地分类》的规定,农用地是指直接用于农业生产的土地,因此任何间接用于农业生产的土地或者不是用于农业生产的土地,都不是农用地。农用地包括耕地、林地、草地、农田水利田地、养殖水面等。

根据《土地管理法》和国土资源部颁布的《土地分类》的规定,耕地是指种植农作物的土地,包括熟地、新开发整理复垦地、休闲地、轮歇地、草田轮作地;以种植农作物为主,间有零星果树、桑树或其他树木的土地;平均每年能保证收获一季的已垦滩地和海涂。耕地中还包括南方宽小于一米,北方宽小于两米的沟、渠、路和田埂。耕地又可分为五种:(1)灌溉水田,指有水源保证和灌溉设施,在一般年景能正常灌溉,用于种植水生作物的耕地,包括灌溉的水旱轮作地;(2)望天收,指无灌溉设施,主要依靠天然降雨,用于种植水生作物的耕地,包括无灌溉设施的水旱轮作地;(3)水浇地,指水田、菜地以外,有水源保证和灌溉设施,在一般年景能正常灌溉的耕地;(4)旱地,指无灌溉设施,靠天然降水种植旱作物的耕地,包括没有灌溉设施,仅靠引洪淤灌的耕地;(5)菜地,指常年种植蔬菜为主的耕地,包括大棚用地。

根据《土地管理法》和国土资源部颁布的《土地分类》的规定,建设用地是指建造建筑物、构筑物的土地,即用于修建各种物体的土地。建设用地的类型包括:(1)城乡住宅和公共设施用地,即城乡居民住宅、学校、医院、商业、道路、给排水、电力、电讯、防洪、供热等公共设施用地;(2)工矿用地,即工业用地和矿业用地,包括工业厂房、各种仓库、动力设施、各种堆场、道路、矿山操作场地及配套设施等用地;(3)交通、水利设施用地,包括机场、铁路、公路、港口、航道、水电站、水库及人工运河等用地,不包括天然河道用地;(4)旅游用地,即专门供游览参观的设施用地,包括风景名胜区、游乐场、高尔夫球场等用地;(5)军事设施用地,包括军事训练、军事指挥、防务设施、营房、武器装备仓库等用地;(6)其他建设用地,除上述之外的各类建筑物、构筑物用地。

62. 保护耕地资源的基本措施有哪些

在坚持依法依规管理、节约集约用地的原则下,国土资源部出台了多项措施支持社会主义新农村建设。国土资源部要求:(1)要严格保护耕地特别是基本农田,在新农村建设中将农用地转为建设用地的,必须符合规划和计划,必须依法报批,必须搞好补偿安置工作。(2)各类建设项目用地预审时,凡涉及占用基本农田的,必须说明不能避让的理由。(3)要严格征地管理,维护被征地农民的合法权益。对于补偿标准不合法、安置措施不落实、不能有效保证被征地农民生活水平不降低的,一律不得报批用地。

根据法规和实践,保护耕地资源要从以下几方面着手:

(1)因地制宜安排各业用地。土地利用应以土地评价为基础,作出科学的利用规划,因地制宜地安排土地利用类型。凡是违背自然法则利用土地的,都会受到大自然的报复。

(2)适宜的土地开发和利用强度。土地利用既受土地自然特性的制约,也受气候、水文等自然因素和社会经济因素的影响。只有对土地的开发利用适度,才能用一定的投入获取较多的第一性产品的产量。高强度的开发利用,不一定能获得相应高的收益。草场的超载放牧,招致草场退化,就是土地超负荷利用很有代表性的例子。

(3)应用生物技术保护生态环境。保护生态环境的生物技术措施不断丰富和发展。例如,营造防护林,抗风固沙,防止水土流失,调节农田小气候;利用害虫的天敌防治害虫,利用生物农药捕杀病虫害和草害,逐步取代化学农药,是发展无公害农业、有效地保护生态环境,保护土地资源不受污染的重要措施。此外,种植绿肥,开发生物肥料,扩大肥源,改良土质,都已有许多成功经验和发展的潜力。

(4)合理用水。合理用水,主要体现在以下三个方面:①水资源的供需平衡;②推行节约用水,提高水的利用率;③防止水质污染。

(5)水土保持措施有工程措施、生物措施和管理措施等。工程措施基本是治标,生物措施才能治本。在水土治理中,要综合运用各种措施,标本兼治。

(6)加强土地资源管理。这是控制非农业用地急剧增长趋势的根本,也是减缓灾害和污染对土地资源破坏的有效措施。土地资源管理包括两大方面:一是健全土地管理法规,如制定土地法、森林法、草原法、水法等;二是切实执行土地管理的法律和规章制度,做到有法必依,执法必严。

63. 对闲置土地应当怎样处理

依照 2012 年 5 月 22 日国土资源部修订通过并发布、2012 年 7 月 1 日起施行的《闲置土地处置办法》,市、县人民政府土地行政主管部门对认定的闲置土地,应当通知土地使用者,拟订该宗闲置土地处置方案。处置方案经原批准用地的人民政府批准后,由市、县人民政府土地行政主管部门组织实施。

处置方案可以选择下列方式：

（1）延长开发建设时间，但最长不得超过1年；

（2）改变土地用途，办理有关手续后继续开发建设；

（3）安排临时使用，待原项目开发建设条件具备后，重新批准开发，土地增值的，由政府收取增值地价；

（4）政府为土地使用者置换其他等价闲置土地或者现有建设用地进行开发建设；

（5）政府采取招标、拍卖等方式确定新的土地使用者，对原建设项目继续开发建设，并对原土地使用者给予补偿；

（6）土地使用者与政府签订土地使用权交还协议等文书，将土地使用权交还政府。原土地使用者需要使用土地时，政府应当依照土地使用权交还协议等文书的约定供应与其交还土地等价的土地。

对因政府、政府有关部门行为造成的闲置土地，土地使用者支付部分土地有偿使用费或者征地费的，除选择前款规定的方式以外，还可以按照实际交款额占应交款额的比例折算，确定相应土地给原土地使用者使用，其余部分由政府收回。

64. 土地违法行为有哪些　农民土地被非法侵占怎么办

根据《土地管理法》《中华人民共和国城市房地产管理法》（以下简称《城市房地产管理法》）《刑法》《中华人民共和国土地管理法实施条例》（以下简称《土地管理法实施条例》）《中华人民共和国基本农田保护条例》（以下简称《基本农田保护条例》）等法律、法规，土地违法行为主要有以下几种：（1）买卖或者以其他形式非法转让土地行为；（2）破坏耕地行为；（3）拒不履行土地复垦义务行为；（4）未经批准或者骗取批准非法占用土地行为；（5）非法批准用地行为；（6）非法侵占、挪用征地补偿等有关费用行为；（7）拒不交还土地行为；（8）擅自将农民集体所有的土地的使用权出让、转让或者出租用于非农业建设行为;(9)不依法办理土地变更登记行为;(10)不按照批准的用途使用土地行为;(11)土地行政主管部门工作人员的违法行为。(12)应将耕地划入基本农田保护区而不划入的违法行为;(13)破坏或者擅自改变基本农田保护区标志的违法行为;(14)擅自批准出让或者擅自出让土地使用权用于房地产开发的违法行为;(15)不符合房地产转让条件,非法转让房地产的违法行为;(16)未经批准擅自转让划拨土地房地产的违法行为;(17)非法转让、倒卖土地使用权的违法行为;(18)非法低价出让国有土地使用权的违法行为。

《土地管理法》第七十六条规定,未经批准或者采取欺骗手段骗取批准,非法占用土地的,由县级以上人民政府土地行政主管部门责令退还非法占用的土地,对违反土地利用总体规划擅自将农用地改为建设用地的,限期拆除在非法占用的土地上新建的建筑物和其他设施,恢复土地原状;对符合土地利用总体规划的,没收在非法占用的土地上新建的建筑物和其他设施,可以并处罚款;对非法占用土地单位的直接负责的主管人员和其他直接责任人员,依法给予行政处分;构成犯罪的,依法追究刑事责任。超过批准的数量占用土地,多占的土地以非法占用土地论处。第七十八条规定,无权批准征收、使用土地的单位或者个人非法批准占用土地的,超越批准权限非法批准占用土地的,不按照土地利用总体规划确定的用途批准用地的,或者违反法律规定的程序批准占用、征收土地的,其批准文件无效,对非法批准征收、使用土地的直接负责的主管人员和其他直接责任人员,依法给予行政处分;构成犯罪的,依法追究刑事责任。非法批准、使用的土地应当收回,有关当事人拒不归还的,以非法占用土地论处。非法批准征收、使用土地,对当事人造成损失的,依法应当承担赔偿责任。第八十一条规定,擅自将农民集体所有的土地的使用权出让、转让或者出租用于非农业建设的,由县级以上人民政府土地行政主管部门责令限期改正,没收违法所得,并处罚款。被非法侵占土地的农民可以向土地管理部门举报或到人民法院起诉。

65. 宅基地使用权包括哪些内容 农民可以改变宅基地的用途吗

宅基地使用权的权利内容的范围比较广泛,主要包括以下几方面:

(1)占有权。宅基地使用权人经依法申请批准取得宅基地使用权后,便享有对宅基地的独占权,任何组织和个人均不得非法侵占、擅自使用或剥夺其宅基地的使用。对于宅基地上旧有的建筑设施及其他林木,所有人或管理人应在合理的期限内做出处理,不得影响宅基地使用权人的使用。

(2)使用权。宅基地使用权没有明确的时间限制,不问宅基地使用的年限长短及其建设情况如何。宅基地使用权非依法定原因不能被剥夺。对于宅基地上的建房,与宅基地使用权同时受法律的长期保障,宅基地使用权人可以自由行使权利。

(3)在宅基地空闲处修建其他建筑物、设施的权利。宅基地使用权人在主要住宅建筑外,可自行在宅基地范围内建设其他生产或生活需要的建筑和设施。

(4)宅基地使用权人有在宅基地内种植林木、花草、蔬菜的权利。种植的林木、花草、蔬菜归使用权人所有。

(5)依法附随房屋出让宅基地使用权的权利。国家保护私有房屋合法买卖、继承、赠予等权利。因房屋和宅基地连同一体,不可分离,所以,宅基地使用权必须连同房屋一并转移。房屋所有权的变动,必须报请县级人民政府房屋管理部门进行变更登记。

农村居民有按照批准的用途使用土地的义务,不得擅自改变宅基地用途。未经依法批准,村民擅自改变宅基地用途的,农村集体经济组织有权按照《土地管理法》第六十五条第一款第(二)项的规定,报经原批准用地的人民政府批准,收回村民使用的宅基地。如果因法定的事由,村民需要改变宅基地用途的,在报经有批准权的人民政府批准后,须办理土地变更登记手续,即有关当事人须持批准文件,向土地所在地县级以上人民政府土地行政主管部门提出土地变更登记申请,由原土地登记机关依法进行变更登记。

66. 农民以及村干部建房有何限制性规定

农民不可以私自建房。农民建房需要符合一定的条件,履行一定的手续。申请宅基地建房的农民只有符合一定的条件,才有可能取得农村宅基地使用权。根据我国《土地管理法》的规定,城市郊区和农村的农民如果需要宅基地建房时,首先应当按照乡、镇、村建设规划统一安排,在此基础上,农民还应依法经过申请,申请批准后,才能获得所申请的宅基地的使用权。不经申请批准私自建房的行为是违法的,对私建的房屋,国家不但不予保护,而且还要强行拆除。

农村居民每户建房用地的面积限额为 80 平方米至 120 平方米,但三口以下的每户不得超过 80 平方米,六口以上的每户不得超过 120 平方米。利用荒坡地、村内空闲地建房或者对原旧住宅进行翻建的,可以适当增加面积,但每户增加的面积不得超过 30 平方米。

农村村民建住宅可以申请使用农民集体所有的土地,但一户只能拥有一处宅基地,其面积不得超过规定的面积限额。已经达到或超过规定标准的,或者出租、出卖原住房的,不得再申请使用宅基地。

村干部需要宅基地建房时,也必须同其他村民一样,通过村民大会、乡或县政府的批准才能建房。而且批准建房用的土地面积是多少就应使用多少,不能因为是村干部就自以为是,搞特殊化。人人平等是我国宪法中明确规定的原则,村干部也是普通公民,在法律面前没有任何特殊之处,也必须严格依法办事。

67. 宅基地使用权可以继承、抵押吗　夫妻离婚后双方怎样行使宅基地使用权

《土地管理法》第八条规定："城市市区的土地属于国家所有。农村和城市郊区的土地,除法律规定属于国家所有的以外,属于集体所有;宅基地和自留地、自留山,属于集体所有。"根据法律规定,公民使用的宅基地所有权属于国家或者集体;国家及集体所有的土地是可以依法确定由个人使用的,即公民对宅基地有依法使用的权利。遗产必须是公民个人合法拥有的财产,所以,公民是不能将宅基地作为遗产继承的,而只享有使用权。宅基地为居民、村民各户使用,包括屋基地和院落地,长期不变。宅基地的所有权和公民私房的使用权是分离的,宅基地的所有权属于国家或集体,私房的所有权属于私房产权人。宅基地的使用权不属于遗产,不能被继承,但公民继承了房屋,宅基地的使用权也就随着房屋而转移给了新的所有人。但这也只是具体执行国家的行政法规,而不是继承的结果。

根据《中华人民共和国担保法》(以下简称《担保法》)的相关规定,耕地、宅基地、自留地、自留山等集体所有的土地使用权不可作为抵押,但抵押人依法承包并经发包方同意抵押的荒山、荒沟、荒丘、荒滩等荒地的土地使用权和以乡(镇)村企业的厂房等建筑物做抵押的,其占用范围内的土地使用权可以抵押。

《中华人民共和国妇女权益保障法》(以下简称《妇女权益保障法》)第三十二条规定："妇女在农村土地承包经营、集体经济组织收益分配、土地征收或者征用补偿费使用及宅基地使用等方面,享有与男子平等的权利。"

根据有关法律法规规定,宅基地是根据住户的情况,以户为单位划分的,用户对宅基地只有使用权,而不具有所有权,离婚后夫妻双方对宅基地都有继续使用的权利,任何一方阻止另一方使用宅基

地建房都是违反法律规定的。鉴于夫妻双方已经离婚的事实,双方可以在基层组织或人民法院的主持下,在男女平等、国家保护妇女合法权益的前提下,协商使用宅基地,保证离婚后的男女双方都有住房住。

68. 农村宅基地违法行为应当承担哪些法律责任

根据《土地管理法》《土地管理法实施条例》和《基本农田保护条例》的有关规定,农村村民的宅基地违法行为人应承担以下法律责任:

(1)农村村民未经批准或者采取欺骗手段骗取批准,非法占有土地建住宅的,由县级以上人民政府土地行政主管部门责令退还非法占用的土地,限期拆除在非法占用的土地上新建的房屋。

(2)农村村民超过省、自治区、直辖市规定的标准,多占土地的,多占的土地以非法占用土地论处,即按照未经批准或者采取欺骗手段骗取批准非法占用土地的违法行为处罚。

(3)农村村民买卖或者以其他形式非法转让宅基地的,由县级以上人民政府土地行政主管部门没收非法所得,可以并处罚款。

(4)农村村民不按照批准的用途使用宅基地的,由农村集体经济组织报经原批准用地的人民政府批准,可以收回宅基地使用权。

(5)农村村民擅自占用耕地建房,破坏种植条件的,由县级以上人民政府土地行政主管部门责令限期改正或者治理,可以并处罚款;构成犯罪的,依法追究刑事责任。

(6)农村村民占用基本农田建房,毁坏种植条件的,由县级以上人民政府土地行政主管部门责令改正或者治理,恢复原种植条件,处占用基本农田的耕地开垦费 1 倍以上 2 倍以下的罚款;构成犯罪的,依法追究刑事责任。

69. 土地补偿费是怎样计算的　安置补助费是怎样计算的

　　土地补偿费是指国家征收集体所有的土地时直接对土地支付的补偿费用。其实质是对土地收益的补偿。土地收益是农村集体经济组织通过占有、经营土地而获得的经济利益。国家征收集体所有的土地时，必须对农村集体经济组织失去土地后所损失的土地收益给予补偿。土地补偿费是征地费的主要部分。国家建设征收土地，由用地单位支付土地补偿费。土地补偿费的标准为：一是征收耕地的补偿费，为该耕地被征收前3年平均年产值的6～10倍。二是征收其他土地的补偿费标准由省、自治区、直辖市参照征收耕地的补偿费标准规定。这里的"该耕地"，是指实际征用的耕地数量。

　　国家建设征收土地，用地单位除支付土地补偿费外，还应当支付安置补助费。安置补助费是为了安置因征地造成的农村剩余劳动力而产生的补助费。由征收土地的人民政府支付，用于被征收土地使用者或者土地承包经营者的生产和生活安置。

　　根据《土地管理法》的规定，安置补助费，按照需要安置的农业人口数计算。需要安置的农业人口数，按照被征收的耕地数量除以征地前被征地单位平均每人占有耕地的数量计算。每一个需要安置的农业人口的安置补助费标准，为该耕地被征收前3年平均每亩年产值的4～6倍。这里的"该耕地"，则是指在被征用土地所在地，被征地单位平均每人占有的耕地数量。这样规定，是将每一个需要安置的农业人口的安置补助费与人均耕地面积挂钩，以被征用土地所在地的人均耕地的平均年产值的倍数计算安置补助费，从而使安置补助费标准的确定更加公平、合理，有利于保护农民利益，维护社会稳定。如果按照上述标准不能妥善安置农业人口，可以提高征收耕地的安置补助费标准，但最高不得超过被征收前3年平均年产值的15倍。

征收其他土地的安置补助费标准,由省、自治区、直辖市参照征收耕地的安置补助费标准规定。在人均耕地特别少的地区,按前述标准支付的土地补偿费和安置补助费,尚不能使需要安置的农民保持原有生活水平的,经省级人民政府批准,可以增加安置补助费。但土地补偿费和安置补助费之和不得超过土地被征收前3年平均年产值的30倍。

征收果园和其他经济林地,按该土地被征收前4年平均年产值的3~5倍补助;征收盐田和有养殖生产的水面、滩涂,按该土地被征收前4年平均年产值的2~4倍补助。一般来讲,如果土地作为生产资料,并作为人们获得生活来源的,则应支付安置补助费,如果是荒山、荒地或不直接从中取得生活来源的,不支付安置补助费。

70. 什么是青苗补偿费 什么叫征用和占用 承包地被征用、占用后如何得到补偿

根据《土地管理法》的规定,青苗是指被征收土地上正处于生长阶段的农作物。征收城市郊区的菜地,用地单位应当按照国家有关规定缴纳新菜地开发建设基金。城市郊区菜地,是指城市郊区为供应城市居民吃菜,连续3年以上常年种菜或养殖鱼、虾的商品菜地和精养鱼塘。青苗补偿费是指农作物正处于生长期未能收获,因征收土地需要及时让出土地,致使农作物不能收获而使农民造成损失,所给予土地承包经营者或者土地使用者的经济补偿。青苗补偿费的标准一般农作物最高按一季产值计算,如果是播种不久或投入较少,也可以按一季产值的一定比例计算。

我国宪法规定,国家为了公共利益的需要,可以依法对集体所有土地实行征用。也就是说,一定条件下,农户承包的集体所有的土地可以被依法征用。所以,征用是指国家为了保证社会公共事业或者公益事业的发展,体现全社会的长远利益,将集体所有的土地转化为国有,主要用于能源、交通、水利、军事设施等。对土地的征

用一般需要满足四个条件：(1)征地必须是一种政府行为，其他任何单位和个人都无权征用。(2)征地必须依法取得批准。(3)征地行为必须向社会公开，接受社会的监督。根据《土地管理法》的规定，征地方案必须向集体经济组织和村民公告和公开。(4)征用土地必须是为了社会公共利益。占用是指为了兴办乡镇企业、建设乡(镇)村公共设施、公益事业和村民住宅等，经依法批准使用集体经济组织农民集体所有的土地。

《土地管理法》及有关政策规定，征用耕地的补偿费用包括土地补偿费、安置补助费，以及地上附着物和青苗补偿费。土地补偿费，按被征地原用途补偿，标准为该耕地被征用前 3 年平均年产值的 6～10 倍，归土地所有者所有，纳入公积金管理，用于被征地农民参保、发展生产、公益性建设，不得平分到户，也不得列为集体经济债务清欠资金。安置补助费，按被征地原用途补偿，标准为该耕地被征用前三年平均年产值的 4～6 倍，最高不得超过 15 倍，归需安置人员，用于被征地的承包人的生活安置，已被安置的安置补助费，归安置单位。土地补偿费和安置补助费的总和最高不得超过土地被征用前三年平均年产值的 30 倍。地上附着物和青苗补偿费，按照附着物的实际价值和当季作物的产值计算，归承包人所有。

71. 占用农民使用的土地修建公路要付补偿费吗 征收土地的补偿费归谁所有

乡村公路建设是用于改善乡村交通条件的一项公共设施。根据我国法律规定：乡村公路建设应按照乡村建设规划方案来进行，即需要经乡人民政府审核，报县级人民政府批准。城市规划区内的乡村公路建设，应当与城市规划方案相协调。乡村公路建设占用集体所有土地的，一般不给被占用土地的集体经济组织补偿费和安置费。由于各村被占用的土地面积不等而带来的土地分摊不均衡，应由该公路受益的各村相互调剂解决，各集体经济组织调剂解决不了的,由乡(镇)及受益的村共同给被用地单位适当补偿。村建公路所占的土地,由村内自行调剂解决。由于建公路,农民的承包田被占用,可以要求村委会另行分配承包田,重新签订承包合同。如果农民的房屋因公路建设被拆毁,则受益的各村之间应当进行分摊,给予受损农民足额的补偿。

根据《土地管理法》第四十七条的规定,征用耕地的补偿费包括土地补偿费、安置补助费以及地上附着物和青苗补偿费;征用城市郊区的菜地,用地单位还应当按照国家有关规定缴纳新菜地开发建设基金。征用其他土地的土地补偿费和安置补助费标准,由省、自治区、直辖市参照征用耕地的土地补偿费和安置补助费的标准规定。被征用土地上的附着物和青苗的补偿标准,由省、自治区、直辖市规定。各项费用必须依照法定的用途、程序分配和使用。

(1)土地补偿费。《土地管理法实施条例》第二十六条第一款规定:土地补偿费归农村集体经济组织所有。

(2)安置补助费。《土地管理法实施条例》第二十六条第二款规定:征收土地的安置补助费必须专款专用,不得挪作他用。需要安置的人员由农村集体经济组织安置的,安置补助费支付给农村集体经济组织,由农村集体经济组织管理和使用;由其他单位安置的,安置补助费支付给安置单位;不需要统一安置的,安置补助费发放给被安置人员个人或者征得被安置人员同意后用于支付被安置人员的保险费用。市、县和乡(镇)人民政府应当加强对安置补助费使用情况的监督。

依照《国土资源部关于加强征地管理工作的通知》,所支付给农村集体经济组织的土地补偿费和安置补助费,可采取乡管村(组)用的形式设立财务专户进行管理。市、县土地行政主管部门应加强监督,协助农村集体经济组织建立征地费使用公开制度。土地补偿费、安置补助费统一安排使用的,应征得农村集体经济组织三分之二以上成员同意。

(3)地上附着物及青苗补偿费。依照《土地管理法实施条例》第二十六条第二款的规定，"地上附着物及青苗补偿费归地上附着物及青苗的所有者所有"。也就是说，这笔补偿费属于被征地上附着物及青苗的所有权人，应当及时、足额地支付给其本人，由其自由支配。

72. 如何理解农村的土地承包经营制度

农村土地承包经营制度，赋予了农民自主经营权，极大地调动了他们的生产积极性，解放了农村劳动生产力，促进了农业、农村经济和国民经济的发展，是一项建设有中国特色社会主义农业的经营制度，必须长期坚持。

（1）实行农村土地承包经营制度，使农户获得充分的经营自主权，能够极大地调动农民的生产积极性，符合生产关系要适应生产力发展要求的规律。

（2）农村土地承包经营方式既适应传统农业，也适应农业现代化发展的要求。

（3）农民有了生产经营自主权，不仅极大地调动了他们种粮、种棉的积极性，而且使他们从当地的实际和市场的需求出发，一方面，积极调整生产结构，种植适销对路的其他经济作物，饲养优质的家禽家畜，开发新的产品，大力发展农村多种经营。

（4）土地既是农业最基本的生产资料，也是农民最可靠的社会保障。

（5）长期稳定农村土地承包经营，是我国国民经济发展的重要保障。我国的改革是从农村开始的，农村改革取得的重大成功，为城市改革和其他方面改革的顺利进行积累了重要经验，奠定了良好基础。

任何组织和个人均不能以欠缴税费和土地撂荒为由收回农户的承包地，已收回的要立即纠正，予以退还。对《中华人民共和国农村土地承包法》（以下简称《农村土地承包法》）实施以前收回的农户摆荒承包地,如农户要求继续承包耕作,原则上应允许继续承包耕作。如原承包土地已发包给本集体经济组织以外人员,应修订合同,将土地重新承包给原承包农户;如已分配给本集体经济组织成员,可在机动地中予以解决,没有机动地的,要帮助农户通过土地流转获得耕地。

73. 实行农村土地承包后土地的所有权性质有变化吗 如何理解和执行承包地的调整

我国农村实行的是以家庭承包为基础、统分结合的双层经营体制,土地等生产资料的所有权归农民集体所有,农户通过承包取得的是对集体土地的使用权。首先,这种从集体土地所有权中分离出来的土地使用权,并没有改变土地集体所有的性质。土地承包经营权流转,并不是处分土地的所有权,而是在不改变土地所有权的性质和土地的农业用途的前提下进行,一是转让土地承包经营权需要发包方同意;二是只能转让给从事农业生产经营的农户;三是原承包方与发包方的土地承包关系终止,受让方需与发包方签订新的承包合同。其次,家庭承包经营是集体经济组织内部的一个经营层次,不能把它和集体统一经营对立起来。实践证明,只有实行土地集体所有、家庭承包经营,使用权和所有权分离,建立统分结合的双层经营体制,才是促进生产力发展的农村集体所有制的有效形式。

《农村土地承包法》第二十七条第二款规定,"承包期内,因自然灾害严重毁损承包地等特殊情形对个别农户之间承包的耕地和草地需要适当调整的,必须经本集体经济组织成员的村民会议三分之二以上成员或者三分之二以上村民代表的同意,并报乡(镇)人民政府和县级人民政府农业等行政主管部门批准。承包合同中约定不得调整的,按照其约定"。这里需要把握的是:(1)特殊情形是指自然灾害严重毁损承包地、承包地被依法征用占用后不要安置补助费、人口增减导致人地矛盾突出三种情况。(2)只限于个别农户之间进行调整。(3)调整只限于耕地和草地,不包括林地。(4)必须坚决遵循法律规定的程序,即首先必须经本集体经济组织成员的村民会议三分之二以上成员或者三分之二以上村民代表同意,然后报乡(镇)人民政府批准,再报县级人民政府农业等行政主管部门批准。(5)凡是承包合同已经约定不调整的,不能以其他任何理由调整承包地。

74. 农村土地承包的程序是怎样的 保护农村妇女承包地是怎样规定的

为防止农村土地承包过程中的随意性,从程序上确保土地承包的公平、公开、公正,保障农民的土地权益不受侵害,《农村土地承包法》第十九条规定,农村土地承包应当依照以下程序进行:

(1)本集体经济组织成员的村民会议选举产生承包工作小组。

(2)承包工作小组依照法律、法规的规定拟订并公布承包方案。

(3)依法召开本集体经济组织成员的村民会议,讨论通过承包方案。

(4)公开组织实施承包方案。

(5)签订承包合同。

党和国家对保护农村妇女的承包地历来高度重视,2001 年 9 月,中共中央办公厅、国务院办公厅印发了《关于切实维护农村妇女土地承包经营权益的通知》。《通知》要求,要切实提高对维护农村妇女土地承包经营权益重要性的认识,强调在农村土地承包中,必须坚持男女平等原则,不允许对妇女有任何歧视。《妇女权益保障法》第三十二条规定,妇女在农村土地承包经营、集体经济组织收益分配、土地征收或者征用补偿费使用及宅基地使用等方面,享有与男子平等的权利。《农村土地承包法》第六条规定:农村土地承包,妇女与男子享有平等的权利。承包中应当保护妇女的合法权益,任何组织和个人不得剥夺、侵害妇女应当享有的土地承包权。针对一些地方在土地承包中不同程度地存在歧视妇女、侵害妇女权益的问题,《农村土地承包法》第三十条规定:承包期内,妇女结婚,在新居住地未取得承包地的,发包方不得收回其原承包地;妇女离婚或者丧偶,仍在原居住地生活或者不在原居住地生活但在新居住地未取得承包地的,发包方不得收回其原承包地。中央还强调,不管采取什么办法,都要确保农村出嫁妇女有一份承包土地。有女无儿、儿子没有赡养能力或者女儿尽主要赡养义务的家庭,男到女家生产和生活的,应享有同等村民待遇。

75. 外出务工农民、考取大中专院校的农村籍学生以及义务兵提干或转士官后的承包地能保留吗

对外出农民回乡务农,只要在土地二轮延包中获得了承包权,就必须将承包地还给原承包农户继续耕作。乡村组织已经将外出农民的承包地发包给别的农户耕作的,如果是短期合同,应当将承包收益支付给拥有土地承包权的农户,合同到期后,将土地还给原承包农户耕作。如果是长期合同,可以修订合同,将承包地及时还给原承包农户;或者在协商一致的基础上,通过给予或提高原承包农户补偿的方式解决。对外出农户中少数没有参加二轮延包、现在返乡要求承包土地的,要区别不同情况,民主协商,妥善处理。如果该农户的户口仍在农村,原则上应同意其继续参加土地承包,有条件的应在机动地中调剂解决,没有机动地的,可通过土地流转等办法解决。

根据《民法通则》和国家有关文件的精神,大中专院校农村籍学生在校期间,主要依靠家庭供养,且学习费用较高,绝大多数家庭的收入来源主要靠承包经营土地。他们的承包地应当按照《农村土地承包法》中关于"承包期内,发包方不得收回承包地"的法律规定以及中央关于"增人不增地,减人不减地"的政策规定,保留他们的承包地,这也是合乎情理的。至于他们毕业后承包地是继续保留还是

收回的问题,应当区别对待,不能一概而论。如果他们毕业后迁入城市,有了相对稳定的工作和经济收入,完全脱离了农村父母的抚养,就应当收回其承包地;如果他们毕业后仍回原籍待业,或者只是在城市"打工",没有稳定的工作和经济收入,承包合同又尚未到期,则应当继续保留他们的承包地。

根据《中华人民共和国兵役法》(以下简称《兵役法》)规定,中华人民共和国实行义务兵与士官相结合、民兵与预备役相结合的兵役制度。由于家在农村的义务兵服役期满后,仍回原籍继续从事农业生产劳动,因此,他们服役期间继续保留其承包地是十分必要的。义务兵提升为军官或者转士官后,由于改变了义务兵尽义务的服役性质,而属于职业军人性质,享受工资待遇。对此,根据军队的有关规定,部队应当及时通告地方人民政府,对其家属停发优待金,由其入伍前所在农村集体经济组织收回承包地。

76. 什么是土地承包合同、可撤销的土地承包合同和无效的土地承包合同

土地承包合同是发包方与承包方之间达成的关于农村土地权利义务关系的协议。土地承包合同包括以下主要条款:(1)发包方、承包方的名称,发包方负责人和承包方代表的姓名、住所。这是承包合同必须具备的条款。(2)承包土地的名称、坐落、面积、质量等级。(3)承包期限和起止日期。(4)承包土地的用途。(5)发包方和承包方的权利和义务。(6)违约责任。

土地承包合同的特征是:(1)合同的主体是法定的。(2)合同内容受到法律规定的约束,有些内容不允许当事人自由约定。(3)土地承包合同是双务合同。(4)合同属于要式合同。

可撤销的土地承包合同,是指因意思表示不真实,通过撤销权人行使撤销权,使已经生效的土地承包合同归于无效。可撤销的土地承包合同的主要特点有:(1)可撤销的土地承包合同是意思表示

不真实的合同。(2)是否行使撤销权,由撤销权人自行决定。(3)可撤销的土地承包合同在未被撤销前,应为有效。

可撤销的土地承包合同包括以下几种情形:(1)因重大误解而订立的土地承包合同;(2)显失公平的土地承包合同;(3)因欺诈而订立的土地承包合同;(4)受胁迫而订立的土地承包合同;(5)因乘人之危而订立的土地承包合同。

无效的土地承包合同是指不具有法律效力的土地承包合同。订立合同是一种法律行为,只有在其符合《合同法》和有关国家法律、法规时,才能产生法律效力,当事人双方的经济目的才能实现。无效的土地承包合同由于违反了国家法律的要求,法律不予承认和保护,因此从其订立时起,就不具有法律的约束力。

土地承包合同有下列情形之一的,合同无效:(1)一方以欺诈、胁迫手段订立土地承包合同,损害国家利益;(2)恶意串通、损害国家、集体或者第三人利益;(3)以合法形式掩盖非法目的;(4)损害社会公共利益;(5)违反法律、行政法规有关不得收回、调整承包地等的强制性规定。

根据规定,还有以下的土地承包合同无效:(1)发包方违反民主议定原则越权发包或未经有关部门批准,土地承包合同无效。(2)承包方未经发包方同意擅自转包、转让的无效。(3)代理人超越代理或者代理权终止后,以被代理人名义订立土地承包合同无效。

77. 什么是土地承包合同的变更与解除

土地承包合同的变更是当事人对发生法律效力的土地承包合同依法进行某些必要的修改、删节、补充合同效力的行为,这种行为应当不得损害国家利益、社会公共利益或者第三人的利益。

当事人在变更时,应注意以下几种情况:(1)变更的土地承包合同必须是已经发生法律效力的合同。(2)被变更的土地承包合同必须尚未履行或者正在履行过程中。(3)土地承包合同的变更有广义和狭义之分。狭义的变更是指土地承包合同的客体和内容的变更，即对土地承包合同标的、数量、质量、履行期和地点、履行方式以及违约责任等条款的修改、补充或删除；广义的变更还包括土地承包合同主体的变更，即土地承包合同的转让。(4)土地承包合同的变更，是当事人之间的一种法律行为，因此除法律另有规定外，土地承包合同的变更应达成协议，在协议未达成前，原土地承包合同仍然有效。

变更时应具备的条件是：(1)原已存在土地承包合同关系。(2)土地承包合同的变更须依据法律的规定或者当事人的约定。(3)土地承包合同变更应当遵守法定的方式。(4)必须有土地承包合同内容的变化。

土地承包合同的解除是指在土地承包合同订立之后，履行完毕之前，对合同规定的当事人双方的权利义务关系提前终止。土地承包合同解除后，当事人通过订立土地承包合同所确立的全部权利义务关系或者尚未履行的部分权利义务关系将不复存在。土地承包合同的解除没有溯及既往的效力。土地承包合同的解除只对未履行部分发生效力，不能导致合同自始消灭。

土地承包合同的解除有以下几种情形：

(1)土地承包合同的约定解除：一是事后协议解除土地承包合同。二是约定将来享有解除权，解除土地承包合同。

(2)土地承包合同的法定解除：一是因不可抗力致使不能实现土地承包合同目的。二是在土地承包合同履行期届满前，当事人一方明确表示或者以自己的行为表明不履行合同主要义务。三是当事人一方迟延履行土地承包合同主要义务，经催告后在合理期限内仍未履行。四是当事人一方迟延履行土地承包合同义务或者其他违约行为致使不能实现土地承包合同目的。五是承包方全家迁入设区的市，转为非农业户口。六是承包方丧失劳动力，无力继续耕种或者经营土地，本人自愿放弃土地承包权的。七是承包人在承包期内死亡，且无第一顺利继承人继承承包的，可以解除土地承包合同。八是承包方在承包期内,违反法律、政策的规定和承包合同的约定,闲置、荒芜承包的耕种,由发包方解除承包合同,收回所发包的耕地。九是承包方进行破坏性或者掠夺性生产经营,经发包方劝阻无效的。十是承包方随意改变土地用途,经发包方劝阻无效的。十一是由于国家建设的需要,承包方所承包的土地全部被依法征用或者批准占用的。十二是承包指标所依据的国家定购任务或者税收、价格等发生重大变化而严重影响一方利益的。

78. 土地承包经营纠纷有哪些　如何解决

土地承包经营纠纷,主要是指在土地承包过程中发包方与承包方发生纠纷,也包括土地承包当事人与第三人发生的纠纷。

土地承包经营纠纷有以下情形:

(1)经济纠纷。在土地承包合同订立、履行、变更和解除过程中,发包方和承包方发生大量的因为经济目的而产生的纠纷。

(2)民事纠纷。农户之间发生纠纷,村组之间发生纠纷以及农户与村组干部个人之间发生的纠纷多是民事纠纷。

农村土地承包纠纷要通过以下途径来解决:

(1)协商。协商,是由发生争议的土地承包当事人在自愿互谅的基础上,依据法律、法规规定和合同的约定,解决承包纠纷的一种方式,这是解决承包纠纷最基本、最有效的方法。

(2)调解。土地承包纠纷的调解,是指土地承包当事人双方发生纠纷后,在第三人的主持下,通过讲理劝说,分清是非,在互谅互让的基础上,依据法律规定,双方自愿达成协议,这也是解决土地承包合同纠纷的重要方式。

(3)仲裁。仲裁是处理合同纠纷的有效途径之一。所谓仲裁,是指土地承包合同当事人双方根据纠纷发生前或发生后达成的仲裁协议,将争议的事项交给仲裁机构,在查明事实、分清责任后,按照一定的程序作出对双方当事人都具有约束力的仲裁裁决,从而解决双方的争议。

79. 什么是土地承包经营权流转　如何实行土地承包经营权流转

土地承包经营权流转,是指在农户土地承包权不变的基础上,承包方将自承包的村集体的部分或全部土地以一定的条件转移给第三方经营,原承包方或第三方向村集体履行原承包合同的行为。

在我国推行土地承包经营权的流转,具有以下必要性:

(1)土地承包经营权流转是促进农村种植业结构调整的需要。

(2)土地承包经营权流转是农业经济市场化、国际化的需要。

(3)土地承包经营权流转是稳定土地承包关系的需要。

(4)土地承包经营权流转是维护农村社会稳定的需要。

我国实行土地承包经营权流转的指导思想是:

(1)农村土地承包经营权要在长期、稳定的家庭承包经营的前提下进行。

(2)农村土地承包经营权流转必须在农民自愿的前提下进行。

(3)农村土地承包经营权流转主要应当在农户之间进行。

(4)土地承包经营权必须依法进行。

(5)土地承包经营权流转还必须坚持有偿原则。

《农村土地承包法》第三十二条规定,通过家庭承包取得的土地承包经营权可以依法采取转包、出租、互换、转让或其他方式流转。

(1)转包。转包主要发生在农村集体经济组织内部农户之间。

(2)出租。出租主要是农户将土地承包经营权租赁给本集体经济组织以外的人。

(3)互换。互换是农村集体经济组织内部的农户之间,为方便耕种和各自需要,对各自的土地承包经营权的交换。

(4)转让。转让是农户将土地承包经营权转移给他人,转让将使农户丧失对承包土地的使用权。

(5)入股。入股即承包方将承包土地使用权入股,参加农业股份制、农业股份合作制或实行"股田制",并以入股股份作为分红依据。

(6)退包。退包是指承包户在承包期内把承包土地退交给集体,由集体重新发包的行为。

土地承包经营权流转应坚持以下原则:

(1)平等协商、自愿有偿原则。

(2)不改变土地所有权的性质和土地的农业用途的原则。

(3)流转的期限不得超过承包期剩余年限的原则。

(4)受让方须有农业生产经营能力的原则。

(5)本集体经济组织成员优先原则。

80. 土地流转中容易出现哪些问题 哪些做法是土地承包经营权流转中的侵权和违法行为

当前土地流转中容易出现以下问题:

(1)对土地流转认识不足。个别基层干部特别是村级干部对土地流转工作不够重视,在调整种植业结构时,没有运用土地流转这种符合市场经济规律的形式去操作,仍然沿用行政干预和强迫命令的办法,引起群众不满;有的地方放松了对土地流转的管理,不闻不问,自行发展;不少群众对土地流转不重视,不了解流转程序,不了解如何流转其行为才合法有效,因而在流转中未能很好地保护自己的合法权益。

(2)土地流转不规范。从调查来看,土地流转不规范主要表现在口头协议多,缺少书面的材料,发生纠纷后没有处理依据;不经发包方同意,私自流转,致使流转行为不受法律保护;流转合同不统一,个别地方条款烦琐,操作性不强。

(3)档案管理不规范。表现在:合同签订不及时,合同签订率低;土地流转情况未在《土地承包经营权证》内登记;没有建立土地流转台账,乡、村两级不能及时掌握了解流转情况;合同入档率低,整理建档不及时,容易造成丢失和损坏。

(4)组织机构不健全。由于人员变动,合同仲裁员在岗的已所剩无几,不少县、市、区的合同仲裁机构已无法正常开展工作,这严重影响了合同纠纷的及时调解仲裁。

《农村土地承包法》第三十五条规定:"承包期内,发包方不得单方面解除承包合同,不得假借少数服从多数强迫承包方放弃或者变更土地承包经营权,不得以划分'口粮田'和'责任田'等为由收回承包地搞招标承包,不得将承包地收回抵顶欠款。"依据这一法规,以下四种做法属于在土地承包经营权流转中侵犯农民权益和违反法律法规的行为。

一是单方面解除承包合同,特别是发包方。

二是假借少数服从多数强迫承包方放弃、变更土地承包经营权。

三是以划分"口粮田"和"责任田"等为由收回承包地搞招标承包。

四是将承包地收回抵顶欠款。

81. 土地承包经营权流转合同包括哪些内容 因土地承包流转价款而产生的纠纷如何处理

依据《农村土地承包法》第三十七条第二款的规定,土地承包经营权流转合同应当具备以下主要条款:(1)流转方、受流转方的姓名、住所,当事人是农户的,户主的姓名可代表全家。(2)流转土地的名称、坐落、面积、质量等级。(3)土地承包经营权流转的期限,即流转的年限和起止时间。这里需要指出,流转的期限不能超过承包合同的剩余期限,即不能超过承包合同的承包期扣除已经履行的时间后剩余的时间期限。(4)流转土地的用途。(5)双方当事人的权利义务。(6)流转价款及支付方式。(7)违约责任。除此之外,当事人还可约定其他内容。

发包方根据《农村土地承包法》第二十六条规定收回承包地前，承包方已经以转包、出租等形式将其土地承包经营权流转给第三人，且流转期限尚未届满，因流转价款收取产生的纠纷，按照下列情形分别处理：(1)承包方已经一次性收取了流转价款，发包方请求承包方返还剩余流转期限的流转价款的，应予支持；(2)流转价款为分期支付，发包方请求第三人按照流转合同的约定支付流转价款的，应予支持。

82. 农村土地家庭承包中发包方与承包方的权利与义务是什么

在农村土地家庭承包中，发包方应当享有以下权利：

(1)发包本集体所有的或者国家所有依法由本集体使用的农村土地，这是发包方的发包权，是享有其他权利的前提。

(2)监督承包方依照承包合同约定的用途合理利用和保护土地。

(3)制止承包方损害承包土地和农业资源的行为。

(4)法律、行政法规规定的其他权利。

根据《农村土地承包法》第十四条规定，发包方应当承担下列义务：

(1)维护承包方的土地承包经营权，不得非法变更、解除承包合同。

(2)尊重承包的生产经营自主权，不得干涉承包方依法进行正常的生产经营活动。

(3)依照承包合同约定为承包方提供生产、技术、信息服务。我国实行以家庭经营为基础、统分结合的双层经营体制，"统"的含义，就是要求集体经济组织要做好为农户提供生产、经营、技术等方面的统一服务性工作。中央文件多次提出，要增强集体经济组织实力,更好地为农户提供产前、产中、产后的服务。

(4)执行县、乡(镇)土地利用总体规划,组织本集体经济组织内的农业基础设施建设。

(5)法律、行政法规规定的其他义务。

根据《农村土地承包法》第十六条规定,承包方享有以下权利:

(1)依法享有承包地的使用、收益和土地承包经营流转的权利,有权利自主组织生产经营和处置产品。

(2)承包地被依法征用、占用的,有权依法获得相应的补偿。

(3)法律、行政法规规定的其他权利。

在家庭承包中,承包方的权利与义务是对等的,承包方在享有权利的同时,也必须承担一定的义务。根据《农村土地承包法》第十七条规定,承包方应当承担以下义务:

(1)维持土地的农业用途,不得用于非农建设。

(2)依法保护和合理利用土地,不得给土地造成永久性损害。

(3)法律、行政法规规定的其他义务。

83. 承包期内发包方可以收回承包土地吗

《农村土地承包法》第二十六条第一款规定:"承包期内,发包方不得收回承包地。"这一规定对于稳定土地承包关系具有重要意义。根据这一规定,除法律对承包地的收回有特别规定外,在承包期内,无论承包方发生什么样的变化,只要作为承包方的家庭还存在,发包方都不得收回承包地,如承包方家庭中的一人或者数人死亡的;子女升学、参军或者在城市就业的;妇女结婚,在新居住地未取得承包地的;承包方在农村从事各种非农产业的;承包方进城务工的等,只要作为承包方的农户家庭没有消亡,发包方就不得收回其承包地。但因承包人死亡,承包经营的家庭消亡的,为避免已有承包地的承包方继承人因继承而获得两份承包地,允许发包方收回承包的耕地和草地。

承包期内,承包方全家迁入小城镇落户的,应当按照承包方的意愿,保留其土地承包经营权或者允许其依法进行土地承包经营权流转。这里所说的"小城镇"是指县级市市区、县人民政府驻地镇和其他建制镇。

承包期内,承包方全家迁入设区的市,转为非农业户口的,应当将承包的耕地和草地交回发包方。承包方不交回的,发包方可以收回承包方的耕地和草地。需要说明的是,承包方应当交回的承包地仅指耕地和草地,并不包括林地,这是因为林地的承包经营与耕地、草地的承包经营相比有其特殊性。林业的生产经营周期和承包期比较长,投入大,收益慢,风险大。稳定林地承包经营权,有利于调动承包方植树造林的积极性,防止乱砍滥伐,保护生态环境。因此,对林地承包经营权不适用耕地和草地有关收回的规定,即使承包方全家迁入设区的市,转为非农业户口的,其承包的林地也不应当收回,而应当按照承包方的意愿,保留其林地承包经营权或者允许其依法进行林地承包经营权流转。

为使承包方在交回承包地或者发包方依法收回承包地时,对承包方已向承包地的资产投入得到补偿,《农村土地承包法》第二十六条第四款规定:"承包期内,承包方交回承包地或者发包方依法收回承包地时,承包方对其在承包地上投入而提高土地生产能力的,有权获得相应的补偿。"如承包方对盐碱度较高的土地或者荒漠化的土地进行治理,使其成为较为肥沃的土地,在交回承包地时,发包方应当对承包方因治理土地而付出的投入给予相应的经济补偿。

84. 承包期内发包方可以调整承包土地吗

根据中央文件精神,解决人地关系的矛盾可按"大稳定、小调整"的原则在农户之间进行个别调整。"小调整"应当坚持以下原则:一是"小调整"只限于人地矛盾突出的个别农户,不能对所有农户进行普遍调整;二是不得利用"小调整"提高承包费,增加农民负担;三是"小调整"的方案要经村民大会或村民代表大会三分之二以上成员同意,并报乡(镇)人民政府和县(市、区)人民政府主管部门审批;四是绝不能用行政命令的办法硬性规定在全村范围内几年重新调整一次承包地。《土地管理法》第十四条第二款规定:在土地承包经营期限内,对个别承包经营者之间承包的土地进行适当调整的,必须经村民会议三分之二以上成员或者三分之二以上村民代表的同意,并报乡(镇)人民政府和县级人民政府农业行政主管部门批准。

《农村土地承包法》第二十七条第二款考虑到实践中对个别农户之间承包的土地需要适当调整的特殊情形,按照中央关于"大稳定、小调整"的前提是稳定的原则,对调整承包地的问题作出严格规定:"承包期内,因自然灾害严重毁损承包地等特殊情形对个别农户之间承包的耕地和草地需要适当调整的,必须经本集体经济组织成员的村民会议三分之二以上成员或者三分之二以上村民代表的同意,并报乡(镇)人民政府和县级人民政府农业等行政主管部门批准。承包合同中约定不得调整的,按照其约定。"

85. 农民迁入小城镇落户后承包地怎么办 承包地收益能继承吗

《农村土地承包法》第二十六条规定,承包期内,承包方全家迁入小城镇落户的,应当按照承包方的意思,保留其土地承包经营权或允许其依法进行土地承包经营权的流转。所以国家法律规定,承包期内承包方全家迁入小城镇落户的,承包方愿意保留土地承包经营权的,发包方应当予以保留,不得收回;承包方进行土地承包经营权流转的,发包方应当允许流转,承包方有稳定的非农就业或收入来源,愿意将承包地交回的,发包方应当接受,并依法另行安排承包。

《农村土地承包法》第二十六条规定,承包期内,承包方全家迁入设区的市，转为非农业户口的，应当将承包的耕地和草地交回发包方。这里需要注意两个问题：一是承包方全家迁入设区的市，并且转为非农业户口，只有这两个条件同时具备，才应当将承包的耕地和草地交回发包方，发包方才可以收回承包方承包的耕地和草地。二是应当交回的承包地只限于耕地和草地，不包括林地。

根据《农村土地承包法》第三十一条的规定，"承包人应得的承包收益。依照继承法的规定继承"。可见，承包人死后，其继承人有权继承其收益。

但是对于承包的土地本身可否继承，《继承法》第四条有所涉及，规定："个人承包，依照法律允许由继承人继续承包的，按照承包合同办理"。

《农村土地承包法》第三十一条中也明确规定，"林地承包的承包人死亡，其继承人可以在承包期内继续承包"。由此可以看出，子女可以继承父母亲承包的林地，具体的承包内容按父母亲订立的土地承包合同执行。

第四章　农村常用合同知识

86. 合同的含义与形式是什么　它包括哪些内容

合同又称契约,是平等民事主体的自然人、法人、其他组织之间设立变更、终止民事权利义务关系的协议,也是双方当事人意思表示一致的协议。

合同的形式包括书面形式、口头形式和其他形式。在现实生活中,有许许多多的商品交换活动都是通过合同的形式表现出来的。农民购买种子、农药等农业生产资料,有的需要签订购销合同,有的尽管没订立正式合同,但卖方出具的发票、说明书、标签等都是合同的内容。还有车船票、寄存条等都是合同的表现形式。农民在农贸市场销售粮食或青菜,虽然没有出具书面的东西,但其实是在履行简便快捷的口头合同。

合同的内容由当事人约定,一般包括以下主要内容:

(1)当事人的名称或者姓名和住所。指自然人的姓名、住所以及法人和其他组织的名称、住所。

(2)标的。指合同当事人权利和义务共同指向的对象。

(3)数量。指衡量合同当事人权利义务大小的尺度,是以数字和计量单位来表示的尺度。

(4)质量。指检验标的内在素质和外观形态优劣的标志。国家对质量规定了许多标准,此外,当事人还可以自行约定质量标准。

(5)价款或者报酬。价款,是指合同一方当事人向交付货物的另一方当事人以货币形式支付的代价,如买卖合同中的价金、租赁合同中的租金、借款合同中的利息等。报酬,是指合同一方当事人向提供劳务的另一方当事人以货币形式支付的代价,如建设工程合同中的工程费、保密合同中的保密费、运输合同中的运费等。

(6)履行期限、地点和方式。履行期限指当事人履行合同和接受履行的时间。根据履行期限的不同,合同履行可分为即时履行、定时履行、分期履行。履行地点指合同当事人履行合同与接受履行的地方。履行地点的确定具有重要意义,它既可以是确定标的验收地点的依据,也可以是确定风险由谁承担的依据,还可以是确定标的物所有权转移的依据。履行方式是指当事人履行合同与接受履行的方式,包括交货方式、实施行为方式、验收方式、付款方式、结算方式等。

(7)违约责任。指合同当事人不履行合同义务或者履行合同义务不符合约定而应承担的民事责任,主要包括支付违约金和损失赔偿金两种责任方式。

(8)解决争议的方法。指合同当事人解决合同纠纷的方式、地点。方式包括仲裁、诉讼。地点是关于仲裁、诉讼的管辖机关所在地。当事人可以选择仲裁或者诉讼作为解决合同争议的方法。当事人如果在合同中既没有约定仲裁条款,又没有约定诉讼的条款,则可以通过诉讼的渠道解决合同纠纷。

当事人可以参照各类合同的示范文本订立合同。合同的示范文本是指由特定机关事先拟定的对当事人订立合同起示范作用的合同文本。合同条款的有些内容是拟定好的,有些内容是需要当事人自己商定填入的。合同的示范文本只是对当事人订立合同起参考作用,它不是格式合同(或者叫要式合同),也不要求当事人必须采用合同的示范文本,即合同的成立与生效和当事人是否采用示范文本并无直接关系。

87. 格式合同的特点是什么　法律对格式合同有哪些限制

根据格式条款订立的合同，一般称为标准合同，或称格式合同。格式合同，是指当事人为了重复使用而预先拟定，并在订立合同时未与对方协商的合同。格式合同的特点是：

(1)合同条款与形式的标准化。标准合同的条款通常由一方将预先确定的合同条款印制于一定的文件，如车船票、保险单、运输单等之上。

(2)合同条款具有预先确定性。即合同条款是由一方当事人预先拟定，或者由某些超然于双方当事人利益之上的社会团体、国家授权机关制定，或由法律直接事先规定。

(3)合同一方当事人的不确定性。在订立合同前，一方当事人总是特定的，如保险公司等，但相对方则是不确定的，一般是社会上分散的广大消费者。

(4)合同双方当事人地位在实际上的不平等性。其中，要约人总是拥有雄厚的经济实力或垄断地位，并且往往凭借此优势在合同中随意规定免责条款以减轻或者免除其责任，而相对人却只能被动地接受合同条款，并且无协商余地。

由于格式合同具有上述特点，所以合同法对提供格式条款的一方当事人作了诸多限制，以保护对方当事人的合法权益。

(1)提供格式条款的一方应当遵循公平的原则确定当事人之间的权利义务，并采取合理的方式提请对方注意免除或者限制其责任的条款，按照对方的要求，对该条款予以说明。

(2)格式条款具有《合同法》第五十二条和第五十三条规定的情形，或者免除提供格式条款一方当事人主要义务、加重对方责任、排除对方当事人主要权利的，该条款无效。

(3)对格式条款的理解发生争议的，应当作出不利于提供格式条款一方的解释。格式条款和非格式条款不一致的,应当采用非格式条款。

88. 什么是合同转让　它与合同变更有何区别

合同转让,即合同权利义务的转让,又可称合同主体的变更,是指合同当事人一方依法将其合同的权利义务全部地或者部分地转让给第三人。合同转让并不改变原合同的权利义务内容,只是合同主体发生了变化,是以新的债权人代替原合同的债权人,或以新的债务人代替原合同的债务人。根据转让的权利义务不同,合同转让可分为合同权利的转让、合同义务的转移以及合同权利义务一并转让三种形态。

从上述概念可以看出,合同转让与合同变更是有非常明显的区别的,主要表现为以下几点:

(1)合同转让系由第三人取代原债权人或债务人的地位而成为合同当事人;而合同的变更只发生在合同当事人之间,不涉及第三人。

(2)合同转让只涉及合同主体的变更,不涉及合同内容的变化;而合同的变更则表现为合同内容的改变,不涉及合同主体的变化。

(3)在合同转让中,除第三人加入合同关系的情况外,因合同主体的变化将导致原合同关系消灭而产生一种新的合同关系;但在合同变更的情况下,当事人只对原合同的某些条款进行修改和补充,合同关系仍然保持效力,不发生原合同关系消灭的问题。

89. 什么是合同解除

合同的解除,是指合同有效成立后,当特定条件或原因出现时,当事人一方或双方通过意思表示,使合同的权利义务关系归于消灭,从而使合同对双方当事人不再具有约束力的一种制度。合同解除是合同终止的一种不正常的方式。

按照解除发生的原因不同,合同的解除一般区分为法定解除和约定解除两种。

(1)法定解除。即当事人一方直接基于法律规定的原因而解除合同。例如,我国《合同法》第九十四条列举的可以解除合同的五种情况。

(2)约定解除。即基于当事人双方的约定而解除合同。这种约定可以是订立合同时的双方合意,也可以是事后双方的协商一致。我国《合同法》第九十三条规定:"当事人协商一致,可以解除合同。当事人可以约定一方解除合同的条件。解除合同的条件成就时,解除权人可以解除合同。"这一规定的含义:

一是订立合同时,双方可以约定解除合同的条件,一旦条件成就,双方都有权解除合同。

二是在合同成立之后,当事人双方可以通过协商,达成一致意见,提前终止合同,从而消灭合同的债权债务关系。

90. 什么是合同违约责任 有何特征

合同违约责任,又称违反合同的民事责任,是指当事人因违反合同应当承担的法律责任,即违约方须向守约方承担财产责任。法律责任多种多样,如刑事责任、行政责任和民事责任,具体说来,违约责任是民事责任的一种。违约责任具有如下法律特征:

(1)违约责任仅存在于当事人之间,其主体具有相对性。所谓违约责任的相对性,是指违约责任只能在特定的当事人之间发生;合同关系以外的人,不负违约责任;合同当事人也不对第三人承担违约责任。这种相对性具体表现在以下三方面:①合同当事人应对因自己违约所造成的后果承担法律责任,而不能将责任推卸给他人;②因第三人的行为造成债务不能履行,债务人仍须对债权人承担违约责任,而后有权向第三人追加补偿;③债务人只能向债权人承担违约责任,而不应向国家或第三人承担违约责任。其理由是,只有债权人和债务人才是合同的当事人,国家和第三人并非合同的主体。

(2)从性质上讲,违约责任是一种纯粹的财产责任。法律只强调违约者用其财产来弥补因违约给对方所造成的损失。这是因为合同本身是一种财产关系,因而违反合同所承担的责任也应当是一种财产责任;追究刑事责任、行政责任,不属于违约责任的范畴。因此,任何人都无权对违约人施行人身制裁,更不能采取拘留、关押、体罚等强制手段来惩治债务人。否则就是侵权,甚至构成犯罪。

(3)违约责任可以由当事人约定,其内容具有一定程度的任意性。根据合同自由的原则,在法律规定的范围内,当事人对违约责任可以事先安排。具体表现为:当事人可以事先约定违约金的数额;可以预先约定损害赔偿额的计算方法,甚至确定具体数额;还可以设定对免责条款的限制和补充。对违约责任的事先约定,既充分表达了当事人的意愿,又使违约责任的内容具有一定的任意性。这样做既有利于合同纠纷的及时解决,又有利于减少当事人的未来风险。需要指出的是,承认违约责任的一定任意性,并不意味着否认或减弱违约责任的强制性。如果失去违约责任的强制性,那么债务也就失去了对当事人的约束力。

(4)违约责任应体现公正性。违约责任制度的设立,旨在弥补因一方违约行为给对方所造成的损害,因而它具有明显的补偿性。当一方违约使合同关系遭到破坏,导致当事人双方的利益失去平衡,法律通过追究违约责任的方式,使受害人遭到的损失得到应有的补偿,从而使双方的利益状况达到平衡。这充分体现了违约责任的公正性。从违约责任的补偿性出发,当事人约定赔偿金,只能相当于受害人所遭受的实际损失。如果约定的赔偿金过高,则过高部分无效。这是平等、等价原则的体现。

91. 什么是违约金　合同法对此有何规定

违约金是违约责任形式中最常见的一种。它是指当事人一方在不履行合同时依法律规定或合同约定向对方支付一定数额的货币或表现为一定价值的财物。

根据我国《合同法》第一百一十四条规定，当事人可以约定一方违约时应当根据违约情况向对方支付一定数额的违约金，也可以约定因违约产生的损害赔偿额的计算方法。同时，无论采用何种方式，如果出现违约金或损害赔偿数额过高或过低的显失公平的问题，法律把裁量权赋予法官来进行调整，以平衡各方间的利益。

在当事人对违约金没有约定的情况下，违约金或赔偿金应相当于因违约所造成的损失，包括可得利益损失。由于可得利益作为间接损失，可能会在某一具体案件中使违约方遭受巨大损失，因此在这种情况下，应当遵循可预见规则来平衡双方当事人的利益分配，即可得利益不得超过违反合同一方订立合同时应当预见到的因违反合同可能造成的损失。若包括间接损失在内的实际损失超出了违约方可预见范围，则超出部分不予赔偿。

违约金除了可以由双方当事人在合同中自行约定，还可以依照法律规定进行。

92. 什么是买卖合同　买卖合同有哪些法律特征

买卖合同是指当事人之间关于一方交付标的物并转移标的物的所有权于他方，他方接受标的物并支付价款的协议。这里的当事人一方被称为卖主或卖方，另一方被称为买主或买方，卖方是承担交付标的物并移转标的物所有权于他方义务的当事人；买方是承担接受标的物并支付价款义务的当事人。

买卖合同的法律特征如下：

(1)买卖合同是双务合同。双务合同是指依据合同约定,双方当事人都享有一定的权利,承担一定的义务的合同。买卖合同的出卖人必须履行交付标的物并移转标的物所有权的义务,但同时又享有获取价金的权利;买受人享有取得标的物所有权的权利,又必须承担支付价金的义务,故买卖合同是双务合同。

(2)买卖合同是有偿合同。买受人要取得标的物所有权,就必须支付价金;出卖人要获取价金就必须交付标的物并移转标的物的所有权于买受人,这就在买受人和出卖人之间形成了互为给付的关系,所以,买卖合同是有偿合同。买卖合同是标的物所有权和价金对等给付的合同,价金和标的物互为等价。

(3)买卖合同是诺成合同。依据合同法的规定,双方当事人就合同的主要条款协商一致,买卖合同就成立,它不以标的物的交付为其成立的条件,所以,买卖合同是意诺即成的合同。尽管买卖合同也需交付标的物,但那是合同成立以后的事情,属于买卖合同的履行。

(4)买卖合同是不要式合同。我国合同法对买卖合同的形式没有作强制性规定,除涉外贸易、不动产买卖等合同法律有特别规定的以外,买卖合同不以书面、登记或批准为其必要形式,当事人可以自由选择书面形式、口头形式或其他形式。所以,买卖合同是不要式合同。

(5)买卖合同是有名合同。有名合同也叫列名合同,指其名称由法律明确规定并已类型化的合同。各国合同法都对买卖合同有明确而详细的规定,我国的合同法也不例外,所以买卖合同是有名合同。

93. 分期付款买卖合同有何特征 它有哪些特别条款

分期付款买卖是指当事人约定,出卖人先行将标的物交付给买

受人,买受人将其应付的价款在一定期限内分批分次支付给出卖人。分期付款买卖具有如下特征:

(1)分期付款买卖属于信用买卖,具有标的物先行给付和价款后续分期支付的特点。

(2)分期付款买卖具有赊购的性质,但不同于一般的赊购,一般赊购是买受人取得标的物所有权后,于一定期限内一次性支付价款。

(3)分期付款买卖也不同于融资租赁,分期付款买卖的买受人在支付完最后一笔价款后,自然取得标的物所有权;而融资租赁的承租人支付完最后一笔租金后,不能自然取得标的物所有权,而是可在购买、续租和退租之间作出选择。

分期付款买卖合同的特别条款主要包括:

(1)所有权保留。为促使买受人分期支付价款,当事人可以约定,在价款支付完以前,出卖人可以保留标的物所有权,直至买受人支付了全部价款,才将所有权转移于买受人。这种约定是任意性的,若有此约定,必须以书面形式为之;若没有约定,标的物所有权转移按买卖合同的一般规则进行。

(2)期限利益丧失。在买受人没有依据合同约定按期支付价款时,出卖人可以主张解除合同或请求买受人一次性支付全部价款,从而使买受人丧失本应由他享有的期限利益。该特约条款亦叫解除合同或请求支付全部价款的特约。为防止出卖人滥用特约的规定,导致买卖不公平,我国《合同法》第一百六十七条规定,分期付款的买受人未支付到期价款的金额达到全部价款的五分之一的,出卖人才可以要求买受人支付全部价款或者解除合同。这一规定属于强制性规定,当事人的约定不得与该强制性规定相抵触,否则,约定无效。

(3)损害赔偿。在当事人依约定解除合同时,有过错的一方当事人应向对方支付相应的赔偿金。分期付款买卖的出卖人已先行交付标的物,过错常出现在买受人一方。当事人可以约定在此情形之下,出卖人可以扣留已取得的价款作为损害赔偿金。但扣留价款的数额不得超过标的物在此期间的通常使用费的金额。如果约定扣留的金额超过了这一限度,超过部分应当返还给买受人。

可见,分期付款买卖合同中的特别条款主要是为保证出卖人能按时收回价款,当事人在合同中约定的有利于出卖人的一种规定。

94. 什么是借款合同 它与借贷合同是什么关系

借款合同,是指借款人向贷款人借款,到期返还借款并支付利息的合同。借款合同的标的物仅限于金钱,习惯上又称之为金钱借贷合同。一般分为银行借贷合同和民间金钱借贷。银行等金融机构将贷款人的合同称为银行借贷合同或信贷合同;而公民个人之间的借款合同则称为民间金钱借贷。因此,借款合同的当事人一般有两类,既可以是银行及其他金融机构,也可以是公民个人;向银行借款,借款人的资格没有限制,而向个人借款,借款人仅限于公民个人。

借贷除金钱借贷外,还包括实物借贷,即一方将一定量的实物交付他方所有,他方于约定的期限内归还同种、同质、同量实物的协议。至于借贷是否包括使用借贷(即借用合同),理论上存在不同看法。多数学者认为,借贷仅限于消费借贷,具体分为银行借贷和民间借贷两种,不包括使用借贷在内。由此看来,借款合同是借贷合同的另一种表现形式。

95. 借款合同形式和内容有何要求 自然人之间的借款合同利息是如何规定的

根据《合同法》第一百九十七条规定,借款合同采用书面形式,但自然人之间借款另有约定的除外。借款合同的内容包括借款种类、币种、用途、数额、利率、期限和还款方式等条款。

借款合同一般采用书面形式,只有自然人之间的借款合同对书面形式可以约定排除。在实践中,金融机构签订的贷款合同一般采用书面形式,而普通自然人之间的借款合同既可以采用书面形式,也可采用口头形式,但最好采用书面形式。

自然人之间借款合同对支付利息没有约定或者约定不明确的,视为不支付利息。自然人之间的借款合同约定支付利息的,借款的利率不得违反国家有关限制借款利率的规定。

根据最高人民法院 2015 年 8 月发布的《关于审理民间借贷案件适用法律若干问题的规定》,明确了自然人之间借贷的利息问题。要点是:(1)借贷双方没有约定利息或者对利息约定不明,出借人无权主张借款人支付期内利息;(2)借贷双方约定的年利率未超过 24%,出借人有权请求借款人按约定支付利息,但如果双方约定的年利率超过 36%,则超过年利率 36%部分的利息无效;(3)预先在本金中扣除利息的,人民法院按照实际出借的金额认定为本金;(4)除借贷双方另有约定的外,借款人可以提前偿还借款,并按照实际借款期间计算利息。

96. 租赁合同的含义和特征是什么

租赁合同是指出租人将租赁物交付承租人使用、收益,承租人支付租金的合同。交付物的一方称出租人,使用物的一方称承租人,被交付使用的物称租赁物,租金为承租人取得租赁物的使用权的代价。

租赁合同具有以下特征:

(1)租赁合同标的物是特定的非消耗物。租赁合同的标的物可以是动产,如汽车;也可以是不动产,如房屋。由于合同终止后,承租人须向出租人返还租赁物,故租赁物只能是非一次性消耗物。租赁合同的这一特征使其与借款合同区别开来。

(2)租赁合同是转移财产使用权的合同。在租赁合同中,出租人不转移财产的所有权,只转移财产的使用收益权。租赁合同的这一特征是其与买卖、赠予等转移财产所有权合同的根本区别所在。

(3)租赁合同具有期限性。租赁合同的出租人仅以收取租金为代价,将租赁物交承租人限期使用获得收益,因此,租赁合同具有期限性,不适用于财产的永久性使用。我国《合同法》第二百一十四条明确规定,当事人约定的租赁期限不得超过20年,超过20年的,超过部分无效。

(4)租赁合同是双务合同。租赁合同的出租人负有使承租人对租赁物使用的义务,承租人负有交付租金的义务,因此租赁合同为双务合同。

(5)租赁合同是有偿合同。租赁合同双方的义务互为等价,因此租赁合同为有偿合同。

(6)租赁合同是诺成合同。租赁合同自双方达成协议时成立,故为诺成合同。

另外,租赁合同通常包括租赁物的名称、数量、用途、租赁期限、租金及其支付方式和期限、租赁物的维修等条款。

97. 什么是运输合同 什么是货物运输保险

运输合同,亦称运送合同,是关于承运人将旅客或者货物运输到约定的地点,旅客、托运人或者收货人支付票款或者运费的一种协议。

运输合同具有以下法律特征:

(1)运输合同属于提供劳务的合同。承运人通过一定的运输行为使货物或者旅客发生了空间位移,合同的标的是劳务而非货物和旅客,承运行为并不涉及货物的使用价值,也不涉及所有权的转移。

(2)运输合同一般具有标准合同的性质。货物运输合同的形式是运输部门拟定好的运单,合同格式、条款、运输条件都已事先规定好,托运人必须按要求填写,不得变更。旅客运输合同的形式则是票据。

（3）合同有多个关系人介入。在多数情况下,除托运人和承运人以外,往往还有收货人参加。收货人并非合同的签订者,但由于享有合同的权利、承担合同中的义务,因而合同签订后,也就成为合同的当事人。

（4）运输合同的运输风险大,涉及的因素复杂,故与其他合同相比有着较多的特殊性,各类运输合同大多有专门的法律、法规、国际条约和国际惯例调整。

（5）运输合同大多数是诺成合同。运输合同自签订后即可成立,只有少数合同是实践合同,要由托运人将托运货物交付承运人,合同才成立。

（6）运输合同是双务有偿合同。

货物运输保险是指托运人或承运人向保险公司交付保险费,当保险货物遭受损失时,由保险公司按照承保险种的责任范围承担赔偿责任的保险。如果托运人(收货人)投保了货物运输保险,货物在运输途中毁损灭失,托运人(收货人)有权按实际损失获得赔偿。最高人民法院在《关于保险货物发生损失引起运输合同赔偿纠纷如何适用法律的批复》中指出,对已投保货物运输保险的货物,由于承运人的责任造成损失的,应由承运人按货物的实际损失赔偿;如果保险公司根据保险合同先予赔偿的,由于投保额不足,保险赔款与实际损失差额部分,由承运人赔偿。如果是足额投保,保险公司赔偿之后,投保人不能再要求承运人赔偿。因为货物的价值是可计算的,只要承运人或保险人足额赔偿,托运人的损失就得到了补偿,因此,不能再要求赔偿。

98. 保管合同和仓储合同的特点是什么

根据《合同法》第三百六十五条的规定,保管合同是指保管人保管寄存人交付的保管物,并返还该物的合同。

保管合同具有以下特点：

(1)保管合同只转移占有权。保管人对保管物无使用收益权，更无所有权。

(2)保管合同的保管物只能是特定物或特定化的种类物。因保管合同终止后，保管人须将保管的原物归还寄存人，故保管合同的保管物必须特定。

(3)保管合同原则上为实践合同，即自保管物交付时成立。但当事人可以约定不以保管物的交付为合同成立要件。

(4)保管合同可以是有偿的，也可以是无偿的。

仓储合同是保管人储存存货人交付的仓储物，存货人支付仓储费的合同。

仓储合同具有下列法律特征：

(1)仓储合同的保管人是专门经营仓储保管业务的人。未经核准经营仓储业务者，不得订立仓储合同。这是仓储合同与保管合同的重要区别。可以说，仓储合同是一种特殊的保管合同。

(2)仓储合同是诺成合同。仓储合同不以仓储物的交付为合同成立要件，只需双方意思表示一致，合同就成立生效。

(3)仓储合同是双务合同。合同成立生效后，双方即享有相应的权利，同时负有相应的义务，故为双务合同。

(4)仓储合同是有偿合同。又因存货人须向保管人支付仓储费，所以，又是有偿合同。

99. 什么是赠与合同　赠与合同能撤销吗

赠与合同是赠与人将自己的财产无偿给予受赠人，受赠人表示接受赠与的协议。

《合同法》第一百八十六条规定，赠与人在赠与财产的权利转移之前可以撤销赠与。例如，张某与李某是朋友，张某答应送给李某一块手表，后来由于某种原因，张某又撤销了赠与，张某便无须再将自己的财产无偿给予李某。一般意义上的赠与合同是以财产实际交付为赠与合同成立的前提条件。

100. 承揽合同的含义及内容是什么

承揽合同,又叫加工承揽合同,是承揽人按照定做人的要求完成工作,交付工作成果,定做人给付报酬的合同。接受委托利用自己的智力、劳力、工作条件为他方完成工作成果的一方称为承揽人,支付报酬委托他人为自己完成一定工作成果的一方称为定做人。承揽人按照约定的品质、规格、数量、期限等条件完成特定的工作,并将其成果交付给定做人,定做人及时接收并按约定的金额、期限向承揽人支付报酬。承揽人的交付工作成果与定做人的支付报酬互为等价,所以承揽合同是双务、有偿合同。承揽合同包括加工合同、定做合同、修理合同、复制合同、测试合同、检验合同、建房合同、印刷合同、房屋修缮合同等。

承揽合同的标的(即当事人权利义务指向的对象)是工作成果,而不是工作过程或劳务、智力的支出过程。例如,甲接受乙的委托为乙修理汽车,这是承揽合同的一种,甲只有在把车修好交付给乙后才有权向乙请求支付修理费,乙也只有在此时才有支付修理费的义务。如果甲花了数天时间,未能将汽车修好,他就无权要求乙付费,虽然甲确实在这辆车上花了许多时间、精力。因为承揽合同的目的是修好汽车,其标的是修好的汽车这项工作成果,而不是甲的时间、精力本身。承揽合同作为完成工作成果型的合同,与服务合同有本质的区别。服务合同如授课合同,一般不可能约定授课一定要达到某种效果,如必须通过某项考试,授课过程本身就是合同的标的。有的厨师、修理工、裁缝的培训广告中称,到期学不会者可以免费再学只是一种优惠条件,并不是保证达到一定效果。承揽合同的标的一般是有形的,或至少要以有形的载体表现,而不是单纯的智力技能。

承揽合同的内容包括承揽的标的、数量、质量、报酬、承揽方式、材料的提供、履行期限、验收标准和方法等条款。其中承揽方式包括来料加工、来件装配、来样加工、包工包料、只包工不包料等合同。

101. 施工合同包括哪些内容 承包单位能将其承包的全部工程转包给他人吗

施工合同的主要内容包括：

①工程范围；

②建设工期、中间交工工程的开工和竣工时间；

③工程质量；

④工程造价；

⑤技术资料交付时间；

⑥材料和设备供应责任；

⑦拨款和结算；

⑧竣工验收；

⑨质量保修范围和质量保证期；

⑩双方相互协作的其他条款。

《中华人民共和国建筑法》（以下简称《建筑法》）第二十八条规定，禁止承包单位将其承包的全部建筑工程转包给他人，禁止承包单位将其承包的全部建筑工程肢解以后以分包的名义分别转包给他人。但是，建筑工程总承包单位可以将承包工程中的部分工程发包给具有相应资质条件的分包单位；除总承包合同中约定的分包外，必须经建设单位认可。施工总承包的，建筑工程主体结构的施工必须由总承包单位自行完成。

建筑工程总承包单位按照总承包合同的约定对建设单位负责；分包单位按照分包合同的约定对总承包单位负责。总承包单位和分包单位就分包工程对建设单位承担连带责任。即当分包工程出现质量问题时，建设单位既可以追究总承包单位的责任，又可以追究分包单位的责任。

禁止总承包单位将工程分包给不具备相应资质条件的单位。禁止分包单位将其承包的工程再分包。

102. 在工程建设中能带资承包吗

带资承包,是指建设单位未全额支付工程预付款或未按工程进度按月支付工程款(不含合同约定的质量保证金),由建筑业企业垫款施工。国家曾明文规定,任何建设单位都不得以要求施工单位带资承包作为招标投标条件,更不得强行要求施工单位将此类内容写入工程承包合同。违者取消其工程招标资格,并给予经济处罚。

对于在工程建设过程中出现的资金短缺,应由建设单位自行筹集解决,不得要求施工单位垫款施工。建设单位不能按期结算工程款,且后续建设单位资金到位无望的,施工单位有权按合同终止施工,由此造成的损失均由建设单位按合同承担责任。

施工单位不得以带资承包作为竞争手段承揽工程,也不得用拖欠建材和设备生产厂家货款的方法转嫁由此造成的资金缺口。违者要给予经济处罚,情节严重的,在一定时期内取消其工程投标资格。今后由于施工单位带资承包而出现的工程款回收困难等问题,由其按合同自行承担有关责任。

103. 土地承包合同如何成立生效 如何取得土地承包经营权

合同的成立是指订约当事人就合同的主要内容形成合意。对于合同的成立时间,《合同法》规定,承诺生效时合同成立。这是合同成立的一般规定。同时,《合同法》又对书面形式合同的成立作出了特别规定:当事人采用合同书形式订立合同的,自双方当事人签字或者盖章时合同成立。《农村土地承包法》中已明确规定土地承包合同应当采用书面形式。因此,承包合同成立的时间应当是当事人签字或者盖章之时。但是,实践中对当事人虽没有签字或者盖章,却履行了合同主要义务的,合同也可成立。对于这种情形,《合同法》规定,采用合同书形式订立合同,在签字或者盖章之前,当事人一方已经履行主要义务,对方接受的,该合同成立。

合同生效是指合同产生法律约束力。合同的效力主要体现在以下几个方面:

(1)在当事人之间产生法律效力。合同生效后,当事人依法受到合同的约束,必须遵循合同的规定,依照诚实信用的原则,正确行使权利,履行义务,而不得滥用权力,违反义务。这是合同的对内效力。在客观情况发生变化时,当事人必须依照法律的规定或者取得对方的同意,才能变更或者解除合同。

(2)合同生效后产生的法律效力还表现在对当事人以外的第三人产生一定的法律约束力。这属于合同的对外效力。合同生效后,任何单位或者个人都不得侵犯当事人的合法权利,不得非法阻挠当事人履行义务。

(3)合同生效后的法律效果还表现在,当事人违反合同的,将依法承担民事责任,必要时人民法院可以采取强制措施使当事人依照合同的规定承担责任,对对方当事人进行补救。《农村土地承包法》规定,当事人一方不履行合同义务或者履行义务不符合约定的,应当依照《中华人民共和国合同法》的规定承担违约责任。同时,《农村土地承包法》第五十九条、第六十条等也对承包合同当事人的法律责任作出了规定。

对于合同的生效时间,《民法通则》规定,民事法律行为从成立时起就具有法律约束力。《合同法》规定,依法成立的合同,自成立时生效。合同的生效,除附条件、附期限的合同以外,在通常情况下,与合同的成立也是一致的。《农村土地承包法》对承包合同的生效作出了同《民法通则》和《合同法》一致的规定,即承包合同自成立之日起生效。

《合同法》在规定合同"自成立时生效"的同时，还规定，法律、行政法规规定应当办理批准、登记等手续生效的，依照其规定，这是合同生效的特别要件。有些合同的成立和生效是不一致的，合同成立并不一定生效，只有在依法经过批准、登记等手续后，合同才生效。

土地承包经营权作为一种土地使用权，属于用益物权的一种，它的设立，以土地承包合同生效为前提。依照《农村土地承包法》的规定，承包合同的生效无须经过特别的批准、登记程序。该法虽然要求县级以上地方人民政府向承包方颁发有关权利证书，并登记造册，但不能据此认为承包合同的生效和土地承包经营权的设立是以登记为先决条件。土地承包经营权自承包合同生效时取得，登记只是作为对承包经营权确认的程序。这同《土地管理法》的规定也是一致的。

104. 订立劳动合同应当遵循哪些原则

《劳动合同法》第三条规定了订立劳动合同的原则："订立劳动合同，应当遵循合法、公平、平等自愿、协商一致、诚实信用的原则。"相比《劳动法》，增加了"公平"和"诚实信用"的原则。

(1)合法的原则

合法原则，是指订立劳动合同的行为不得与法律、法规相抵触。合法是劳动合同有效并受国家法律保护的前提条件，它的基本内涵应当包括以下方面：

①订立劳动合同的主体必须合法。签订劳动合同的主体是用人单位和劳动者。主体合法，即当事人必须具备订立劳动合同的主体资格。用人单位的主体资格是指必须具备法人资格或经国家有关机关批准依法成立，必须有被批准的经营范围和履行劳动关系权利义务的能力，以及承担经济责任的能力；个体工商户必须具备民事主体的权利能力和行为能力。劳动者的主体资格，是指必须达到法定的最低就业年龄，具备劳动能力。任何一方如果不具备订立劳

动合同的主体资格,所订立的劳动合同即违法。

②订立劳动合同的目的必须合法。目的合法,是指当事人双方订立劳动合同的宗旨和实现法律后果的意图不得违反法律、法规的规定。劳动者订立劳动合同的目的是为了实现就业,获得劳动报酬;用人单位订立劳动合同的目的是为了使用劳动力来组织社会生产劳动,发展经济,创造效益。

③订立劳动合同的内容必须合法。内容合法,是指双方当事人在劳动合同中确定的具体的权利与义务的条款必须符合法律、法规和政策的规定。劳动合同的内容涉及工作内容、工资分配、社会保险、工作时间和休息休假以及劳动安全卫生等多方面的内容,劳动合同在约定这些内容时,不能违背法律和行政法规的规定。

④订立劳动合同的程序与形式合法。程序合法,是指劳动合同的订立,必须按照法律、行政法规所规定的步骤和方式进行,一般要经过要约和承诺两个步骤,具体方式是先起草劳动合同书草案,然后由双方当事人平等协商,协商一致后签约。形式合法,是指劳动合同必须以法律、法规规定的形式签订。《劳动合同法》第十条规定:"建立劳动关系,应当订立书面劳动合同。"它明确了订立劳动合同的形式,并对不订立书面劳动合同的行为追究责任,对劳动者造成损害的,还要承担赔偿责任。

(2)公平的原则

《劳动合同法》中增加"公平"为订立劳动合同的原则,是要求在劳动合同订立过程及劳动合同内容的确定上应体现公平。公平原则强调了劳动合同当事人在订立劳动合同时,对劳动合同内容的约定,双方承担的权利义务中不能要求一方承担不公平的义务。如果双方订立的劳动合同内容显失公平,那么该劳动合同中显失公平的条款无效。如因重大误解导致的权利义务不对等,对同岗位的职工提出不一样的工作要求,对劳动者的一些个人行为作出限制性规定等,对于劳动者,显失公平的合同违背了劳动者的真实意愿。因此,《劳动合同法》第二十六条规定,"用人单位免除自己的法定责任、排除劳动者权利的"劳动合同无效。

（3）平等自愿的原则

①平等,是指订立劳动合同的双方当事人具有相同的法律地位。在订立劳动合同时,双方当事人是以劳动关系平等主体资格出现的,有着平等的要求利益的权利,不存在命令与服从的关系,任何以强迫、胁迫、欺骗等非法手段订立的劳动合同,均属无效。这一原则赋予了双方当事人公平地表达各自意愿的机会,有利于维护双方的合法权益。

②自愿,是指订立劳动合同必须出自双方当事人自己的真实意愿,是在充分表达各自意见的基础上,经过平等协商而达成的协议。这一原则保证了劳动合同是当事人根据自己的意愿独立作出决定的;劳动合同内容的确定,必须完全与双方当事人的真实意思相符合。采取暴力、强迫、威胁、欺诈等手段订立的劳动合同无效。

105. 合同效力的含义是什么　它具体包括哪些内容

合同的效力,即合同所具备的、受到法律保障的能力和资格。具体而言,合同的效力包括以下含义:

（1）对效力范围的确定,即合同效力对什么人、在什么时间、在什么空间内发生;

（2）对效力的限制,即对合同的效力进行人为的控制,使其暂时不发生或者将来停止,附条件合同与附限制合同就是对合同效力限制的典型手段;

（3）对合同效力的判断,即根据一定的标准划定合同效力的具体情况,是有效、无效、可撤销或者效力未定;

（4）对效力的实现,即合同中约定的权利义务真正履行。

我国《合同法》中,合同的效力包括以下五个方面的内容:

（1）有效合同的构成要件（第四十四条至第四十六条）。包括一般条件和不同内容、形式的合同的特殊条件。

（2）效力未定合同的处理（第四十七条至第五十一条）。包括对主体不合格的合同、无权代理人订立的合同、无处分权人订立的合同如何处理。

（3）无效合同（第五十二条、第五十三条）。包括无效合同的构成要件和免责条款无效的构成要件。

（4）可撤销合同（第五十四条至第五十五条）。包括撤销的条件和撤销权消灭的条件。

（5）合同无效和被撤销的后果（第五十六条至第五十九条）。包括返还原物和赔偿损失。

106. 什么是无效劳动合同　造成合同无效的原因有哪些

无效劳动合同，是指劳动合同虽经过当事人双方同意订立，但因劳动合同条款违反法律、行政法规的要求，因而不具有法律效力。

无效劳动合同分为全部无效和部分无效两种。根据《劳动合同法》第二十六条、《劳动法》第十八条的规定，无效劳动合同的表现形式为：（1）违反法律、行政法规的劳动合同。（2）采取欺诈、威胁等手段订立的劳动合同。如果订立劳动合同时，当事人一方故意隐瞒真实情况或有意制造假象欺骗对方，致使另一方上当受骗，造成与实际情况不符的认识和判断，从而同意订立的劳动合同，则属于采取欺诈手段订立的合同。威胁手段，指当事人一方用可能实现的危害对方人身或财产安全的行为相要挟，迫使对方违背意愿而与其订立劳动合同。无论是采取欺诈手段还是威胁手段，所订立的劳动合同都违背了劳动合同订立的原则；它的后果是侵犯了一方当事人的权益，因而这种劳动合同不具有法律效力。

部分无效劳动合同是指部分条款无效的合同。根据《劳动合同法》第二十七条、《劳动法》第十八条的规定：劳动合同部分无效，不影响其他部分效力的，其他部分仍然有效。另外，根据《劳动合法》第二十六条第二款的规定,对劳动合同的无效或者部分无效有争议的,由劳动争议仲裁机构或者人民法院确认。也就是说,劳动合同的无效不能由合同双方当事人决定。

无效合同是指欠缺有效要件,在法律上确定地不发生效力的合同。无效合同具有以下特征:

(1)无效合同自始无效,即从其成立之日就不发生任何效力。

(2)无效合同当然无效,所谓当然无效,意味着这类合同不需要经过特别的宣告与确认程序即自然地不发生效力,但是,当然无效并不妨碍法院或仲裁机关对其作出无效之认定。

(3)无效合同完全不发生法律效力,即其对一切人都不能发生任何效力。但是应当注意,所谓完全无效是对合同的质作出的评价,并非对其进行量的评价。从量的角度而言,合同存在全部无效与部分无效两种情形,全部无效是所有合同条款都无效;部分无效则是在一份合同中,有的条款有效,有的条款无效。如一雇佣合同中所约定的工伤免责条款即为无效条款,该雇佣合同为部分无效合同。合同部分无效的,无效条款原则上不影响合同其余部分的效力。

(4)无效合同永远无效,由于它不符合立法者最为基本的价值判断,故法律对其作出否定性评价。

关于无效合同的法定原因,根据《合同法》第五十二条的规定,无效合同的法定原因为:

(1)一方以欺诈、胁迫的手段订立合同,损害国家利益;

(2)恶意串通,损害国家、集体或者第三人利益;

(3)以合法形式掩盖非法目的;

(4)损害社会公共利益;

(5)违反法律、行政法规的强制性规定。

只要出现上述情况之一,合同即被宣告无效。

107. 合同无效或者被撤销的法律后果是什么

从广义的角度来讲,合同无效包括自始的当然无效、可撤销合同被撤销而无效、效力未定的合同因不被补正而无效三种情况。根据我国《合同法》的规定,合同无效后,在合同当事人之间主要产生以下三方面的法律后果:

(1)返还财产。合同无效后,当事人应当将从对方处取得的财产返还给对方,而且当事人的返还财产请求权,在性质上是所有物返还请求权而非不当得利请求权。另外,返还财产时原则上应当双方返还,但是,如果合同无效的原因属于违法性质,且当事人一方或双方在主观上存在故意,则适用单方返还或者不予返还的法律效果,故意的一方应将从对方处取得的财产返还对方,非故意的一方已经从对方取得或者约定取得的财产,应收归国库。

(2)赔偿损失。合同无效后,当事人因相信合同有效而蒙受的损失,有过错的当事人应当进行赔偿;双方都有过错的,各自承担与其过错相应的责任。

(3)追缴非法所得财产。当事人恶意串通,损害国家、集体或者第三人利益的,取得的财产应当收归国家所有或者返还集体、第三人。

同时我国《合同法》中还规定:"无效的合同或者被撤销的合同自始没有法律约束力。""合同部分无效,不影响其他部分效力的,其他部分仍然有效"。

108. 欺诈行为的构成要件是什么 欺诈所订合同如何处理

所谓欺诈,是指以使人发生错误认识为目的的故意行为。构成欺诈行为的条件是:

(1)要有欺诈的故意,即行为人积极地追求欺诈事实的出现以及欺诈结果的发生。

(2)要有欺诈的行为,包括积极行为和消极行为。积极行为是陈述虚伪事实,消极行为是隐瞒事实真相。另外,如果当事人负有法定或约定的告知义务,则其沉默也可能构成欺诈。

(3)需受欺诈人陷于错误,且其错误与欺诈行为之间有因果关系。

(4)受欺诈人因为错误而为意思表示,错误的认识必须是进行意思表示的直接动因。如果受欺诈人虽然陷于错误,但并未因之而作意思表示,也不构成欺诈。

(5)欺诈违反法律和诚实信用原则,如果一方是为了对方利益而作欺骗性陈述,不构成欺诈。

根据《合同法》第五十二条、第五十四条的规定,一方以欺诈的手段订立的合同,如果损害国家利益的,则合同无效;如果未损害国家利益,则受害方有权请求人民法院或者仲裁机构变更或者撤销。

109. 胁迫的构成要件是什么　胁迫订的合同有效吗

所谓胁迫,是向对方当事人表示施加危害,使其发生恐惧,并且基于此种恐惧而为一定意思表示的行为。构成胁迫行为的条件是:

(1)胁迫人有胁迫的故意。

(2)胁迫人实施胁迫行为。胁迫行为是胁迫人对他人及其亲友(如父母、配偶、子女等)施加或者将要施加的对其生命、身体、自由、名誉、荣誉、财产等方面的侵害,既包括现实的强制,也包括精神的恐吓。

(3)胁迫不法。包括胁迫手段的不法,如非法绑架,也包括胁迫目的的不法,如以向公安机关举报某人犯罪事实要挟该人与其订立不平等合同。

(4)受胁迫人陷于恐惧,且其恐惧与胁迫行为之间有因果关系。

(5)受胁迫人基于恐惧而订立合同,且该缔约行为致使其自身利益受损失,显失公平。

我国《合同法》第五十二条、第五十四条规定,一方以胁迫手段订立合同,如果损害国家利益,则为无效合同;如果没有损害国家利益,则属可撤销合同,受害方有权请求人民法院或者仲裁机构变更或者撤销。

110. 乘人之危的构成要件是什么 乘人之危订的合同如何处理

所谓乘人之危,是指行为人利用对方当事人的急迫需要或者危难处境,迫使其违背本意接受于其非常不利的条件的现象。乘人之危的构成要件是:

(1)对方当事人处于危难处境或者紧迫需要。所谓危难处境,是指急于避免或消除的重大不利状态;所谓紧迫需要,是指实现和保障重大利益的迫切需求。

(2)一方当事人利用对方的危难处境或者紧迫需要,向对方提出苛刻条件。这是乘人之危与胁迫的差别所在:胁迫人是积极地置对方于恐惧之中。

(3)对方当事人被迫接受苛刻条件,作出不真实的意思表示。

(4)对方当事人因其意思表示而蒙受重大损失。

根据《合同法》第五十四条的规定,一方乘人之危,使对方在违背真实意思的情况下订立的合同,为可撤销合同,受害方有权请求人民法院或者仲裁机构变更或者撤销。

111. 怎样理解劳动合同的终止

劳动合同期满或者当事人约定的劳动合同终止条件出现,劳动

合同即行终止。《劳动合同法》第四十四条规定,有下列情形之一的,劳动合同终止:

(1)劳动合同期满的;

(2)劳动者开始依法享受基本养老保险待遇的;

(3)劳动者死亡,或者被人民法院宣告死亡或者宣告失踪的;

(4)用人单位被依法宣告破产的;

(5)用人单位被吊销营业执照、责令关闭、撤销或者用人单位决定提前解散的;

(6)法律、行政法规规定的其他情形。

112. 什么是劳动合同的解除 解除劳动合同有哪些具体规定

劳动合同的解除是指当事人双方提前终止劳动合同的法律效力,解除双方的权利义务关系,分为法定解除和协商解除两种。法定解除,是指劳动合同一方当事人根据法律、法规或劳动合同规定的内容,终止劳动合同的法律效力。协商解除,是指当事人双方因某种原因,协商同意提前终止劳动合同的法律效力。

关于用人单位解除劳动合同有三种规定:

(1)《劳动法》第二十五条规定:劳动者有下列情形之一的,用人单位可解除劳动合同:(一)在试用期间被证明不符合录用条件的;(二)严重违反劳动纪律或者用人单位规章制度的;(三)严重失职,营私舞弊,对用人单位利益造成重大损害的;(四)被依法追究刑事责任的。根据这一规定,劳动者有上述情形之一的,用人单位无须以任何形式提前通知劳动者,即可以同劳动者解除劳动合同。

(2)《劳动法》第二十六条规定:有下列情形之一的,用人单位可以解除劳动合同,但是应当提前三十日以书面形式通知劳动者本人:(一)劳动者患病或者非因工负伤,医疗期满后,不能从事原工作也不能从事由用人单位另行安排的工作的;(二)劳动者不能胜任工作,经过培训或者调整工作岗位,仍不能胜任工作的;(三)劳动合同订立时所依据的客观情况发生重大变化,致使原劳动合同无法履行,经当事人协商,不能就变更劳动合同达成协议的。

(3)《劳动法》第二十七条规定:用人单位濒临破产进行法定整顿期间或者生产经营状况发生严重困难,确需裁减人员的,应当提前三十日向工会或者全体职工说明情况,听取工会或者职工的意见,经向劳动行政部门报告后,可以裁减人员。用人单位从裁减人员之日起,6个月内需要新招人员的,必须优先从本单位裁减的人员中录用。

用人单位不得解除劳动合同的情况有:《劳动法》第二十九条规定:劳动者有下列情形之一的,用人单位不得依据本法第二十六条、第二十七条的规定解除劳动合同:(一)患职业病或者因工负伤并被确认丧失或者部分丧失劳动能力的;(二)患病或者负伤的,在规定的医疗期内的;(三)女职工在孕期、产期、哺乳期内的;(四)法律、法规规定的其他情形。

劳动者解除劳动合同有两种规定:

(1)《劳动法》第三十一条规定:劳动者解除劳动合同,应当提前三十日以书面形式通知用人单位。

(2)《劳动法》第三十二条规定:有下列情形之一的,劳动者可以随时通知用人单位解除劳动合同:(一)在试用期内的;(二)用人单位以暴力、威胁或者非法限制人身自由的手段强迫劳动的;(三)用人单位未按照劳动合同约定支付劳动报酬或者提供劳动条件的。

第五章　婚姻家庭和继承知识

113. 如何理解婚姻概念及其含义

婚姻的法学概念应涵盖以下三层含义:以男女两性结合为基础;以共同生活为目的;具有夫妻身份的公示性。

(1)以男女两性结合为基础

这是婚姻的自然层次上的含义。男女两性的生理差别、人类固有的性本能,是婚姻赖以形成的自然因素,也是婚姻固有的自然属性,这种自然属性是婚姻关系区别于其他社会关系的重要特征,如果没有上述种种自然因素,人类社会根本就不可能出现婚姻。

(2)以共同生活为目的

婚姻的目的是什么? 它强调结为婚姻的男女双方必须"共同生活"。这既是婚姻对当事人主观心理状态的要求,也是一直为人们所追求的婚姻在理想层次的含义。

所谓"共同生活",是指居住在一起,成为同一个家庭的成员,处在同一个生活消费共同体中。一般情况下,还包括夫妻之间的性生活和夫妻间的互敬互爱。

(3)具有夫妻身份的公示性

夫妻身份的公示性,是婚姻的现象层次上的含义。它要求婚姻双方当事人应具有公开的夫妻身份。婚姻概念的这一层含义,包含两方面的内容。一是男女双方既有合法的婚姻手续,又实际上是以夫妻名义同居生活,周围群众也普遍认同他们是夫妻。二是男女双方未经结婚登记,但实际上是以夫妻名义共同生活,而群众也普遍认同他们是夫妻关系的事实婚姻。对此,在一定条件下法律也是认可的。

114. 什么是事实婚姻

事实婚姻,是指没有配偶的男女,未进行结婚登记,便以夫妻关系同居生活,群众也认为是夫妻关系的两性结合。

事实婚姻在我国长期大量存在,尤其是在广大农村特别是边远地区。造成这一状况的原因主要有:

(1)传统习俗的影响。我国民间流行仪式婚,许多人认为,只要举行了婚礼,亲朋好友认可,就是夫妻了,没有必要再履行法律手续。

(2)婚姻登记不方便。根据《婚姻登记管理条例》的规定,婚姻登记管理机关在城市是街道办事处或者市辖区、不设区的市人民政府的民政部门,在农村是乡、民族乡、镇人民政府。而我国幅员辽阔,对于地理位置偏远、交通不便的地区,进行结婚登记有一定困难。

(3)登记制度不健全。比如,有的当事人到了婚姻登记机关,因办事人员不在等原因不能登记。有的擅自提高法定婚龄,使当事人的合法权利不能得到实现。

(4)婚姻登记搭车收费。如有的要收计划生育押金、户口迁移保证金等。

(5)法制宣传不够。人们的法制观念淡薄,对婚姻登记的重要性缺乏认识。有的人不具备法律规定的结婚条件,为逃避国家对婚姻的管理和监督,故意不登记,造成事实婚姻状态。

事实婚姻的效力,历来是法学界争论的重要问题。有的认为,承认事实婚姻,必然破坏婚姻登记制度,因此,凡不登记结婚的,应一律明确规定为无效婚姻。最高人民法院颁布的《关于人民法院审理未办结婚登记而以夫妻名义同居生活案件的若干意见》规定："1986 年 3 月 15 日婚姻登记办法施行前,未办结婚手续即以夫妻名义同居生活,群众也认为是夫妻关系的,如同居时或者起诉时双方均符合结婚的法定条件,可认定为事实婚姻;如同居时或者起诉时一方或者双方不符合结婚的法定条件,应认定为非法同居关系。""新婚姻登记管理条例施行之日(1994 年 10 月 1 日)起未办结婚登记即以夫妻名义同居生活,按非法同居关系对待。"全国人大法律委员会在审议修改婚姻法时认为,目前不登记"结婚"的人不少,未办理登记的原因很复杂,有的是不符合结婚条件,但更多的是符合结婚条件,因收费过高或登记不便利造成的。对没有进行结婚登记的,应区别情况分别处理。对违反结婚实质条件的,婚姻法已规定为无效婚姻;对符合结婚实质要件,只是没有办理登记手续的,一律简单宣布为无效婚姻,这对保护妇女的权益不利,应当通过加强法制宣传和完善登记制度等工作,采取补办登记等办法解决。因此,修改后的《婚姻法》第八条增加规定:符合本法规定的结婚条件,"未办理结婚登记的,应当补办登记"。这一规定从积极角度重申了办理结婚登记的必要性,那些符合婚姻法规定的结婚条件,举行了结婚仪式或已经以夫妻名义共同生活,但未办理结婚登记的男女,应尽早补办登记,以使自己的婚姻行为合法化。

115. 恋爱期间赠与的财物能否要回

所赠与的轻微礼品是不应要回的。如属于为确定婚姻关系所赠与的较为贵重的礼品,及一方向对方索要的礼品,未能如愿结婚,是应当要回的。

首先应当分清赠与这个法律事实,根据《合同法》第一百八十五条规定,赠与是赠与人将自己的财产无偿地给予受赠人。在现实中,应把握其无偿性、单务性等特征。这是它与索取等有偿性、双务性民事行为的主要区别之处。男女在恋爱期间,凡无偿的、不附条件的赠与,是不应当索要回来的。因为依法,公民间赠与关系的成立以赠与物的交付为准。但是,在赠与等民事行为中,还有的不属于无偿的,即为附条件的,如双方婚姻关系初步确立,表示爱恋及未来可能结为夫妻的钻戒、金项链等价值较高的财物,应是属于以结为夫妻为条件的赠与。这是男女双方均明白的赠与,依《民法通则》第六十二条规定,民事法律行为可以附条件,附条件的民事行为在符合所附条件时生效。因此,在男女未登记结婚为夫妻前,赠与人可以向被赠人索要回作为婚恋信物的贵重赠与财物。

根据有关规定,已登记结婚,尚未共同生活,一方或双方受赠的礼金、礼物,应认定为夫妻共同财产。具体处理时应当考虑财产来源、数量等情况合理分割,各自出资购置,各自使用的财物,原则上归各自所有。

116. 结婚证、离婚证丢了怎么办

结婚证和离婚证都是具有法律效力的文书,丢证后补救的办法是到当地婚姻登记机关开具证明书。

(1)出示身份证或户籍证明;

(2)出示当地街道居委会出具的婚姻状况的证明;

(3)说明情况,提供办理结婚、离婚的时间,姓名,以便查阅卷宗;

(4)经核对属实,婚姻登记机关上报上级民政部门审查批准后,丢失离婚证的可给开具《解除夫妻关系证明书》,丢失结婚证的则开具《夫妻关系证明书》。这两种证书与离婚证和结婚证具有同等的法律效力。

117. 父母未尽义务抚养的子女应尽赡养父母的义务吗

首先,父母同其亲生子女的关系,是不能割断的。《中华人民共

和国婚姻法》(以下简称《婚姻法》)第三十六条规定:父母与子女的关系,不因父母离婚而解除,离婚后,子女无论是父或母直接抚养,仍是父母双方的子女。

《婚姻法》第二十一条规定:父母对子女有抚养教育的义务;子女对父母有赡养扶助的义务。

父母不履行抚养义务时,未成年的或者不能独立生活的子女,有要求父母付给抚养费的权利。

子女不履行赡养义务时,无劳动能力或生活困难的父母有要求子女付给赡养费的权利。

118. 如何确认夫妻感情确已破裂

夫妻及家庭间过日子不打闹实难免,不能因打闹在气头上就坚决闹离婚,还应考虑已建立的夫妻感情,特别是一方认错,要应当给对方改正的机会,过错方应珍惜感情,实现承诺,不可一犯再犯。因为离婚的重要条件是夫妻感情破裂。

《婚姻法》第三十二条规定:男女一方要求离婚的,可由有关部门进行调解或直接向人民法院提出离婚诉讼。

人民法院审理离婚案件,应当进行调解:如果感情确已破裂,调解无效,应准予离婚。

有下列情形之一、调解无效的,应准予离婚:

(1)重婚或有配偶者与他人同居的;

(2)实施家庭暴力或虐待、遗弃家庭成员的;

(3)有赌博、吸毒等恶习屡教不改的;

(4)因感情不和分居满两年的;

(5)其他导致夫妻感情破裂的情形。

一方宣告失踪、另一方提出离婚诉讼的,应准予离婚。

司法实践中,判断夫妻感情是否确已破裂,应当从婚姻基础、婚后感情、离婚原因、夫妻关系的现况和有无和好可能等方面综合分析。草率结婚、缺乏了解、婚后未建立感情的;婚前隐瞒精神病或已知精神病及法定禁止结婚的病或有生理缺陷,不能发生性行为等难以治愈的;包办买卖婚姻,或弄虚作假骗取结婚证的;或者虽领了结婚证,未同居生活无和好可能的;或者一方有下列过错:如重婚或者与他人通奸、非法同居,不悔改的;被判长期徒刑或其违法犯罪行为严重伤害夫妻感情的;受对方虐待遗弃或受对方亲属虐待,另一方不谅解的,以及其他原因导致夫妻感情破裂的,均可视为夫妻感情破裂。一方坚决要求离婚,可以依法判决离婚。

119. 丈夫打伤妻子应如何处理

丈夫打妻子(或者妻子打丈夫)均属于家庭暴力。《婚姻法》规定:"禁止家庭暴力。"过去在家庭暴力中,受伤害者的医疗等费用,多从夫妻共同财产中支出。有的因夫妻不和又难离婚导致分居的,在被打伤后则完全由受伤者自己负责,这不仅使受伤者承受着肉体、精神上的痛苦,而且还要承受经济上的损失,客观上导致强者更蛮横,弱者更受欺凌,违背了法律上公平、公正、对有过错者依法制裁的原则,《婚姻法》第十八条规定:一方因身体受到伤害获得的医疗费、残疾人生活补助费用"为夫妻一方的财产"。如此明确的规定,为家庭纠纷中实施暴力方单方赔偿医疗费等损失费用提供了前提条件。《婚姻法》第四十六条规定,实施家庭暴力导致离婚的,无过错方有权请求损害赔偿。

根据《民法通则》第一百一十九条规定:侵害公民身体造成伤害的,应当赔偿医疗费、因误工减少的收入。这些费用应包括住院治疗的医疗费,住院期间的生活补助费,本人及陪床人的误工补贴费等,医疗费凭医院的正式票据,住院生活补助及误工补贴等当依当地规定的标准。

人民法院在判处家庭暴力案件时,除适用上述规定外,还可以采取训诫、责令其悔过、罚款、拘留等处罚措施。

120. 什么是无效婚姻　试婚受法律保护吗

　　无效婚姻,又叫违法婚姻,即不具有法律效力的婚姻,是指男女两性的结合因违反了法律规定的结婚要件而不具有法律效力的一种婚姻形式。根据《婚姻法》的规定,有下列情形之一的,婚姻无效:

　　(1)重婚的;

　　(2)有禁止结婚的亲属关系的;

　　(3)婚前患有医学上认为不应当结婚的疾病,婚后尚未治愈的;

　　(4)未到法定婚龄的。

宣告婚姻无效的申请方法

　　宣告婚姻无效只能向人民法院申请,不能向婚姻登记机关申请。申请时,法定的无效婚姻情形已经消失的,人民法院不予支持。

　　人民法院就同一婚姻关系分别受理了离婚和申请宣告婚姻无效案件的,对于离婚案件的审理,应当待申请宣告婚姻无效案件作出判决后进行。

哪些人和组织可以向法院申请宣告婚姻无效

　　有权向人民法院就已办理结婚登记的婚姻申请宣告婚姻无效的主体,包括婚姻当事人及利害关系人。利害关系人包括:

　　(1)以重婚为由申请宣告婚姻无效的,为当事人的近亲属及基层组织。

　　(2)以未到法定婚龄为由申请宣告婚姻无效的,为未达法定婚龄者的近亲属。

　　(3)以有禁止结婚的亲属关系为由申请宣告婚姻无效的,为当事人的近亲属。

　　(4)以婚前患有医学上认为不应当结婚的疾病,婚后尚未治愈为由申请宣告婚姻无效的,为与患病者共同生活的近亲属。

　　夫妻一方或者双方死亡后一年内,生存一方或者利害关系人仍然有权利向法院申请宣告婚姻无效,人民法院应当受理。

试婚是不受法律保护的,它的法律效力同非法同居是一样的。所谓试婚,又称试验婚姻,是指在不受法律约束的情况下,男女同居过夫妻生活。双方满意时,就办理结婚手续,成为正式夫妻;任何一方不满意,就互相分手,互不干涉。试婚的后果是有害的,一些道德败坏的人,往往借着试婚的幌子来玩弄异性。因为试婚者不是在有意识地培养、发展自己的感情,而是在消极地挑剔对方,寻找、夸大双方不合适的一面。正因为如此,试婚的成功率是极低的,有人统计,因试婚而最终结婚的,只占百分之零点几。从法律的角度而言,试婚尽管动机和姘居不同,但它仍是非法同居,是不受我国法律保护的。因此,当事人对试婚产生的后果,只能自己承担。

121. 提出离婚要求有哪些形式

由于情况的不同,夫妻一方提起离婚的起因也不一样,一般来说有以下两种:

一是单方面有离婚意愿的

夫妻性格完全默契融合是不现实的。双方的生活观念、教育背景、心理素质不同,会导致对生活现状的要求不同。不论一方是否存在过错,既然一方准备提出离婚,双方的婚姻质量一定会相当差。一般不会存在一方提起离婚,另一方真正感到突然,一点儿预料都没有的情况。但是出于各种考虑以及本人的状况,一方提出离婚后,另一方可能不会同意离婚。正因为有对方不同意离婚的预料,所以一方有时候不好张口。对于这种情况,建议分两步走,告知对方自己有提起离婚的可能。

第一步是旁敲侧击阶段。即在适合的场所,用适合的话,表达自己可能有离婚的意思表示,让对方有一个意识到和初步适应的时间段。比如,用假设、如果离婚之类的言语,探视对方的反应。

第二步是正式谈判阶段。即在对方情绪相对稳定的时候,比较认真和正式地就离婚的问题和对方进行商议。如果经济条件允许,一般建议在咖啡屋或茶馆进行，这些场合是一个相对好的沟通环境。

二是双方都有离婚意愿的

由于婚后矛盾不断，双方均感到身心疲惫。不论是因为性格不合，还是因为涉及婚外情第三者，经常的争吵和相互的冷暴力，会一点点褪去曾经的美好，使双方均深深陷入困境。心情就像被笼罩在阴云下，压抑、烦躁、易怒，有时候一些很琐碎的事，就可能成为家庭大战的导火索。可能在不止一次的争吵中，提到过离婚问题，但都不是正式提及的。虽然没有正式提及，但双方都已想到过离婚，并都有了心理准备。因此，在一定的情况下，直接向对方提起离婚，是非常自然的事，对方一般也有心理准备接受离婚的要求。

122. 什么是家庭暴力　遭遇家庭暴力怎么办

婚内家庭暴力是一种常见的侵权行为，《最高人民法院关于适用〈中华人民共和国婚姻法〉若干问题的解释（一）》专门对其做了规定，"家庭暴力"是指行为人以殴打、捆绑、残害、强行限制人身自由或者其他手段，给家庭成员的身体、精神等方面造成一定伤害后果的行为。持续性、经常性的家庭暴力，即构成虐待。《婚姻法》第三条明确地反对家庭成员之间的虐待、遗弃和家庭暴力行为，有上述侵害行为的当事人要承担相应的民事责任、行政责任和经济责任。在以过错为离婚要件的立法中，夫妻之间的侵害行为可以认为是一方的过错而构成离婚的理由。即使是贯彻自由主义的离婚制度，也认为夫妻之间的暴力行为、虐待行为和遗弃行为都严重地伤害了双方的感情，继续共同生活会对受害方的利益造成更大的损害，婚姻已经失去了存在的基础。但是，由于目前法律上对家庭暴力并没有明确规定，究竟到什么程度、持续多长时间才构成家庭暴力，所以法院在审理案件时，应当查明夫妻双方的感情状况和实施暴力、虐待、遗弃行为的事实和情节。如果双方感情一贯很好，只是一时冲动实施了暴力、虐待、遗弃行为,情节也不严重,事后有悔改表现,法院应当在批评教育的基础上做好调解工作,即使调解不成,也不能一律判决离婚。

如果出现家庭暴力的迹象或者已经出现了家庭暴力的行为,受害者应该及时、妥善地处理,在保护自身合法权益的同时,尽量控制住事态的发展,在有可能的情况下可以考虑将一些问题及时化解。当出现婚后第一次暴力事件时,受害者应该十分重视、绝不示弱,要让对方知道你是不会忍受暴力的。而且此时的暴力行为从强度和施暴者的心理状态上来看也是容易控制得住的,如果能够很好地把握第一次机会,及时排解施暴者的不良动机或者是家庭误会,在亲友的帮助下,认真做好消化工作,则有可能将暴力的倾向消灭在萌芽状态中。遭遇家庭暴力后,应该勇敢面对和说出自己的经历,应该认识到诉说和心理支持很重要,周围有许多人与你有相同的遭遇,必须争取支持,讨论对付暴力的好办法。

(1)如果你的配偶施暴是由于心理变态,则应寻找心理医生和亲友帮助,设法强迫他接受治疗。

(2)如果施暴的行为危害性巨大,施暴者的心态无法控制,其行为已经对健康甚至生命构成了威胁,那么在这种紧急情况下,应该迅速拨打电话报警,防止伤害案件的发生,绝不能依靠自己的柔弱之躯与之抗争,或者过分依赖说服的力量。

(3)在暴力事件发生以后,要尽快向维权机构报告并且咨询法律援助热线。如果受到严重伤害和虐待,要注意收集证据,包括医院的诊断证明、伤害工具等。这样做是为了在无法阻止家庭暴力的情况下,通过法院诉讼离婚时要求合理的损失赔偿。

123. 办理协议离婚的程序有哪些

根据民政部颁发的《婚姻登记工作暂行规范》及《登记条例》等行政规章,民政局婚姻登记机关办理离婚登记的一般程序为:

(1)当事人提交证件和相关证明材料。

(2)婚姻登记员讲明婚姻法中关于登记离婚的条件并询问离婚意愿以及对离婚协议内容的意愿。

(3)当事人双方填写《申请离婚登记声明书》。《申请离婚登记声明书》中"声明人"一栏的签名,必须由声明人在监誓人面前完成。

(4)夫妻双方亲自在离婚协议上签名,婚姻登记员作为监誓人。协议书夫妻双方各一份,婚姻登记处存档一份。

一般情况下,离婚协议书当事人双方应事先准备好,对于打印还是手写没有统一要求,签名处最好空置以便当场签署。需要注意的是,比如在上海,某些区县婚姻登记机关要求当事人的离婚协议书必须亲自书写,不能打印;有些区县需要当事人将离婚协议书保存在软盘上一并提交。因此,在办理离婚登记之前,最好同所在区县的民政局婚姻登记机关联系一下,问清所需带的材料,准备齐全。

(5)婚姻登记员对当事人提交的证件、《申请离婚登记声明书》《离婚协议书》进行审查,符合离婚条件的,填写《离婚登记审查处理表》和离婚证。

(6)婚姻登记员颁发离婚证,在当事人双方均在场时:

①核实双方姓名、出生日期、离婚意愿。

②告知双方领取离婚证后的法律关系以及离婚后与子女的关系、应尽的义务;离婚协议纠纷的处理及法律救济途径。

③见证当事人本人亲自在《离婚登记审查处理表》"当事人领证签名或按指纹"一栏中签名;当事人不会书写姓名的,应当按指纹。

④在结婚证上加盖条型印章、注明"双方离婚,证件失效。婚姻登记处"。注销的结婚证退还本人。

⑤将离婚证分别颁发给当事人双方,当事人应当在收到离婚证和告知单后,在送达回证上签名。登记员向双方宣布:取得离婚证,解除夫妻关系。

124. 应该向哪级法院提起离婚诉讼

《民事诉讼法》第十七条规定:基层人民法院管辖第一审民事案件,但本法另有规定的除外。

另外,《民事诉讼法》第十八条规定,中级人民法院管辖下列第一审民事案件:

(1)重大涉外案件;

(2)在本辖区有重大影响的案件;

(3)最高人民法院确定由中级人民法院管辖的案件。

因此,离婚案件基本上都应该属于基层人民法院管辖,也就是由我们经常接触的区、县一级人民法院管辖。只有那些重大的涉外离婚案件,才需要由中级人民法院管辖。

至于离婚案件的地域管辖问题,则相对复杂一些。《民事诉讼法》第二十一条规定:对公民提起的民事诉讼,由被告住所地人民法院管辖;被告住所地与经常居住地不一致的,由经常居住地人民法院管辖。因此,"原告就被告"是一项原则,正常情况下都是由提起离婚要求的人到配偶住所地或者经常居住地的人民法院提出离婚诉讼。但是,并不是所有的离婚案件都是到被告住所地或者经常居住地的法院提起。

根据《民事诉讼法》第二十二条的规定,下列民事诉讼,由原告住所地人民法院管辖;原告住所地与经常居住地不一致的,由原告经常居住地人民法院管辖:

(1)对不在中华人民共和国领域内居住的人提起的有关身份关系的诉讼;

(2)对下落不明或者宣告失踪的人提起的有关身份关系的诉讼;

(3)对被采取强制性教育措施的人提起的诉讼;

(4)对被监禁的人提起的诉讼。

　　此外,《民事诉讼法》第三十五条还规定:两个以上人民法院都有管辖权的诉讼,原告可以向其中一个人民法院起诉;原告向两个以上有管辖权的人民法院起诉的,由最先立案的人民法院管辖。

　　此外,对以下几类特殊的离婚案件,应该按照下列原则确定起诉法院:

　　(1)夫妻一方离开住所地超过一年,另一方起诉离婚的案件,由原告住所地人民法院管辖。夫妻双方离开住所地超过一年,一方起诉离婚的案件,由被告经常居住地人民法院管辖;没有经常居住地的,由原告起诉时居住地的人民法院管辖。

　　(2)离婚当事人的户籍迁出后尚未落户,有经常居住地的,由该地人民法院管辖。没有经常居住地,户籍迁出不足一年的,由原户籍所在地人民法院管辖;超过一年的,由其居住地人民法院管辖。

　　(3)离婚双方当事人都是因公安部门的行政处分而被注销城市户口的,由被告所在地的人民法院管辖。如果只是被告方被注销了城市户口,则由原告住所地人民法院管辖。

　　(4)离婚双方当事人都是被监禁或被劳动教养的,一般可由被告原住所地人民法院管辖,被告被监禁或被劳动教养满一年以上的,由被告被监禁地或劳动教养场所在地的人民法院管辖。

　　(5)离婚双方当事人都是军人的,一般应由被告住所地或被告所在部队团以上机关所在地人民法院管辖。

125. 离婚的方式和条件有哪些　如何办理离婚登记

　　(1)离婚有以下几种方式

　　根据我国婚姻法律法规的相关规定,离婚的方式有协议离婚和诉讼离婚两种。

　　协议离婚又叫自愿离婚,是男女双方当事人对离婚达成合意,并对离婚后的子女抚养和财产等问题作出适当处理,向民政部门婚姻登记机关办理离婚。

诉讼离婚是指男女一方要求解除婚姻关系,另一方不同意解除;或者双方均同意解除婚姻关系,但对离婚后的子女抚养和财产等问题无法达成一致意见,一方向人民法院提起诉讼而解除婚姻关系。

(2)双方离婚的条件

男女双方自愿离婚,是指婚姻当事人出于共同意愿而解除婚姻关系。在我国,这类离婚请求是由婚姻登记机关办理。婚姻登记机关在准予登记前需审查离婚的条件:一是双方确实是自愿离婚,这是确定准予离婚的最根本的条件;二是双方对子女抚养教育已有适当安排,如子女归谁抚养、抚养费如何负担,给付的期限和办法等;三是双方对财产问题已有适当处理,如夫妻共同财产如何分割,共同债务如何清偿,以及离婚后一方是否需给予另一方经济帮助等。上述三条是办理离婚登记的必备条件,如果男女双方确实是自愿离婚,只是对子女抚养及财产问题有争执,则应由人民法院通过诉讼程序处理。

(3)办理离婚登记程序

①男女双方须亲自到户口所在地的婚姻登记机关申请离婚登记;

②婚姻登记机关要严格地依法办事,对离婚申请加以审查;

③对于符合《婚姻法》规定的双方自愿离婚,登记机关应准予登记,并发给离婚证。如果要求离婚的仅是一方,另一方实际上并不同意,或者在子女、财产等问题上无法达成一致意见,均不予登记,而应劝说当事人通过人民法院依诉讼程序解决。

126. 怎样在离婚中分割双方责任田

《婚姻法》中有明确规定,夫或妻在家庭土地承包经营中的权益,应当依法予以保护。

在处理责任田分割的案件中,为了防止离婚后给一方造成生活上的实际困难,人民法院在判决离婚的同时,还应当根据当事人的诉求和具体情况,协同村委会的基层领导将责任田的划分一并考虑进去,并在判决书中写明。对于责任田的划分,有以下几种解决办法:

(1)要注意保护妇女儿童的利益。有的离婚案件,未成年子女判归母亲一方抚养,该子女的那份责任田应由父亲负责管理、收获,并将所得交给抚养未成年子女的母亲;未成年子女随父亲生活的,由父亲负责管理、收获子女的那份责任田。

(2)一方到异地生活,因本人衣食所需需要暂时分给一定面积责任田的,应说服当地组织,分给部分责任田,以解决现实生活困难。

(3)离婚后一方不在原地生活的,其本人又未提出继续耕种责任田的主张的,原则上可以留给在原地生活一方承包。

(4)对离婚后拟往同村或邻近居住的一方,在判决前应主动与所在地的基层行政组织、生产队协商,重新按户人口调整、划定责任田的面积、界限。

(5)在人民法院的主持下,由双方当事人一起协商,如能达成协议,又不违反法律法规政策,准许按协商所达成的办法继续经营使用。

127. 怎样在离婚时清偿夫妻共同债务 夫妻离婚后子女的抚养费应该怎样分担

在离婚时,夫妻双方的共同债务应该依法清偿。根据《婚姻法》第四十一条的相关规定,离婚时,原是夫妻共同生活所负的债务,应当共同来偿还。具体来说,即应本着以下几点要求清偿:(1)双方共同财产不足清偿的,或者财产归各自所有的,或离婚时尚未到期的共同债务,一方或双方不愿意提前清偿,则由双方协议确定各自所应承担共同债务的份额。双方协议不成的,则由人民法院根据双方的经济状况、经济能力以及照顾女方的原则,来判定各自所应承担的份额。(2)离婚时双方具有共同财产的,对于已届清偿期的共同债务应由共同财产偿还。共同财产清偿债务后剩余的部分,由双方分割。在此情形下,夫妻共同债务因清偿而消灭。(3)离婚后,一方因清偿超过自己分担部分的债务,致另一方免除对债权人的清偿义务的,有权向另一方请求偿还超过自己分担部分的债务。

《婚姻法》第三十七条规定:"离婚后,一方抚养子女,另一方应负担必要的生活费和教育费的一部分或全部,负担费用的多少和期限的长短,由双方协议;协议不成的,由人民法院判决。"婚姻当事人双方离婚后,均有负担子女生活费和教育费的义务。如果子女随一方生活,则另一方应负担必要的抚养费。即子女归父方抚养时,母方应负担必要的生活费和教育费;子女归母方抚养的,父方应负担必要的生活费和教育费。如果抚养子女的一方既愿意独立负担全部生活费,又有负担全部生活费能力的,也可以不要求另一方负担抚养费。当事人双方可以就抚养费具体分担,具体数额、给付办法、给付期限等问题自行协商。如果双方协议不成的,由人民法院根据子女的需要、父母双方的负担能力和当地的生活水平等具体情况判决。

128. 因重婚引起的纠纷应如何处理

重婚,是指一方有配偶又与他人登记结婚或者与他人以夫妻名义共同生活,以及明知他人有配偶又与之登记结婚,或者以夫妻名义共同生活的行为。重婚主要有两种行为方式:一是法律上的重婚,即行为人在婚姻关系存续期间,又与他人结婚的行为;二是事实上的重婚,即有配偶者虽然未与他人登记结婚,但确与他人以夫妻关系同居生活。

重婚作为封建婚姻制度的产物,曾经随着旧制度的灭亡而被禁绝。但是,近年来随着经济的发展、物质生活逐渐丰富、生活水平逐渐提高,一些人不注重思想道德方面的修养,生活糜烂,或重婚纳妾或有配偶又与他人同居,且一些地方的重婚现象呈增多趋势,这既严重地破坏了一夫一妻的婚姻制度,违背了社会主义道德风尚,也使重婚人之一方或双方原有的合法婚姻家庭关系遭到破坏,侵犯了其配偶的合法权益,导致家庭破裂,影响社会安定和计划生育。社会主义的婚姻法不允许任何形式的一夫多妻或一妻多夫,我国对于明知他人有配偶而与之结婚的行为,按重婚罪论,处2年以下有期徒刑或者拘役;对明知是现役军人的配偶与之同居或者结婚的,按破坏现役军人婚姻罪论,处3年以下有期徒刑。最高人民法院在《关于贯彻执行民事政策法律的意见》中对于重婚问题,有区别对待、妥善处理的规定:

(1)基于喜新厌旧,好逸恶劳,或"传宗接代"等剥削阶级思想而重婚的,应进行严厉的批评教育,解除其非法的重婚关系,情节严重的应依法处理。

(2)由于反抗包办强迫婚姻,或者一贯受虐待,夫妻未建立感情,坚决要求离婚,得不到有关方面的支持,反遭到迫害,而外出与人重婚的,可不按重婚对待。坚决要求与原配离婚的,应做好工作,调解或判决准予离婚。

(3)因来自自然灾害等原因,外出与人重婚的,应严肃指出重婚是违法的,但一般可不按重婚论处。对这类案件,原则上维持原来的婚姻关系,尽量调解与原配偶和好。如女方坚决要与原夫离婚的,要调解或判决离婚。

(4)在上诉期间一方与第三者结婚的纠纷,应查明原因,分清责任,根据具体情况处理,不要一律按重婚对待。

129. 如何办理复婚手续

办理复婚登记,手续与办理结婚登记差不多。

（1）男女双方亲自到一方居住地的婚姻登记机关申请复婚登记。

（2）各自带上本人的居民身份证和户籍证明。

（3）各自带上本人的所在单位或居委会出具的证明，证明上写明当事人的出生年、月、日和目前的婚姻状况。

（4）带上《离婚证明书》或人民法院的《离婚判决书》或《离婚调解书》，由婚姻登记机关收回。

（5）如果当事人的一方或双方离婚后又与他人再婚又离婚的，则还应带上与他人离婚的《离婚证明书》《离婚判决书》或《离婚调解书》。

130. 什么是遗嘱　公民应当如何订立遗嘱

遗嘱，是遗嘱人生前按照法律规定的方式处分遗产或其他事务并于其死亡时发生效力的一种法律行为。遗嘱具有如下法律特征：

（1）遗嘱是一种单方民事法律行为。

（2）遗嘱是要式的法律行为。法律要求遗嘱必须具有一定形式。一般情况下遗嘱必须用书面形式作出。只有在遗嘱人生命垂危或者其他紧急情况下，才能以口头形式作出，而且要求有两个以上见证人在场见证；危急情况解除后，遗嘱人能够用书面形式或者录音形式立遗嘱的，所立口头遗嘱无效。

（3）遗嘱是遗嘱人死亡时才发生效力的行为。遗嘱虽是遗嘱人生前的意思表示，但在遗嘱人死后才开始发生效力。在遗嘱人死亡之前，遗嘱人可以随时变更或撤销遗嘱。遗嘱在遗嘱人生前并不生效，继承人、受遗赠人无权知道遗嘱内容，更不能要求执行遗嘱。遗嘱人死亡遗嘱才生效，不得再变更或撤销，为最终处分。

（4）遗嘱必须是遗嘱人的真实意思表示。遗嘱不适用民法上的代理制度。法定代理人也不得代理无行为能力人的遗嘱。不论采取何种形式订立遗嘱，都必须是遗嘱人真实的意思表示，不是别人代替包办的。

为了保障公民的意志能在其死亡后得到贯彻,公民在生前就要根据《继承法》的规定,以下列方式订立遗嘱:

(1)公证遗嘱。它是指遗嘱人设立的经过公证机关办理了公证证明的书面遗嘱。制作公证遗嘱的法律要求是:

①申请。一般情况下,遗嘱人必须本人亲自到其户籍所在地或住所地的公证机关申请办理公证遗嘱。如果遗嘱人因患病导致行动不便等特殊原因而不能亲自到公证机关的,经遗嘱人请求,公证机关可派公证员亲自到遗嘱人的所在地办理遗嘱公证。

②审查。公证机关对申请的内容及遗嘱人的身份、行为能力进行审查。

③公证。公证员对审查的遗嘱予以确认,并在《遗嘱证明书》上签名盖章,注明日期,然后加盖公证机关印章。

(2)自书遗嘱。即指由遗嘱人亲笔制作的遗嘱,其法律要求是:

①自书遗嘱必须是由遗嘱人亲笔书写。

②遗嘱人应在自书遗嘱上签名,并注明立遗嘱的具体时间(年、月、日)。

(3)代书遗嘱。即指由遗嘱人请他人代为书写的书面遗嘱。制作代书遗嘱的法律要求是:

①请求他人代书遗嘱的遗嘱人,必须属于有完全民事行为能力的人,即遗嘱人须是成年人且智力正常。

②书写代书遗嘱时,必须有两个以上无利害关系人作为见证人在场见证,并由其中一人代为书写遗嘱,注明代书的年、月、日。

③应当由遗嘱人、见证人、代书人逐一分别在遗嘱上签字。

④未成年人、精神病人和继承人、受遗嘱人及与继承受遗赠人有利害关系的人,不能参加代书遗嘱的制作。也就是说,他们既不能成为代书人,也不能成为见证人。

(4)录音遗嘱。即指遗嘱人以录音形式制作的遗嘱。制作录音遗嘱的法律要求是:

①录音遗嘱只能由遗嘱人本人主持制作;未成年人和精神病

人、继承人、受遗赠人以及与继承人、受遗赠人有利害关系的人,不能参加录音遗嘱的制作。

②制作录音遗嘱时,必须有两个以上无利害关系人作为见证人在场见证,参加制作录音遗嘱的全过程。

③录音遗嘱中应当录下遗嘱人亲自口头表达的关于处分其财产的明确意思表示。

④录音遗嘱中必须录有遗嘱人、见证人分别亲口录下的各自的姓名和制作录音遗嘱、见证录音遗嘱的年、月、日。

(5)口头遗嘱。即指遗嘱人在紧急情况下以口述方式表达其关于处分遗产的真实意思的遗嘱形式。制作口头遗嘱的法律要求是:

①遗嘱人只有在危急的情况下才能设立口头遗嘱,亦即遗嘱人只有在生命垂危之际、遇有重大军事行动、严重自然灾害、意外事件,导致其生命发生危险,如果不采取必要形式设立遗嘱,便可能丧失立遗嘱能力的情形。

②当危急情况解除后,遗嘱人能用书面形式或录音形式设立遗嘱的,其所立的口头遗嘱自动失效。

③制作口头遗嘱,必须有两个以上无利害关系人作为见证人在场见证,由其中一个对口头遗嘱的内容作书面记录,并注明制作口头遗嘱的时间、地点、遗嘱人和见证人、记录人的姓名,由记录人和在场的见证人签名。如果当场无法记录的,事后应由见证人向遗嘱人所在单位和遗产所在地基层组织对遗嘱人口头遗嘱的内容做出书面或口头声明,以便遵照遗嘱人的意愿处分其遗产。

131. 公民是否可以立遗嘱处理个人财产

公民可以立遗嘱处分个人财产,但不得违反法律规定,损害他人合法权利。

《继承法》第十六条规定:公民可以依照本法规定立遗嘱处分个人财产,并可以指定遗嘱执行人。

公民可以立遗嘱将个人财产赠给国家、集体或者法定继承人以外的人。

注意此条规定,一直强调立遗嘱人只能将他的"个人财产"进行遗嘱处理。

第十七条规定:公证遗嘱由遗嘱人经公证机关办理。

第十九条规定:遗嘱应当对缺乏劳动能力又没有生活来源的继承人保留必要的遗产份额。

最高人民法院有关意见规定:

遗嘱人以遗嘱处分了属于国家、集体或他人所有的财产、遗嘱的这部分,应认定无效。

遗嘱人未保留缺乏劳动能力又没有生活来源的继承人的遗嘱份额,在进行遗嘱处理时,应当为该继承人留下必要的遗产,所剩余的部分,才可参照遗嘱确定的分配原则处理。

132. 遗嘱的有效条件是什么 遗嘱无效的情况有哪些

遗嘱以遗嘱人的死亡为生效时间要件。按照《继承法》第十九条、第二十二条以及《民法通则》中关于民事法律行为的规定,遗嘱具备下列实质要件的,才能有效:

(1)立遗嘱人必须具有遗嘱能力。立遗嘱人必须具有完全的行为能力,才能够真实地表达自己的意思,即具有遗嘱能力。《继承法》第二十二条第一款规定:"无行为能力人或限制行为能力人所立的遗嘱无效。"遗嘱人立遗嘱时有行为能力,后来丧失了行为能力,不影响遗嘱的效力。

(2)遗嘱必须是遗嘱人的真实意思表示。这是指遗嘱内容必须与遗嘱人关于处分其遗产的内在真实意志相一致。《继承法》第二十二条明确规定,遗嘱必须表示遗嘱人的真实意思,受胁迫、欺骗所立的遗嘱无效;伪造的遗嘱无效;遗嘱被篡改的,篡改的内容无效。

（3）遗嘱内容不得违反社会公德和公共利益。我国的遗嘱继承不得违反国家的法律和社会公共利益,否则遗嘱无效。

（4）遗嘱只能处分遗嘱人的个人合法财产。遗嘱是遗嘱人指定他人承受其个人财产的法律行为,对他人所有的财产,遗嘱人无权处分。因此,遗嘱人以遗嘱处分了属于国家、集体或他人所有的财产的,遗嘱的这部分无效。如果丈夫以遗嘱处分了夫妻共有的财产,就侵犯了妻子的个人财产所有权。

（5）遗嘱不得取消缺乏劳动能力又没有生活来源的继承人的继承权。《继承法》第十九条规定:"遗嘱应当为缺乏劳动能力又没有生活来源的继承人保留必要的遗产份额。"

下列情况下的遗嘱无效:

（1）违反我国法律和社会公共利益的遗嘱无效;

（2）无行为能力人或者行为能力受限制的人所立的遗嘱无效;

（3）违背遗嘱人真实意思的遗嘱无效;

（4）违反法定程序所产生的遗嘱无效;

（5）遗嘱的内容含糊不清或自相矛盾的,或者遗嘱所附的条件根本不可能实现,则此种遗嘱无效;

（6）取消或忽视胎儿应继承份额的遗嘱无效;

（7）剥夺法定继承人中无生活来源又缺乏劳动能力的人的必要的遗产继承份额的遗嘱无效。

133. 遗嘱应当包括哪些内容　如何变更和撤销遗嘱

遗嘱应当包括如下内容:

（1）遗嘱人对财产的处置、安排;

（2）遗嘱人对遗嘱继承人或受遗赠人附加的义务;

（3）指定遗嘱执行人;

（4）其他事项。

另外,遗嘱人应在遗嘱中注明立遗嘱的时间,以确定其遗嘱能力。遗嘱的内容应当明确,以免发生歧义。

遗嘱的变更或撤销有两种方式:一是明示方式;二是法定方式。根据遗嘱人明确的意思表示变更、撤销遗嘱的,为明示方式。遗嘱人依明示方式变更、撤销遗嘱时,必须依照遗嘱的方式做成;不具备遗嘱法定形式的变更、撤销的意思表示,不能发生变更、撤销的效力。而且,遗嘱人不得以自书、代书、录音、口头遗嘱,撤销、变更公证遗嘱。所谓法定的变更、撤销是指根据遗嘱人的行为,法律上推定遗嘱人变更、撤销遗嘱,并不许反证。我国《继承法》第二十条第二款规定:"立有数份遗嘱,内容相抵触的,以最后的遗嘱为准。"这里规定的就是法定变更、撤销。若内容相抵触的几个遗嘱的形式不同,其中有公证遗嘱的,以最后所立公证遗嘱为准。如果遗嘱人生前的行为与遗嘱的内容相抵触,也发生遗嘱变更、撤销。最高人民法院《关于贯彻执行〈中华人民共和国继承法〉若干问题的意见》第三十九条规定:"遗嘱人生前的行为与遗嘱的意思表示相反,而使遗嘱处分的财产在继承开始前灭失、部分灭失或所有权转移、部分转移的,遗嘱视为被撤销或部分被撤销。"

134. 什么是遗产 如何确定遗产的范围

遗产是继承人继承的标的或对象,是继承法律关系的客体,不仅包括财产权利(积极财产),也包括财产义务(消极财产)。遗产具有如下法律特征:

(1)遗产是公民死亡时遗留的财产。公民活着时,其财产不是遗产。

(2)遗产是公民个人的财产。公民个人财产包括公民个人单独所有的财产,也包括公民与他人共有财产中应属该公民所有的份额。

(3)遗产是公民的合法财产。非法侵占的国家的、集体的或者其他公民的财产,以及依照法律规定不允许公民所有的财产,不能成为遗产。

我国《继承法》第三条以列举式的方法指出了遗产的范围,包括:

(1)公民的收入;

(2)公民的房屋、储蓄和生活用品;

(3)公民的林木、牲畜和家禽;

(4)公民的文物、图书资料;

(5)法律允许公民所有的生产资料;

(6)公民的著作权、专利权中的财产权利;

(7)公民的其他合法财产。

下列权利、义务在被继承人死亡之后不能作为遗产:

(1)与被继承人的人身密不可分的人身权。如公民的姓名权、名誉权、荣誉权、肖像权等。

(2)与公民的人身有关的债权、债务。这类债权、债务是以特定人的行为为客体的,与债务人、债权人的人身有密切联系。这些权利、义务在债权人死亡时,不能作为遗产。

(3)国有资源使用权。在我国,采矿权、狩猎权、渔业权等国有资源使用权都是经特定程序授予特定人享有的,这些权利不能作为遗产,继承人欲从事被继承人原来的事业,须自行申请,经核准取得相应的国有资源使用权。

(4)承包经营权。我国《继承法》第四条规定:"个人承包应得的个人收益,依照本法规定继承。个人承包,依照法律允许由继承人继续承包的,按照承包合同办理。"在这里,被继承人在承包经营中投入的财产,应得的个人收益属于遗产,应按继承法由继承人继承。被继承人生前享有的承包经营权,都不是遗产。如果法律允许继承人继续承包,则可以按照承包合同规定由继承人承包。

(5)宅基地使用权。公民所享有的宅基地使用权只能与房屋所有权一同转移,但不能作为遗产继承。

135. 法定继承顺序是怎样的

我国《继承法》第十条规定,遗产按照下列顺序继承:第一顺序为,配偶、子女、父母;第二顺序为,兄弟姐妹、祖父母、外祖父母。继承开始后,由第一顺序继承人继承,第二顺序继承人不继承。没有第一顺序继承人继承的,由第二顺序继承人继承。《继承法》还规定:本法所说的子女,包括婚生子女、非婚生子女、养子女和有扶养关系的继子女。本法所说的父母,包括生父母、养父母和有扶养关系的继父母。本法所说的兄弟姐妹,包括同父母的兄弟姐妹、同父异母或者同母异父的兄弟姐妹、养兄弟姐妹、有扶养关系的继兄弟姐妹。

继承顺序,即继承遗产的先后次序,就是在所有的法定继承人中,按照血缘和婚姻关系的亲疏,以及经济生活中的相互依赖程度划分出继承的不同顺序。以血缘关系最近的同一亲等的人,即父、母、子、女和配偶为第一顺序;血缘关系较第一顺序稍远的同一亲等的人,如兄弟姐妹、祖父母、外祖父母为第二顺序。只有没有第一顺序继承人或者第一顺序继承人放弃或丧失了继承权,才能由第二顺序继承人继承。同一顺序的继承人,不管有多少,应同时继承,不再有先后次序之分。不能理解为配偶先继承,没有配偶时子女继承,没有子女时父母继承。

在法定继承中,没有第一顺序继承人继承的有三种情况:一是第一顺序继承人已全部死亡;二是第一顺序继承人全部放弃了继承权;三是第一顺序继承人全部丧失了继承权。这三种情况,不论发生哪一种,有第二顺序继承人的都应由第二顺序继承人继承。

136. 出嫁的女儿或胎儿可以继承遗产吗

我国《继承法》第九条规定:"继承权男女平等。"继承权男女平等,是指同一亲等的继承人,不论男女,他们的继承权都是平等的,如女儿与儿子、母亲与父亲、姐妹与兄弟等,都有平等的继承权,出嫁的女儿当然是其父母的法定继承人,同属于第一顺序的继承人,与儿子有同等的继承权。但在现实生活中,妇女的继承权还得不到保障,主要表现在三个方面:一是女儿的合法继承权往往不能实现;二是丧偶妇女的继承权往往得不到保障;三是寡妇再嫁带走遗产往往受到阻挠。继承权的平等并不等于继承份额的均等。分配遗产时应根据实际情况灵活处理,也可按"与被继承人共同生活的继承人,分配遗产时,可以多分"的规定处理。

《继承法》第二十八条规定:遗产分割时,应当保留胎儿的继承份额。胎儿出生时是死体的,保留的份额按照法定继承办理。最高人民法院有关意见规定:应当为胎儿保留遗产份额,没有保留的,应当从继承人所继承遗产中扣回。为胎儿保留的遗产份额,如胎儿出生后死亡,由其继承人继承;如胎儿出生时就是死体的,由被继承人的继承人继承。

137. 什么是收养　其法律特征有哪些

收养是指收养人依照法律规定的条件和程序,领养他人子女的民事法律行为。收养关系的成立,使得本无父母子女关系的人之间产生法律拟制的父母子女关系,又使得养子女与生父母及其他近亲属间的权利义务关系归于消灭。收养直接涉及三方当事人的权益,即收养人、被收养人和送养人。收养人是领养他人子女的人,即养父母;被收养人是由他人收养的人,即养子女;送养人是将自己的子女或者收留的孤儿、儿童送给他人抚养的父母、社会福利机构、监护人等。收养具有以下三个特征:

(1)收养是一种民事法律行为。民事法律行为是指能够引起民事权利义务关系(即民事法律关系)发生、变更或消灭的合法行为。合法的收养既能引起法律拟制血亲关系的发生,又能引起原有血亲关系、监护关系的消灭,因此,收养是一种民事法律行为。既然收养是民事法律行为,违反《民法通则》有关民事法律行为成立的有效要件的收养,不发生法律效力。这些具体适用于收养的有效条件有:收养人与送养人必须是神智健康的成年人或有关组织;收养人、送养人和被收养人须符合法定的要求和条件,法定程序并不得损害国家、集体或者第三人合法权益;等等。凡不符合上述有效条件之一的收养即是无效收养,不产生法律效力。

(2)收养形成法律拟制血亲关系。法律拟制血亲是指法律上确认本无直接血缘联系的人(即直系血亲)之间享有与直系血亲同等的权利和义务。收养形成的养父母子女关系即是典型的拟制血亲关系。收养人将他人的子女作为自己的子女抚养,使本无父母子女关系的人之间形成法律确认的父母子女关系;被收养人与其生父母间的权利义务关系因收养成立而消灭,其生父母不再承担抚养该子女的义务,也丧失接受该子女赡养的权利,双方互有继承权消灭。因此,收养实质上是变更亲属的身份关系及与其相应的财产关系的行为。收养关系的成立虽然割断了养子女与其生父母及其他近亲属的法律关系,但他们之间的自然血亲关系无法改变。因此,养子女与其自然直系血亲和三代以内旁系血亲之间仍属于禁婚之列。

(3)收养人与被收养人必须是无直系血亲关系的自然人。收养的性质决定了收养人与被收养人均必须是自然人,任何单位、社会组织或福利机构都不能成为收养人。政府或民间兴办的专门为收留、养育失去父母的儿童或孤儿的养育中心、孤儿院等,与其养育的儿童、孤儿之间是养父母子女关系,因而不发生父母子女的权利义务关系。另外,法律规定的收养条件决定了直系血亲间不能收养;直系血亲相互间一般均存在抚养教育、赡养扶助的权利义务关系,因此,收养晚辈直系血亲既无法律依据,也无实际意义。旁系血亲的收养,尤其是收养三代以内同辈旁系血亲的子女,受我国收养法的鼓励和支持,但必须是长辈对晚辈血亲的收养。兄弟姐妹之间在一定条件下互有扶养义务和继承财产的权利,因而不能收养。现实生活中,年轻人对孤寡老人的收留和赡养,不是收养,不发生收养的法律后果。

138. 收养需要哪些条件和程序

收养是依法领养他人的子女作为自己子女的法律行为,这种行为必须符合法律规定的条件和程序才能成立。

首先,被收养人必须符合条件。《中华人民共和国收养法》(以下简称《收养法》)第四条规定,下列不满十四周岁的未成年人可以被收养:①丧失父母的孤儿;②查找不到生父母的弃婴和儿童;③生父母有特殊困难无力抚养的子女。

其次,送养人必须符合条件。《收养法》第五条规定,下列公民、组织可以作送养人:①孤儿的监护人;②社会福利机构;③有特殊困难无力抚养子女的生父母。

最后,收养人必须符合条件。《收养法》第六条规定,收养人应当同时具备下列条件:①无子女;②有抚养教育被收养人的能力;③未患有在医学上认为不应当收养子女的疾病;④年满30周岁。

收养人、送养人、被收养人三方都不符合收养关系的条件,收养关系当然不能成立。并且,送养人不得以送养子女为理由违反计划生育的规定再生育子女。

对于符合条件的公民收养三代以内同辈旁系血亲的子女,比一般的收养关系条件要宽。这主要是考虑了收养人、送养人和被收养人之间的血缘关系和亲属关系。按照我国《收养法》的规定,收养关系中,收养人一般应年满30周岁,无子女,并且一般只能收养1名子女。但是收养孤儿或者残疾儿童的,条件从宽。收养孤儿或者残疾儿童可以不受收养人无子女和收养1名的限制,收养人必须年满30周岁。无配偶的男性收养女性的收养人与被收养人的年龄应当相差40周岁以上。

关于收养程序的具体规定,概括起来有以下几点:

(1)向民政部门进行收养登记;

(2)收养人、送养人应订立书面协议;

(3)可以由公证机关办理收养公证。前两个方面是必须履行的,不履行则收养关系无效。

考虑到我国民间的传统习惯,我国还在一定程度上承认事实收养的存在,但条件是严格的。只有过去已经存在的,已经形成父母子女关系,并且也为周围群众所普遍承认的收养关系,才能被认定为事实收养关系而加以保护。

139. 什么人可以被收养　收养人能否收养成年子女

根据《收养法》第四条规定,下列不满十四周岁的未成年人可以被收养:(1)丧失父母的孤儿;(2)查找不到生父母的弃婴和儿童;(3)生父母有特殊困难无力抚养的子女。《收养法》中对亲属间收养成年子女规定年满 30 周岁的无子女的公民收养三代以内同辈旁系血亲的子女,可以不受被收养人不满 14 周岁的限制,但并未规定被收养人的最高年龄,因此被收养人可以是成年人。

《收养法》第七条规定:收养三代以内同辈旁系血亲的子女,可以不受本法第四条第三项、第五条第三项、第九条和被收养人不满 14 周岁的限制。这是关于收养三代以内同辈旁系血亲的子女如何放宽限制的规定。

140. 如何判断收养孩子是不是自己三代以内同辈旁系血亲

村民在收养孩子时,如何判断一个亲属是不是自己三代以内同辈旁系血亲呢? 血亲是指具有血缘关系的亲属。血亲按照血缘关联的程度,分为直系血亲和旁系血亲。直系血亲是指具有直接血缘关系的亲属,也就是生育自己和自己所生育的上下各代亲属,如祖父母、外祖父母、父母、子女、孙子女、外孙子女。而旁系血亲是指具有间接关系的亲属,即非直系血亲而在血缘上和自己同一源的血亲,比如兄弟姐妹、伯叔姑舅姨、侄子女、外甥、外甥女。血亲又有长辈、晚辈和同辈之分。长辈血亲指血亲中的长辈,分为长辈直系血亲和长辈旁系血亲。晚辈血亲指血亲中的晚辈,分为晚辈直系血亲和晚辈旁系血亲。同辈血亲指辈分相同的血亲,只有旁系血亲才有同辈之言。三代以内同辈旁系血亲,指兄弟姐妹和第三代堂、表兄弟姐妹。三代以内同辈旁系血亲的子女,指兄弟姐妹的子女和第三代堂、表兄弟姐妹的子女,即侄子女、外甥、外甥女和第四代的堂侄子女、表侄子女、表外甥、表外甥女。收养人在收养这些孩子时,就不受"有特殊困难无力抚养"、"被收养人年龄不得超过十四周岁"和"无配偶的男性收养女性年龄必须相差四十周岁"等一般条件的限制。

第六章　村民关系和纠纷处理

141. 相邻关系的含义和内容是什么　村民租赁房屋也要遵守相邻关系的规定吗

相邻关系,是指不动产相互毗邻的所有人或者使用权人,为了对其占有或使用的不动产加以充分利用,相互之间因给予方便或接受某种限制而产生的权利义务关系。在相邻关系中,当事人双方彼此之间享有这样一种权利,即为了自己能够正常、充分地利用不动产(如房屋、土地等),而有权要求相邻对方不实施某种行为(如不阻止通行,不影响房屋通风采光等)或者要求对方实施某种行为(如拆除危险建筑物)的权利。

依据我国《民法通则》规定,不动产的相邻各方,应当按照有利生产、方便生活、团结互助、公平合理的精神,正确处理截水、排水、通行、通风、采光等方面的相邻关系。给相邻方造成妨碍或者损失的,应当停止侵害,排除妨碍,赔偿损失。

村民租赁房屋也要遵守相邻关系。相邻关系主体,不仅包括所有权人,还包括使用权人,如承租人和典权人。换句话讲,谁依法占有、使用不动产,谁就是相邻关系的权利义务人。

142. 处理农村房屋相邻关系应遵循哪些原则

确定农村房屋相邻关系中的权利义务,应当遵循以下原则:

(1)有利生产,方便生活原则。这是确定相邻关系权利和义务的两大出发点,两者必须兼得。既不能单纯强调保护个人权益而影响或阻碍生产建设,也不能借口有利生产而任意损害邻人的合法权益。

(2)团结互助原则。

(3)公平合理原则。即在相邻权限制邻人对不动产的利用时,必须选择对邻人影响最小的方案,必要时还应作出补偿。

143. 村邻挤占通道和宅基地怎么处理

农村中挤占通道和宅基地的现象时有发生。有的甚至宅基地与外边的通道被相邻的人家挤占得只能单人通行,这些矛盾非常复杂,有的还和家族之间、家庭之间的其他矛盾纠缠在一起。《民法通则》第八十三条规定,不动产的相邻各方应当按照有利生产、方便生活、团结互助、公平合理的精神,正确处理截水、排水、通行、通风、采光等方面的相邻关系。

在相邻关系中通道使用权和宅基地使用权是邻里各方最容易产生矛盾的两个问题。对于通道,除另有约定的以外,一般都由相邻各方共同使用,一方如果挤占了通道,客观上就会对他方造成一定的妨碍,因此,占用时必须征得他方同意,否则就是侵害了他方的通道使用权。我国法律保护公民宅基地的长期使用权,但是公民在行使该权利时,不得妨碍公共利益和他人的合法权益。侵害通道使用权,给他方造成损失的,受害方可以要求对方赔偿损失。处理相邻关系纠纷,应当互谅互让,尽量协商解决。协商不成时,可以通过当地民事调解组织或者人民法院处理。

144. 土地相邻方应如何保障和维护自己的合法权益

相邻关系在农村土地利用过程中是一种非常重要的关系。那么,作为相邻一方的农民,当自己的合法权益受到侵犯时应如何保障和维护自己的合法权益呢? 依据《民法通则》《民事诉讼法》及相关司法解释的规定,我们主要分以下几种情况进行解答:

第一,相邻一方因施工临时占用他方使用的土地,占用的一方如未按照双方约定的范围、用途和期限使用的,应当责令其及时清理现场、排除妨碍、恢复原状、赔偿损失。

第二,一方擅自堵截或独占自然流水,影响他方正常生产、生活的,他方有权请求排除妨碍;造成他方损失的,应负赔偿责任。

第三,相邻一方必须使用另一方的土地排水的,应当准许,但应在必要限度内使用并采取适当的保护措施,如仍造成损失的,由受益人合理补偿。

第四,相邻一方可以采取其他合理的排水措施而未采取,向他方土地排水毁损或者可能毁损他方财产,他方要求致害人停止侵害、消除危险、恢复原状、赔偿损失的,应当予以支持。

第五,一方必须在相邻一方使用的土地上通行的,应当予以准许;因此造成损失的,应当给予适当补偿。

第六,对于一方所有的或者使用的建筑物范围内历史形成的必经通道,所有权人或者使用权人不得堵塞。因堵塞影响他人生产、生活,他人要求排除妨碍或者恢复原状的,应当予以支持。但有条件另开通道的,也可以另开通道。

处理相邻房屋滴水纠纷时,有过错的一方造成他方损害的,应当责令其排除妨碍、赔偿损失。

第七,相邻一方在自己使用的土地上挖水沟、水池、地窖等或者种植的树木根枝伸延危及另一方建筑物的安全和正常使用的,应当根据实际情况,责令其消除危险,恢复原状,赔偿损失。

当上述权利得不到实现时,权利受侵害一方即可依照《民事诉讼法》的相关规定向人民法院提起民事诉讼。

145. 相邻权受到侵害时可以主张哪些权利

违反相邻关系,给相邻方造成妨碍或者损失的,受害人可以主张如下权利:

(1)停止侵害请求权。一方违反相邻义务,正在实施侵害邻人利益的活动时,邻人有权直接请求或请求法院责令其停止侵害行为。

(2)排除妨碍请求权。如果一方因其违法行为已经使邻人不能或者部分不能正常利用其不动产,邻人有权直接请求或通过法院请求其排除这种不动产利用上的障碍。

(3)损害赔偿请求权。如果一方因侵害行为或妨碍行为给邻人造成财产损失的,邻人在享有上述两项权利的同时,还有权请求对方对因此遭受的全部损失进行赔偿。

146. 什么是相邻通行关系 当事人之间有什么权利和义务

相邻通行关系,分相邻土地通行关系和相邻房屋通行关系两种情况。

(1)相邻土地通行关系,是指如果一方不经过邻人土地通行,就无法到达公共道路的,该方有在邻人的土地上通行的权利。如果一方因在邻人土地上通行,给邻人造成损失的,该方有给予适当补偿的义务。

(2)相邻建筑通行关系,是指对于在一方所有的或者使用的建筑物范围内历史形成的必经通道,所有权人或者使用权人不得堵塞,邻人有继续使用的权利。堵塞通道因此影响邻人生产生活的,邻人有要求排除妨碍或恢复原状的权利。

当然,如果有条件另开通道的,原通道所在房屋的所有权人或使用权人有权要求邻人另开通道。

147. 管线埋设及建筑施工临时占用邻地应遵循什么规则

相邻一方埋设管线或因修建施工临时占用他方土地的,占用的一方应当在约定的范围、用途和期限内占用。如果管线埋设人和施工人未按上述约定使用土地的,土地的所有人或使用人有权责令其及时清理现场、排除妨碍、恢复原状和赔偿损失。

另外,管线埋设人应当选择对邻人影响最小的地点和方式埋设管线。

148. 哪些行为侵害相邻人的通风权与采光权

视为侵害相邻人通风权的情况主要有:

(1)因相邻一方建筑房屋未与相邻他方的房屋保持适当距离,相距太近而导致相邻他方室内空气流通不畅的;

(2)因相邻一方林木根枝等延伸至他方门窗前,严重影响他方室内空气流通的。

视为侵害相邻人采光权的情况主要有:

(1)因相邻一方建造房屋或种植树木未与相邻他方的房屋保持适当距离,导致他方室内采光不足的;

(2)因相邻一方过度或不适时的光源照射等因素而导致相邻他方采进过量光照的。

149. 相邻方通风权和采光权受到侵害可主张哪些权利

通风权和采光权受到侵害的,受害方可以主张下列要求维护自身权益:

(1)请求停止侵害。当对方修建房屋与自己的房屋距离过近时,相邻人有权及时提出异议,要求对方停止侵害。

(2)请求排除妨碍。如果在对方建房时相邻人未提出异议,房屋建成后,相邻人才要求排除妨碍的,只有在对对方建成的房屋损坏不大的前提下,才可以拆除楼层或降低高度。

(3)请求采取其他补救措施。在不能采取停止侵害和排除妨碍的请求时,相邻人可以要求对方采取其他补救措施,比如为其另开天窗或安装风扇等。

(4)请求赔偿损失。

150. 拆除己方房屋时可一并拆除共用墙吗 共用墙的另一方可以以共用墙为理由干涉对方买卖房屋吗

都不可以。根据相邻权的规定,共用墙的所有人有保留共用墙的义务。即一方如果拆除房屋的,共用墙不得拆除,可以由另一方以折价补偿的方式,取得共用墙的所有权。

界墙人对其房屋享有完全的所有权,不因有共用墙而受影响。如果界墙人转让其房屋,共用墙所有人不得以共用墙为由提出异议。

151. 关于相邻用水关系法律是怎么规定的

相邻人不得擅自改变水的自然流向。如果一方需要改变水的自然流向,必须征得他方同意。

位于高地或者上游的相邻人,不得截留或者独占自然水流,影响他方正常生产、生活,否则,他方有权请求排除妨碍、恢复原状、赔偿损失。

位于低地或者下游的相邻人,不得以损害相邻人利益为目的使用水流。

水源充足时,应遵循"由远及近、由高至低"的原则依次用水;水源不足时,相邻各方应本着互谅互让的原则协商处理,合理分配,共同使用。

相邻一方必须使用另一方的土地排水的,应当予以准许;但应在必要限度内使用并采取适当的保护措施排水。如仍造成损失的,由受益人合理补偿。

相邻一方可以采取其他合理的措施排水而未采取,向他方土地排水毁损或者可能毁损他方财产,他方有权要求致害人停止侵害、消除危险、恢复原状、赔偿损失。

152. 相邻疆界关系当事人之间的权利和义务有哪些

(1)双方共建的界墙、界篱,归双方共有,双方对其共有的界墙、界篱承担共同维修的义务。

(2)双方对相邻房屋的使用范围,只能限制在疆界自己一侧,不得擅自越界。

(3)一方修建房屋逾越疆界的,他方有权及时制止,责令其停止侵害、恢复原状。但如果越界房屋已经建成的,则只能要求赔偿损失。

(4)一方种植树木越界影响邻人房屋的安全或正常使用的,邻人有权请求剔除越界根枝。对方不予剔除的,邻人有权自行剔除。如果因树木越界造成损失,邻人有权请求损害赔偿。

153. 什么是相邻防险关系 相邻关系当事人之间的环保权利和义务有哪些

相邻防险关系包括以下几种情况：

(1)在自己的房屋或土地范围内，从事高空、高压、易燃、易爆、剧毒、放射性等高度危险作业的，必须采取必要防范措施。否则，未采取防范措施，造成后果的，应承担相应的责任。

(2)在自己所有或使用的土地上开挖水沟、水池、水井、地窖的，开挖人必须选择适当的地点和方式。否则，因此给邻人房屋造成损害或构成危险的，要承担相应责任。

(3)相邻人有义务采取必要措施加固其建筑及建筑物上的搁置物、悬挂物，避免其因倒塌、脱落、坠落给邻人造成损害。

在相邻环保关系中，当事人之间有如下权利和义务：

(1)相邻一方在排放废水、废渣、废气、粉尘、油污和放射性物质时，应严格遵守国家标准。否则，应承担相应赔偿责任。

(2)相邻一方在他方房屋附近修建厕所、牲畜栏厩、粪池、污水池或堆放垃圾的，应与相邻他方房屋保持适当距离，并采取措施防止污染。

(3)相邻一方使用其不动产而产生的噪声、振动等，必须控制在依社会一般观念可容忍的范围之内。

154. 饲养动物干扰他人正常生活的行为应受何种处罚

饲养动物，干扰他人正常生活的，处警告；警告后不改正的，或者放任动物恐吓他人的，处200元以上500元以下罚款。

驱使动物伤害他人的，依照《治安管理处罚法》第四十三条第一款的规定处罚。

155. 农村一般纠纷该如何解决

村民在生活中难免会产生这样那样的矛盾。个人之间、法人之间、其他组织之间以及他们相互之间因财产关系、人身关系而发生的纠纷,都叫作民事纠纷。民事纠纷可以采取和解、调解、仲裁、诉讼等方式解决。村民可以根据情况选择适合自己的解决方式。

和解是当事人双方在平等的基础上相互协商、互谅互让,进而对纠纷的解决达成协议的活动。和解具有及时解决纠纷、节约成本、保护合作关系等优点,当事人双方应首先选择。和解协议相当于合同,当事人双方应自觉履行。一方不履行和解协议,另一方可以向法院提起诉讼,当然也可以根据约定申请仲裁。法院通过对和解协议的审查,对意思真实而又不违反法律强制性或禁止性规定的和解协议予以支持,但对一方非自愿作出的或违反法律强制性或禁止性规定的和解协议不予支持。

调解是指第三方对纠纷的双方当事人进行沟通疏导、说服教育,促使其相互谅解、达成协议,从而解决纠纷的一种活动。调解一般包括村民调解委员会调解、法院调解、仲裁调解、行政调解等类型。村民调解委员会的调解属于民间调解;法院调解或仲裁调解达成的调解协议具有等同于法院判决或仲裁裁决的效力,可以强制执行。行政调解则不具有此等效力,当事人不服行政调解,可就原纠纷再提起民事诉讼。

156. 村民调解委员会的调解协议有什么效力

依法律及相关司法解释的规定,经人民调解委员会调解达成的有民事权利义务内容,并由双方当事人签字或者盖章的调解协议,具有民事合同性质。当事人应当按照约定履行自己的义务,不得擅自变更或者解除调解协议。如果一方不履行调解协议,另一方有权向法院提起诉讼要求履行调解协议。

157. 什么是信访 哪些事项可以信访

信访是指公民、法人或者其他组织采用书信、电子邮件、传真、电话、走访等形式,向各级国家机关(人民代表大会及其常务委员会、人民政府、人民法院、人民检察院)反映情况,提出建议、意见或者投诉请求,依法由有关国家机关处理的活动。

信访是我国的一项特色制度,它为百姓提供了一条向国家发表意见、提出建议、批评投诉的渠道,也是国家沟通人民、了解下情的途径。

2005年1月10日,国务院颁布新的《信访条例》,对行政机关办理信访事项作出一系列规定。此外,我国部分省、自治区、直辖市也制定了关于信访的地方性法规。

信访是国家设定的下情上传的渠道,原则上公民的所有意见和建议都可以通过信访途径向国家提出。具体说来,对下列四类事项,公民可以提出信访:

(1)各级人民代表大会及其常务委员会职权范围内的事项;

(2)各级人民政府职权范围内的事项;

(3)各级人民法院职权范围内的事项;

(4)各级人民检察院职权范围内的事项。

公民对各类事项的信访,既可以是对国家机关工作提出建议、意见,或是提出批评,也可以是对国家机关的决定提起申诉,还可以是对国家机关工作人员的违法行为提出检举、控告等。

158. 信访应向哪个机关或部门提出 通过什么渠道和方式提出

我国信访实行属地管理、分级负责、归口办理的原则。因此,信访应向对信访事项直接负责的机关或部门提出。

（1）属于人民代表大会及其常务委员会职权范围内的事项应向直接负责的人民代表大会及其常务委员会信访；

（2）属于人民政府及其工作部门职权范围内的事项应向直接负责的人民政府及其工作部门信访；

（3）属于人民法院职权范围内的事项应向直接负责的人民法院信访；

（4）属于人民检察院职权范围内的事项应向直接负责的人民检察院信访。

信访可以通过书信、电话、电子邮件、传真、走访等多种渠道提出。而在现代网络资源和技术不断发展的今天，信访人更是可以通过信访信息系统直接提出信访要求。

根据《信访条例》规定，各级人民政府、县级以上人民政府工作部门应当向社会公布信访工作机构的通信地址、电子信箱、投诉电话、信访接待的时间和地点、查询信访事项处理进展及结果的方式等相关事项。国家和地方信访工作机构充分利用现有政务信息网络资源，建立全国和地方信访信息系统，为信访人在当地提出信访事项、查询信访事项办理情况提供便利。

159. 信访人在信访过程中享有哪些权利和应履行哪些义务

信访人在信访过程中享有如下权利：

（1）可以通过多种方式进行信访，如来访、书信、传真、电话、电子邮件等；

（2）有要求获得书面答复意见的权利；

（3）有对信访事项答复意见不满要求复查的权利；

（4）有对复查决定不满要求复核的权利。

信访人享有信访的权利，但在信访过程中也须履行一定的义务，具体如下：

(1)如实反映情况,不得捏造或者歪曲事实,不得进行诬告陷害;

(2)遵守信访程序,依法规定的程序进行信访;

(3)遵守接待场所秩序,爱护公共财产;

(4)服从符合法律法规、规章、政策的处理决定。

160. 信访人在信访过程中应遵守哪些秩序

信访人在信访过程中应遵守信访秩序,不得有以下行为:

(1)在国家机关办公场所周围、公共场所非法聚集,围堵、冲击国家机关,拦截公务车辆,或者堵塞、阻断交通的;

(2)携带危险物品、管制器具的;

(3)侮辱、殴打、威胁国家机关工作人员,或者非法限制他人人身自由的;

(4)在信访接待场所滞留、滋事,或者将生活不能自理的人弃留在信访接待场所的;

(5)煽动、串联、胁迫、以财物诱使、幕后操纵他人信访或者以信访为名借机敛财的;

(6)扰乱公共秩序、妨害国家和公共安全的其他行为。

161. 集体信访应遵守哪些规定 违反规定应承担何种责任

集体信访是指多人因共同的事项反映共同的意愿。集体信访可以采取书信、电话、网络等方式进行,也可以当面反映。但如果采取当面反映的形式,必须推选代表进行,且代表人数不得超过 5 人。之所以作出如此限制规定,主要是为了保证国家机关更清楚、明白地了解到信访人的意愿,并有利于问题得到及时、妥善的解决。

违反《信访条例》中关于信访秩序规定的信访人,有关国家机关工作人员应当对信访人进行劝阻、批评或者教育。经劝阻、批评和教育无效的信访人,由公安机关予以警告、训诫或者制止;违反集会游行示威的法律、行政法规,或者构成违反治安管理行为的,由公安机关依法采取必要的现场处置措施、给予治安管理处罚;构成犯罪的,依法追究刑事责任。此外,信访人捏造歪曲事实,诬告陷害他人,构成犯罪的,依法追究刑事责任;尚不构成犯罪的,由公安机关依法给予治安管理处罚。

第七章　农村资源和环境保护管理

162. 什么是假种子和劣质种子

《中华人民共和国种子法》(以下简称《种子法》)第四十六条规定,下列种子为假种子:

(1)以非种子冒充种子或者以此种品种种子冒充他种品种种子的。

(2)种子种类、品种、产地与标签标注的内容不符的。

"以非种子冒充种子"在实践中数量不多,但危害极大。大麦、小麦常规种子可能表现不明显,但是对于杂交种子,比如用杂交玉米、杂交水稻等粮食冒充种子,后代严重分离,减产一般都可能达到50％。对于白菜、番茄等蔬菜,则可能造成商品性极差,甚至根本没有市场。"以此种品种种子冒充他种品种种子"主要表现为用过去已经失去销路的老品种冒充市场上行情看好的新品种,或者用其他滞销的品种冒充畅销的品种。由于各品种的特征特性、适用范围、栽培要点都不一样,假冒品种会给种子使用者造成错误引导,使其种植不适宜的品种,采用不恰当的栽培管理技术等,即使种子纯度、净度、发芽率等都很高,但仍会造成减产甚至绝收。例如,有的种子企业用"Ⅱ优725"冒充"冈优725"销售,可使用种者每亩减产50千克左右。"种子种类、品种、产地与标签标注的不符",这种情况也属于假种子,但与前述的"冒充"不一样。冒充是故意行为,情节更为恶劣。标注不符,可能是故意冒充,也可能是过失(如将种子装错了袋或放错了标签等)。

《种子法》第四十六条规定,下列种子属于劣质种子:

(1)质量低于国家规定的种用标准的;

(2)质量低于标签标注指标的;

(3)因变质不能作种子使用的;

(4)杂草种子的比率超过规定的;

(5)带有国家规定检疫对象的有害生物的。

可见,根据《种子法》的规定,劣质种子的范围比较宽。即使种子质量指标达到了国家规定的标准,但如果与经营者标签标注指标不相符的,也属劣质种子。"质量指标"是种子标签上必须标注的内容,而且必须真实。种子经营者不能为了提高竞争力而任意提高标注的种子质量指标,否则会因为与实际不符而被视为劣质种子,并承担法律责任。此外,对国家没有质量标准的种子,以经营者标注的质量标准为准,如果种子的实际质量达不到标注的质量指标,也要承担相应的法律责任。

163. 哪些种子可能损害使用者的权益 如何预防种子质量纠纷

种子使用者权益受损主要是指种子使用者购买种子,由于种子经营者没有履行或没有完全履行其法定义务和约定义务,致使种子使用者购买到了假冒伪劣种子,给种子使用者造成损失。导致种子使用者权益受损的种子有以下几种:

(1)质量不合格的种子;

(2)侵权的种子;

(3)应当审定而未经审定或审定未通过品种的种子;

(4)包装标识不符合要求的种子;

(5)超过使用期的种子;

(6)已经国家审定但不属于同一生态区的种子；

(7)包装种子数量不足。

种子使用者预防种子质量纠纷应注意下列问题：

(1)要选择向经营信誉良好、具有赔偿能力的经营者购买种子。不要贪图便宜到没有经营资格的种子门店去购买种子。

(2)购种时一定要向售种者索要凭证(如发票等)，以作为买卖关系存在之证据，并加以妥善保管，购种凭证要写明具体的品种和数量，有特殊要求的应当在凭证中注明。

(3)要保留种子包装袋，最好留有未种植完的样品，在购种数量比较多的情况下，最好留有未开袋的样品。

(4)因种子质量而造成损失后，及时与经营者联系，协商请求赔偿事宜。

(5)在田间可以鉴定的时期内，及时申请所在地种子管理机构组织专家鉴定，并出具鉴定结论。

164. 种子质量纠纷田间现场鉴定的程序有哪些

农作物种子质量纠纷田间现场鉴定是指农作物种子在大田种植后，因种子质量或者栽培、气候等原因，导致田间出苗、植株生长、作物产量、产品品质等受到影响，双方当事人对造成事故的原因或损失程度存在分歧，为确定事故原因或损失程度而进行的田间现场鉴定活动。具体程序按农业部《农作物种子质量纠纷田间现场鉴定办法》(以下简称《办法》)规定的程序进行：

(1)鉴定主体和受理。现场鉴定由田间现场所在地县级以上地方人民政府农业行政主管部门所属的种子管理机构(包括有种子管理职能的农业综合执法机构)组织实施。种子管理机构依法审查、受理种子质量纠纷处理机构或种子质量纠纷当事人提出田间鉴定的申请，并组织专家鉴定组进行田间现场鉴定。但有《办法》第五条所列 6 种情形之一的，种子管理机构对现场鉴定申请不予受理：①针对所反映的质量问题,申请人提出鉴定申请时需鉴定地块的作物生长期已错过该作物典型性状表现期,从技术上已无法鉴别所涉及质量纠纷起因的;②司法机构、仲裁机构、行政主管部门已对质量纠纷做出有效判决和处理决定的;③受当前技术水平的限制,无法通过田间现场鉴定的方式来判定所提及质量问题起因的;④该纠纷涉及的种子没有质量判定标准、规定或合同约定要求的;⑤有确凿的理由判定质量纠纷不是由种子质量所引起的;⑥不按规定交纳鉴定费的。

(2)专家鉴定组的组成。由种子管理机构组织专家鉴定组进行现场鉴定。专家鉴定组名单应征求申请人和当事人的意见。参加鉴定的专家应当具有高级以上专业职称,具有相应的专门知识和实际工作经验,从事相关专业领域的工作 5 年以上。专家鉴定组人数应为 3 人以上单数,由 1 名组长和若干成员组成。专家鉴定组成员符合《办法》第八条所列 3 种情形之一的应当回避,申请人也可申请其回避:①是种子事故争议当事人或者当事人的近亲属的;②与种子事故争议有利害关系的;③与种子事故争议当事人有其他关系,可能影响公正鉴定的。

(3)现场鉴定。专家鉴定组成员进行现场鉴定时,应通过申请人及有关当事人到场了解有关情况,可以要求申请人提供与现场鉴定有关的材料。申请人及当事人应予以必要配合。专家鉴定组根据现场情况确定取样方法和鉴定步骤,并独立进行现场鉴定。任何单位或者个人不得干扰现场鉴定工作,不得威胁、利诱、辱骂、殴打专家鉴定组成员。专家鉴定组成员不得接受当事人的财物或者其他利益。有《办法》第十一条规定情况之一的,终止现场鉴定:①申请人不到现场的;②需鉴定的地块已不具备鉴定条件的;③因人为因素使鉴定无法开展的。

专家鉴定组在对鉴定地块中种植作物的生长情况进行鉴定时,应充分考虑《办法》第十二条中所确定的 7 项因素:①作物生长期间的气候环境状况;②当事人对种子的处理及田间管理情况;③该批种子室内鉴定结果；④同批次种子在其他地块生长情况；⑤同品种其他批次种子生长情况；⑥同类作物其他品种种子生长情况；⑦鉴定地块地力水平等影响作物生长的其他因素。

有《办法》第十七条规定情形之一的现场鉴定无效，应当重新组织鉴定：①专家鉴定组组成不符合本办法规定的；②专家鉴定组成员收受当事人财物或其他利益，弄虚作假的；③其他违反鉴定程序，可能影响现场鉴定客观、公正的。

（4）制作现场鉴定书。专家鉴定组成员应当在事实清楚、证据确凿的基础上，根据有关种子法的规定、标准，依据相关专业知识，本着科学、公正、公平的原则，及时作出鉴定结论。专家鉴定组现场鉴定实行会议制。鉴定结论以专家鉴定组成员半数以上通过有效。专家鉴定组成员在鉴定结论上签名。专家鉴定组成员对鉴定结论的不同意见，应当予以注明。专家鉴定组制作的现场鉴定书应包括《办法》第十四条中所列的 7 项内容：①鉴定申请人的名称、地址、受理鉴定日期等基本情况；②鉴定的目的、要求；③有关的调查材料；④对鉴定方法、依据、过程的说明；⑤鉴定结论；⑥鉴定组成员名单；⑦其他需要说明的问题。

（5）现场鉴定书的送达。种子管理机构在收到专家鉴定组制作的现场鉴定书后 5 日内，将现场鉴定书交付申请人。

（6）重新鉴定。对现场鉴定书有异议的，应当在收到现场鉴定书 15 日内向原受理单位的上一级种子管理机构提出再次鉴定申请，并说明理由。再次鉴定申请只能由提出鉴定申请的当事人提出，是当事人双方共同提出的，再次鉴定申请仍由双方共同提出。再次鉴定申请只能提起一次。

165. 因种子质量造成损失的如何赔偿

《种子法》第四十一条规定："种子使用者因种子质量问题遭受损失的，出售种子的经营者应当予以赔偿，赔偿额包括购种价款、有关费用和可得利益损失。"

（1）购种价款。这是指购种者拆包或播种后发现种子质量存在某种缺陷，经销售者认可后依据购种凭证所作出的赔偿。

（2）有关费用。这是指为获得赔偿而发生的费用，如交通费、误工费、鉴定费、诉讼费、诉讼代理费用等。但是这些费用必须是为了种子质量问题获得赔偿而支出的，必须是合理的而不是浪费的。如交通费以公共交通计算而不能够以出租车费计算，误工费按当地上年度社会平均工资标准计算，而不能用外地标准计算。

（3）可得利益损失。这是指正常种植没有质量问题的种子预计可以获得的收入，减去种植质量有问题的种子所实际获得的收入之差，即预期收益的损失部分。判断可得利益损失比较困难，争议较大，最难达成协议。一般情况下，以当地正常种植的收入减去有问题的种植收入即为损失部分。但是，往往正常种植的收入不易获得，受损失的收入也不易获得。如果受损失后不认真管理，损失进一步扩大的，由当事人自己负责。为防止双方发生争议，久拖不决时造成损失的进一步扩大，应当尽快申请当地种子管理部门根据当地的市场情况，确定以前三年的亩平产量为准。

166. 购买化肥、种子、农药等生产资料时与经营者发生争议如何解决

根据《消费者权益保护法》等法律、法规的规定，村民在购买、使用直接用于农业生产的生产资料时适用《消费者权益保护法》的规定。也就是说，除购买一般的生活消费品之外，购买、使用的一些直接用于生产的生产资料同样受到《消费者权益保护法》的保护。依据该法的相关规定，消费者和经营者发生争议的，主要可以通过以下五种途径加以解决：第一，消费者自己与经营者协商和解；第二，请求消费者协会或者依法成立的其他调解组织调解；第三，向有关行政部门投诉；第四，根据与经营者达成的仲裁协议提请仲裁机构

仲裁;第五,向人民法院提起民事诉讼。

另外,就具体的权利请求对象而言,消费者在购买、使用商品时,其合法权益受到损害的,可以向销售者要求赔偿。消费者或者其他受害人因商品缺陷造成人身、财产损害的,则既可以向销售者要求赔偿,也可以向生产者要求赔偿。消费者在接受服务时,其合法权益受到损害的,可以向服务者要求赔偿。

167. 如何辨别假劣农药与假劣化肥

判定农药产品的真假、伪劣,一般需要通过法定的农药质量检测单位,根据产品标准规定的各项技术指标及检验方法来判定。对于普通百姓来说,在购买农药时,也可以通过以下几种简易方法进行初步的辨别。

(1)根据标签辨别:《农业管理条例》第十六条规定了合格的标签应包括的主要内容。标签必须完整,残缺不全或不清楚的标签产品,就值得怀疑。

(2)根据包装辨别:一般来说符合国家有关农药包装规定的,直观来看,包装、商标、产品说明书、出厂检验合格证等都是新的,如果发现包装用的材料陈旧、密封不好或有破损或包装有大有小等问题,其质量值得怀疑。

(3)根据外观的某些特征辨别:不同的农药具有不同的特征,形状和色泽,不同剂型不一样。粉剂或可湿性粉剂,应为疏松粉末,无团块、颜色均匀。瓶装的乳油农药,如果发现浑浊、分层或有沉淀物、絮状物等,则说明农药质量可能存在问题;悬浮剂若发现有严重的结块,也表明质量可能存在问题。

(4)与《农药登记证》或《农药登记公告》核对。国家规定,生产农药必须办理《农药登记证》或《农药临时登记证》。作为一个农药销售商,应有一份产品的农药登记证复印件。因此,农民朋友购买农药时,可要求生产商或经销商出示该产品的登记证复印件。如果没有登记证复印件,可在农业部每年发行的《农药登记公告》上查找。如发现要买的产品标签与登记证复印件、《农药登记公告》公布的内容不一致,尤其是没有查到登记证号的,无厂名厂址、无产品名称的,建议不要买,而应当及时将此情况向当地农业部门等政府部门反映。

化肥质量的简易识别方法概括为五个字"看、摸、嗅、烧、湿"。

第一是看:一看肥料包装。正规厂家生产的肥料,其外包装规范、结实,包装袋封口严密。一般注有生产许可证、执行卡、登记许可证、商标、产品名称、养分含量(等级)、净重、厂名、厂址等;假冒伪劣肥料的包装一般较粗糙,包装袋上信息标示不清,质量差,易破漏。二看肥料的粒度(或结晶状态)。氮肥(除石灰氮外)和钾肥多为结晶体;磷肥多为块状或粉末状的非晶体,如钙镁磷肥为粉末状,过磷酸钙则多为多孔、块状;优质复合肥粒度和比重较均一、表面光滑、不易吸湿和结块。而假劣肥料恰恰相反,肥料颗粒大小不均、粗糙、湿度大、易结块。三看肥料的颜色。不同肥料有其特有的颜色,氮肥除石灰氮外几乎全为白色,有些略带黄褐色或浅蓝色(添加其他成分的除外);钾肥为白色或略带红色,如磷酸二氢钾呈白色;磷肥多为暗灰色,如过磷酸钙、钙镁磷肥是灰色,磷酸二铵为褐色等,村民可依此做大致的区分。

第二是摸:将肥料放在手心,用力握住或按压转动,根据手感来判断肥料。利用这种方法,判别美国二铵较为有效,抓一把肥料用力握几次,有"油湿"感的即为正品;而干燥如初的则很可能是假冒伪劣的。此外,用粉煤灰冒充的磷肥,也可以通过"手感"来进行简易判断。

第三是嗅:通过肥料的特殊气味来简单判断。如碳酸氢铵有强烈氨臭味;硫酸铵略有酸味;过磷酸钙有酸味。而假冒伪劣肥料则气味不明显。

第四是烧:将化肥样品加热或燃烧,从火焰颜色、熔融情况、烟味、残留物情况等识别肥料。比如氮肥:碳酸氢铵,直接分解,产生大量白烟,有强烈的氨味,无残留物;氯化铵,直接分解或升华产生大量白烟,有强烈的氨味和酸味,无残留物;尿素,能迅速熔化,冒白烟,投入炭火中能燃烧,或取一玻璃片接触白烟时,能见玻璃片上附有一层白色结晶物;再说磷肥:过磷酸钙、钙镁磷肥、磷矿粉等在红木炭上无变化;骨粉则会迅速变黑,并放出焦臭味。而硫酸钾、氯化钾、硫酸钾镁等在红木炭上无变化,发出噼啪声。复混肥料燃烧与其构成原料密切相关,当其原料中有氨态氮或酰胺态氮时,会放出强烈氨味,并有大量残渣。

第五是湿:如果从外表观察不易区分化肥品种,也可根据在水中溶解状况加以区别。将肥料颗粒撒于潮湿地面或用少量水湿润,过一段时间后,可根据肥料的溶解情况进行判断。如硝铵、二铵、硫酸钾、氯化钾等可以完全溶解(化),过磷酸钙、重过磷酸钙、硝酸铵钙等部分溶解;复合肥颗粒会发散、溶解或有少许残留物,而假劣肥料溶解性很差或根本不溶解(除磷肥外)。

当然,以上仅为最直观和最简单的识别方法,还不能对肥料作出精确的判断。如想准确地了解肥料中养分含量,区分真假化肥,最好将肥料送到当地的土肥站化肥室进行化验鉴定。

168. 禽流感的主要症状有哪些

引起禽流感的病原是禽流感病毒,病毒根据抗原不同可分为 A、B、C 三型,造成危害的禽流感病毒主要是 A 型。

(1)临床症状

①急性禽流感:多见于高致病性禽流感(如 H5、H7),特点是潜伏期短,一般为几小时到数天(最长 21 天),发病急剧,发病率和死亡率均高,常群发群死,无明显症状而突然死亡,病程稍长时,病禽体温升高(达 43℃以上),精神高度沉郁,食欲废绝,羽毛松乱,有咳嗽、有声音和呼吸困难,甚至闻尖叫声;鸡冠、肉髯、眼睑水肿,鸡冠、肉髯发绀或呈紫黑色,或见有坏死;眼结膜发炎,眼、鼻腔有较多浆液

性或黏液性或脓液性分泌物;病鸡腿部鳞片有红色或黑色出血;病禽下痢,排黄色稀便;产蛋鸡产蛋率明显下降,可由 80% 或 90% 下降到 20% 或 20% 以下,甚至停产。产蛋量下降的同时,软皮蛋、薄皮蛋、畸形蛋增多。有的病鸡可见神经症状,其共济失调,不能走动和站立。②亚急性型:由低致病型毒株引起,其潜伏期长,发病比较缓和,病程稍长,发病率和死亡率较低,疫情持续时间长。一旦发病,较难根除。病鸡采食量减少,饮水增加;病鸡精神不振、沉郁,羽毛蓬松,缩颈,呆立;鼻腔流出分泌物,鼻窦肿胀;眼结膜发红,流泪;头部肿胀,变大,鸡冠、肉髯瘀血变厚、变硬;腿毛处可见出血斑。一般呼吸道症状较轻,程度不一;有的病鸡表现为咳嗽,有呼吸音,伸颈张嘴,发出呼吸尖叫;病鸡腹泻,排出水样粪便,带有未消化饲料,有的排出黄色、绿色稀粪。产蛋量下降,一般下降 20%～35%,沙皮蛋、软皮蛋、畸形蛋增多。肉鸡一般可见 1%～2% 的日死亡率。

(2)病理变化

急性死亡的鸡,营养状况良好,亚急性死亡的,瘦弱、脱水,皮肤及皮下干燥;眼鼻有分泌物。剖开呼吸道,可见鼻窦内充满黏液或干酪样物,喉头、气管黏膜充血,黏膜表面有黏性分泌物;肺瘀血;气囊增厚。消化道病变明显,口腔有黏液,腺胃有酸臭液体;腺胃乳头出血,有脓性分泌物,腺胃与肌胃交界处有带状出血;肌胃角质膜下出血;十二指肠及小肠黏膜红肿,有程度不等的出血或血斑;直肠黏膜及泄殖腔出血。肝脏肿大有出血点,有的可见黄色坏死点,有时可见肝脏血肿;有的可见肾脏肿大;有的可见胰腺出血有淡黄色斑点或坏死点。

169. 如何加强对有严重危害的动物疫病管理 发生禽流感后应采取哪些措施

国家对严重危害养殖业生产和人体健康的动物疫病实行计划免疫制度,实施强制免疫。实施强制免疫的动物疫病病种名录由国务院畜牧兽医行政管理部门规定并公布。国家采取强有力的措施预防和扑灭严重危害养殖业生产和人体健康的动物疫病。预防和扑灭动物疫病所需的药品、生物制品和有关物资,适量储备,并纳入国民经济和社会发展计划。

禽场发生突发、群发死亡时,应立即报告兽医部门,一经确诊,应立即采取果断的控制和扑疫措施。

(1)早期诊断。对于从未发生过疫病的鸡场,一旦发生,就应该进行流行病学调查,请专家现场会诊,采集病料送检,病料应该用封闭的容器送检。

(2)划定疫区。根据发病位置、地势划定疫点、疫区、受威胁区。

(3)封锁。由当地重大动物疫病防治指挥部在划定疫点、疫区、受威胁区后,及时报请同级人民政府对疫区实行封锁,同级人民政府在接到封锁报告后应当及时作出发布封锁令的决定。

(4)扑杀。应对疫区内所有家禽予以扑杀,将尸体烧毁并深埋。

(5)消毒。疫区要全面、彻底地消毒。

170. 怎样解决草原权属争议

草原权属争议,是指草原所有者之间就草原所有权归属,或者当事人之间就草原使用权的归属而产生的纠纷。草原权属争议的对象仅仅是草原所有权或使用权的归属,而不包括其他有关问题。

(1)草原权属争议的分类。依不同的标准,草原权属争议可分为不同的种类,主要有:

以权属的性质划分:分为草原所有权争议和草原使用权争议两类:①草原所有权争议是指集体草原所有者(即农牧民集体)之间,或者与国家之间因草原所有权归属而产生的纠纷。草原所有权的争议分为两种:一是集体草原所有者之间的争议;二是集体草原所有者与国有草原所有者之间的争议。②草原使用权争议是指单位、个人之间因草原使用权归属而产生的纠纷。草原使用权争议与有关有偿使用草原合同(出让合同、转让合同、租赁合同、承包合同等)的争议是两个不同的概念,后者是当事人在履行有关合同过程中产生的合同纠纷。

以争议的主体划分:有三种,即单位之间的争议,个人之间的争议,单位与个人之间的争议。

(2)解决草原权属争议的途径。《中华人民共和国草原法》(以下简称《草原法》)第十六条第一至三款规定:草原所有权、使用权的争议,由当事人协商解决;协商不成的,由有关人民政府处理。单位之间的争议,由县级以上人民政府处理;个人之间、个人与单位之间的争议,由乡(镇)人民政府或者县级以上人民政府处理。当事人对有关人民政府的处理决定不服的,可以依法向人民法院起诉。

(3)对有权属争议的草原的保护性规定。《草原法》第十六条第四款规定:在草原权属争议解决前,任何一方不得改变草原利用现状,不得破坏草原和草原上的设施。

171. 如何加强生态建设 如何实现草畜平衡

要做好九个方面的工作:一是实施天然林保护、退耕还林等重点生态工程;二是建立健全森林、草原和水土保持生态效益补偿制度;三是促进林业产业发展;四是落实草畜平衡制度;五是加强森林、草原火灾监测预警体系和防火基础设施建设;六是搞好长江、黄河、东北黑土区等重点流域、区域的水土保持工作;七是加强荒漠化、石漠化治理;八是加强农村节能减排工作,推进以非粮油作物为主要原料的生物质能源研究和开发;九是加大农业面源污染防治力度,加快重点区域治理步伐。

草畜平衡是指为保护草原生态系统良性循环,在一定区域和时间内通过草原和其他途径提供的饲草饲料量,与在草原上饲养的牲畜所需的饲草饲料量动态平衡。实现草畜平衡是促进草原生态系统良性循环,实现草原畜牧业持续发展的基础。

实行草畜平衡制度，是一项复杂、系统的工程，既不能强行减少牧民的牲畜饲养量，也不能任由牧民随意增加牲畜数量；既要保护草原生态环境，又要保证牧民的收入不降低。落实草畜平衡制度，一方面要通过采取禁牧、休牧、划区轮牧、牲畜舍饲圈养、提高牲畜出栏率等措施，减轻天然草原的放牧压力，逐步恢复草原植被，改善草原生态环境；另一方面，要积极开展人工草地、饲草饲料基地建设，不断增加饲草饲料供应量，并通过改良牲畜品种、优化畜群结构、提高饲养管理水平等措施，不断提高畜牧业生产效益，促进畜牧业健康发展和牧民增收。概括来讲，就是应当从增草增畜、转变畜牧业生产经营方式入手，从根本上扭转超载过牧的局面，最终实现草畜平衡。

172. 如何加快乡村"水、电、气、路"基础设施建设

中共中央、国务院《关于推进社会主义新农村建设的若干意见》（以下简称《意见》）中指出，国家将加快乡村基础设施建设，着力加强农民最急需的生活基础设施建设。

《意见》指出，在巩固人畜饮水解困成果基础上，加快农村饮水安全工程建设，优先解决高氟、高砷、苦咸、污染水及血吸虫病区的饮水安全问题。有条件的地方，可发展集中式供水，提倡饮用水和其他生活用水分质供水。

要加快农村能源建设步伐，在适宜地区积极推广沼气、秸秆气化、小水电、太阳能、风力发电等清洁能源技术。大幅度增加农村沼气建设投资规模，有条件的地方，要加快普及户用沼气，支持养殖场建设大中型沼气。以沼气池建设带动农村改圈、改厕、改厨。

要尽快完成农村电网改造的续建配套工程。加强小水电开发规划和管理，扩大小水电代燃料试点规模。进一步加强农村公路建设，基本实现全国所有乡镇通油（水泥）路，东、中部地区所有具备条件的建制村通油（水泥）路，西部地区基本实现具备条件的建制村通

公路。《意见》中提出,要积极推进农业信息化建设,充分利用和整合涉农信息资源,强化面向农村的广播电视电信等信息服务,重点抓好"金农"工程和农业综合信息服务平台建设工程。

要引导农民自愿出资出劳,开展农村小型基础设施建设,有条件的地方可采取以奖代补、项目补助等办法给予支持。按照建管并重的原则,逐步把农村公路等公益性基础设施的管护纳入国家支持范围。

173. 什么是环境　为什么要保护环境

"环境"是人们经常使用的一个词。但是作为法律保护对象的"环境"有自己确定的含义、范围。我国环境保护法关于环境的定义"是指影响人类生存和发展的各种天然的和经过人工改造的自然因素的总体"。这个表述是以环境科学中关于环境的定义为依据的。但是,环境保护法中规定的环境的范围与环境科学中环境的范围又是不完全相同的。首先,作为法律保护对象的环境的概念和范围必须明确和具体。因此,环境保护法在规定了环境的定义后,又具体列举了"包括大气、水、海洋、土地、矿藏、森林、草原、湿地、野生生物、自然遗迹、人文遗迹、自然保护区、风景名胜区、城市和乡村等"。其次,作为法律保护对象的环境,除必须对人类的生存和发展发生影响以外,还必须是人类的行为和活动所能影响、调节和支配的。凡是人类不能对其产生影响的自然物,即使它与人类生存有关,也不能作为法律保护的客体。再次,各种环境要素之间相互联系和制约形成一个有机结合的完整体系,把环境作为法律保护的客体,其最根本的目的是从整体上保护生命维持系统的功能,保护生态系统的平衡,保护和改善人类生存环境。也就是说,对于某种作为环境要素的自然物是以其在维持生态平衡中和维护环境功能中的作用来决定是否对其加以保护的。最后需要说明的是,由于篇幅有限,本书关于环境保护法律的介绍仅限于环境污染防治的法律规范。

人类是环境的产物。没有宇宙,没有人类赖以生存的自然环境,人类存在就无从谈起,人是离不开自然的。人一直在利用自然环境,改造环境。但是,人类的经济活动和改造自然的活动必须不能超过两个界限:(1)从自然界取出的各种资源,不能超过自然界的再生增殖能力;说得通俗些,就是不能杀鸡取卵。(2)排放到环境里的废弃物不能超过环境的纳污量,即环境的自净能力。现在很多地方,污染太严重,本来一个水塘,如果是轻微污染,一周就能恢复过来,现在几十倍、上百倍的污染,导致水塘里的水不能喝,整天臭烘烘的,这就是超过了环境的自净能力。环境污染,是近二十多年以来越来越突出的一个问题,尤其是近年来,严重的污染事故频繁发生。保护环境,实际上是要留给我们的子孙一片青山绿水。我们只有一个地球。

174. 什么是环境保护法律中的限期治理制度

限期治理制度是对造成环境严重污染的企业事业单位,限定一段时间进行污染治理的环境保护法律制度。环境保护法规定,对造成环境严重污染的企业事业单位,限期治理。中央或者省、自治区、直辖市人民政府直接管辖的企业事业单位的限期治理由省、自治区、直辖市人民政府决定。市、县或者市、县以下人民政府管辖的企业事业单位的限期治理,由市、县人民政府决定。被限期治理的企业事业单位必须如期完成治理任务。对经限期治理逾期未完成治理任务的企业事业单位,除依照国家规定加收超标准排污费外,还可以根据所造成的危害后果处以罚款,或者责令停业、关闭。海洋环境保护法、水污染防治法、大气污染防治法、固体废物污染环境防治法、环境噪声污染防治法中都有类似的规定。

175. 畜禽饲养场造成环境污染怎么办

畜禽饲养场污染环境属于何种性质问题,目前尚没有明确具体的定论,但是,对这类问题,特别是因这类问题引起的民事纠纷,并非不能处理。我国《大气污染防治法》第四十条规定:"向大气排放恶臭气体的排污单位,必须采取措施防止周围居民区受到污染。"这里的"恶臭气体"当然包括畜禽饲养场排放的恶臭气体。根据这一规定,饲养场的经营人便有义务防止其活动造成周围居民区污染。如果不采取措施,其排放的恶臭气体影响了周围居民的正常生活和工作,当然属于《大气污染防治法》第六十二条第一款规定的"造成大气污染危害",从而也就应当承担排除危害、赔偿损失的责任。

一般来说,在居民区的污染源,只要超标排放污染物,都会造成不同程度的污染危害。另外,是否影响周围居民生活,不光是恶臭是否超标的问题,还有一个居民对其他方面的感觉问题,如蛆虫满地爬,当然也就影响居民生活。《大气污染防治法》第五十七条第一款规定:"在人口集中地区和其他依法需要特殊保护的区域内,焚烧沥青、油毡、橡胶、塑料、皮革、垃圾以及其他产生有毒有害烟尘和恶臭气体的物质的,由所在地县级以上地方人民政府环境保护行政主管部门责令停止违法行为,处二万元以下罚款。"该法第六十二条第二款规定:"赔偿责任和赔偿金额的纠纷,可以根据当事人的请求,由环境保护行政主管部门调解处理;调解不成的,当事人可以向人民法院起诉。当事人也可以直接向人民法院起诉。"

176. 水污染物排放标准是如何规定的

水污染物排放标准是国家为保护水环境,对人为污染源排入水体的污染物的浓度或总量所做的规定。制定水污染物排放标准的目的是通过控制水污染源排放量来实现水环境质量标准,水环境污染物排放标准是判定排污行为是否合法及是否承担法律责任的根据。为了使环境保护与经济建设协调发展,制定水污染物排放标准时,也要考虑国家的经济、技术条件。因此水污染防治法规定,国务院环境保护部门根据国家水环境质量标准和国家经济、技术条件,制定国家污染物排放标准。

我国地域辽阔、经济发展不平衡、水环境差异也较大。一方面国家根据国家水环境质量标准的总体要求和技术条件,并考虑我国各种水环境因素在不同地区的差异等特点,制定国家水污染物排放标准,适用全国;另一方面国家不可能,也无必要制定出符合各地实际情况的水污染物排放标准,这就需要省、自治区、直辖市人民政府根据当地的实际情况制定地方标准。为此水污染防治法规定,省、自治区、直辖市人民政府对国家水污染物排放标准中未作规定的项目,可以制定地方水污染物排放标准;对国家水污染物排放标准中已作规定的项目,可以制定严于国家水污染物排放标准的地方水污染物排放标准。地方水污染物排放标准须报国务院环境保护部门备案。同时又规定,凡是向已有地方水污染物排放标准的水体排放污染物的,应当执行地方水污染物排放标准。

如何理解、执行国家水污染物排放标准和地方水污染物排放标准,应当注意两点:一是国家水污染物排放标准是适用全国的通用、最低标准(不如地方水污染物排放标准严),地方水污染物排放标准是因没有国家水污染物排放标准而制定的地方标准,或者是因国家水污染物排放标准较低而制定的严于国家水污染物排放标准的地方标准。也就是说,对国家已有水污染物排放标准,地方标准只能严于国家标准,而不能宽于国家标准,否则地方标准是无效的。地方水污染物排放标准可以适用整个管辖区域,也可以适用于其指定的一部分区域。二是国家水污染物排放标准与地方水污染物排放标准并存或不一致时,应当执行地方水污染物排放标准。也就是说,地方水污染物排放标准优于国家水污染物排放标准的适用,任何单位和个人不得以已有国家水污染排放标准为借口而拒绝执行地方水污染物排放标准。具体地讲,有三层含义:(1)以地方水污染物排放标准为排污单位是否超标准的根据;(2)以地方水污染排放标准计算收取排污费;(3)处理水污染纠纷时,适用地方水污染物排放标准。

随着国家经济、技术条件的发展和人民生活水平的提高,人们对水环境质量的要求会越来越高,国家也会适应这一要求,将按照制定的程序对水环境质量标准和水污染排放标准作出适时的修订。

177. 什么是渔业污染事故　国家禁止新建哪些严重污染水环境的企业

渔业污染事故是指由于单位和个人将某种物质和能量引入渔业水域,损坏渔业水体使用功能,影响渔业水域内的生物繁殖、生长或造成该生物死亡、数量减少,以及造成该生物有毒有害物质积累、质量下降等,对渔业资源和渔业生产造成损害的事实。

根据水污染防治法规定,国家禁止新建无水污染防治措施的小型化学制纸浆、印染、制革、电镀、炼油、农药以及其他严重污染水环境的企业。这些企业污染严重,如果要求这些企业采取防治污染的措施,不仅是不可能的,而且是得不偿失的,因此必须采取坚决措施,禁止建设。

178. 对危害饮用水源的排污口应如何处置

在《中华人民共和国水污染防治法》(以下简称《水污染防治法》)公布前在生活饮用水源地、风景名胜水体、重要渔业水体和其他有特殊经济文化价值的水体的保护区已设有的排污口,排放污染物超过国家或者地方标准的,不管是否造成水污染都应当按照规定进行治理;这里强调了对作为保护对象的水源的污染的特殊治理。危害饮用水源的排污口,应当搬迁,这里突出了对饮用水源的重点保护,并采取对排污口搬迁的办法,以彻底解决饮用水源的污染问题。

179. 跨省的水污染纠纷应如何解决

我国曾发生多起有重大影响的跨省水污染纠纷,这类案件的特殊性在于被污染的河流流经多个省市,因此涉及管辖权问题。所以我国《水污染防治法》第十条中明确规定了水污染防治应当按照流域或者按区域实行统一规划。对于跨省、跨县江河的流域水污染防治规划,根据国家确定的重要江河的流域水污染防治规划和本地实际情况,由省级以上人民政府环境保护部门会同水利管理部门等有关部门和有关人民政府编制,报国务院或者省级人民政府批准。根据《环境保护法》第二十条和《水污染防治法》第二十六条规定:跨行政区域的环境污染和生态破坏的防治,由上级人民政府协调解决,或者由有关地方人民政府协商解决。

180. 向农田灌溉渠道排放污水有何要求

向农田灌溉渠道排放轻微污染的工业废水和城市污水,可以充分利用废水资源,这虽然在一定程度上可以缓解一些地区因干旱缺水的灌溉困难,但同时需要指出的是,利用工业废水和城市污水进行农田灌溉必须符合下列规定:第一,应当保证灌溉渠道下游最近取水点的水质符合农田灌溉水质标准,这一标准与污染物排放标准不是一个标准。第二,应当防止污染土壤、地下水和农产品。这里主要是指要利用渠道使用符合农田灌溉水质标准的污水进行农田灌溉,不得挖开渠道进行农田漫灌,防止污染土壤、地下水和农产品。第三,县级以上地方人民政府农业行政主管部门应当对用于灌溉的水质及灌溉后的土壤、农产品进行定期监测,并采取措施,防止污染土壤、地下水和农产品。

181. 什么是大气环境质量标准 新建工业生产设施有何环保要求

大气环境质量标准,就是为了保护人类健康、社会物质财富和维持生态平衡,对不同功能的大气环境含有有害物质或因素限值所作的统一规定,是环境标准体系的重要组成部分。根据《大气污染防治法》的规定,大气环境质量标准分为两级,一级是国家大气环境质量标准,一级是地方大气环境质量标准。我国国家大气环境质量标准分为三级,分别适用于三类不同的地区。一类地区通常是指国家规定的自然保护区、风景名胜区及疗养地等;二类地区是指城市规划中确定的居民区、商业交通居民混合区、文化区、名胜古迹和广大农村地区;三类地区是指大气污染程度比较重的城镇和工业区,以及城市交通枢纽等。一个地区的大气环境质量是否符合所适用的大气环境质量标准是表明该地区大气是否已被污染的根据。通常所说的一个地区的"大气已被污染",就是指该地区的大气环境质量已经达不到国家规定的大气环境质量标准。《大气污染防治法》规定,国家大气环境质量标准由国务院环境保护行政主管部门制定。而地方大气环境质量标准的制定应根据以下原则,即省、自治区、直辖市人民政府只能对国家大气环境质量标准中未作规定的项目,制定地方大气环境质量标准;对国家大气环境质量标准中已作规定的项目,不能再制定地方标准。此外,地方大气环境质量标准还应当报国务院环境保护行政主管部门备案。

针对重点地区要求更高标准的大气环境质量,《大气污染防治法》中规定不得建设污染大气环境的工业生产设施的地区包括:国务院和省、自治区、直辖市人民政府划定的风景名胜区、自然保护区、文物保护单位附近地区,以及其他需要特别保护的区域在上述区域内已经建成的设施,其污染物排放超过规定的排放标准的,应当限期治理。在限期治理的同时,由该排污单位所在地县级以上地方人民政府环境保护行政主管部门予以行政处罚。

182. 开发海岛及其周围海域资源应当如何保护环境

海岛通常与陆地相分离,与其周围的海域构成一个相对独立、完整的海洋生态系统。海岛的地形、岸滩以及海岛周围海域的生态环境,一般都需要经过长期的地质和海洋水文动力的作用才能形成,具有与陆地不同的自然景观,这构成了海岛独具特色的旅游资源。同时,由于地理的隔离、风沙的作用以及土壤的贫瘠,海岛植被在物种分布、物种形态和群落结构方面一般与陆地不同。这些海岛生物群落与周围海洋环境共存,构成独特的海岛生态系统。与陆地生态环境相比,海岛的地形、岸滩、植被以及海岛周围海域的生态环境更为脆弱,一旦遭受破坏,就很难恢复,甚至根本不可能恢复。因此,开发海岛及其周围海域的资源,必须注意保护海岛及其周围海域的生态环境,采取严格的保护措施。在确定海岛及其周围海域资源的开发规划、项目时,应当遵循适度开发、合理开发的原则,坚持科学发展观,走综合开发之路,使海岛及其周围海域资源发挥最大的效能。在进行具体项目的开发活动时,必须采取能够控制或者减少引起海洋环境污染以及造成破坏海岛地形、岸滩、植被以及海岛周围海域生态环境的开发方式和措施,以切实保护海岛及其周围海域的生态环境。

183. 从事海水养殖应当注意哪些事项

改革开放以来,我国的海水养殖发展很快,沿海许多地方的海水养殖已经成为当地农业生产的重要组成部分。随着海水养殖的发展,也存在着一些问题,一是有的养殖者随意毁坏海岸防护设施或者砍伐红树林修建养殖设施;二是有的养殖者未经批准或者未经过环境影响评价擅自修建养殖设施;三是有的养殖者在养殖过程中不注意环境保护工作。因此,为了保护海洋环境,从事海水养殖应当注意以下事项:

(1)不得毁坏海岸防护设施、沿海防护林等建设海水养殖场,如不得砍伐红树林建设海水养殖池,毁坏沿海防护林建设高位虾池等。

（2）新建、改建、扩建海水养殖场，应当进行环境影响评价，对可能造成的环境影响进行分析和评估，并依法采取相应的预防措施。

（3）在养殖过程中应当保护水域生态环境，科学确定养殖密度，合理投饵、施肥、使用药物，不得造成养殖水域的污染。

184. 在哪些区域不得从事污染环境、破坏景观的海岸工程建设活动

在下列区域内不得从事污染环境、破坏景观的海岸工程项目建设活动：

（1）海洋自然保护区。所谓自然保护区，是指对有代表性的自然生态系统、珍稀濒危野生动植物物种的天然集中分布区、有特殊意义的自然遗迹等保护对象所在的陆地、陆地水体或者海域，依法划出一定面积予以特殊保护和管理的区域。所谓海洋自然保护区，是指以海洋自然环境和资源保护为目的，依法把包括保护对象在内的一定面积的海岸、河口、岛屿、湿地或海域划分出来，进行特殊保护和管理的区域。海洋自然保护区分为国家级海洋自然保护区和地方级海洋自然保护区。

（2）海滨风景名胜区。这是指沿海地区具有观赏、文化或者科学价值，自然景物、人文景物比较集中，环境优美，依法划出一定范围，供人游览、观赏、休息和进行科学文化活动的沿海地域。

（3）重要渔业水域。所谓渔业水域，是指鱼、虾、蟹、贝类的产卵场、索饵场、越冬场、洄游道和鱼、虾、蟹、贝、藻类及其他水生动植物的养殖场所。

（4）其他需要特别保护的区域。所谓其他需要特别保护的区域，是指除海洋自然保护区、海滨风景名胜区、重要渔业水域以外的其他需要给予特别保护的区域，如海洋特别保护区、盐场保护区、海浴场等。

在上述区域范围内，不得新建、扩建、改建污染环境或者破坏景

观的海岸工程建设项目,同时也不得进行其他诸如弃置、堆放和处理固体废物等污染环境或者破坏景观的活动。

185. 沿海陆域不得新建哪些严重污染海洋环境的工业生产项目

在过去一段时间内,沿海一些地方为了发展本地经济,纷纷上马一些不具备有效治理污染措施的工业生产项目,如化学制浆造纸、化工、印染、制革、电镀、炼油、岸边冲滩拆船等,而且这些工业生产项目由于位于海边,直接或者间接地通过管道、沟渠等设施向海域排放污染物;对海洋环境造成了严重的污染。

因此,为了保护海洋环境,禁止在沿海陆域新建不具备有效治理措施的化学制浆造纸、化工、印染、制革、电镀、炼油、岸边冲滩拆船以及其他严重污染海洋环境的工业生产项目。这里的关键是不得新建不具备有效治理措施的项目,所谓"不具备有效治理措施",是指不具备与其生产设施相配套的、符合环境保护要求的、能够确保污染物达标排放的环境保护设施。化学制浆造纸、化工、印染、制革、电镀、炼油、岸边冲滩拆船等工业生产项目所排放的工业废水,一是数量大,二是其中含有大量有毒有害物质,如重金属、油类等,所以如果不具备有效治理污染的措施,不得在沿海陆域新建。

186. 农作物、养殖物等因受环境污染而遭受损失的如何维权

根据《环境保护法》《民法通则》以及《最高人民法院关于民事诉讼证据的若干规定》的相关规定,如果农作物、养殖物等因受到环境污染而遭受损失的,造成污染的一方有责任排除危害,并对直接受到损害的单位或者个人赔偿损失。对于赔偿责任和赔偿金额的纠纷,可以根据当事人的请求,由环境保护行政主管部门或者其他依

照法律规定行使环境监督管理权的部门处理;当事人如果对处理决定不服,可以向人民法院起诉。当然,在请求有关部门处理之前,当事人也可以直接向人民法院提起民事侵权诉讼。在诉讼过程当中,加害人应就法律规定的免责事由及其行为与损害结果之间不存在因果关系承担举证责任。当然,如果完全由于不可抗拒的自然灾害,并经及时采取合理措施,仍然不能避免造成环境污染损害的,免予承担责任。

187. 装修的新房环境质量不达标能不能要求装修公司赔偿

建设部《住宅室内装饰装修管理办法》第二十九条规定:"装修人委托企业对住宅室内进行装饰装修的,装饰装修工程竣工后,空气质量应当符合国家有关标准。装修人可以委托有资格的检测单位对空气质量进行检测。检测不合格的,装饰装修企业应当返工,并由责任人承担相应损失。"《住宅室内装饰装修管理办法》第二十五条规定:"住宅室内装饰装修工程发生纠纷的,可以协商或者调解解决。不愿协商、调解或者协商、调解不成的,可以依法申请仲裁或者向人民法院起诉。"

188. 危险物品在运输途中出现事故造成重大环境污染应如何承担责任

我国《水污染防治法》第三十三条第二款规定:"禁止将含有汞、镉、砷、铬、铅、氰化物、黄磷等可溶性剧毒废渣向水体排放、倾倒或者直接埋入地下。"《刑法》第一百三十六条规定:"违反爆炸性、易燃性、放射性、毒害性、腐蚀性物品的管理规定,在生产、储存、运输、使用中发生重大事故,造成严重后果的,处三年以下有期徒刑或者拘役;后果特别严重的,处三年以上七年以下有期徒刑。"因此,作为运输人员应非常清楚地知道自己运送的物品是什么,对于有毒有害的物品更应加倍慎重,小心防范。

根据我国《刑法》第三百三十九条的规定,构成重大环境污染事故罪的必须是已经"造成重大环境污染事故,致使公私财产遭受重大损失或者严重危害人体健康的,处五年以上十年以下有期徒刑,并处罚金;后果特别严重的,处十年以上有期徒刑,并处罚金"。根据这一规定,如果实施了违法排放、倾倒、处置危险废物的行为,但未造成严重后果的,不应认定为重大环境污染事故罪。

189. 什么是非法采矿罪

非法采矿罪,是指违反矿产资源保护法的规定,未取得采矿许可证擅自采矿的,擅自进入国家规划矿区、对国民经济具有重要价值的矿区和他人矿区范围采矿的,擅自开采国家规定实行保护性开采的特定矿种,或越界开采矿产资源,经责令停止开采后拒不停止开采,造成矿产资源破坏的行为。

(1)本罪的对象是矿产资源,具体是指矿物和开采矿物的场所两部分内容,其他资源不能成为本罪的对象。

(2)本罪客观上的具体方式是擅自非法采矿。所谓"擅自非法采矿",是指未取得采矿许可证擅自采矿的,擅自进入国家规划矿区、对国民经济具有重要价值的矿区和他人矿区范围采矿的,擅自开采国家规定实行保护性开采的特定矿种,或者虽有采矿许可证,但不按采矿许可证上采矿范围要求采矿的。国家对矿产资源实行的是限制性开采,如《矿产资源法》第十七条规定:"国家对规划矿区、对国民经济具有重要价值的矿区和国家规定实行保护性开采的特定矿种,实行有计划的开采;未经国务院有关部门批准,任何单位和个人不得开采。"又比如1988年《国务院关于对黄金矿产实行保护性开采的通知》中指出,国务院决定将黄金矿产列为实施保护性开采的特定矿种,实行有计划的开采,未经国家黄金管理局批准,任何单位和个人不得开采。除黄金之外,我国还将钨、锡、锑、离子型稀土矿等矿种列为保护性开采的特定矿种。国务院发布的《矿产资源开采登记管理办法》中规定的石油、天然气矿种禁止个体开采。

(3)本罪的构成必须基于一定的危害结果,只有破坏行为,而无破坏结果,则无以构成犯罪。行为人除实施了上述擅自非法采矿的行为外,还需具备经责令停止开采后拒不停止开采,造成矿产资源破坏的后果。所谓"经责令停止开采后拒不停止开采",是指经有关矿产管理部门三令五申或作出行政处罚后,仍然开采的。所谓"造成矿产资源破坏",是指在矿区乱采滥挖,使整个矿床及依据矿床设计的采矿方法受到破坏,造成矿产不能充分开采;在储存有共生、伴生有矿产的矿区采取采主矿弃副矿的采矿方法,对应综合开采、综合利用的矿产不采,使矿产不能得到充分合理利用;对暂不能综合开采或必须同时采出而暂时还不能综合利用的矿产以及含有有用成分的尾矿,不采取有效的保护措施,造成损失破坏等情况。

190. 什么样的行为构成违法发放林木采伐许可证罪

违法发放林木采伐许可证罪,是指林木主管部门的工作人员违反森林法的规定,超过批准的年采伐限额发放林木采伐许可证或者违反规定滥发林木采伐许可证,情节严重,致使森林遭受严重破坏的行为。此罪有以下特点:

(1)根据《刑法》第四百零七条的规定,违法发放林木采伐许可证罪的主体是林木主管部门的工作人员。"林木主管部门"是指国务院以及各级地方人民政府或者其委托的主管林业的行政部门。《森林法》第十条规定:"国务院林业主管部门主管全国林业工作。县级以上地方人民政府林业主管部门主管本地区的林业工作。乡级人民政府设专职或者兼职人员负责林业工作。"第十三条规定:"各级林业主管部门依照本法规定,对森林资源的保护、利用、更新,实行管理和监督。"第三十二条第一款规定:"采伐林木必须申请采伐许可证,按许可证的规定进行采伐;农村居民采伐自留地和房前屋后个人所有的零星林木除外。"第三十二条第四款规定:"农村集体经济组织采伐林木,由县级林业主管部门依照有关规定审核发放采伐许可证。"第三十二条第五款规定:"农村居民采伐自留山和个人承包集体的林木,由县级林业主管部门或者其委托的乡、镇人民政府依照有关规定审核发放采伐许可证。"《森林法实施条例》第三十二条规定,除森林法已有明确规定的外,林木采伐许可证按照下列规定权限核发:(一)县属国有林场,由所在地的县级人民政府林业主管部门核发;(二)省、自治区、直辖市和设区的市、自治州所属的国有林业企业事业单位、其他国有企业事业单位,由所在地的省、自治区、直辖市人民政府林业主管部门核发;(三)重点林区的国有林业企业事业单位,由国务院林业主管部门核发。

(2)违法发放林木采伐许可证罪在客观方面表现为,违反森林法的规定,超过批准的年采伐限额发放林木采伐许可证或者违反规定滥发林木采伐许可证,情节严重,致使森林遭受严重破坏的行为。

(3)情节严重,致使森林遭受严重破坏。根据 2000 年 11 月 17 日最高人民法院《关于审理破坏森林资源刑事案件具体应用法律若干问题的解释》第十二条的规定,《刑法》第四百零七条中规定的"情节严重,致使森林遭受严重破坏",是指具有下列情形之一的:①发放林木采伐许可证,允许采伐数量累积超过批准的年采伐限额,导致林木被采伐数量在 10 立方米以上的;②滥发林木采伐许可证,导致林木被滥伐 20 立方米以上的;③滥发林木采伐许可证,导致珍贵树木被滥伐的;④批准采伐国家禁止采伐的林木,情节恶劣的;⑤其他情节严重的情形。

191. 退耕还林者擅自复耕或林粮间作该怎样处理

退耕还林者擅自复耕或者林粮间作、在退耕还林项目实施范围内从事滥采乱挖等破坏地表植被的活动的,依照《刑法》中关于非法占用农用地罪、滥伐林木罪或者其他罪的规定,依法追究刑事责任;尚不够刑事处罚的,由县级以上人民政府林业、农业、水利行政主管部门依照《森林法》《草原法》《水土保持法》的规定处罚。

第八章 计划生育与户籍管理

192. 什么是计划生育 我国现行的计划生育政策是什么

所谓计划生育,是指人类社会发展到一定文明程度后,为适应客观环境和人类自身发展的需要,自觉地在全社会采取的调节生育行为的总称。即在公民中实行有计划的控制生育,实现人类生产的计划控制。它的特点是根据社会经济发展的需要,制定统一的人口计划,家庭按照国家的生育政策生育子女、繁衍后代,把人口规模控制在国家人口计划的范围内,实现人口发展同经济、社会发展相适应,同资源利用和生态环境保护相适应。

实行计划生育是我国的基本国策,在具体生育政策上,随着社会经济的发展适时调整完善。在生育数量上,我国较长时期实行的是"独生子女"政策,2002 年施行的《中华人民共和国人口与计划生育法》(以下简称《人口与计划生育法》)第十八条的规定:国家稳定现行生育政策,鼓励公民晚婚晚育,提倡一对夫妻生育一个子女;符合法律、法规规定条件的,可以要求安排生育第二个子女。具体办法由省、自治区、直辖市人民代表大会或者其常务委员会规定。少数民族也要实行计划生育,具体办法由省、自治区、直辖市人民代表大会或者其常务委员会规定。

2013 年 12 月,中共中央、国务院印发《关于调整完善生育政策

的意见》,启动实施了一方是独生子女的夫妇可生育两个孩子(即
"单独二胎")的政策。

2015 年 10 月,中国共产党第十八届中央委员会第五次会议做
出了全面实施一对夫妇可生育两个孩子的决策。提出:"促进人口
均衡发展,坚持计划生育的基本国策,完善人口发展战略,全面实施
一对夫妇可生育两个孩子政策,积极开展应对人口老龄化行动。"

193. 计划生育工作坚持的方针和方法是什么

我国开展计划生育的基本方针是坚持以宣传教育为主、避孕为
主、经常性工作为主。通过开展全民性的人口与计划生育基础知识
教育和计划生育生殖健康科普知识教育,有针对性地提供有效的教
育、信息、咨询服务,开展"婚育新风进万家"活动,提高广大群众实
行计划生育的自觉性;依靠科技进步,及时向群众提供安全、有效、
适宜的避孕节育措施和优质的计划生育生殖保健服务,不断满足人
民群众在计划生育、生殖保健领域日益增长的需求;为了帮助解决
群众实行计划生育存在的实际困难,国家建立和完善计划生育利益
导向机制,对实行计划生育的家庭给予必要的奖励,制定优惠政策,
推动有关部门制定有利于计划生育的相关社会经济政策,通过多种
途径,建立有利于计划生育的社会保障制度。

计划生育管理的方法,是指为了提高计划生育工作效率,在管
理活动中采取的办法、手段、措施等的总称。

(1)行政方法

计划生育管理行政方法,是指国家设置的计划生育行政机关,
为了贯彻执行国家制定的计划生育政策,按照行政方式,运用行政
手段,进行行政管理的方法。

行政方法具有一定的权威性、时效性和强制性。计划生育工作
是一项政策性、技术性很强的工作,对一些关键问题和特殊问题,因
事、因人制宜是必需的。

（2）经济方法

经济方法是按照客观经济规律,运用经济手段来调节人们有计划地生育的管理方法。它是行政干预、法律手段和思想教育工作的重要补充,是完成计划生育管理行之有效的手段。

在计划生育管理工作中,一方面按照客观经济规律的要求,提高计划生育工作的经济效益;另一方面,在管理婚育人群时,也要将执行现行计划生育政策的好坏同他们的经济利益相结合,使他们可以从自身的经济利益角度考虑自己的生育行为。国家及各省、自治区、直辖市都制定了一些具体的经济措施,主要有奖励和处罚两大类。

（3）宣传教育方法

宣传教育方法是通过耐心细致的思想工作来进行管理的一种方法。通过宣传教育可以提高计划生育工作人员对计划生育事业的认识,稳定专业队伍,调动他们的工作积极性;通过宣传教育可以逐步提高广大育龄群众对计划生育重要性和必要性的认识,增强实行计划生育的自觉性,使他们的生育行为与现行的生育政策相一致。目前,生育政策与部分群众,尤其是农民群众的生育意愿还存在着一定差距,缩小这种差距也需要运用宣传教育的方法。

（4）法律方法

法律方法是依法进行管理的方法。法律方法的依据不仅包括国家制定的各种法律,还包括各级政府及部门制定的行政法规、制度、规范等。使用法律方法可以明确计划生育工作人员的职责、权力、义务以及行为规范等,使之正常地发挥自己的职能,同时也为婚育人群提供了生育方面的行为准则。法律方法有很强的规范性,要求以法律法规为依据,一视同仁,不能随意变动。

194. 计划生育工作由哪个部门主管

根据《人口与计划生育法》的规定,国务院领导全国的人口与计划生育工作。地方各级人民政府领导本行政区域内的人口与计划生育工作。国务院计划生育行政部门负责全国计划生育工作和与计划生育有关的人口工作。县级以上地方各级人民政府计划生育行政部门负责本行政区域内的计划生育工作和与计划生育有关的人口工作。县级以上各级人民政府其他有关部门在各自的职责范围内，负责有关的人口与计划生育工作。

国务院和地方各级人民政府领导全国及本行政区域内的人口与计划生育工作，主要表现在：把人口与计划生育工作摆到可持续发展的首要位置，纳入经济和社会发展的总体规划，负责组织实施，坚持一把手亲自抓、负总责；认真研究新情况，协调制订符合实际的工作计划，组织各方面力量抓好落实，切实做到责任到位，措施到位，投入到位；协调督促有关部门积极参与、齐抓共管人口与计划生育工作；坚持和完善人口与计划生育目标管理责任制，对下级政府和本级计划生育部门分别进行责任考核，落实"一票否决"制度；加强计划生育干部队伍建设，落实人员、任务、报酬，确保计划生育工作机构的稳定；把计划生育经费纳入各级政府的财政预算，切实予以保证。

国务院计划生育行政部门是国家卫生和计划生育委员会。国家卫生和计划生育委员会的主要职责是：拟定计划生育工作的方针、政策；组织起草人口与计划生育的法律、法规草案；协助有关部门制定相关的社会经济政策，推动人口与计划生育工作的综合治理；研究我国人口发展战略，根据国务院确定的人口控制目标，制定全国人口发展中长期规划和人口计划、计划生育事业发展规划，负责计划生育统计工作，组织实施计划生育抽样调查，参与全国人口统计数据的分析研究等。县级以上人民政府计划生育行政部门的主要职责是：结合各地实际，贯彻执行党中央、国务院制定的计划生育方针、政策、法律、法规；根据国家编制的人口规划和人口计划拟定并确保完成本地人口发展规划和人口计划；在当地党委政府领导下，制定并实施人口与计划生育方案，开展经常性的宣传教育、综合服务、科学管理工作等。

县级以上人民政府其他有关部门的人口与计划生育工作职责是：根据本级政府确定的职责分工，结合本部门业务特点，协助计划生育部门共同抓紧、抓好人口与计划生育工作；参与研究人口与计划生育工作中的重大问题，研究、制定有利于人口与计划生育工作的相关社会经济政策及措施，为落实计划生育基本国策提供政策支持、工作指导、经费保障。所谓"与计划生育工作有关的人口工作"，主要是指：计划生育行政部门会同有关部门共同做好提高人口素质工作以及综合治理出生人口性别比升高问题的工作；参与人口理论研究、人口统计数据分析以及人口发展综合性、前瞻性研究，参与拟订人口发展规划，参与妇女儿童、老龄工作以及社会保障工作，参与人口流动、城镇化的综合治理；配合做好有关出生缺陷干预、生殖道感染、性病、艾滋病预防及治疗工作。

195. 村级计划生育为什么要实行民主管理和民主监督

扩大基层民主，实行村民自治，由村民依法办理自己的事情，是社会主义民主在农村最广泛的实践，也是巩固农村基层政权，密切干群关系，促进经济发展和社会进步的重要举措。计划生育民主管理和民主监督是村民自治的重要内容，是广大村民依据国家有关法律、法规和政策，实行计划生育自我教育、自我管理、自我服务，并对政府履行计划生育职责情况进行监督的实践活动。实行计划生育民主管理和民主监督，是实践"三个代表"重要思想，维护农民群众计划生育合法权益的具体体现；是贯彻实施依法治国基本方略，加强农村基层民主法制建设，提高计划生育依法行政水平的重要环节；是坚持科学发展观，深化人口和计划生育综合改革，建立人口和计划生育工作新机制，加快实现工作思路和工作方法"两个转变"的必然要求。村级计划生育民主管理和民主监督工作的开展，标志着我国农村基层人口和计划生育工作继"乡为主"、"村为主"之后，又进入了一个新的发展阶段。

20世纪90年代以来，全国各地在不同范围和不同程度上均开展了计划生育民主管理和民主监督，一些地方已经创造了许多好的做法和经验，对促进村民自治，维护群众的合法权益，提高人口和计划生育工作水平发挥了重要作用。但就全国来看，目前还普遍存在认识不统一、发展不平衡、操作不规范和重形式轻内容等问题。这在一定程度上影响了人口和计划生育综合改革的进程，制约着农村人口和计划生育工作整体水平的提高。各级人口和计划生育、民政部门和各地计划生育协会要以邓小平理论和"三个代表"重要思想为指导，增强做好计划生育民主管理和民主监督工作的自觉性和紧迫感，努力为基层计划生育民主实践创造良好的政策和制度环境，推动我国人口和计划生育事业稳定、健康、持续发展。

196. 什么是流动人口的计划生育管理

流动人口的计划生育管理，是指对流动人口，特别是对流动人口中的已婚育龄人群进行计划生育管理、提供计划生育技术服务。《人口与计划生育法》第十四条规定："流动人口的计划生育工作由其户籍所在地和现居住地的人民政府共同负责管理，以现居住地为主。"随着改革开放的深入和社会主义市场经济体制的建立，中国流动人口大量增加，加强对流动人口的计划生育管理与服务是新形势下加强人口与计划生育工作的重要内容。流动人口计划生育工作的两项管理原则是：(1)共同管理的原则，即流动人口的计划生育工作由户籍所在地与现居住地人民政府共同管理。户籍所在地人民政府负责为流动人口办理《流动人口婚育证明》，与流动人口现居住地人民政府进行经常性的联系，了解和掌握流动人口避孕节育情况，兑现对独生子女父母的奖励，对于违反计划生育规定的进行处理等。(2)以现居住地人民政府管理为主的原则，即现居住地应当对其承担主要的管理与服务责任,主要是指查验《流动人口婚育证明》,与流动人口户籍所在地人民政府进行经常性的联系,通报流动人口避孕节育情况;向已婚育龄流动人口提供避孕节育服务,组织进行避孕及生殖健康检查;落实节育措施;对违反计划生育规定的进行处理等。流动人口应与户籍所在地公民同等享受计生、生殖保健服务。

197. 户籍地人口计生工作机构应为流动人口提供哪些服务　农村超生子女能上户口吗

户籍地人口计生工作机构应为流动人口提供的服务有:

(1)免费办理《流动人口婚育证明》;

(2)提供多种形式的人口与计划生育宣传教育;

(3)开展性及生殖健康、避孕节育等咨询指导服务;

(4)帮助实行计划生育的流动人口家庭解决生产、生活、生育方面的实际困难,并落实有关法律、法规规定的奖励、优惠政策。

根据规定,超生、早婚生育和非婚生育的婴儿是可以落户的,属于人口普查的范围。公安部、国家计划生育委员会在 1988 年 10 月 25 日《关于加强出生登记工作的通知》中规定,任何地方都不得制定限制计划生育的婴儿落户的法规。

198. 计划生育工作管理部门及人员要遵守哪七"不准"

国家卫生和计划生育委员会下发的有关文件中明确规定,计划生育工作管理部门及其工作人员不得有下列 7 项行为:

(1)不准非法关押、殴打、侮辱违反计划生育规定的人员及家属。

(2)不准毁坏违反计划生育规定人员家庭的财产、庄稼、房屋。

(3)不准不经法定程序将违反计划生育规定的当事人的财物抵

缴计划外生育费。

（4）不准滥设收费项目、乱罚款。

（5）不准因当事人违反计划生育规定而株连其亲友、邻居及其他群众；不准对揭发、举报的群众打击报复。

（6）不准以完成人口计划为由而不允许合法的生育。

（7）不准组织对未婚女青年进行孕检。

199. 什么是计划生育技术服务　计划生育技术服务人员应具备哪些条件

根据《计划生育技术服务管理条例》及其实施细则的规定，所谓计划生育技术服务，是指使用手术、药物、工具、仪器、信息及其他技术手段，有目的地向育龄公民提供生育调节及其他有关生殖保健服务的活动，包括计划生育技术指导、咨询以及与计划生育有关的临床医疗服务。

计划生育技术指导、咨询包括下列内容：（1）避孕节育与降低出生缺陷发生风险及其他生殖健康的科普宣传、指导和咨询；（2）提供避孕药具，对服务对象进行相关的指导、咨询、随访；（3）对施行避孕、节育手术和输卵（精）管复通手术的，在手术前、后提供相关的指导、咨询和随访。

与计划生育有关的临床医疗服务包括下列内容：（1）避孕和节育的医学检查，主要指按照避孕、节育技术常规，为了排除禁忌证、掌握适应证而进行的术前健康检查以及术后康复和保证避孕安全、有效所需要的检查；（2）各种计划生育手术并发症和计划生育药具不良反应的诊断、鉴定和治疗；（3）施行各种避孕、节育手术和输卵（精）管复通术等恢复生育能力的手术以及与施行手术相关的临床医学诊断和治疗；（4）根据国家卫生和计划生育委员会与卫生部共同制定的有关规定，开展围绕生育、节育、不育的其他生殖保健服务；（5）病残儿医学鉴定中必要的检查、观察、诊断、治疗活动。

计划生育技术服务人员是指取得技术服务人员合格证并在计划生育技术服务机构或计划生育技术服务的医疗、保健机构中从事计划生育技术、生殖保健的咨询、指导和技术服务的人员,包括在上述机构中从事计划生育技术咨询、指导和技术服务的医、药、护、技各类人员。计划生育技术服务人员实行持证上岗的制度。从事计划生育技术服务的各类技术人员,应当经过相应的业务培训,熟悉相关的专业基础理论知识和实际操作技能,了解国家和地方的计划生育政策,掌握计划生育技术标准、服务规范,取得合格证,按合格证载明的服务项目提供服务。计划生育技术服务人员中从事与计划生育有关的临床服务人员,应当依照执业医师法和国家有关护士管理的规定,分别取得执业医师、执业助理医师、乡村医生或者护士的资格,并在依法设立的机构中执业。在计划生育技术服务机构执业的执业医师和执业助理医师应当依照执业医师法的规定向所在地县级以上地方人民政府卫生行政部门申请注册。

200. 避孕药具的发放渠道有哪些 个体医疗机构能否从事计划生育手术

我国目前避孕药具的供应、发放渠道主要有两条:一条是由各级计划生育部门组成,县以上由各级计划生育药具管理站负责,县以下由计划生育服务站承担,自上而下地组成了一个纵横交错、四通八达的供应发放网络,这是避孕药具计划免费供应的主渠道;另一条是由医药商业门市部、供销合作社、卫生医疗单位等部门组成的零售网络,实行有价销售。这是避孕药具计划免费供应的补充渠道,以方便不同情况的不同需要。

个体医疗机构不得从事计划生育手术。这是因为,计划生育手术的成败有着十分重要的意义,如果发生了事故,不仅损害受术者的身心健康,还会造成很坏的影响,影响计划生育基本国策的落实。因此,法律对从事计划生育手术的资格进行了严格的限制。

201. 在保护妇女和女婴方面有哪些法律规定

《人口与计划生育法》第二十二条规定:禁止歧视、虐待生育女婴的妇女和不育的妇女。禁止歧视、虐待、遗弃女婴。妇女在繁衍后代、养育子女以及家庭生活中扮演着重要角色,承担着重要的责任。由于我国受几千年封建社会的生育文化影响,在计划生育工作中,特别是在农村广大地区,还不同程度地存在重男轻女、传宗接代、多子多福、早婚早育等传统观念和男女不平等的现象。在计划生育工作中充分体现和保护妇女的合法权益,直接关系到妇女政治、经济、社会及家庭地位的提高和计划生育基本国策的落实。因此,《人口与计划生育法》中明确规定"开展人口与计划生育工作,应当与增加妇女受教育和就业机会、增进妇女健康、提高妇女地位相结合"。

202. 社会抚养费的含义和意义是什么

社会抚养费是指为调节自然资源的利用和保护环境,适当补偿政府的社会事业公共投入的经费,而对不符合我国生育政策超计划生育子女的家庭征收的费用。社会抚养费是从过去的计划外生育费演变而来的,在开展计划生育工作之初,各地对超计划生育的人多是给予罚款处罚。1996年《行政处罚法》出台后,进一步明确了对于超计划生育的不得给予罚款,但可以征收"计划外生育费"。2000年,中央8号文件中明确规定实行社会抚养费征收制度。同年,财政部、国家人口和计划生育委员会联合下发文件,要求各地将"计划外生育费"更名为"社会抚养费"。征收社会抚养费的目的在于运用经济制约手段,达到抑制人口过快增长,调节社会资源利用的目的,最终减轻人口对经济、社会发展、资源利用和环境保护的压力。因此,对社会抚养费的征收必须加强管理,征收所得必须全部用于计划生育事业。社会抚养费管理的意义主要有以下三个方面。

（1）有利于有效地控制计划外生育

实行征收社会抚养费制度，将对促进社会资源的合理利用，增强公民实行计划生育的法制意识，规范、调节公民的生育行为，履行计划生育义务，起到重要的保证和促进作用。

（2）弥补基层计划生育经费的不足

在计划生育工作初期，经费相对短缺，计划外生育较多，征收社会抚养费正好可以弥补基层计划生育经费的不足。但随着计划生育工作的深入，从长远利益看，也不能把此项经费作为增加计划生育经费的主要办法。

（3）管好、用好社会抚养费有利于密切党群关系、干群关系

社会抚养费管理是一项政策性、群众性很强的工作，如果真正用于计划生育事业，广大群众包括大多数被征收社会抚养费的群众，对征收社会抚养费就想得通。如果是一部分干部搞特殊化，用社会抚养费供个人挥霍，群众就会有意见。因此社会抚养费的管理不是一件小事，只有管好、用好社会抚养费，才能取信于民，收到较好的社会效益和经济效益。

总之，社会抚养费的性质属于社会补偿性的行政收费，而不是行政罚款，具有补偿性和强制性的特点。多年实践证明，社会抚养费只要征收的数额恰当，并且能及时足额征收，对于抑制人口过快增长，稳定低生育水平是有一定积极作用的。

203. 国家对社会抚养费问题有什么明确规定

2002 年 8 月 2 日，国务院令第 357 号公布了《社会抚养费征收管理办法》，对征收社会抚养费问题作出了明确规定。

（1）确定征收标准

《社会抚养费征收管理办法》第三条第二款规定，"社会抚养费的征收标准，分别以当地城镇居民年人均可支配收入和农村居民年人均纯收入为征收的基本参考标准，结合当事人的实际收入水平和

不符合法律、法规规定生育子女的情节,确定征收数额。社会抚养费的具体征收标准由省、自治区、直辖市规定"。各地则依据本省计划生育条例等有关法规规定,结合当地经济状况具体确定。标准过高,脱离其交付能力,不能兑现;标准过低,起不到制约作用。因此,必须确定好征收标准,任何单位和个人都不得擅自提高征收标准或减免收费金额。

(2)征收单位

主要由乡(镇)人民政府、城市街道办事处的计划生育工作机构负责组织征收。被征收者有工作单位的,由工作单位所在地计划生育工作机构征收;无工作单位的,由户籍所在地计划生育工作机构征收。被征收者系流动人口的,由现居住地计划生育工作机构征收,其征收额度未达到户籍地征收标准的,户籍地的计划生育工作机构应追收差额部分。

(3)征收程序

征收单位对计划外生育者,按有关规定及时签发《社会抚养费征收通知书》。计划外生育者接到通知书后,应按要求的数量和时间及时交款,原则上一次交清。对确有实际困难者,经本人申请,征收单位批准,可分期缴纳。当事人对征收处理决定不服的,可在规定的期限内向区、市、县计划生育行政管理部门申请复议。对逾期不申请复议,不提出诉讼,又不按规定期限缴纳的,可加收滞纳金。对拒不缴纳的,征收单位可以依法申请当地人民法院强制执行。征收单位在收缴社会抚养费时,应出示有关部门制定的《社会抚养费征收通知书》,并开具统一印制的社会抚养费收据,否则,缴款人可以拒缴。

204. 如何对社会抚养费支出进行管理

(1)支出范围

征收的社会抚养费,必须全部用于计划生育事业,任何单位或个人不得借支、挪用、挤占、私分。具体使用于：

①困难地区独生子女的奖励；

②计划生育服务网络的建设；

③个别生活困难的计划生育手术者的营养和误工补贴；

④个别生活困难的计划生育手术者、节育术并发症患者的路费补助；

⑤乡(镇)经县(市、区)计划生育委员会批准聘用的计划生育临时工作人员的工资或生活补贴；

⑥计划生育宣传教育、干部培训；

⑦计划生育节育手术等费用的支出补助；

⑧省、自治区、直辖市规定的其他支出。

(2)管理制度

①社会抚养费实行"乡收县管、财政监督"的管理体制

"乡收县管"就是实行"一级管理，三级使用"的管理办法。"一级管理"由乡(镇)、街道负责将已征收的社会抚养费及时上交到县(市、区)计划生育委员会集中统一管理，区市县按各乡(镇)分别建立分户明细账，在银行设立专用账户代存管理；"三级使用"就是根据工作需要，县、乡(镇)、村三级按规定比例计划使用。"财政监督"就是各级财政、审计部门对社会抚养费的管理进行监督检查。

②社会抚养费的支出使用实行计划管理

计划管理就是要求按月或季度编报用款计划，经批准后使用。要实行"一支笔"审批制度，由分管计划生育的领导审批，并严格遵照分级报批的审批权限。

③社会抚养费纳入计划生育财务部门统一管理

社会抚养费应纳入计划生育财务部门统一管理并严格实行收支两条线。要建立健全会计核算账簿，征收、上交、下拨、使用、核算等必须制度健全，手续完备，凭证齐全，账目清楚，核算准确。各级计划生育部门要定期向上级主管部门报告社会抚养费的收支情况。

④社会抚养费的征收情况应公开透明,便于接受群众监督

征收单位应定期向群众张榜公布社会抚养费征收情况,接受群众监督。各级计划生育、财政、监察、审计部门要监督社会抚养费使用情况,对征收、管理和使用工作中做出显著成绩的单位和个人,由计划生育主管部门给予表彰奖励,对违反法规的要严肃处理。

205. 因节育手术发生并发症、后遗症等不良后果怎么办

因节育手术带来并发症、后遗症等不良后果的农民的生产、生活困难,采取以乡(镇)解决为主,社会救济为辅的办法,具体由所在乡(镇)及行政村分等级给予解决。解决并发症农民的生产、生活困难应以扶助发展生产为主,对其生活困难需要照顾补助者,要照顾到本人已基本康复能劳动自给为止,其标准不得低于当地人均生活水平。

依据卫生部颁发的《节育并发症管理办法》的规定,节育并发症者因节育手术带来并发症应先按照卫生部颁发的《男、女节育手术并发症诊断标准》由县级以上技术鉴定小组科学地作出判定,因手术事故造成后遗症的,参照国务院颁发的《医疗事故处理条例》处理。

农民所在乡(镇)及行政村分等级解决生产、生活困难时,应以《节育并发症鉴定办法》中划定的等级作为依据。具体等级如下:

一等:

(1)善后。发给一定安葬费、抚恤金;对其子女由所在乡、镇给予照顾。

(2)生产。农忙期间由所在村民委员会实行定期困难补助或组织帮工。一切提留款和义务工视具体情况给予减免。

(3)生活。由民政部门进行定期困难补助。有条件的乡、镇可商请当地政府照顾本人或家庭其他有劳动能力成员在乡、镇企业

就业。

二等：

(1)生产。农忙期间由村民所在村民委员会实行定期或不定期困难补助,免除部分提留款和义务工。

(2)生活。可用社会救济和乡镇提留办法实行不定期困难补助。

三等：

生活。可用社会救济和乡镇提留的办法或当地区、乡、村从公益金及超生子女费中给予照顾。

四等：只需要作一般性治疗。

另外,根据《节育并发症鉴定办法》的规定,确定等级标准有：①因节育手术直接造成手术对象死亡者为一等。②因节育手术对象残废、完全丧失劳动力和生活自理者为二等。③因节育手术造成手术对象组织器官损伤并累及功能障碍,影响正常劳动和生活者为三等。④因节育手术影响对象组织器官操作,但损及功能障碍,只需作一般治疗者为四等。

206. 新农村户籍改革的方向是什么

户籍管理是世界各国最根本的社会管理制度。户籍管理制度在社会管理中的作用是明显的,它一方面可以通过公民身份登记,证明身份并确立民事权利和行为能力,另一方面可以为政府制定国民经济和社会发展规划、劳动力合理配置等提供基础数据和资料。此外,户籍管理还是治安管理的基础和重点,在维护治安、打击犯罪方面起到了巨大作用。

我国现行的户籍制度是计划经济时代的产物,随着市场经济体制的逐步建立和完善,划分"农业户口"和"非农业户口"、实行城乡分割的户籍管理二元结构,阻碍了人力资源的优化配置和地区间的合理流动,无法形成城乡统一的劳动力市场；不利于城市化建设和农村经济的发展,不适应形势发展的要求；不利于我国农业人口城市化的顺利进行。因此户籍制度改革的目标是消除二元特征,淡化城市户籍的高附加值,增加农村户口的含金量,使之不再成为人才流动的壁垒,资源配置的障碍。

户籍制度改革涉及面广,情况复杂,改革难度大,近年来国家已出台不少措施来积极推进。各地也都在根据本地的具体情况出台相关政策,比如北京、上海、南京等大都市出台居住证制度,但这些制度与庞大的外来人口相比,受益群体很有限。目前,我国户籍制度改革的困难在于:

一是放开的中小城市的城市户籍没有吸引力。我国县及县以下的户籍早已放开,地级市去年也已放开,但中小城市的户籍吸引力有限。原因在于就业。中小城镇的就业机会有限。就业机会的背后是产业机会。前几年我国不少当年逃离北上广的人最后又逃了回来。原因是小城工作难找,就业机会有限,发展空间更有限。只有那些产业有竞争力的城镇才有就业机会。

二是农村户籍会变得越来越值钱,越来越多的农村人口不愿意放弃农村户籍。前不久的一项调查显示,我国 75% 以上外来打工者不愿意放弃他们的农村户籍。原因很简单,他们想获得大都市、发达地区的户籍却得不到,而本地的城市户籍对这些人没有任何吸引力。城乡一体化,城市户籍所能够拥有的他们都有,更重要的是,农村户籍还能够有宅基地与承包地,富的地区还有分红,所以保留一个农村户籍以后会越来越值钱。

总之,未来的户籍制度改革方向是淡化户籍,也就是把与户籍制度挂钩的公共品服务慢慢取消。

207. 换领居民身份证有什么规定　身份证有效期是如何规定的

公民在下列情况时需要换领居民身份证:

(1)公民应当在居民身份证有效期满之日的 3 个月前申报换领

新证,户口登记机关应当在旧证有效期满前将新证发给本人;

(2)公民常住户口迁出常住地辖区和行政区域的,在迁入地办理户口登记手续的同时换领居民身份证;

(3)公民需要变更、更正居民身份证登记的内容,在履行申请变更、更正手续的同时申报换领新证;

(4)公民的居民身份证污损、残缺不能辨认时,应当申报换领新证。

我国公民申请换领、补领居民身份证,需要重新填写《常住人口登记表》,交近期标准相片两张,并按规定交纳证件工本费。申报换领新证的,户口登记机关发给新证的同时收回旧证。申报补领新证的,原证作废。按照《国家发展改革委、财政部、公安部关于居民身份证收费标准及有关问题的通知》规定,公民首次申领或换领二代证工本费每证20元,遗失补领或损坏换领的工本费每证40元。照相收费由公司按物价标准收取,每证10元,打印4张照片。

居民身份证的有效期规定如下:

(1)16周岁以上公民的居民身份证的有效期为10年、20年、长期;

(2)16周岁至25周岁的,发给有效期10年的居民身份证;

(3)26周岁至45周岁的,发给有效期20年的居民身份证;

(4)46周岁以上的,发给长期有效的居民身份证;

(5)未满16周岁的公民,自愿申请领取居民身份证的,发给有效期5年的居民身份证。

208. 哪些情况需要使用居民身份证

《中华人民共和国居民身份证条例实施细则》规定:

(1)公民在办理下列事务,需要证明身份时,可以出示居民身份证:

①选民登记;

②户口登记;

③兵役登记;

④婚姻登记;

⑤入学、就业;

⑥办理公证事务;

⑦前往边境管理区;

⑧办理申请出境手续;

⑨参与诉讼活动;

⑩办理机动车、船驾驶证和行驶证,非机动车执照;

⑪办理个体营业执照;

⑫办理个人信贷事务;

⑬参与社会保险,领取社会救济;

⑭办理搭乘民航飞机手续;

⑮投宿旅店办理登记手续;

⑯提取汇款、邮件;

⑰寄卖物品;

⑱办理其他事务。

(2)1989 年《公安部印发〈关于在全国实施居民身份证使用和查验制度的请示〉的通知》中,对"办理其他事务"作了某些补充说明:

①报考各类高等学校或者中等职业、专业学校;

②提前支取定期储蓄存款,储蓄存款单据挂失,支取银行汇票、本票、现金支票、旅行支票、信用卡和汇兑款项;

③办理家庭财产保险和人身保险业务;

④办理计划生育手续;

⑤申报个人取得的各项应税收入,办理税务登记和纳税事项;

⑥办理聘用、雇用和离、退休手续;

⑦申请前往边防禁区、经济特区、戒严区通行证件;

⑧申领出海渔民、船民证件和船舶证簿;

⑨办理海关手续;

⑩报名参加文艺、体育竞赛或者比赛；

⑪私人房屋产权登记；

⑫使用银行支票购买商品；

⑬办理拍卖、典当、租赁手续和出售生产性废旧金属；

⑭办理印刷业务；

⑮刻制印章；

⑯认领走失儿童和认领遗失物品；

⑰借阅属于开放范围的档案资料；

⑱进入党政军机关等部门；

⑲申请举行集会、游行、示威；

⑳各部门认为需要公民出示居民身份证以证明身份的其他事项。

209. 第二代身份证发放对象和范围是哪些　身份证号码编制的规则是什么

与领取第一代身份证不同,不满 16 岁的公民也可以采取自愿的原则申请领取第二代身份证。公安机关将进一步扩大第二代身份证发证的对象和范围,从公民一出生到 16 岁的年龄段都可以申请领取身份证。实行身份证制度过程中,很多军人、武警官兵在从事一些社会活动时,没有证件很不方便,经过研究允许对军人、武警发放身份证件。公安机关正在为部队服现役的军人、武警编制公民身份号码。另外,公安机关把发证的对象扩大到服刑、劳教和被羁押的人,取消了原来身份证条例中的限制性规定。香港同胞、澳门同胞、台湾同胞在符合条件的情况下也可以申请领取第二代居民身份证。

按照《中华人民共和国居民身份证法》的规定,公民身份证号码是每个公民唯一的、终身不变的身份代码,由公安机关按照公民身份号码国家标准编制,由 18 位数字组成。前 6 位为地址码,第 7 至14 位为出生日期码,第 15 至 17 位为顺序码,第 18 位为校验码。具体含义是:地址码表示公民被赋码时常住户口所在县(市、旗、区)的行政区划代码,出生日期码表示公民出生的公历年月日,顺序码表示在同一地址码所标识的区域范围内对同年同月同日出生的人编定的顺序号(奇数分配给男性,偶数分配给女性),校验码采用数据处理校验码系统计算产生。公民身份证号码所体现的地址仅为赋码户籍所在地地址,并不一定代表该公民现户籍所在地。

210. 为什么不得随意扣留公民的居民身份证 伪造身份冒充他人招摇撞骗应受到何种处罚

居民身份证是公民证明身份的法定证件,由国家立法确认,具有高度的法定权威性,能够有效地证明公民身份。公安机关除对于依照《中华人民共和国刑事诉讼法》中被执行强制措施的人以外,不得扣留公民的居民身份证。这是因为公民在办理涉及权益事务时,需要随时使用居民身份证,还要接受公安机关的查验。从维护法律的严肃性和保护公民的合法权益出发,除法律另有规定的外,其他任何单位和个人在办理涉及公民权益事务时,可以要求其出示居民身份证,但不得扣留或者要求作为抵押。

根据有关法律法规,伪造身份冒充国家机关工作人员或者以其他虚假身份招摇撞骗的,处 5 日以上 10 日以下拘留,可以并处 500元以下罚款;情节较轻的,处 5 日以下拘留或者 500 元以下罚款。冒充军警人员招摇撞骗的,从重处罚。

第九章　农民权益保障知识

211. 什么是行政赔礼道歉和行政赔偿

　　行政赔礼道歉,是指行政机关因其行政行为侵害了公民、法人或者其他组织的人格权等合法权益所承担的向受害人承认错误,表示歉意的责任方式。这同消除影响、恢复名誉一样,也是一种非财产性的责任方式。赔礼道歉通常是有关工作人员在一定场合向受害人当面进行,特殊情况下也可以由赔偿机关以书面形式进行。赔礼道歉作为国家赔偿中对公民、法人和其他组织名誉权、荣誉权侵权损害的一种弥补方式,可以单独适用,也可以与其他方式合并适用。

　　行政赔偿,是指行政机关及其工作人员因过错所做出的具体行政行为侵犯公民、法人或者其他组织的合法权益并且造成损害时,行政机关应承担的法律责任。

　　行政赔偿一般认为有以下几个特点:

　　(1)行政赔偿与行政主体的职务行为相联系,行政主体的职务行为构成行政赔偿的基础。

　　(2)行政赔偿是行政行为违法。

　　(3)行政赔偿的直接责任者为行政主体,不管违法的行政行为是否通过行政机关工作人员来表现,也不管行政机关工作人员在执行职务中有无过错,违法行为所引起的法律后果都由行政机关承担或先行承担。

212. 什么是人身权　人身权包括哪些内容

人身权是指与权利主体人身不可分离，没有直接财产内容的权利。人身权的主体既可以是公民，也可以是法人。

公民的人身权种类有：

（1）生命权、健康权。《民法通则》第九十八条规定："公民享有生命健康权。"

（2）姓名权。《民法通则》第九十九条规定："公民享有姓名权，有权决定、使用和依照规定改变自己的姓名，禁止他人干涉、盗用、假冒。"

（3）肖像权。《民法通则》第一百条规定："公民享有肖像权，未经本人同意，不得以营利为目的使用公民的肖像。"所谓"以营利为目的"，是指使用他人的肖像来达到自己一定的经济目的。如未经本人同意，将其照片陈列在照相馆的橱窗内，或用来做广告、商标等。最高人民法院《关于贯彻执行〈中华人民共和国民法通则〉若干问题的意见（试行）》第一百三十九条规定："以营利为目的，未经公民同意利用其肖像做广告、商标、装饰橱窗等，应当认定为侵犯公民肖像权的行为。"

（4）名誉权。《民法通则》第一百零一条规定："公民、法人享有名誉权，公民的人格尊严受法律保护，禁止用侮辱、诽谤等方式损害公民、法人的名誉。"以书面、口头等形式宣扬他人隐私，或者捏造事实公然丑化他人人格，以及用侮辱、诽谤等方式损害他人名誉造成一定影响的，应当认定为侵害公民名誉权的行为。

（5）荣誉权。公民的荣誉权是指公民在学习、生产、工作、作战等方面成绩显著而获得的光荣称号。《民法通则》第一百零二条规定："公民、法人享有荣誉权，禁止非法剥夺公民、法人的荣誉称号。"

侵害公民的姓名权、肖像权、名誉权、荣誉权的，根据《民法通则》第一百二十条的规定,必须承担停止侵害,恢复名誉,消除影响,赔礼道歉,赔偿损失的民事责任。如果侵犯公民的名誉权情节严重,构成犯罪的,按刑法中有关侮辱罪、诽谤罪、诬陷罪的规定处罚。

(6)婚姻自主权。《民法通则》第一百零三条规定:"公民享有婚姻自主权,禁止买卖、包办婚姻和其他干涉婚姻自由的行为。"

法人的人身权种类包括:名称权、名誉权和荣誉权。

213. 什么是姓名权 姓名权包括哪些内容

所谓姓名权,是指自然人依法享有的决定、变更和使用自己姓名并排除他人干涉或非法使用的权利。姓名权保护的客体并不限于公民在户籍机关正式登记的姓名,还包括公民使用的能够用来确定和代表其个人特征的其他姓名。

姓名权主要包括以下三方面的内容:

(1)姓名的决定权。即公民有权决定自己的姓名。公民可以决定姓父姓或姓母姓,也可以决定姓其他的姓。除了决定自己的正式姓名,还有权决定自己的艺名、笔名、化名、别名等。

(2)姓名的使用权。指公民依法使用自己姓名的权利。公民可以使用自己的姓名,也可以不使用自己的姓名,可以依法允许他人使用自己的姓名,还可以要求他人正确使用自己的姓名。

(3)姓名的变更权。指公民依照规定改变自己姓名的权利。这一权利是公民姓名决定权的自然延伸。如果变更正式姓名还须到户籍登记机关办理变更登记手续。

214. 名誉权被他人侵犯怎么办

公民的名誉权是指公民对自己的社会评价享有的不受他人侵犯的权利。名誉,俗称名声,是社会对某公民的品德、才能、思想、作风等的综合评价。一个人的名誉直接关系着公民个人的社会地位和尊严。一个人的名誉是十分珍贵的,它不仅能使自己得到他人的尊重和信赖,还是自己从事民事活动的有利条件。公民依法享有名誉权,公民为维护自己的名誉权必须注意以下几点:

(1)公民必须明确名誉权的权利内容。①公民有维护自己名誉尊严的权利,名誉是社会对于一个公民的各方面的综合评价,这种综合评价是公民长期以来生活作风、品德、才能和素养的客观反映,因此对于这具有客观性的评价,公民有保持这种评价的完整性、客观性的权利。②公民的名誉权受到侵害,公民有向法院提起诉讼的权利。诉权是维护自己权利的合法方式,也是名誉权权利内容的一个不可分割的部分。

(2)公民应掌握认定侵害名誉权行为的依据。侵害名誉权,主要表现为侮辱和诽谤两种方式。侮辱是指用暴力或口头、文字等方式公然侮辱他人,损害他人的人格尊严。侮辱行为的构成须具备以下要件:①在主观上侵权人是故意的,也就是有意识地要损害他人的名誉、人格。如果是无意中说了有损于他人名誉、人格的话,并非故意侮辱的,不构成侮辱行为。②在客观上侵权人实施了引起他人精神痛苦和屈辱的言辞或行为。③侮辱行为必须具有公然性,即有第三人或更多的人在场或者用能够使众多的人看到或听到的方式进行侮辱。④侮辱行为须具有针对性,即侮辱行为是针对特定的人进行的。如果在公共场所无目标地谩骂,无针对性,不构成侮辱行为。诽谤是指无中生有,捏造事实,破坏他人名誉、人格的行为。诽谤行为必须注意以下几个条件:①诽谤人在主观上必须具有过错,包括故意和过失两种心态。②在客观上侵权人实施了足以使他人名誉受到损害的行为,包括以捏造、夸大和歪曲事实的行为来降低对该公民的社会评价。③诽谤行为具有公然性和针对性。

(3)公民的名誉权受到侵害既可以要求侵权人终止侵权行为,公开赔礼道歉,公开消除侵权行为所造成的不良影响,恢复名誉,也可要求侵权人赔偿损失。如果侵权人对公民的请求不予理睬,公民可以向法院起诉。

215. 肖像权被他人侵犯怎么办

公民的肖像权是指公民对于自己的照片、画像、录像、塑像等具有物质载体的视感影像依法享有的不受侵犯的权利。《民法通则》中明确规定了公民享有肖像权。为维护自己的肖像权,公民应注意掌握以下几点:

(1)公民首先应明确肖像权的内容和自身的权益。公民肖像权的内容主要包括:①公民有权通过各种方式再现自己的个人形象。②公民可以拥有自己的肖像,可以保存、收藏自己的肖像。③公民有权使用自己的肖像和允许他人使用自己的肖像。许可他人使用自己的肖像,公民有获得酬金的权利。④侵犯公民肖像权,公民有提起诉讼的权利。

(2)公民应注意掌握侵犯肖像权的认定依据。侵犯肖像权行为的认定一般应把握两个标准:①未经同意而使用他人肖像。未经本人同意使用其肖像表明侵权人对他人肖像人格利益的不尊重,其行为破坏了他人肖像的个人专有性和完整性,应当受到制裁。如果经过本人同意而使用其肖像,就不构成侵犯肖像权的行为。②侵犯肖像权须是以营利为目的的行为。以营利为目的是指以使用某人的肖像达到招徕顾客、推销商品的目的或直接以肖像制作成为或复制成为商品出售营利。未经他人同意而以营利为目的使用他人肖像既损害了权利人的人格,也损害了权利人因他人利用自己的肖像进行商业行为而获取物质利益的权利,这在法律上是不许可的。例如,照相馆未经本人同意,不将底片交给顾客或者将顾客的艺术人像存放在橱窗招揽顾客,即属于侵犯公民肖像权。

(3)公民应注意区分合理使用他人肖像和侵权行为的界限。未经本人同意而以营利为目的使用他人肖像即构成对肖像权的侵犯。下列情况属合理使用:

①为公益目的而使用他人肖像,如宣传某人的先进事迹,在报

纸、电视台、电影中使用先进人物的照片；

②新闻报道拍摄照片和影像；

③通缉逃犯和罪犯而使用他人肖像；

④寻人启事刊登照片等。

（4）侵犯公民肖像权，公民可以向侵权人提出终止该侵权行为的请求；也可要求侵权人向自己赔礼道歉，并可以请求侵权人支付赔偿金。如果侵权人置之不理，公民也可以向法院提起诉讼。

216. 荣誉权被他人侵犯怎么办

荣誉权是指公民有获得并保持各种嘉奖的权利。公民依法享有的荣誉包括各种荣誉称号、证书、勋章、奖章、奖状等。公民的荣誉是在学习、生产、工作或战斗中因表现突出，成绩卓著，立有功勋而获得的光荣称号。例如，先进工作者、战斗英雄、劳动模范、优秀党员、最佳男女主角等都是光荣称号。获得荣誉称号的公民为维护自己的权利，必须掌握以下几点：

（1）公民首先应明确荣誉权的权利内容。①公民有获得和保持荣誉的权利，荣誉权并非每个公民生而有之，只有当公民具备一定的优胜条件时才能获得此殊荣，一旦获得即表明该公民具有了一种美好的名誉和良好的名声，对该荣誉公民有维护和保持的权利。②对于侵害荣誉权的行为，公民有提起诉讼的权利。

（2）公民应注意掌握侵犯荣誉权的表现和认定责任的依据。侵犯荣誉权主要表现为：①非法剥夺公民的荣誉称号。一般而言，对公民已获得的荣誉称号，其他公民和法人非依法律规定不得剥夺、取消公民的荣誉称号，只有在法律有规定的情况下才允许剥夺公民的荣誉称号。除依法剥夺外，其他情况公民和法人不得任意剥夺和取消他人的荣誉称号。②非法诋毁公民的荣誉权。对公民已获得的荣誉称号，侵权人诬蔑其是用弄虚作假、谎报成绩骗取的荣誉称号，这种诽谤和诋毁行为不仅是对荣誉称号的损害，也是对公民名誉的损伤。

对于侵犯荣誉权的认定,一方面要掌握侵权行为的违法性和损伤性,另一方面要掌握侵权人的主观过错性。

(3)侵犯公民的荣誉权,公民可以请求侵权人公开赔礼道歉和消除因侵权造成的不良影响,也可以请求侵权人赔偿损失。如果侵权人对公民的请求置之不理,公民还可以向人民法院起诉,要求人民法院强制侵权人立即停止侵权行为,消除影响、恢复名誉、赔礼道歉,并可以要求物质赔偿。这里应注意,所有因停止侵害、消除影响、恢复名誉、赔礼道歉所产生的登报广播、发表启事、公告费用一律由侵权人承担。

217. 什么是侵权行为 侵权行为和违约行为有何不同

侵权行为广义上是指对他人的财产或者人身损害承担民事责任的行为;狭义上是指因为过错侵害他人的财产或者人身并应当承担民事责任的行为。

《民法通则》第一百零六条第二款、第三款规定:"公民、法人由于过错侵害国家的、集体的财产,侵害他人财产、人身的,应当承担民事责任。没有过错,但法律规定应当承担民事责任的,应当承担民事责任。"

侵权行为与违约行为均为民事违法行为,区别在于:

(1)违法性质不同。侵权行为是对民事法规的直接违反,而违约行为则是当事人对有效合同的违反。

(2)行为主体不同。侵权行为的主体只要有意识能力即可,不一定是完全行为能力人。违约行为的主体一般为有行为能力人。

(3)侵犯的客体范围不同。侵权行为侵害的客体是包括债权在内的一切民事权利,而违约行为侵权的客体仅限于合同规定的债权。

218. 行政管理侵犯他人人身自由造成人身损害的如何赔偿

国家机关侵犯公民人身自由的具体表现,包括违法拘留、收容审查、搜查,错误逮捕、错误判决并已执行,违法使用武器、警械对公民身体造成伤害等。由于上述违法行为使公民的人身自由权利受到侵犯,因此对于这类违法侵权引起的损害,有关国家机关应负赔偿责任。对于这类侵权损害的赔偿,一般采取金钱赔偿的方式。我国《国家赔偿法》中规定侵犯人身自由的赔偿标准是:侵犯人身自由的每日赔偿金按照国家上年度职工日平均工资计算。

根据《国家赔偿法》规定,侵犯公民健康权造成身体损害的赔偿金按下列规定计算:

(1)造成身体伤害的,应当支付医疗费、护理费,以及赔偿因误工减少的收入。减少的收入每日的赔偿金按照国家上年度职工日平均工资计算,最高额为国家上年度职工年平均工资的5倍。

(2)造成部分或者全部丧失劳动能力的,应当支付医疗费、护理费、残疾生活辅助具费、康复费等因残疾而增加的必要支出和继续治疗所必需的费用,以及残疾赔偿金。残疾赔偿金根据丧失劳动能力的程度,按照国家规定的伤残等级确定,最高不超过国家上年度职工年平均工资的20倍。造成全部丧失劳动能力的,对其扶养的无劳动能力的人,还应当支付生活费。

(3)造成死亡的,应当支付死亡赔偿金、丧葬费,总额为国家上年度职工年平均工资的20倍。对死者生前扶养的无劳动能力的人,还应当支付生活费。

上述第二项、第三项规定的生活费的发放标准,参照当地最低生活保障标准执行。被扶养的人是未成年人的,生活费给付至18周岁止;其他无劳动能力的人,生活费给付至死亡时止。

规定中所指的医疗费主要是指受害人为恢复健康进行治疗的

花费,包括药费、护理费、营养费、交通费及住院费等。

误工收入是指由于受伤治疗,受害者无法继续正常工作或生产,由此而损失的收入。

残疾赔偿金是指因残疾失去的收入和解决致残后的生活困难所需的费用。残疾赔偿金的额度是根据丧失劳动能力的程度确定的。我国《国家赔偿法》中规定了残疾赔偿金的最高限额。

生活费是指由于侵权致使公民全部丧失劳动能力的,对其扶养的无劳动能力的人支付的生活救助费用。生活救济费的额度需参照当地民政部门有关生活救济的规定办理。

219. 行政管理致人死亡的赔偿标准是什么

根据《国家赔偿法》第三十四条第(三)项规定:侵犯公民生命健康权造成死亡的,应当支付死亡赔偿金、丧葬费,总额为国家上年度职工年平均工资的 20 倍,对于死者生前扶养的无劳动能力的人,还应当支付生活费。

(1)死亡赔偿金。又称死亡抚恤费。我国《国家赔偿法》在死亡赔偿金的额度上未作具体规定,这还有待实践中总结探索,然后通过制定相应的实施细则加以完善。

(2)丧葬费。又称殡葬费,主要包括收殓费和埋葬费。值得注意的是,在我国一些地方处理死者后事以风俗习惯为由,按宗教礼仪祭献供礼大摆排场,这些都不应属于正常的收殓埋葬、安葬或追悼死者所开支的费用,必须按照收殓费与埋葬费的范围严格控制。目前我国大中城市已主要采用火葬的方式,且大都各有自己的规章制度,对于这些地方性规定,在全国尚无统一法律规定的前提下应加以严格遵守,违反规定开支的费用,应由主办者自负。

收殓费与埋葬费各自有一定的范围和标准要求。例如,按照规定标准使用专门车辆运送死者尸体到火化场及骨灰安放墓地,是属于正常的埋葬费之中的。但如果为运送尸体使用超规模或超常规豪华车辆,则不允许计入正常丧葬费用中。

(3)生活救济费是指赔偿义务方给予死者生前有需扶养亲属的救济费用。一般来说,救济对象包括被扶养的未成年子女及其他无劳动能力的人。《国家赔偿法》规定,生活救济费的发放标准参照当地民政部门有关生活救济的规定办理。被扶养人是未成年人的,生活救济费给至18周岁止;其他无劳动能力的人,生活救济费给付至死亡时止。

220. 行政管理造成名誉权、荣誉权损害的如何补救

根据《国家赔偿法》第三十五条的规定,有本法第三条或者第十七条规定情形之一,致人精神损害的,应当在侵权行为影响的范围内,为受害人消除影响,恢复名誉,赔礼道歉;造成严重后果的,应当支付相应的精神损害抚慰金。

该情形包括下列几项:

(1)行政机关及其工作人员在行使行政职权时有下列侵犯人身权情形之一的,受害人有取得赔偿的权利:

①违法拘留或者违法采取限制公民人身自由的行政强制措施的;

②非法拘禁或者以其他方法非法剥夺公民人身自由的;

③以殴打、虐待等行为或者唆使、放纵他人以殴打、虐待等行为造成公民身体伤害或者死亡的;

④违法使用武器、警械造成公民身体伤害或者死亡的;

⑤造成公民身体伤害或者死亡的其他违法行为。

(2)行使侦查、检察、审判职权的机关以及看守所、监狱管理机关及其工作人员在行使职权时有下列侵犯人身权情形之一的,受害人有取得赔偿的权利:

①违反《刑事诉讼法》的规定对公民采取拘留措施的,或者依照

《刑事诉讼法》规定的条件和程序对公民采取拘留措施,但是拘留时间超过《刑事诉讼法》规定的时限,其后决定撤销案件、不起诉或者判决宣告无罪终止追究刑事责任的;

②对公民采取逮捕措施后,决定撤销案件、不起诉或者判决宣告无罪终止追究刑事责任的;

③依照审判监督程序再审改判无罪,原判刑罚已经执行的;

④刑讯逼供或者以殴打、虐待等行为或者唆使、放纵他人以殴打、虐待等行为造成公民身体伤害或者死亡的;

⑤违法使用武器、警械造成公民身体伤害或者死亡的。

在上述各项中的赔偿义务机关,都是国家的行政或司法机关。上列机关及其工作违法对公民所进行的拘留、拘禁、逮捕、定罪以及所采取的其他限制、剥夺公民人身自由的措施,除对公民的人身权造成严重侵害以外,还会对公民造成极大的精神损害,严重地侵犯公民的名誉权和荣誉权。因为法律除了作为行为规则,还是一种道德评判的尺度。在我国,有关机关采取上述措施将在一定范围内对受害人的名誉、名声造成恶劣的影响,它不仅给受害人造成沉重的心理负担和精神痛苦,而且也将妨碍受害人进行正常的工作和生活,同时还会将这种精神痛苦和消极影响传递给与受害人关系密切的亲朋好友。

确立对精神损害——名誉权、荣誉权损害的补救,用为受害人消除影响、恢复名誉、赔礼道歉的方式予以补救,造成严重后果的,应当支付相应的精神损害抚慰金。

221. 政府应从哪几方面维护农民工的合法权益

近年来,国务院、人力资源和社会保障部、国务院农民工工作联席会议以及各地政府采取了多种措施保障农民工权益,农民工的各项保障也得到了改善。

首先,我们必须更新陈旧的观念,对农民工有一个新的认识。

在政治和法律上,要给予农民工公正待遇,打破沿袭多年的"城乡分割"的观念与传统。对一些贡献突出的农民工,要创造条件提高他们的政治地位,让更多的农民工成为各级人大代表、政协代表、工会代表。解决农民工问题要坚持公平对待,一视同仁;强化服务,完善管理;统筹规划,合理引导;因地制宜,分类指导;立足当前,着眼长远。当前要着力做好以下几个方面工作:

(1)抓紧解决农民工工资偏低和拖欠问题。严格规范用人单位工资支付行为,建立工资支付监控制度和工资保证金制度,确保农民工工资按时足额发放。严格执行最低工资制度,制定和推行小时最低工资标准。

(2)依法规范农民工劳动管理。严格执行劳动合同制度,加强对用人单位订立和履行劳动合同的指导和监督。依法保障农民工职业安全卫生权益。切实保护女工和未成年工权益,严格禁止使用童工。

(3)搞好农民工就业服务和职业技能培训。进一步清理和取消各种针对农民工进城就业的歧视性规定和不合理限制。

(4)积极、稳妥地解决农民工社会保障问题。依法将农民工纳入工伤保险范围,抓紧解决农民工大病医疗保障,探索适合农民工特点的养老保险办法。

(5)切实为农民工提供相关公共服务。按照属地化管理的原则,逐步健全覆盖农民工的城市公共服务体系。保障农民工子女平等接受义务教育,搞好计划生育管理和服务,多渠道改善农民工居住条件。

(6)健全维护农民工权益的保障机制。保障农民工依法享有的民主政治权利,保护农民工土地承包权益。加大维护农民工权益的执法力度。

(7)促进农村劳动力就地就近转移。大力发展乡镇企业和县域经济,提高小城镇产业集聚和人口吸纳能力,扩大当地转移就业容量。

222. 建设社会主义新农村应从哪些方面保护好农民的合法权益

(1)保护农民的土地财产权。坚持土地基本经营制度不动摇,坚持最严格的土地管理制度,建立土地征收征用的合理补偿机制和农民的生计安置办法,切实保护农民的土地承包收益权。

(2)把正确对待农民工作为关系全局和长远的大事。坚持公平对待、一视同仁,强化管理、完善服务,解决农民工工资偏低和拖欠问题,加强农民就业服务和权益保障,清理取消各种歧视性规定和不合理限制,加强就业培训和职业安全卫生保护,探索农民工的医疗保障和养老保险办法,为农民工提供子女上学等公共服务,切实保护农民工的合法权益。

(3)促进义务教育和基本医疗等服务平等化。让每个义务教育阶段的农民子女都能上得起学,让每个患病的农民都能得到医疗,切实保护农民的生存权和受教育权。

(4)继续做好农民负担监督管理工作。切实把减轻农民负担与加强财政对"三农"投入、发展农村经济结合起来,建立新型的农村公共事业投入机制,务必防止农民负担反弹。

(5)让公共财政的阳光惠及"三农"。要按照公共服务均等化的原则,扩大公共财政覆盖农村的范围,不断增加投入,加快改变农村生产生活条件和整体面貌,让农民平等享受公共财政的阳光。

(6)切实保护农民的民主权利。健全村党组织领导的充满活力的村民自治机制,坚持和完善民主选举、民主决策、民主管理和民主监督,完善村民"一事一议"制度,开展村务公开民主管理示范活动,让农民群众真正享有知情权、参与权、选择权和监督权。

223. 农村老人有权要求赡养人支付赡养费吗 怎样要求"五保"供养

《老年人权益保障法》第十九条规定,赡养人不履行赡养义务,老年人有要求赡养人付给赡养费等权利。父母对子女有抚养教育的责任,子女对父母有赡养扶助的义务。经济上供养、生活上照料和精神上慰藉是赡养义务的具体内容。支付不低于维持当地一般生活水平的赡养费,是经济上供养的一种形式。因此,赡养人若不履行赡养义务,老年人有要求赡养的权利,也有要求赡养人支付赡养费的权利。老年人上述要求可以通过三种途径实现:(1)有权要求赡养人所在单位出面调解,对不履行赡养义务的赡养人进行批评教育,责令改正。(2)由当地政府负责民事调解的部门即调解委员会调解处理。(3)直接向人民法院起诉。人民法院可以依法裁定先予执行。情节严重构成犯罪的,还应追究赡养人的刑事责任。

国务院于1994年1月23日发布了《农村五保供养工作条例》。该条例第六条规定:五保供养的对象(以下简称五保对象)是指村民中符合下列条件的老年人、残疾人和未成年人:(1)无法定扶养义务人,或者虽有法定扶养义务人,但是扶养义务人无扶养能力的;(2)无劳动能力的;(3)无生活来源的。法定扶养义务人,是指依照婚姻法规定负有扶养、抚养和赡养义务的人。第七条规定,确定五保对象,应当由村民本人申请或者由村民小组提名,经村民委员会审核,报乡、民族乡、镇人民政府批准,发给《五保供养证书》。

224. 农民看病时发生医疗事故怎么办

根据我国法律的有关规定,医疗事故发生后,可以有以下几种处理办法:(1)病员及其家属可以和医院方面协商解决。一般是医疗单位的法定代表人或其授权的其他人出面与病员及其家属协商。

(2)通过卫生行政部门处理。医疗事故纠纷经医疗单位和病员及其家属自行协商,对医疗事故的确认(即定性)和处理不能达成协议时,应当由当地医疗事故技术鉴定委员会进行鉴定之后,由卫生行政部门处理。处理过程中,可以通过调解的方式促使双方当事人达成协议,即通过行政调解的方式使医疗事故纠纷得以解决;如果当事人之间不能达成协议的,卫生行政部门就应当根据医疗事故技术鉴定委员会的鉴定结论直接作出处理。当事人对处理结论不服的,可提起行政复议或通过诉讼方式来解决。(3)诉讼解决,即通过向法院提起诉讼来解决。

225. 买东西与卖家发生争议如何解决

作为消费者的农民和作为经营者的卖家发生争议的,可根据《消费者权益保护法》第三十九条的规定,通过下列途径解决:

(1)与经营者协商和解;

(2)请求消费者协会或者依法成立的其他调解组织调解;

(3)向有关行政部门投诉;

(4)根据与经营者达成的仲裁协议提请仲裁机构仲裁;

(5)向人民法院提起诉讼。包括纠纷一经发生就提起诉讼,也可以在和解、消费者协会调解不成的情况下,再提起诉讼,用法律武器保护自身权益。

226. 农村籍退役士兵政府负责解决工作吗

义务兵服役期限是两年,退役回来的,政府有些政策上的照顾,但并非政府要负责解决工作问题。《兵役法》中规定义务兵退出现役后,按照"从哪里来回哪里去"的原则,由原征集的县、自治县、市、市辖区的人民政府接收安置。家在农村的义务兵退出现役后,由乡、民族乡、镇的人民政府妥善安排他们的生产和生活。机关、团体、企事业单位在农村招收员工时,在同等条件下应优先录用退伍军人。义务兵服役期满后,继续在部队改为士官的,并且服役满10年的,由原征集的县、自治县、市、市辖区的人民政府安排工作,也可以由上一级或者省、自治区、直辖市的人民政府在本地区内统筹安排;自愿回乡参加农业生产或者自谋职业的,给予鼓励,由当地人民政府增发安家补助费;服现役满30年或者年满55周岁的作退休安置,根据地方需要和本人自愿也可以作转业安置。士官在服现役期间,参战或者因公致残、积劳成疾基本丧失工作能力的,办理退休手续,由原征集的县、自治县、市、市辖区的人民政府或者其直系亲属所在地的县、自治县、市、市辖区的人民政府接收安置。

227. 农村复转军人是否享有土地补偿费的分配权

农村复转军人在起初应征入伍时户口就在原地保留,在服役期间,不应停止村集体经济组织收益的分配权;其复原回乡,意味着重新回家种地,当然享有与其他村民相同的权利,当然享有参与分配土地补偿费的权利。如果转业后,国家安排在党政机关或事业单位工作,生活稳定的,应不予分配。如果安排在经营状况极差的企业单位,本人面临下岗、生活难以维持的,因其在服役期间担负着保家卫国的光荣使命,所以村(组)仍应减半或酌情分配。

228. 农民如何抵制乱收费、乱罚款 对没有法定依据的行政处罚怎么办

任何机关或者单位向农民或者农业生产经营组织收取行政、事业性费用必须依据法律、法规的规定。收费的项目、范围和标准应当公布。没有法律、法规依据的收费,农民和农业生产经营组织有权拒绝。任何机关或者单位对农民或者农业生产经营组织进行罚款处罚必须依据法律、法规、规章的规定。没有法律、法规、规章依

据的罚款,农民和农业生产经营组织有权拒绝。任何机关或者单位不得以任何方式向农民或者农业生产经营组织进行摊派。除法律、法规另有规定外,任何机关或者单位以任何方式要求农民或者农业生产经营组织提供人力、财力、物力的,均属于摊派。农民和农业生产经营组织有权拒绝任何方式的摊派。

对于公民、法人或其他组织违反行政管理秩序的行为,行政机关应当给予行政处罚。但是,行政处罚本身也必须具有法定的依据,遵守法定的程序。《行政处罚法》第三条规定:"公民、法人或者其他组织违反行政管理秩序的行为,应当给予行政处罚的,依照本法由法律、法规或者规章规定,并由行政机关依照本法规定的程序实施。没有法定依据或者不遵守法定程序的,行政处罚无效。"也就是说,没有法定依据或者没有遵守法定程序的行政处罚行为为无效行政行为,而依据一般行政法理论,对于一个无效的行政行为,任何公民都有合理的抵抗权。对于这样的行政行为,被处罚者可以拒绝执行或者不予理会;或者先予执行,然后再申请行政复议或提起行政诉讼。

229. 违反规定向农民收费、罚款、摊派的应如何追究责任

违反法律规定,向农民或者农业生产经营组织摊派、非法收费、罚款或者强制集资的,由上级机关追究其行政责任。所谓上级机关是指违法行为人所在单位的上一级机关。对于向农民或者农业生产经营组织摊派、非法收费、非法罚款的,上级机关应当首先予以制止,并向社会公告,宣布其行为是违法行为。其次,对于已经收取钱款或者已经使用了人力、物力的,由上级机关给予行政处罚,并责令限期归还已经收取的钱款或者折价偿还已经使用的人力、物力。

具体规定可以见《中华人民共和国农业法》第九十三条,向农民或者农业生产经营组织违法收费、罚款、摊派的,上级主管机关应当

予以制止,并予公告;已经收取钱款或者已经使用人力、物力的,由上级主管机关责令限期归还已经收取的钱款或者折价偿还已经使用的人力、物力,并由上级主管机关或者所在单位给予直接负责的主管人员和其他直接责任人员行政处分;情节严重,构成犯罪的,依法追究刑事责任。

230. 农民不慎收了假币怎么办

假币指的是伪造、变造的人民币。伪造、变造人民币和使用假币,都会影响人民币的流通,扰乱国家的金融秩序,给国家和假币接收者造成损失。因此,伪造、变造人民币和使用假币都属于违法行为,严重者会触犯刑律,构成犯罪。农民朋友如怀疑自己持有的人民币是假币,应到银行或其他专门机构进行鉴别,以确认其真伪。如果已经确知持有的人民币是假币,就应当向公安机关和银行报告,协助追查其来源,而绝不能抱着不能吃亏的心理,将假币继续投入流通。否则,自己就会从受害者变成害人者,并可能因此违法行为而受到追究。银行及各种金融机构应重视反假人民币工作,凡发现伪造、变造的人民币应当当场没收,加盖假币或者变造币字样戳记,并向持有人追查其来源。同时,应填制伪变造人民币案件登记表报告当地人民银行。人民银行负责协助公安机关追查破案,并将发案、破案等情况汇总,逐级上报。

231. 私自生产烟花爆竹违法吗

烟花爆竹的生产、运输、存放,每一个环节都关系到生产安全、公共安全,法律上有严格的限制和控制。村民如果没有任何生产、经营烟花爆竹的执照就开始生产、经营,其行为是违法的,情节严重的可能构成犯罪。目前农村非法生产烟花爆竹,已经出现了不少重大事故。国务院办公厅《关于加强烟花爆竹生产经营安全监督管理和清理整顿的紧急通知》中规定,要对有烟花爆竹生产经营活动的县、乡(镇)、村逐个进行全面、深入、彻底的大检查和清理整顿。重点查封无批准文件、无生产(销售)许可证、无营业执照的非法生产经营点,并彻底收缴、销毁其生产加工设备和成品、半成品及原材料,从严查处涉案不法人员,构成犯罪的,要依法追究有关人员的刑事责任。对有烟花爆竹生产资格的企业,也要做到三"不放过",即事故原因没有查清不放过,事故责任者没有严肃处理和广大职工没有受到教育不放过,没有防范措施不放过。村民发现有私自生产烟花爆竹的,应及时向公安机关或当地政府反映情况。

232. "父债子还"的说法对吗

父与子是两个独立的民事主体,不能因其血缘关系的存在而混同。父债就是父亲作为主体与他人发生的债权债务关系,与其子无关。在父亲死亡后,继承遗产应偿还被继承人生前所欠债务,但应以遗产实际价值为限,超出部分,继承人不负偿还义务。儿子作为继承人当然应受上述规定约束,以遗产实际价值为限偿还被继承人所欠债务仍说明父亲的债务子不还。被继承人生前所欠债务超出遗产价值部分,继承人自愿偿还的不在此限。实际生活中,有不少儿子自愿替父还债,作为一种优良传统应予以支持,但是在法律上,儿子没有替父亲还债的义务。

233. 非婚生子女有哪些权益

所谓非婚生子女,是指因婚外不正当的两性关系怀孕所生的子女。具体包括以下四种情况:

(1)男女双方在姘居期间所生育的子女。

(2)偶尔通奸致使女方怀孕所生的子女。

(3)女方因被强奸而怀孕生育的子女。如果强奸案没有侦破,则子女生父无法确认。

(4)女方因卖淫或流氓淫乱怀孕生育的子女,子女的生父也不易确认。

以下情况所生育的子女不是非婚生子女:一是男女双方恋爱期间一时冲动发生性行为,怀孕后或生下子女后又结婚的,也就是常说的未婚先孕。因此,所生子女还是属于婚生子女,不能称之为非婚生子女;二是事实婚姻中男女双方所生育的子女,有的如符合条件则可以补办登记手续结为合法夫妻;有的因纠纷要解除事实婚姻则要按离婚办理。因此,事实婚姻中所生育的子女应认为是婚生子女,而不是非婚生子女。

我国《婚姻法》第二十五条规定:"非婚生子女享有与婚生子女同等的权利,任何人不得加以危害和歧视。"保护非婚生子女的正当权益与助长不正当两性关系没有必然的联系。法律规定了非婚生子女享有同婚生子女同样的权利:

(1)有关待遇问题。户口、升学、参军这类待遇应该得到落实。

(2)生活费和教育费问题。如果非婚生子女的母亲根本不知子女的生父是谁,因而无法确认其生父的,那么就只能由母亲一人负担该子女的全部抚养责任了,如果实在无力抚养或不愿抚养的,也可通过合法手续送给他人收养。

如果非婚生子女的生父承认,或虽不承认但可以通过其他方法确认其生父的,生父应当承担抚养义务。《婚姻法》第二十五条规定:"不直接抚养非婚生子女的生父或生母,应当负担子女必要的生活费和教育费,直至子女能独立生活为止。"也就是说,非婚生子女的生父负有付给非婚生子女生活费和教育费的法定义务。

如果非婚生子女的生母经济状况较好或生母又与他人结婚并经继父同意,其生父的负担也可以酌情减少或免除。解决非婚生子女抚养费用纠纷问题,关键是对非婚生子女生父的认定。如果仅有生母的指认,但其指认对象不承认,又没有其他方法认定时,可以经有关医院或血液检验部门进行"亲子鉴定",以确认被指认对象与非婚生子女间有无父子关系。

(3)非婚生子女的继承权问题。从继承法律关系讲非婚生子女同婚生子女一样,都是法定的第一顺序继承人,有同样的继承权,任何人都不能加以歧视、限制和剥夺。

234. 农民的基本权利是什么

根据我国宪法的规定,农民同其他公民一样享有以下的基本权利:

(1)平等权,即公民根据法律规定,享有同等权利,承担同等义务,在法律面前一律平等;

(2)选举权和被选举权,即公民依法享有选举各级人民代表大会代表的权利,选举村民自治组织组成人员的权利;

(3)批评、建议、申诉、控告、检举权,即公民对于任何国家机关和国家工作人员,都有提出批评建议的权利,对于任何国家机关和国家工作人员的违法失职行为,都有向有关国家机关提出申诉、控告或者检举的权利;

(4)言论自由和出版自由;

(5)结社自由和集会、游行、示威自由;

(6)人身自由权,即公民不受非法逮捕、拘禁,不被非法剥夺、限制自由以及非法搜查身体;

(7)人格尊严权,即公民的人格应当受到他人和社会的尊重,受国家法律的保护,任何人不得以任何方式侵犯;

(8)住宅不受侵犯的权利;

(9)通信自由和通信秘密权;

(10)宗教信仰自由,任何国家机关、社会团体和个人不得强制公民信仰宗教或者不信仰宗教,不得歧视信仰宗教的公民和不信仰宗教的公民;

(11)从事科学研究、文学艺术创作和其他文化活动的自由;

(12)受教育的权利；

(13)有劳动能力的公民有劳动的权利；

(14)休息权；

(15)获得物质帮助的权利，即公民在法律条件下，有从国家和社会得到经济上或物质上的帮助的权利。同时，农民还依照法律法规享有其他各项权利。例如，依照《村民委员会组织法》规定享有参与民主选举、决策、管理、监督的权利；依照《土地管理法》规定享有对集体所有的土地、林地、果园、水面、荒山承包经营的权利等。

235. 如何切实维护农民的民主权利

中共中央于 1988 年制定了《中华人民共和国村民委员会组织法（试行）》，1998 年进行修订，并正式颁布实施，中华人民共和国第十一届全国人民代表大会常务委员会第十七次会议于 2010 年 10 月 28 日再次修订通过并实施。

2002 年 7 月，中共中央办公厅、国务院办公厅下发的《关于进一步做好村委会换届选举工作的通知》（中办发[2002]14 号），对民主选举特别是如何保障农民的选举权利作出了明确规定。2004 年中共中央办公厅、国务院办公厅下发了《关于健全和完善村务公开和民主管理制度的意见》（中办发[2004]17 号），17 号文件共分六大部分二十条，也称"村务公开二十条"。对落实农民群众的知情权、决策权、参与权、监督权（"四权"）提出了许多新的明确的政策措施，为农民群众依法维护自己的民主权利提供了依据和保障。如设立村务公开监督小组，监督村干部公开村务、财务；对村干部要进行民主评议和财务审计。又如明确规定：未经村民会议或村民代表会议讨论决定，任何组织或个人擅自以集体名义借贷，变更与处置村集体的土地、企业、设备、设施等，均为无效，村民有权拒绝，造成的损失由责任人承担，构成违纪的给予党纪政纪处分，涉嫌犯罪的移交司法机关依法处理。

2008 年中央一号文件的题目是《关于切实加强农业基础建设进一步促进农业发展农民增收的若干意见》。这个文件提出了 2008 年和今后一个时期,农业和农村工作的总体要求,部署了 2008 年八项主要任务。主要内容包括:一是加快构建强化农业基础的长效机制;二是切实保障主要农产品基本供给;三是突出抓好农业基础设施建设;四是着力强化农业科技和服务体系基本支撑;五是逐步提高农村基本公共服务水平;六是稳定完善农村基本经营制度和深化农村改革;七是扎实推进农村基层组织建设;八是加强和改善党对"三农"工作的领导。

2014 年中央一号文件的题目是《关于全面深化农村改革加快推进农业现代化的若干意见》。提出 2014 年及今后一个时期,农业农村工作要以邓小平理论、"三个代表"重要思想、科学发展观为指导,按照稳定政策、改革创新、持续发展的总要求,力争在体制机制创新上取得新突破,在现代农业发展上取得新成就,在社会主义新农村建设上取得新进展,为保持经济社会持续健康发展提供有力支撑。一号文件在耕地保护、种粮补贴、土地收益等方面解决了农民生产生活中最迫切的实际问题,切实维护了农民的权利。

236. 怎样保障农民的土地权益

保障农民的土地权益有三点要求:一是规范征地程序,提高补偿标准,健全对被征地农民的社会保障制度,建立征地纠纷调处裁决机制。二是对未履行征地报批程序、征地补偿标准偏低、补偿不及时足额到位、社会保障不落实的,坚决不予报批用地。对违法违规占地批地的,坚决依法查处。三是严格农村集体建设用地管理,严禁通过"以租代征"等方式提供建设用地。城镇居民不得到农村购买宅基地、农民住宅或"小产权房"。

237. 如何加强农民工权益保障

加强农民工权益保障有八大措施：一是建立统一规范的人力资源市场，形成城乡劳动者平等就业的制度。二是加快大中城市户籍制度改革，探索在城镇有稳定职业和固定居所的农民登记为城市居民的办法。三是各地和有关部门要切实加强对农民工的就业指导和服务。四是采取强有力的措施，建立农民工工资正常增长和支付保障机制。五是健全农民工社会保障制度，加快制定低费率、广覆盖、可转移、与现行制度相衔接的农民工养老保险办法，扩大工伤、医疗保险覆盖范围。六是鼓励有条件的地方和企业通过多种形式，提供符合农民工特点的低租金房屋，改善农民工居住条件。七是农民工输入地要坚持以公办学校为主接收农民工子女就学，收费与当地学生平等对待。八是农民工输出地要为留守儿童创造良好的学习、寄宿和监护条件。

238. 哪些属于公民个人的财产

根据《民法通则》中第七十五条的规定，公民的个人财产包括：

(1)合法收入。合法收入是指公民在法律允许的范围内，用自己的劳动或其他方法所取得的收入。如工资、奖金、稿费、利息、入股分红、接受赠送等。

(2)房屋。房屋主要指公民用于生活居住的房屋。

(3)储蓄。储蓄是指公民存入银行或信用社的货币。对公民的储蓄除司法机关办案需要可依法查询外，其他任何单位和个人都不得查询。银行和信用社有保密的职责。

(4)生活用品。如衣服、粮食、餐具、交通工具等。

(5)文物。如书法、绘画、陶瓷、古籍等具有一定价值的物品。

(6)图书资料。如各种书籍、报刊、图表等。

(7)林木、牲畜和法律允许公民所有的生产资料以及其他合法财产。如拖拉机、机床等。

法律规定,公民的合法财产受法律保护,禁止任何组织或者个人侵占、哄抢、破坏或者非法查封、扣押、冻结、没收。

239. 导致公民丧失所有权的原因有哪些

根据法律规定,导致公民丧失所有权的原因主要有:

(1)所有物灭失。这是指作为所有权客体的所有物在生产中被消耗,在生活中被消费,在自然灾害中灭失的,该物的所有权即不复存在,所有人即丧失所有权。例如,煤炭燃烧即是生产中的消耗,房屋倒塌,泥石流摧毁建筑、汽车等都会发生所有权的消灭、丧失,这在法学上称之为所有权的绝对消灭。

(2)所有人死亡。公民死亡之后,其所有物归继承人继承,而导致死亡者所有权的丧失。

(3)所有权被依法转让。所有人根据自己的意志把财产转让给他人,其所有权即归于消灭,受让人对该财产即取得了所有权,例如,买卖、赠予、互易等都是根据所有人的意志把所有权转让给他人,在法学上称之为所有权的相对消灭。

(4)所有权被抛弃。这是指所有权人主动放弃自己对某项财产的所有权。它通常包括两种情况:一是依法可以享受所有权的人不愿取得而予以放弃,随即丧失所有权,如继承人放弃继承遗产。二是所有人抛弃所有物,所有权就随之丧失。所有人自愿抛弃某项财产,法律上应该允许,但不能给他人和社会利益带来损害。

(5)所有权被依法强制消灭。这是指国家依照法律规定,为了社会公共利益的需要,采用强制措施,有偿或无偿地迫使所有权人转移原享有的财产所有权。例如,国家行政机关对当事人的财产采取征收的强制措施,法院可以依法判决当事人财产归国家或对方当事人所有。

第十章 农村乡镇企业管理

240. 什么是乡镇企业 它具有哪些特征

乡镇企业是指以农村集体经济组织或者农民投资为主,在乡镇(包括所辖村)举办的承担支援农业义务的各类企业。这里的农村集体组织包括村委会、村民小组和其他乡镇集体经济组织。

乡镇企业与其他企业相比较具有以下法律特征:

(1)乡镇企业的投资者必须有农村集体经济组织或者农民参加,并且以该农村集体经济组织或农民的投资为主。这就是说乡镇企业的投资者中可以有非农村集体经济组织或者非农民参加,但该企业的投资必须以农村集体经济组织或者农民的投资为主。这里所说的投资为主,是指农村集体经济组织或者农民的投资超过企业总投资的50%,或者虽然不足50%,但能起到控股或者实际支配作用。

(2)乡镇企业是以营利为目的的经济组织。企业是从事生产经营活动,以营利为目的的经济组织。企业作为市场主体,必须把营利作为最终目的,用最小的本钱,获取最大的利润,这是企业存在的目的和意义之所在。同时,企业是能够以民事主体的身份从事生产经营活动,并以自己的名义和财产,取得权利、承担义务的经济组织。乡镇企业的财产不得随意调拨,乡镇企业的利益受到法律保护。

(3)乡镇企业是在乡镇区域内举办的企业。这里所说的"镇",是指农村的集镇,而不是指建制镇。根据我国《城市规划法》及国务院的有关规定,建制镇属于城市的范围,农村的集镇属于乡村的范围。乡镇企业应当是设立在乡镇的经济组织,但《乡镇企业法》规定,乡镇企业在城市设立的分支机构,或者农村集体经济组织在城市开办的并承担支援农业义务的企业,按照乡镇企业对待。

(4)乡镇企业是承担支援农业义务的企业。我国《乡镇企业法》规定,乡镇企业从税后利润中提取一定比例的资金用于支援农业和农村社会性支出,其比例和管理使用办法由省、自治区、直辖市人民政府规定。这一规定从法律上把承担支援农业是乡镇企业的法定义务以及承担的方式明确下来。这是因为:第一,乡镇企业的发展,除了其自身的努力,主要是靠国家的扶持和农业、农村集体的长期积累,同时也占用了农村的土地资源,使用了农村的人力资源,利用了农村的基础设施,享受了农村的各项社会福利和社会公共事业的服务,应当承担一定的支农义务;第二,当前我国的基础还比较薄弱,农村经济和各项社会事业比较落后,国家财力有限,仅靠国家的投入来解决这些问题是不现实的,还必须依靠乡镇企业提供一定的支援农业的资金。此外,国家在规定乡镇企业负有支援农业义务的同时,也规定了对乡镇企业的扶持优惠政策,以帮助乡镇企业发展。例如,对乡镇企业可以在一定时期内减征一定比例的税收;根据情况对乡镇企业实行税收优惠;金融机构可依法对乡镇企业实行优先贷款、优惠贷款等政策。

(5)乡镇企业已形成包含多种所有制、多种组织形式的企业群体。乡镇企业按所有制形式的不同可以划分为集体所有制企业和私有企业两大类。按组织形式划分,则可分为独资企业、合伙企业、联营企业、乡村股份合作制企业、有限责任公司等各种形式。因此,乡镇企业在设立、变更、终止和存续期间的活动,不仅要遵守《乡镇企业法》的有关规定,还要遵守有关企业法律、法规的规定。

241. 乡镇企业有哪些组织形式和活动原则

根据我国法律的有关规定,我国乡镇企业可以采用独资企业、合伙企业、联营企业、乡村集体企业、农村股份合作制企业、有限责任公司和股份有限责任公司七种形式。其中独资企业、合伙企业是不具有法人资格的经济组织;联营企业、乡村集体企业具备法人资格的,赋予法人地位,不具备法人资格的属于其他经济组织;农村股份合作制企业、有限责任公司和股份有限责任公司属于法人企业。对于具有法人资格的乡镇企业,对外是独立的财产责任主体,它只以企业所有的财产对外承担有限责任。对于不具有法人资格的乡镇企业,对外不是独立的财产责任主体,对外承担无限连带责任。乡镇企业由法律赋予其民事主体资格,享有民事权利能力和行为能力。即乡镇企业无论是否具有法人资格,都在法律规定的范围内独立地享有民事主体资格,能够以企业的名义进行生产经营活动,参与市场竞争。

《乡镇企业法》中规定,乡镇企业依法实行独立核算,自主经营,自负盈亏。这是对乡镇企业活动原则的具体规定。(1)独立核算。独立核算是指乡镇企业要独立地计算自己在生产经营活动中的各项支出(如原材料消耗、燃料消耗、固定资产损耗、职工的工资支出、各项管理费用的支出等)和各项收入,要用自己的经营收入抵补支出,核算盈亏。作为独立核算的单位,符合条件的,要在银行单独开立账户,有自己的资产平衡表等有关会计报表,承担纳税义务。(2)自主经营。自主经营是指乡镇企业依照法律和行政法规的规定,有权独立地支配运用企业的人力、物力、财力,自行安排生产、供应、销售等各方面的生产经营活动。(3)自负盈亏。自负盈亏是指企业在实行严格的经济核算的基础上,以自己的收入抵补支出,取得盈利,在依照法律和行政法规规定缴纳税金及其他费用之后,依法应留给企业的那一部分,由企业自主安排使用,用于生产发展基金等;当发生亏损以致资不抵债时,企业就要自己承担相应的经济责任。

《乡镇企业法》将乡镇企业实行独立核算、自主经营、自负盈亏以法律的形式明确了下来,有助于排除和制止各类组织或个人对乡镇企业生产经营的非法干预和"瞎指挥",有利于乡镇企业在市场竞争中制定和实施正确的经营策略,成为真正独立的商品生产者和经营者。

242. 设立乡镇企业必须具备什么条件

乡镇企业的设立,又叫乡镇企业的开办或开业,它是指乡镇企业的创办人依照法律规定的条件,按照法律程序,取得企业从事生产经营活动主体资格的行为。

根据我国《民法通则》《企业法人登记管理条例》《乡村集体所有制企业条例》等企业法律、法规的规定,设立乡镇企业必须具备以下条件:

(1)有符合法律规定的名称、组织机构和章程

企业名称又称商号,是一个企业同其他企业相区别的标志,是企业开展生产经营活动,签订合同,发生纠纷后到法院起诉、应诉必须具备的条件,因此是设立企业必不可少的条件。

(2)有符合法律规定的资本

企业的资本,又称注册资本,是指企业设立时在登记机关的登记文件中填报的并由全体出资人实际缴纳的财产总额。

(3)符合国家规定并与其生产经营和服务规模相适应的资金数额和从业人员

(4)固定的经营场所和必要的设施

企业必须有自己的生产经营场所,这也是企业设立必须具备的条件。生产经营场所有两层含义:一是指企业直接从事生产经营的厂房所在地、经销场所、分支机构所在地以及管理机构的处所等;另

一层含义是指企业的住所。企业的住所是指企业的主要办事机构所在地。一个企业可以有多个生产经营的场所,但不论企业有几个经营场所,都要确定一个主要的固定场所为住所。

(5)符合国家法律、法规和政策规定的经营范围

企业的生产经营范围是指企业可以从事生产经营的行业、商品类别或服务项目。企业生产经营范围的确定必须符合法律、法规的规定,不是想经营什么就经营什么。企业的经营范围是根据国家法律、法规以及企业的资金、设备、技术等条件来确定的。

(6)设立乡镇企业,其投资人和投资比例、设立地等要符合法律的规定,并且要承担相应的支援农业的义务。

243. 设立乡镇企业有哪些程序

一般来讲,设立乡镇企业应当经过以下几个步骤:

(1)乡镇企业设立的申请与审批

①投资人向乡级人民政府提出申请。

②报经县级乡镇企业主管部门批准。

③特殊行业须经特别批准。法律、法规规定某些特殊行业还必须经有关部门批准。

(2)乡镇企业设立登记

根据《乡村集体所有制企业条例》《企业法人登记管理条例》等有关规定,申请设立乡镇企业的申请人,在其申请得到县级乡镇企业主管部门以及法律法规规定的有关部门的批准后,就可持有关批准文件向企业所在地的工商行政管理机关办理登记。进行企业设立登记的目的在于通过企业登记,领取营业执照后,企业才能取得法律上的合法地位,拥有进行生产经营的权利,同时便于国家对企业的经济活动进行监督和管理。因此,进行企业登记,对于保障企业的合法权益,维护社会经济秩序,实现国家对企业的宏观调控都是十分必要的。

①乡镇企业设立登记机关。乡镇企业设立登记机关是指国家

对乡镇企业设立、变更、终止进行登记管理的职能机关。

②乡镇企业设立登记的程序。乡镇企业设立登记要经过申请、审查、核准及公告等几个程序。

a. 登记申请。乡镇企业办理设立登记必须提出设立登记申请。登记申请由企业设立的负责人提出。根据我国有关法律的规定,登记申请应在主管部门或审批机关批准后 30 日内向登记主管机关提出。没有主管部门或审批机关的企业申请登记的,由登记主管机关进行审查。企业设立的负责人提出登记申请时,还应提交下列文件、证件:登记申请书;验资证明书或资金担保书;企业主要负责人的身份证明;企业住所和经营场所的使用证明书。

此外,对于设立公司制企业、中外合资经营企业、中外合作经营企业,企业的名称实行预先核准制。即该类企业应当在审批之前,向登记主管机关申请企业名称登记。企业名称经预先核准的,就可以登记机关核准的企业名称报送审批。预先核准的公司名称保留期限为 6 个月。预先核准的企业名称在保留期内,不得从事经营活动,不得转让。

b. 登记机关的审查。登记机关收到企业的登记申请后,应进行审查,决定是否予以登记。登记机关的审查应当全面、及时、合法。审查时要进行形式审查和实质审查。

形式审查。形式审查就是登记机关对企业提出的申请是否符合规定程序,其提交的批准文件和证明文件是否完备,批准文件是否在有效期内以及是否加盖相应的公章等进行的审查。形式审查是为实质审查做准备。

实质审查。实质审查就是登记机关对企业申请登记事项是否属实,是否符合国家有关政策、法规,是否具有企业设立的各项条件进行的审查。

c. 设立登记的核准。企业设立登记机关应在登记申请受理后 30 日内作出核准登记或者不予核准登记的决定,并将企业登记的主要事项进行注册。对具备企业法人条件的企业,颁发《企业法人营业执照》;对不具备企业法人条件,但具备经营条件的企业,颁发《营业执照》。营业执照是企业取得合法生产经营资格的凭证。企业可凭据营业执照刻制公章,开立银行账户,开展核准经营范围以内的生产经营活动。

d. 公告。企业设立登记后,登记主管机关应发布企业登记公告。公告的目的是向社会公开宣告该企业的成立,同时也使社会了解该企业的基本情况,从而维护社会交易的安全。企业的开业公告应由登记主管机关作出,公告的方式一般是在报刊、广播、电视或有关主管部门的特定公报上进行。登记主管机关发布企业登记公告按规定的标准收取公告费。

乡镇企业在办理了设立登记,取得营业执照之日起,即告成立,取得了生产经营的资格。同时,根据有关法律的规定,乡镇企业在办理了企业登记后还应向税务机关办理税务登记。

e. 乡镇企业设立的登记备案。根据《乡镇企业法》的规定,经依法登记设立的乡镇企业,应当向当地乡镇企业行政管理部门,即乡镇企业局办理登记备案手续。

244. 什么是个人独资企业

个人独资企业是指由一个自然人单独投资经营,企业财产归投资人个人所有,投资人以其个人财产对企业债务承担无限责任的经营实体。个人独资企业具有以下法律特征:①个人独资企业只能是自然人单独投资经营的企业。投资人对其投资的企业享有完全的所有权。②个人独资企业的业主对企业单独控制,实施经营管理。一般来讲,个人独资企业的业主都亲自经营自己的企业。虽然独资企业可以聘请经理或其他经营管理人员,但这并不改变业主独立自主地对企业实施经营管理,决策权仍由业主单独享有,其他人员的行为只是业主的一种授权行为。③个人独资企业不具有法人资格,对外承担无限责任。独资企业的财产和投资人个人的财产是密不可分的,投资人不仅要用自己投资到企业中的财产对外承担责任,而且要用自己所有的全部个人财产对外承担企业债务。④个人独资企业应当依法招用职工。在我国,一般以雇工人数多少来划分个人独资企业和个体工商户。根据我国《私营企业暂行条例》的规定,私营独资企业的雇工人数要求 8 人以上。即雇工人数为 8 人或 8 人以上的个人投资的经济组织为独资企业;雇工人数少于 8 人的个人投资的经济组织为个体户。值得注意的是,1999 年 8 月 30 日颁布的《中华人民共和国个人独资企业法》中并未对个人独资企业的用工人数加以明确规定。

245. 什么是合伙企业

合伙企业是指两个或者两个以上的合伙人按照合伙协议,共同出资、共同经营、共享收益、共担风险、合伙人对企业债务承担无限连带责任的企业。目前,我国专门规定合伙企业的法律是 1997 年 2 月颁布的《中华人民共和国合伙企业法》(以下简称《合伙企业法》)。合伙企业具有以下法律特征:①合伙企业必须有两个或者两个以上合伙人共同出资。合伙企业必须是两个或两个以上的合伙人组建的,对于合伙人最多可以是多少,我国的法律没有加以限制。合伙人必须共同出资,出资的形式可以是资金、实物、知识产权、土地使用权和技术性的劳务等多种形式。②合伙企业的出资人是具有完全民事行为能力的人。根据我国《合伙企业法》的规定,合伙企业出资人应具备两个条件:一是具有完全民事行为能力。民事行为能力是指行为人以自己的行为取得民事权利和承担民事义务的资格。我国法律规定年满 18 周岁、心智健全的人为完全行为能力人。另外,虽然不满 18 周岁,16 周岁以上的公民,以自己的劳动收入为主要生活来源的,视为完全民事行为能力人;二是出资人是自然人。自然人是相对于社会组织而言的,是指有生命的个人。我国法律规定法人或非法人经济组织共同出资设立的企业则按照"联营"的规定归入联营企业的范畴,不由《合伙企业法》来调整。③合伙企业设立的基础是合伙合同。合伙企业的合伙人必须按照自愿、平等、公平和诚实信用的原则,就合伙企业的基本问题,如投资事项、经营事项、利润分享和风险的承担等问题订立书面合同。④合伙企业的财产为合伙人共同所有。合伙企业的财产包括合伙人举办企业时的出资和所有以合伙企业名义在生产经营中所取得的财产。合伙企业不是一个独立的财产主体,其财产由合伙人共有,直接投资的财产应按份共有,至于合伙人之间如何分配财产份额,则由合伙合同加以规定。⑤合伙企业由合伙人共同经营,共负盈亏。各合伙人对企业都享有同等的经营管理的权利。在实际中,可以由全体合伙人共同执行合伙企业事务,也可以委托一名或者数名合伙人执行合伙企业事务。不参加执行义务的合伙人监督检查执行人的执行情况。合伙企业的合伙人在分享利润的同时,还应当承担合伙企业经营有可能带来的风险,合伙人不得约定某合伙人只分享利润,不承担企业经营失败带来的亏损。⑥合伙企业不具备法人资格,对外承担无限连带责任。根据《合伙企业法》规定,合伙企业不能成为法人,每一个合伙人对企业的债务都有义务向债权人全部清偿,并不以其在企业的财产为限,而要连带到他的所有财产。例如,某合伙人在替其他合伙人清偿了债务以后,有权向其他合伙人追偿。

246. 什么是乡村集体企业　什么是乡镇股份合作制企业

乡村集体企业是乡(含镇)村(含村民小组)农民集体举办的,由举办该企业的农民集体所有的经济组织。

乡村集体企业是乡镇企业的一类,是乡村农民集体所有制企业,具有社会主义公有制经济的属性。

乡村集体企业具有以下特征:

(1)乡村集体企业是村民集体兴办的,由乡、村集体投资、集体所有的企业。乡村集体企业是以生产资料公有制为基础设立的企业,是社会主义公有制经济的重要组成部分。

(2)乡村集体企业的企业财产权属于设立该企业的全体农民集体所有,具体地讲,乡(镇、区)办企业的财产归举办该企业的乡(镇、区)全体农民所有,村(组)办企业的财产归举办该企业的村(组)全体村民集体所有。它既不属于当地党和政府机构所有,也不属于企业内部职工所有。实践中,由于历史原因,有的地方党政机关误认为乡村集体企业应属于乡村党政机关所有,而任意干预集体企业的生产经营活动,甚至将集体企业看作自己的"小金库",随意支配企业的财产,严重地侵犯了广大农民群众和乡村集体企业的利益。还有一些乡村集体所有制企业,随着企业开办的时间较长,且独立性较强,其内部的职工误认为企业的财产已属于本企业所有或本企业内部的全体职工所有,因而在企业的重大决策尤其是利益分配方面,不考虑全乡(镇、区)村(村民小组)全体农民的意见和利益。这也是一种变相侵犯农民集体利益的行为。这两种错误行为的根源都在于没有正确认识乡村集体企业的所有权属于举办该企业的乡或者村范围内的全体农民集体所有。此外,即使乡村集体企业实行承包经营、租赁经营等不同的经营方式,也并不改变其公有制经济属性,其所有权仍属举办该企业的农民集体所有。

(3)乡村集体企业按其是否具有法人资格为标准,对外承担无限责任或者有限责任。根据《乡村集体所有制企业条例》的规定,乡村集体企业符合法人设立的条件的,依法取得法人资格,并领取企业法人营业执照。取得法人资格的乡村集体企业,对外以企业的全部资产承担有限责任,企业的投资者仅以其对企业的投资为限对企业承担有限责任;对于没有取得法人资格的乡村集体企业,企业的投资者不仅要以自己对企业的投资来对外承担责任,而且要以自己的其他财产承担无限责任。

(4)乡村集体企业一般具有规模小、灵活性大、适应性强、所从事的生产经营活动涉及行业范围广的特征。乡村集体企业是在社队企业的基础上发展起来的,它立足农村,能够充分合理地利用农村当地的各种资源,为农业生产和农村市场服务。乡村集体企业与国有企业相比,其经营机制相对灵活,能紧跟市场的需求。它既有从事工业、交通运输业、建筑业、服务业的企业,同时还有从事农、副、牧、渔等种植业、养殖业的企业。随着乡镇企业的发展,乡村集体企业也出现向高技术领域的行业进军的趋势。

乡镇股份合作制企业是指两个以上劳动者或投资者,按照章程或协议,以资金、实物、技术、土地使用权等作为股份,自愿组织起来,依法从事各种生产经营服务活动,实行民主管理,按劳分配和按股分配相结合,并留有公共积累的企业法人。

247. 乡村集体企业的内部管理机构是怎样的

根据《乡村集体所有制企业条例》规定,乡村集体所有制企业在内部管理体制上实行村民大会(村民代表会议)领导下的厂长(经理)负责制。

(1)乡村集体企业的权力机构

乡村集体企业的权力机构是村民大会或村民代表会议,它是由全体共同出资设立企业的村民或村民代表组成,依法行使所有者的权利。

(2)乡村集体企业的经营管理机关

乡村集体企业的经营管理机关为厂长(经理)。企业的厂长(经理)必须贯彻执行企业财产所有者就企业生产经营的重大问题所作出的各项决定,厂长(经理)只能对企业生产经营的其他问题作出决定,并对企业的日常生产经营活动全面负责,对外代表企业。

(3)乡村集体企业的民主管理机构

乡村集体企业的民主管理机构是企业职工大会或者职工代表大会。

248. 乡村组织对乡镇企业应如何领导管理 村办企业怎样建立党支部

乡镇企业要解决好乡、村组织与乡镇企业之间的关系,使各自的权益均能得到有效的保护。乡镇企业财产大多数情况下属于举办该企业的乡或村范围内的全体村民集体所有。由乡或者村的农民大会(或农民代表会议)或者代表全体农民的集体经济组织行使企业财产所有权,依法决定企业的经营方向、经营形式、厂长(经理)的人选或者选聘方式,依法决定企业的税后利润在其与企业之间的具体分配比例,有权作出关于企业分立、合并、迁移、停业、终止和申请破产等决议。具体地说,乡或村从以下几方面实施管理:①企业领导的选聘权。要转变论资排辈的用人观点,把能人选上来。②企业扩大生产经营规模必须集中到乡、村领导研究确定。③企业的集资报送方案,应由乡、村审批。④企业在签订合同前有权提出完善和提高经营承包的改进办法。⑤乡、村还应按照国家有关规定,进行必要的行政管理。

有三名以上正式党员的村办企业,一般可设立党小组。所在村建立党的总支部委员会的,也可建立党支部。村办企业党组织隶属关系由村党组织提出意见,报乡镇党委批准。跨村、跨乡、跨县的联办企业,正式党员人数超过三名的,可根据党员人数和工作需要建立党的基层组织。这些企业建立党组织及其党组织的隶属关系,原则上由企业所在地党组织根据实际情况确定。

249. 乡镇企业经营自主权的主要内容有哪些

乡镇企业在生产经营活动中享有下列权利:

(1)占有和使用企业资产,依照国家规定筹集资金。占有,是指依法对物(财产)进行实际控制的权利。使用,是指依法对物进行利用的权利。企业为了维持其正常的经营活动,必然要具备并行使对其资产的占有和使用权。企业在行使权利时,必须遵守法律、法规和公共道德准则,更不得改变物的本质属性。企业应当编制资金筹集和使用计划,报主管部门根据有关规定批准后实施。

(2)在核准登记的经营范围内自主安排生产经营活动。

按工商行政管理机关核定企业生产经营活动的范围,在这些范围内,企业的自主权受法律保护。企业可以根据获得的经济信息,根据市场供求的情况,自行安排生产社会需要的产品或者为社会提供服务。其他单位或个人无权对企业作出硬性规定。企业只有享有充分的自主权,才能真正具有活力。

(3)确定企业内部机构设置和人员配备;依法招聘、辞退职工,并确定工资形式和奖惩办法。

(4)有权自行销售本企业的产品,但国务院有规定的除外。企业有权自行销售本企业的产品,这里有两层含义:一是企业有权决定将产品销售给谁,不受其他组织和个人的干预;二是企业有权决定以何种方式销售其产品。

(5)有权自行决定本企业的产品价格、劳务价格,但国务院规定由物价部门和有关主管部门控制价格的除外。

(6)自愿参加行业协会和产品评比。

(7)依照国家规定自愿参加各种招标、投标活动,申请产品定点生产,取得生产许可证。

(8)自主订立合同,开展经济技术合作。乡镇企业可以按照自主原则,依照《合同法》的规定实施签订和履行合同的行为,以实现企业的权益。

(9)依法开发和利用自然资源。

(10)依法利用外资、引进先进技术和设备,开展进出口贸易等涉外经济活动,并依照国家规定提高企业的外汇收入。依照法律、法规规定,乡镇集体企业可以同外国公司、企业和其他经济组织或个人,按照平等互利原则,举办中外合资经营企业和中外合作经营企业。

（11）拒绝摊派和非法罚款,但法律、法规规定应当提供财力、物力、人力的除外。非法罚款,是指不符合法律、法规和规章规定的要求或者是在法律、法规和规章上没有依据的罚款。摊派,是指要求提供财力、物力、人力的行为,除非法律、法规规定要求企业提供财力、物力、人力的行为。

250. 会计的基本职能和乡镇企业会计工作的任务有哪些

（1）会计的基本职能

会计职能是指会计在经济管理中所具有的功能。我国会计法认为要加强经济管理必须实行会计监督,并将会计核算和会计监督列为会计法的主要内容,会计核算不单纯是提供财务信息,反映经济情况,同时还要对会计资料的真实性、准确性和完整性进行审核。审核也是监督的一种形式,只有通过审核才能提供准确、可靠的财务信息。会计监督主要是监督各单位在其业务活动的整个过程中贯彻执行国家统一的财政制度和财务制度的情况,通过核算进行监督,从而发挥会计管理的作用。

（2）乡镇企业会计工作的任务

乡镇企业会计工作的任务是由乡镇企业经营管理的要求所决定的。在我国,乡镇企业的业务活动必须遵循国家的财经方针、政策、法令和制度的规定,改善企业的经营管理,提高企业的经济效益,并把国家、集体、个人三者利益有机地结合起来,使局部利益服从整体利益,促进经济发展。我国《会计法》规定,发挥会计工作在维护社会主义市场经济、加强经济管理、提高经济效益中的作用。这一规定是我国会计工作的指导方针。

251. 什么是税收

税收是国家为了实现其职能,按照法律预先规定的标准和程序,强制、无偿地取得财政收入的一种手段。税收是国家参与社会产品和国民收入分配和再分配的一种形式。税收是国家机器的经济基础。只要有国家存在,就有税收。古今中外,任何国家,都是由政治上占统治地位,并掌握国家政权的阶级,以国家的名义,采取法律的强制手段收取税收。所以,税收也叫国家税收。我国税收的性质是由社会主义生产资料公有制决定的,是取之于民,用之于民,是筹集社会主义建设资金的重要形式,也是社会主义国家进行经济管理的重要杠杆,对我国的经济、社会发展具有十分重要的影响。

税收与其他财政收入相比,具有以下特征:

第一,强制性。这是指税收依靠国家权力强制征收,纳税义务人不管本身是否愿意,都必须依国家税法的规定纳税,否则,就要受到处罚甚至法律制裁。

第二,无偿性。国家依法征税是一种无偿征收。国家征税以后,税收就成为国家的财政收入,不再直接返还给纳税人,也无任何代价作交换,是一种无偿取得。

第三,固定性。税收,是国家按照法律规定的比例或数额征收。在征税以前,国家都要预先颁布各种税法,具体规定各种税的征税对象、纳税人、税率或税额。纳税人只要发生了应纳税的行为或者取得应纳税的收入,就要按照规定的税种和税率缴纳税款。纳税人不得少缴或不缴,税务机关也不得多征或不征。

252. 什么是税法

税法是由国家最高权力机关或其授权的最高行政机关制定的有关调整税收关系的法律规范的总称,是国家向纳税人征税的法律依据。所谓税收关系是指国家各级财税机关向负有纳税义务的单位和个人无偿征收税款或实物过程中所发生的征纳关系。一个国家的税收制度总是通过税收立法加以明确规定。

税法是国家法律的重要组成部分,具有严肃的法律效力,是征纳税双方共同遵守的行为准则。照章纳税、依章计征。纳税人违反税法规定,逃避纳税义务,就要受到法律制裁,偷税抗税,情节严重的,还要追究其刑事责任。

税法的特点具体表现在以下几个方面:

第一,税法具有高度的集中性特点。税法的立法权一般都是由国家最高权力或其授权的最高行政机关制定和颁布。非经授权,地方不得制定与中央颁布的税法相抵触的文件,不得变更税种、增减税目、改变税率,更不得任意开征、停征税种,也不得擅自决定减税、免税、补税、退税。各种税收机关必须严格执行税收法律法规。

第二,税法相对具有多样性和多变性的特点。税收是国家取得财政收入、筹集货币资金的重要手段,也是国家调节经济、促进经济发展的重要经济杠杆,国家必须根据各个时期政治经济发展的需要,设置较多的税种,配合使用,综合调节。但是,税收又是以法律形式颁布的,国家每开征一个税种,事先必须颁布一个税法。因此,税法就具有多样性的特点。此外,税法所调整的社会关系、经济关系广泛复杂。为了充分发挥税法的调节作用,国家要适当地更换税种、调整税率、调整征税范围、决定减免措施等。上述任何需要的变化,都需要修改、废止或重新颁布税法,因此,税法又具有多变性的特点。

第三,税法具有严肃性和灵活性相结合的特点。税法是国家法律的重要组成部分,具有法律的普遍约束力和严肃性,纳税人必须依法纳税,税务机关必须依章计税。但是,客观情况千差万别,为了适应各种纳税人和某些征税对象的具体情况,税法又规定了减税、免税的条款,给予某些纳税人和征税对象以适当照顾,因而又具有灵活性特点。

第四,税法具有实体法和程序法相结合的特点。税法不仅有纳税人、征税对象、税目税率、计税依据、计税公式、减税免税、违章处理等实体性内容,而且有纳税程序、争议处理等程序性规定。

253. 什么是企业所得税

企业所得税,是对中华人民共和国境内的企业(外商投资企业和外国企业除外),就其生产、经营所得和其他所得征收的一种税。

现行企业所得税具有以下三个特征:

第一,体现公平税负,促进平等竞争。在市场经济条件下,各种不同的经济主体,都以不同的商品生产者或经营者的身份,进行商品交换,参与市场竞争。新的企业所得税法,按照同一税法缴纳所得税,在同一起跑线上平等、公平地竞争。

第二,统一税率,便于征纳。现行企业所得税,对各种内资企业都实行33%的比例税率,计算简便,利于征收。

第三,简化税制,便于管理。我国原来根据企业的性质,征收四种所得税,税种复杂,规范不同,造成人为的麻烦。现在对国内企业征收一种所得税,既简化了税制,也便于统一加强征收管理。

从上述介绍可知,新的企业所得税暂行条例的纳税主体包括乡镇集体企业。征税对象为纳税人每一纳税年度的收入总额减去准予扣除与纳税人取得收入有关的成本、费用和损失后的余额为应纳税所得额。

纳税人的收入总额包括:①生产、经营收入;②财产转让收入;③利息收入;④租赁收入;⑤特许权;⑥使用费收入;⑦股息收入;⑧其他收入。

按照规定应当扣除的项目包括:①纳税人在生产、经营期间,向金融机构借款的利息支出,按照实际发生数扣除;向非金融机构借款的利息支出,不高于按照金融机构同类同期贷款利率计算的数额以内的部分,准予扣除。②纳税人支付给职工的工资,按照计税工资扣除。③纳税人的职工工会经费、职工福利费、职工教育经费,分别按照计税工资总额的 2％、14％、15％ 计算扣除。④纳税人用于公益、救济性的捐赠,在年度应纳税所得额 3％ 以内的部分,准予扣除。

在计算应纳税额时,下列项目不得扣除:资本性支出;无形资产审计、开发支出;违法经营的罚款和被没收财物的损失;各项税收的滞纳金、罚金和罚款;自然灾害或者意外事故损失有赔偿的部分;超过国家规定允许扣除的公益、救济性的捐赠,以及非公益、救济性的捐赠;各项赞助支出;与取得收入无关的其他各项支出。

254. 什么是工资

工资是指用人企业按照事先规定的标准,以货币形式向劳动者支付的劳动报酬。广义的工资包括基本工资、浮动工资、奖金、津贴等一切因劳动者履行了劳动义务而由用人单位支付给劳动者的物质补偿。它是以劳动作为计算标准的个人消费品的分配。生活中有时"工资"是狭义的工资,仅指工资中的基本工资那一部分。工资与劳动者的其他收入相比,有以下特征:①工资是劳动者基于劳动关系所获得的劳动报酬。②工资是用人企业因劳动者履行了付出劳动的义务而给予劳动者的物质补偿。也就是说,劳动者获得工资,一般必须按照劳动法律、法规、集体合同和劳动合同的要求,从事用人企业所安排的劳动。③工资量的确定,必须以劳动法律、法规、劳动政策、集体合同和劳动合同的规定为依据。即工资量的确定必须符合法定工资标准和约定工资标准。④工资必须以法定方式支付,即一般只能用法定货币支付并且应该是持续、定期的支付。现实中不以人民币而以本厂产品给职工支付工资的做法是不合法的。工资的定期支付在我国一般表现为工资的按月支付,但年薪、周工资、日工资和时工资也是合法的工资形式。乡镇企业可以根据本企业的生产经营特点选择工资支付的方式。

255. 什么是社会保险 农村社保的内容有哪些

社会保险是国家通过立法强制征集专门资金,用于保障劳动者在暂时或永久丧失劳动能力时或在工作中断期间基本生活需求的一种物质帮助制度。我国《宪法》明确规定,中华人民共和国公民在年老、疾病或者丧失劳动能力的情况下,有从国家和社会获得物质帮助的权利。国家发展为公民享受这些权利所需要的社会保险、社会救济和医疗卫生事业。宪法赋予公民的获得物质帮助权在《劳动法》中体现为这样的规定,国家发展社会保险事业,建立社会保险制度,设立社会保险基金,使劳动者在年老、患病、工伤、失业、生育等情况下获得帮助和补偿。随着国民经济的发展,社会保险事业也将逐步发展,适用社会保险制度的企业的范围也将进一步扩大。《乡镇企业法》规定,国家鼓励有条件的地区建立、健全乡镇企业职工社会保险制度。可见乡镇企业引入社会保险机制是一种必然趋势。

新型农村养老保险制度是国家为每个新农保参保人建立终身记录的养老保险个人账户。个人缴费、集体补助及其他经济组织、社会公益组织、个人对参保人缴费的资助,地方政府对参保人的缴费补贴,全部记入个人账户。个人账户储存额目前每年参考中国人民银行公布的金融机构人民币一年期存款利率计息。

国家将建立健全新农保基金财务会计制度。新农保基金纳入社会保障基金财政专户,实行收支两条线管理,单独记账、核算,按有关规定实现保值增值。试点阶段,新农保基金暂实行县级管理,随着试点的扩大和推开,逐步提高管理层次;有条件的地方也可直接实行省级管理。

(1)参保范围

年满16周岁(不含在校学生)、未参加城镇职工基本养老保险的农村居民,可以在户籍地自愿参加新农保。

(2)基金筹集

个人缴费分 12 档,地方补贴每年至少 30 元。

根据这份指导意见,新农保基金由个人缴费、集体补助、政府补贴构成。

在个人缴费方面,参加新农保的农村居民应当按规定缴纳养老保险费。缴费标准目前设为每年 100 元、200 元、300 元、400 元、500~1 200 元 12 个档次,地方可以根据实际情况增设缴费档次。参保人自主选择档次缴费,多缴多得。国家依据农村居民人均纯收入增长等情况适时调整缴费档次。

在集体补助方面,有条件的村集体应当对参保人缴费给予补助,补助标准由村民委员会召开村民会议民主确定。鼓励其他经济组织、社会公益组织、个人为参保人缴费提供资助。

256. 我国社会保险有哪几种

(1)养老保险

养老保险是指劳动者因年老或病残失去劳动能力而退出岗位后,定期领取一定数额生活费用的一种社会保险制度。它是实现劳动者老有所养的保障,解决职工退休、退职后的生活待遇问题。

(2)失业保险

失业保险是指劳动者因失业而暂时中断领取劳动报酬,由政府给予一定物质帮助,以保障其基本生活并促进再就业的一种社会保险制度。我国现行失业保险制度由企业按工资总额缴纳一定比例的保险金,用于失业者的生活保障金。

(3)患病或非因工负伤保险

患病或非因工负伤保险又称医疗保险,是指劳动者由于患病或非因工负伤时,在医疗和生活上获得物质帮助的社会保险。我国职工患病保险待遇主要包括患病医疗保险待遇和患病期间生活待遇。即职工患病(或非因公负伤)到本单位医疗机构或者指定的医疗机构就治时,治疗费、检查费、手术费、住院费、非自费药费均由所在企业负担。这些费用过去完全由企业负担,现行医疗保障制度作了力度较大的改革,总原则是根据不同情况由企业与个人共同负担。

(4)工伤保险

工伤保险又称职业伤害保险,指职工因工而致负伤、疾病、残疾、死亡后,依法获得经济赔偿和物质帮助的一种社会保险。因为企业负有对劳动者的劳动安全卫生保障的义务,工伤、职业病一旦发生,表明企业未尽到此义务。因此工伤保险和其他社会保险不同,保险金完全由用人企业负担而不要求职工个人缴纳。当企业发生工伤事故致劳动者伤残时,按照《工伤保险条例》的规定,鉴定伤残等级,并由保险机构支付相应的保险待遇。

(5)生育保险

生育保险是指女职工由于生育而暂时中断劳动时,从国家和社会获得物质帮助的社会保险。生育保险一般以女职工原有收入水平为标准对其因生育所造成的直接经济损失进行帮助,并且只适用于达到法定年龄的已婚妇女符合计划生育法规政策的生育。生育保险实行"产前与产后都应享受"的原则,以便更好地保护产妇和婴儿健康。生育保险除实行公费医疗外,还享受产假工资待遇和生育补助费。

另外,《劳动法》中除规定了上述保险的情形外,还规定"劳动者死亡后,其遗属依法享受遗属津贴"。

257. 什么是劳动保护　劳动保护管理制度有哪些基本内容

劳动保护是指国家为了改善劳动条件,保护劳动者在生产过程中的安全与健康而采取的各种措施。劳动过程中存在各种不安全、不卫生的因素,如不采取措施防止或消除就可能发生工伤事故和职业病。为了保护劳动者的安全和健康,保证生产、工作的正常进行,国家制定了一系列法律、法规加强劳动保护。《乡镇企业法》规定，乡镇企业必须遵守有关劳动保护、劳动安全的法律、法规，认真贯彻执行安全第一，预防为主的方针，采取有效的劳动卫生技术措施和管理措施，防止生产伤亡事故和职业病的发生；对危害职工安全的事故隐患，应当限期解决或者停产整顿。严禁管理者违章指挥、强令职工冒险作业。发生生产伤亡事故，应当采取积极抢救措施，依法妥善处理，并向有关部门报告。《乡镇企业法》依上述规定履行劳动保护义务，所有企业都应高度重视并积极扎实地抓好各项安全工作。乡镇企业应贯彻坚持我国劳动保护工作的方针："安全第一，预防为主。""安全第一"是指安全重于生产，当安全和生产发生矛盾时要优先满足安全第一的需要。"预防为主"是要求把劳动保护的重点放在防患于未然，尽量减少事故发生的可能性，尽量消除隐患。

劳动保护管理制度，是指国家和用人企业为保护劳动者在劳动过程中的安全和健康而采取的各项管理措施的统称，基本内容包括以下制度：

(1)安全卫生责任制度

安全卫生责在制度是指企业各级领导、职能科室人员、工程技术人员和生产工人在劳动过程中应负的安全责任的制度。其主要内容有：企业法定代表人是安全生产的第一责任者，对本企业的安全生产全面负责；各级领导在计划、部署、检查、总结、评比生产的时候，同时计划、部署、检查、总结、评比安全工作；总工程师负安全技术领导责任；各职能部门、各级生产组织负责人在各自分管的工作范围内对安全技术负直接责任；劳动者必须严格遵守劳动安全卫生规程和安全操作规程。

(2)劳动安全卫生设施"三同时"制度

《劳动法》规定，新建、改建、扩建工程的劳动安全卫生设施必须与主体工程同时设计、同时施工、同时投入生产和使用。

(3)劳动安全卫生教育制度

劳动安全卫生教育制度是指对劳动者进行劳动安全生产法规、

基本知识、操作技术教育的制度。

（4）劳动防护用品管理制度

用人企业必须为劳动者提供必要的劳动防护用品是《劳动法》第五十四条的内容之一。劳动防护用品管理制度是指对劳动防护用品的发放使用进行管理的制度。《中华人民共和国安全生产法》《中华人民共和国职业病防治法》及《关于禁止滥发职工个人劳动保护用品的通知》对劳动防护用品的发放范围作了规定。

（5）工伤事故和职业病统计报告处理制度

这是对劳动者在劳动过程中发生的伤亡事故和职业病进行报告、登记、调查、处理、统计和分析的制度。伤亡事故可分为轻伤事故、重伤事故、死亡事故、重大伤亡事故和特别重大伤亡事故。

258. 劳动安全卫生保护的基本内容有哪些

（1）劳动安全技术规程

劳动安全技术规程是指国家为防止和消除生产过程中的伤亡事故，而对安全方面的技术规则所做的规定，主要内容有：①设置安全装置，如防护装置、保险装置、信号装置、危险牌示和识别标志；②预防性的机械强度试验；③电器绝缘检验；④机器设备维修保养。

（2）生产卫生规程

生产卫生规程是指国家为防止和消除职业病和职业中毒，加强生产中的卫生保健工作而作的规定。主要内容是要具备以下几种设施：①通风、照明设施；②防尘、防毒设施；③防辐射、防暑降温、防寒取暖设施；④防潮设施；⑤防噪声、防震动设施；⑥消毒设施。

（3）个人劳动保护用品

这是一种预防性的辅助设施。可分为九类：①安全帽类。②呼吸护具类。可分为防尘、防毒、供氧三类。③眼防护具类。如焊接用眼防护具，炉窑用眼护具，防 X 射线，防化学，防尘等眼护具。④听力护具类。有耳塞、耳罩和帽套三类。⑤防护鞋。⑥防护手套。⑦防护服。⑧防坠落护具。如安全带、安全帽、安全绳和安全网。⑨护肤用品。

259. 什么是工会 工会在维护劳动者权益方面有哪些权利和义务

工会是职工自愿结合的工人阶级的群众组织。包含以下三层含义：①工会是职工群众自愿结合的组织。"入会自愿，退会自由"，不能强制任何人加入或不加入工会；②工会是工人阶级的组织，具有鲜明的阶级性，其成员必须是工人阶级成员；③工会是工人阶级最广泛的群众组织，凡属职工，不分民族、种族、性别、职业、教育程度，都有依法参加和组织工会的权利。我国工会的组织体系，由中华全国总工会、地方总工会、产业工会和基层工会所构成。中华全国总工会是工会的最高领导机关；按行政区划建立的省级、市（县）级地方总工会是工会的地方领导机关；同一行业或性质相近的几个行业根据需要建立全国和地方的产业工会，作为本部门的工会领导机关；基层工会是建立在乡镇、城市街道、企业、事业单位、机关、团体中的工会基层组织。

维护劳动者的合法权益不仅是工会的权利，也是工会的职责。工会应当在以下几个方面维护劳动者的合法权益：

（1）维护职工参加企业民主管理的权利

在企业违反职工代表大会制度和其他民主管理制度时，工会有权提出意见，保障职工依法行使民主管理的权利。在职工的权益受侵害时，工会可以派出代表对从属工会组织所在的单位就侵犯职工合法权益的问题进行调查，有关单位应当协助。从《乡镇企业法》的规定中可以看出，乡镇企业中的工会组织同样有这样的权利、义务。

（2）要求有关单位认真处理侵犯职工合法权益的事件

（3）组织职工参与国家社会事务管理

（4）在劳动法律关系成立、持续、变更的过程中维护劳动者的合

法权益

劳动合同成立时,工会要帮助指导职工与用人企业签订劳动合同,工会也可以代表职工与用人企业签订集体合同。企业辞退、处分职工,工会认为不适当的,有权提出意见。用人企业侵犯职工劳动权益的,工会可以提出意见调解处理;职工向人民法院起诉的,工会应当给予支持和帮助。

(5)在发生劳动争议和纠纷时,积极参与做好调解工作

工会要参加企业的劳动争议调解工作。地方劳动争议仲裁组织也应当有同级工会代表参加。企业发生停工、怠工事件,工会应当会同企业协商解决职工提出的可以解决的合理要求,尽快恢复正常的生产秩序。

(6)开展多种形式的文体活动,提高劳动者素质

工会应当会同用人企业组织职工开展业余文化、技术学习和职工培训,提高职工的文化业务素质,组织职工开展文艺、体育活动。

260. 什么叫破产 破产的意义是什么

法律上的破产,是指债务人丧失债务清偿能力时,为了债权人与债务人的利益,依法对债务人所拥有的财产、债权和债务,实行强制地、公平地清理与分配的一种特殊的诉讼程序。从上述概念中可以看出:①破产的原因是债务人丧失了债务清偿能力,即债务人无力清偿到期债务;②对债务人拥有的财产、债权和债务强制地进行清理与分配;③只有存在两个以上债权人时,才涉及债权人之间公平受偿的问题,才有必要提起破产程序;④破产的性质是特殊的诉讼程序。特殊之处表现在当事人只能以申请方式而不是起诉方式提出;法院只以裁定方式处理而不是判决;申请人只能是债权人或债务人;破产案件实行一审终审不准上诉等方面。

个人的破产、个体工商户的破产、遗产的破产在我国也都客观存在,但目前还没有法律规范调整,而企业破产制度在我国已经建

立,这是由企业破产制度在市场经济条件下的重要性决定的。

(1)对企业来说,没有破产制度,就等于没有最终责任,造成企业"只负其盈不负其亏"的局面。企业没有反面刺激,就会只追求眼前利益,丧失技术革新和扩大再生产的动力,最终丧失活力。

(2)对债权人来说,没有破产制度,债权就不能得到实现或者在实现债权时出现不公平现象。债权人的合法权益受到损害,必然影响整个市场经济信用关系的稳定。尤其是大多数情况下债权人都是向企业提供贷款的银行,如果任企业无限期地亏损下去,或用行政手段使企业关、停、并、转、逃避债务,不但损害银行这一债权人的利益,甚至会危及金融安全。

(3)对国家来说,没有破产制度,国家进行宏观调控的经济杠杆就会失灵。企业之所以时常对经济杠杆的指示方向反应迟钝,就是因为缺乏动力和压力。如果企业对自己的经营失败不用承担责任,没有破产的危机,国家就会失去对企业的间接控制从而使国民经济陷入无序状态。

企业破产制度只适用于法人企业。乡镇企业中只有具备法人资格的企业才适用破产制度,以使具备法人资格的乡镇企业真正独立,自主经营,自负盈亏。不具备法人资格的企业,不适用企业破产制度,该企业对外债务,投资人要承担连带责任。

261. 我国企业破产法的基本原则有哪些

企业破产法的基本原则,是指企业破产立法、执法和司法的基本指导思想。它是执行和贯彻企业破产法的出发点和依据。我国企业破产法主要有以下四个基本原则:

(1)国家干预的原则。对企业破产实行规范化的国家干预,积极预防企业破产、公平处理破产,尽力消除破产所带来的弊端,对社会经济的正常运行是非常必要的。如我国的政府主管机关积极参与破产清算程序;国家积极安置破产企业职工的重新就业。

（2）公平受偿的原则。破产债权人地位平等,在破产清偿中应得到公平的满足。我国破产法除规定破产债权人法律地位一律平等、受偿机会一律均等外,还规定了合理的破产清偿顺序,使破产清偿不是简单的同等受偿,而是能促使整个社会经济的稳定和协调。

（3）损失共负的原则。我国企业破产法确定和解制度,要求债权人适当让步,或延缓清偿,或减成清偿。另外,我国企业破产法实行免责主义,规定破产程序终结后,未得到清偿的债权不再清偿。这明确反映了损失共负原则。

（4）破产预防与破产清算相结合的原则。在我国,国有企业的破产制度中有政府拯救制度、整顿制度,其他企业的破产制度中有和解制度,这些措施都是破产预防与破产清算结合的原则之体现。

262. 乡镇企业法律责任的具体类型有哪些

（1）停止优惠待遇

乡镇企业作为国家扶持和引导的对象,在税收、贷款等方面享有很多优惠。乡镇企业应该充分地利用这一有利条件,发展完善自我,创造经济效益,实现乡镇企业的任务。但如果乡镇企业在经营中违反法律法规,给国家、人民造成经济效益或社会效益上的损失,或者乡镇企业只顾自身经济效益,不承担支援农业的义务,这样,国家用优惠措施鼓励乡镇企业发展的目的就会落空。因此,在乡镇企业承担其他法律责任之前,首先应停止全部或部分优惠待遇。

（2）产品质量责任

《中华人民共和国产品质量法》(以下简称《产品质量法》)规定,乡镇企业违反产品质量法应承担的法律责任有:

①责令停止生产或(和)销售,没收违法生产的产品或(和)违法所得,并处违法罚款,可以吊销营业执照。构成犯罪的,依法追究刑事责任。

乡镇企业如有以下行为,将承担上述法律责任:a. 生产或销售不符合保障人体健康，人身、财产安全的国家标准、行业标准的产品的；b. 生产国家明令淘汰的产品的；c. 销售失效、变质产品的；d. 生产、销售时在产品中掺杂、掺假，以假充真、以次充好，或者以不合格产品冒充合格产品的。

②责令公开更正，没收违法生产、销售的产品和违法所得，可以并处罚款。乡镇企业有下述情形之一，将会承担此责任：a. 乡镇企业伪造产品的产地；b. 伪造或者冒用他人厂名、厂址；c. 伪造或者冒用认证标志、名优标志等质量标志。

③乡镇企业产品标识不符合《产品质量法》的规定的，责令改正；情节严重的，责令停止生产、销售，并处违法生产、销售产品货值金额等值以下的罚款；有违法所得的，并处没收违法所得；情节严重的，吊销营业执照。

④乡镇企业以暴力、威胁的方法阻碍从事产品质量监督管理的国家工作人员依法执行职务的，依刑法追究刑事责任。拒绝、阻碍但未用暴力、威胁方法的，由公安机关依照治安管理处罚法的规定处罚。

⑤因产品质量不符合规定或约定，乡镇企业应向购买产品的消费者赔偿损失并修理、更退、退货。如果因存在产品缺陷造成人身的伤害，企业还应当赔偿医疗费、误工费、生活补助费。如果造成受害人死亡，应支付丧葬费、抚恤费、死者生前抚养的人必要的生活费等费用。乡镇企业可以通过与受害人协商主动承担以上民事责任。

（3）环境保护责任

根据《环境保护法》《水污染防治法》《大气污染防治法》，乡镇企业在环境保护方面负有法律责任。

（4）土地管理责任

乡镇企业在使用土地时应遵守《土地管理法》及其实施条例。

（5）劳动法律责任

根据《劳动法》的规定，乡镇企业作为用人单位的负有法律责任。

（6）税收法律责任

根据《税收征收管理法》及其《实施细则》的规定，乡镇企业在税收方面负有法律责任。

除上述六大类法律责任之外，乡镇企业如果有违反企业登记管理法规、违反广告法律法规、违反商标法律法规、违反消费者权益保护法等违法行为，都应依法承担相应的民事、行政，甚至刑事法律责任。

263. 农民工因工致残被评定为伤残的享受什么待遇

《工伤保险条例》规定，职工因工致残被鉴定为一级至四级伤残的，保留劳动关系，退出工作岗位，享受以下待遇：（1）从工伤保险基金按伤残等级支付一次性伤残补助金，标准为：一级伤残为 27 个月的本人工资，二级伤残为 25 个月的本人工资，三级伤残为 23 个月的本人工资，四级伤残为 21 个月的本人工资。（2）从工伤保险基金按月支付伤残津贴，标准为：一级伤残为本人工资的 90％，二级伤残为本人工资的 85％，三级伤残为本人工资的 80％，四级伤残为本人工资的 75％。伤残津贴实际金额低于当地最低工资标准的，由工伤保险基金补足差额。（3）工伤职工达到退休年龄并办理退休手续后，由工伤保险基金补足差额。

《工伤保险条例》规定，职工因工致残被鉴定为五级、六级伤残的，享受以下待遇：（1）从工伤保险基金按伤残等级支付一次性伤残补助金，标准为：五级伤残为 18 个月的本人工资，六级伤残为 16 个月的本人工资；（2）保留与用人单位的劳动关系，由用人单位安排适当工作。难以安排工作的，由用人单位按月发给伤残津贴，标准为：五级伤残为本人工资的 70％，六级伤残为本人工资的 60％，并由用人单位按照规定为其缴纳应缴纳的各项社会保险费。伤残津贴实际金额低于当地最低工资标准的，由用人单位补足差额。经工伤职工本人提出，该职工可以与用人单位解除或者终止劳动关系，由工伤保险基金支付一次性工伤医疗补助金，由用人单位支付一次性伤残就业补助金。一次性工伤医疗补助金和一次性伤残就业补助金的具体标准由省、自治区、直辖市人民政府规定。

《工伤保险条例》规定，职工因工致残被鉴定为七级至十级伤残的，享受以下待遇：(1)从工伤保险基金按伤残等级支付一次性伤残补助金，标准为：七级伤残为 13 个月的本人工资，八级伤残为 11 个月的本人工资，九级伤残为 9 个月的本人工资，十级伤残为 7 个月的本人工资；(2)劳动、聘用合同期满终止，或者职工本人提出解除劳动、聘用合同的，由工伤保险基金支付一次性工伤医疗补助金，由用人单位支付一次性伤残就业补助金。一次性工伤医疗补助金和一次性伤残就业补助金的具体标准由省、自治区、直辖市人民政府规定。

264. 用人单位不与劳动者订立劳动合同、违反工资支付规定、不为农民工交纳社会保险费的应负何责任

(1)用人单位不与劳动者订立劳动合同应负以下责任：

①《劳动法》第九十八条规定：用人单位违反本法规定的条件解除劳动合同或者故意拖延不订立劳动合同的，由劳动行政部门责令改正；对劳动者造成损害的，应当承担赔偿责任；

②用人单位支付的违约金、赔偿金和罚金，在税后留利中开支。

(2)用人单位违反工资支付规定应负以下责任：

①克扣或者无故拖欠劳动者工资的，拒不支付劳动者延长工作时间工资的，低于当地最低工资标准支付劳动者工资的，解除劳动合同后未按照法律、法规规定给予劳动者经济补偿其中之一的，责令用人单位支付劳动者工资报酬、经济补偿总和的 1～5 倍赔偿金。

②用人单位每日延长劳动者工作时间超过 3 小时，每月延长工

作时间超过 36 小时的,给予警告,责令改正,并可按每名劳动者每超过工作时间每小时罚款 100 元以下的标准处罚。

③用人单位违反最低工资规定连续 3 个月以上不按期发放职工工资的,劳动行政部门可对其处以 5 000 元以上至 50 000 元以下罚款。

④在法定的工作时间内,发放职工工资低于市政府规定的最低工资标准的,除责令补发差额工资外,还可以对企业处以 5 000 元以上 50 000 元以下罚款。

(3)用人单位不为农民工交纳社会保险费应负以下责任:

依法参加社会保险是用人单位的责任和义务,必须认真履行。

①缴费单位未按照规定办理社会保险登记、变更登记或者注销登记,或者未按照规定申报应缴纳的社会保险费数额的,由劳动行政部门责令限期改正;情节严重的,对直接负责的主管人员和其他直接责任人员可以处 1 000 元以上 5 000 元以下的罚款;情节特别严重的,对直接负责的主管人员和其他直接责任人员可以处 5 000 元以上 10 000 元以下的罚款。

②对缴费单位有下列行为之一的,依照《社会保险征缴暂行条例》第十三条规定,从欠缴之日起按日加收千分之二的滞纳金,并对直接负责的主管人员和其他直接责任人员处以 5 000 元以上 20 000 元以下罚款:a. 因伪造、变造、故意毁灭有关账册、材料造成社会保险费迟延缴纳的;b. 因不设账册造成社会保险费迟延缴纳的;c. 因其他违法行为造成社会保险费迟延缴纳的。

③对缴费单位有下列行为之一的,应当给予警告,并可以处以 5 000 元以下的罚款:a. 伪造、变造社会保险登记证的;b. 未按规定从缴费个人工资中代扣代缴社会保险费的;c. 未按规定向职工公布本单位社会保险费缴纳情况的。

④对缴费单位有下列行为之一的,应当给予警告,并可以处以 10 000 元以下的罚款:a. 阻挠劳动保障监察人员依法行使监察职权,拒绝检查的;b. 隐瞒事实真相、谎报、瞒报,出具伪证,或者隐匿、

毁灭证据；c. 拒绝提供与缴纳社会保险费有关的用人情况、工资表、财务报表等资料的；d. 拒绝执行劳动保障行政部门下达的监督检查询问书的；e. 拒绝执行劳动保障行政部门下达的限期改正指令书的；f. 打击报复举报人员的；g. 法律、法规及规章规定的其他情况。

⑤单位拒不参加社会养老保险，由社会保险部门责令其限期参加，并追缴其应参加社会养老保险之日起的社会养老保险费及按日加收应缴额千分之一的滞纳金。逾期仍不执行者，可由工商行政管理部门暂扣单位营业执照，或者由社会保险部门申请人民法院强制执行，并可对单位法定代表人处 2 000 元至 5 000 元的罚款。

265. 用人单位违反工作时间制度，非法使用童工、违反女职工与未成年工特殊劳动保护规定的负何责任

(1)用人单位违反国家规定的工作时间制度，应负以下责任：

根据《劳动法》第九十条、《违反〈中华人民共和国劳动法〉行政处罚办法》第四条之规定，对用人单位给予警告、责令改正，可按每名劳动者每延长工作时间一小时罚款 100 元以下的标准处罚。

(2)用人单位非法使用童工，应负以下责任：

用人单位非法使用童工应负法律责任。根据国务院令《禁止使用童工规定》，用人单位使用童工的，由劳动行政部门按照每使用一名童工每月处 5 000 元罚款的标准给予处罚；用人单位经劳动行政部门依照前款规定责令限期改正，逾期仍不将童工送交其父母或者其他监护人的，从责令限期改正之日起，由劳动行政部门按照每使用一名童工每月处 10 000 元罚款的标准处罚，并由工商行政部门吊销其营业执照或者由民政部门撤销民办非企业单位登记。拐骗童工，强迫童工劳动，使用童工从事高空、井下、放射性、高毒、易燃易爆以及国家规定的第四级体力劳动强度的劳动，使用不满 14 周岁的童工，或者造成童工死亡或者严重伤残的，依照刑

法中关于拐卖儿童罪、强迫劳动罪或者其他罪的规定,依法追究刑事责任。

（3）用人单位违反女职工特殊劳动保护规定,应负以下责任:

按照《劳动法》《违反〈中华人民共和国劳动法〉行政处罚办法》和《女职工劳动保护特别规定》,用人单位违反女职工特殊劳动保护规定的,应责令限期改正,并按受害女职工每人1 000元以上5 000元以下计算处以罚款。一些情节严重的行为,要处以5万元以上30万元以下的罚款,还可给以责令有关作业停止或关闭的处罚。

第十一章　农村民事法律知识

266. 村民的选举资格被剥夺如何维权

依照我国有关法律规定,依法享有公民权,年满 18 周岁的成年人,如未被人民法院裁决剥夺其公民权的,精神正常者,均享有选举权和被选举权。

依照《中华人民共和国民事诉讼法》第一百八十一条规定:公民不服选举委员会对选民资格的申诉所做的处理决定,可以在选举日的五日以前向选区所在地基层人民法院起诉。

第一百八十二条规定:人民法院受理选民资格案件后,必须在选举日前审结。

审理时,起诉人、选举委员会的代表和有关公民必须参加。

人民法院的判决书,应当在选举日前送达选举委员会和起诉人,并通知有关公民。

267. 什么是隐私权

隐私权是指自然人以自己的隐私为客体的人格权。具体来说,即自然人就个人私事、个人信息等个人生活领域内的事情不愿为他人所知悉、禁止他人干涉的权利。所谓隐私,是指不愿告人或不为人知的事情。隐私的内容,或者是当事人不愿为他人所知悉或不愿、不便为他人所干预；或者是按照正常的心理和道德标准而论不便为公众所知晓。不论具体情况如何，都是客观存在的事实。隐私的内容以真实性和隐私性为主要特征，但这并不意味着有关隐私内容的判断可以不顾及其是否合法、是否合乎道德规范。任何个人隐私都必须局限在合法的、合乎公共道德准则和社会需要的范围内。对任何违反法律和社会利益的行为，他人都有权予以揭露和干预。隐私权本质上是要保护纯粹个人的、与公共利益无关的事情。然而在人类社会里，所谓个人事情与公共事务不存在截然分明的界限。隐私，实际上是因人、因时、因事而异的。

隐私权的主要内容包括：

（1）个人生活安宁权。权利主体能够按照自己的意志支配自己的私生活，不受他人的干涉、破坏。比如自然人的私生活不被非法窥视和骚扰。

（2）个人生活情报保密权。个人生活情报，包括所有的个人信息和资料，诸如身高、体重、女性的"三围"、病历、身体缺陷、生活经历、财产状况、婚恋、家庭、社会关系、嗜好、信仰、心理特征等，有权禁止他人非法利用个人生活情报资料。例如，未经他人同意不得传播其财产状况以及过去和现在的其他不为外界所知悉、传播或公开的私事等。

（3）个人隐私利用权。权利主体有权依法按自己的意志利用隐私，以从事各种满足自身需要的活动。例如，利用个人的生活情报资料撰写自传、利用自身形象或形体供绘画或摄影、出写真集等。应当注意的是，隐私的利用不得违反法律的强制性规定，不得有悖于公序良俗，即权利不得滥用。例如，利用自己身体的隐秘部分制作淫秽物品，即应认定为非法利用隐私，从而构成违法行为。

（4）个人通信秘密权。权利主体有权对个人信件、电子邮件、电报、电话、传真等内容加以保密，禁止他人擅自查看、刺探和非法公开。这是我国宪法确定的自然人的通信自由和通信秘密受法律保护的原则的具体化。隐私权制度的发展在很大程度上与现代通信的发达联系在一起。如今的信息处理飞速发展,使个人通信的内容可以轻而易举地被窃听或窃取,因而,保障个人通信的安全,已成为隐私权的一项重要内容。

268. 污染环境致人损害的怎样追究责任

污染环境致人损害实行无过错归责的原则。一切污染危害环境的民事主体,只要对其他单位或个人客观上造成损害,即使主观上没有过错,也应承担民事责任。从立法来看,现代各国大都实行无过错责任的归责原则。

污染环境致人损害行为必须具备以下构成要件:

(1)有污染环境的行为。即将废气、废水、废渣、粉尘、垃圾、放射性物质等有害物质和噪声、振动等能量发射或传播到环境之中,从而对环境产生一定程度危害的行为。

(2)有实际损害存在。即由于环境受到污染而对国家、集体、公民的财产及公民的人身造成了确定的或者潜在的损害事实。

(3)污染环境行为与实际损害之间具有因果关系。一般认为,由于环境污染致人损害具有隐蔽性,不易察觉,亦难以具体证明,因此,受害人只要能证明行为人有污染环境的事实,而受害人受损害与该种污染行为具有一定程度的客观上的联系,即可推定污染环境行为与实际损害之间具有因果关系。

污染环境致人损害的免责条件主要有:第一,战争行为;第二,完全由于不可抗拒的自然灾害,并经及时采取合理措施,仍然不能避免造成环境污染损害的;第三,第三者或者受害者自身的过错。

269. 地面施工致人损害的怎样追究责任

地面施工致人损害行为是指在公共场所、道旁或者通道上挖坑、修缮安装地下设施等,没有设置明显标志和采取完善措施致人损害的特殊侵权行为。我国《民法通则》第一百二十五条所规定的即是该种侵权行为。

对地面施工致人损害的应适用过错推定原则。地面施工致人损害的特殊侵权行为,以施工人没有设置明显标志和采取安全措施为条件,从这一条件可以推定施工人没有尽到对他人安全注意的义务,主观上有过错。无须受害人负主观过错的举证责任,而这正是过错推定原则的适用。

地面施工致人损害行为须具备以下要件:

(1)须有地面施工行为。这里的地面"施工行为"特指《民法通则》第一百二十五条规定的"在公共场所、道旁或者通道上挖坑、修缮安装地下设施"的行为。至于"公共场所""道旁""通道"等,则应依一般人的认识进行判断。

(2)施工人没有设置明显标志和采取安全措施。施工人设置明显标志和采取安全措施是法律规定的应尽义务;非但如此,施工人在做出该种行为时还必须达到合理的程度。反之,如果施工人已尽了最大合理的注意,设置了明显标志和采取了安全措施,而由于受害人自己的过错导致损害,则可主张减免责任。

(3)损害事实是由于施工人没有设置明显标志和采取完全措施引起的。

地下施工致人损害的民事责任应由施工人承担。一般而言,施工人存在三种情形:其一,施工的承揽人,如甲承揽乙之地下水管维修施工,当丙因没有明显标志和采取安全措施致人损害时,责任的承担者是甲而非乙;其二,工作物的实际占有人或管理人,如甲雇用乙修缮地下水管,在前例同一情形下,由甲承担对第三者的责任。其三,实际施工者。由此看来,施工人是指负有设置明显标志和采取安全措施义务的人。

270. 什么是土地承包经营纠纷 发生的原因有哪些

土地承包经营纠纷,主要是指在土地承包过程中发包方与承包方发生的纠纷,也包括土地承包当事人与第三人发生的纠纷。《农村土地承包法》第二章第一节规定了发包方和承包方的权利和义务,在《农村土地承包法》第二十一条规定的承包合同中,发包方和承包方还可以具体约定双方的权利和义务。如果一方违反了法定的义务或约定的义务,就会引起纠纷。因此,《农村土地承包法》第五十四条还规定了基于发包方的过错而导致纠纷的情形。这些情形是:

(1)干涉承包方依法享有的生产经营自主权;

(2)违反本法规定收回、调整承包地;

(3)强迫或者阻碍承包方进行土地承包经营权流转;

(4)假借少数服从多数强迫承包方放弃或者变更土地承包经营权而进行土地承包经营权流转;

(5)以划分"口粮田"和"责任田"等为由收回承包地搞招标承包;

(6)将承包地收回抵顶欠款;

(7)剥夺、侵害妇女依法享有的土地承包经营权;

(8)其他侵害土地承包经营权的行为。

因土地承包发生纠纷的原因很多,据一项对百起农村承包合同纠纷的调查显示,主要原因有:

一是在实行家庭联产承包责任制的前期由于缺乏经验,盲目发包。主要表现为对标的物缺少正确的认识和评估,承包基数过低。由于时过境迁,受物价上涨、技术投入、科学管理等方面因素的影响,收益与投入悬殊,经济利益分配失去平衡,发包方要求调整承包基数而引起纠纷。

二是行政干预。例如,行政决定要求发包方收回承包地,搞适度规模经营而引起的纠纷。再如行政干预承包户的经营自主权,一些地方要求搞"一乡一品,一县一品"等。

三是违背民主评议原则,以不正当手段进行发包和承包。个别村干部利用职权,以欺骗、胁迫等不正当手段,甚至入暗股,自发自包,引起群众不满,酿成纠纷。

四是"红眼病"诱发纠纷。一些人"平均主义""大锅饭"的思想根深蒂固,不能正确对待承包人经过精心管理、辛勤劳动获得的收益,对这部分通过劳动先富起来的人产生嫉妒心理,要求重新分配。有的发包方屈从于这种压力,从而因收回承包地重新发包引起纠纷。

五是双方不按合同约定履行自己的义务,如发包方不按合同约定履行在购买化肥、农药、种子等生产资料方面的服务义务,或者承包方不按合同约定履行缴纳税费的义务等。

六是承包方对土地进行掠夺性经营或者改变土地用途引起纠纷。

总之,农村土地承包发生纠纷影响了农村的稳定,影响了农民生产的积极性。

271. 打官司应如何提供证据

"以事实为依据,以法律为准绳"是一条重要的司法原则。在司法机关办案中,常常以证据为依据,事实是通过证据而表现出来的。证据决定着案件的命运,真实而充足的证据是案件的灵魂,证据缺失或者虚假便是案件的"杀手"。从某种意义上讲,诉讼和反诉讼的斗争是实实在在的证据之战。《民事诉讼法》第六十四条规定:当事人对自己提出的主张,有责任提供证据。根据纠纷的不同类别,应当提供不同的证据:

(1)种子、农药、激素、化肥等质量纠纷,应提供购销合同书,发票、封存样品和质量鉴定书。

(2)房屋拆迁纠纷,应区分公房和私房的情况提供有关证据。私房拆迁的,应提供私房所有权证书、补偿安置协议书,以及有关修建的批准手续和许可证。公房拆迁的,应提供原租约和所有权证书。

(3)宅基地和土地使用纠纷,应提供乡以上人民政府发放的宅基地证明、规划建设用地的批准文件、土地使用权证书、土地租用证书、经主管部门批准的合法移交土地的文件。

(4)借贷、债务纠纷,应提供借贷合同或借据以及所涉及的担保人、债务人和连带责任人等证明。

(5)财产纠纷,应提供公证文书、争议财产的清单和权属证明;涉及不动产的,应提供产权证明、购置票据或凭证;财产不宜分割的,应提供财产的价值证明。

(6)人身伤害赔偿,应提供伤害时间、地点、在场见证人的证明;医院的诊断书或者法医的鉴定书;医疗费单据、误工损失证明;伤害致残的,应提供医院的残疾证明或法医结论;受害人死亡的,应提供受其抚养的证明。

(7)婚姻纠纷,应提供婚姻关系证明、家庭财产清单、对外的债权和债务证明。

最高人民法院《关于民事诉讼证据的若干规定》第三十四条规定,当事人应当在举证期限内向人民法院提交证据材料,当事人在举证期限内不提交的,视为放弃举证权利。对于当事人逾期提交的证据材料,人民法院审理时不组织质证。但对方当事人同意质证的除外。因此,打官司不仅要提供证据,而且要在法院规定的期限内提交。

272. 克扣、拖欠农民工工资的应当如何处理

(1)"克扣工资"是指用人单位无正当理由扣减农民工应得工资。按照《劳动法》以及《违反〈中华人民共和国劳动法〉行政处罚办

法》等规定,用人单位克扣农民工工资的,由劳动行政部门责令支付农民工的工资报酬,并加发相当于工资报酬25%的经济补偿金。并可责令用人单位按相当于支付农民工工资报酬、经济补偿总和的一至五倍支付农民工赔偿金。

但是,以下几种减发工资的情况不属于"克扣工资":

①国家的法律、法规中有明确规定的;

②依法签订的劳动合同中有明确规定的;

③用人单位依法制定并经职代会批准的厂规、厂纪中有明确规定的;

④因农民工请事假等相应减少工资等。

(2)"无故拖欠工资"是指用人单位无正当理由超过规定付薪时间未支付农民工工资。按照规定,用人单位无故拖欠农民工工资的,由劳动行政部门责令支付农民工的工资报酬,并加发相当于工资报酬25%的经济补偿金。并可责令用人单位按相当于支付农民工工资报酬、经济补偿总和的一至五倍支付农民工赔偿金。

以下几种情况不属于"无故拖欠"工资:

①用人单位遇到非人力所能抗拒的自然灾害、战争等原因,无法按时支付工资;

②用人单位因生产经营困难、资金周转受到影响,在征得本单位工会同意后,可暂时延期支付农民工工资,延期时间的最长限制可由省、自治区、直辖市劳动行政部门根据各地情况确定。

273. 哪些纠纷属于民事官司

民事官司也叫民事诉讼,指当事人之间因民事权益矛盾或者经济利益冲突,向人民法院提起诉讼,人民法院立案受理,在双方当事人和其他诉讼参与人的参加下,由人民法院审理和解决民事案件、经济纠纷案件和法律规定由人民法院审理的特殊案件的活动,以及这些诉讼活动中所产生的各种法律关系的总和。当事人通过打民事官司,可以达到制裁民事违法行为,保护自己的合法权益的目的。

根据《民事诉讼法》第三条的规定:人民法院受理公民之间、法人之间、其他组织之间以及它们相互之间因财产关系和人身关系提起的民事诉讼。常见的民事官司主要有:

第一,公民之间、公民与法人之间因财产权而发生的纠纷,大多指对财产的占有、使用、收益和处分所发生的纠纷。

第二,公民之间因买卖、租赁、借贷、赠予、典当等合同行为而发生的纠纷,以及继承遗产所引起的纠纷。

第三,因不当得利、无因管理等所产生的债务纠纷以及损坏财产而引起的赔偿纠纷。如拾到财物不还,代别人饲养走失的动物等。

第四,因人身权利引起的纠纷。这主要是指侵害公民的健康权、姓名权、荣誉权和肖像权。

第五,因侵害公民的发明权、著作权(版权)而引起的纠纷。

第六,婚姻家庭引起的纠纷,主要有离婚以及因离婚引起的财产分割、子女抚养方面的纠纷,赡养、抚育、扶养纠纷。

第七,因经济合同、企业劳动用工、企业承包、土地承包、相邻权等引起的纠纷。

第八,法律规定的、最高人民法院有关文件规定的应由人民法院受理的其他民事案件。

公民只要遇到上述 8 类情况中的任何一项内容,都可以向人民法院提起民事诉讼。

274. 如何理解证人概念　哪些人不能作证人证人必须要出庭做证吗

所谓证人,就是指因了解案件有关情况被人民法院传唤为案件做证的人。证人只限于自然人,法人或其他组织不能作为证人做证,因为,证人是就其亲眼见到或亲耳听到的有关案件事实,向人民法院陈述,法人或其他组织没有这种权利。证人是知道案件的第三者,证人是与案情事实的发生、发展相联系的知情人,证人不可任意选择和更换。证人只是了解案件的一定情况,对该案的处理结果没有法律上的利害关系。如果既了解案情,又与案件有法律上的利害关系,他就不是证人。证人应该是能够正确表达意志的人,不能正确表达自己意志的人,不能作为证人。证人向人民法院陈述自己所知道的案情情况,应制成笔录,必要时也可以由证人亲笔写证言。

根据有关规定,下列这些人不能作证人:

第一,证人证言是对案件真实情况的陈述,因此不能正确表达自己意志的精神病人、年幼的人就不能作为证人。第二,诉讼代理人由于和证人的身份相互冲突,不能作为证人,如果他确实了解案件的重要事实,有出庭做证的必要,必须在辞去委托之后才能以证人的身份做证。第三,如审判员、书记员、鉴定人、翻译人、勘验人等如果在诉讼前就知道案件情况,就只能以证人身份参加诉讼。

关于证人是否必须出庭做证,法律规定,为了确保证人如实做证,证人有出庭做证的义务,不能逃避。只有当证人由于年迈体弱或者行动不便无法出庭,或由于特殊岗位确实无法离开,或路途特别遥远交通不便难以出庭,或因自然灾害等不可抗力的原因无法出庭及其他特殊情况不能出庭时,才可以经法院许可提交书面证言或录音录像或通过双向视听传播技术等手段做证。

275. 由合同纠纷引起的民事官司应该到哪级法院起诉

合同是两个以上的当事人达成的关于设立、变更、终止民事权利义务关系意思达成一致的协议。合同纠纷是民事诉讼的重要对象,因合同纠纷提起诉讼的管辖问题是民事诉讼特殊地域管辖的一个主要内容。《民事诉讼法》第二十三条规定:"因合同纠纷提起的诉讼,由被告住所地或者合同履行地人民法院管辖。"第三十四条规定:"合同或者其他财产权益纠纷的当事人可以书面协议选择被告住所地、合同履行地、合同签订地、原告住所地、标的物所在地等与争议有实际联系的地点的人民法院管辖,但不得违反本法对级别管辖和专属管辖的规定。"根据这些规定,凡是合同纠纷的当事人,应当到合同的履行地或者被告住所地的人民法院起诉。如果书面合同的双方当事人在签订合同时或者纠纷发生以后经双方当事人书面协议可以选择被告住所地、合同履行地、合同签订地、原告住所地、标的物所在地的人民法院起诉,人民法院均应受理。合同履行地,一般是按照合同的规定,双方或一方当事人实现权利、履行义务的具体地点。根据最高人民法院的司法解释,合同没有实际履行,当事人双方住所地又都不在合同约定的履行地的,应当由被告住所地人民法院管辖。根据最高人民法院《关于适用〈中华人民共和国民事诉讼法〉若干问题的意见》中的有关规定,在实践中,应根据合同的不同类型确定合同的履行地:

(1)购销合同的双方当事人在合同中对交货地点有约定的,以约定的交货地点为合同履行地,没有约定的,依交货方式确定合同履行地;采用送货方式的,以货物送达地为合同履行地;采用自提方式的,以提货地为合同履行地;代办托运或按木材、煤炭送货方法送货的,以货物发运地为合同履行地。购销合同的实际履行地与合同中约定的交货地点不一致的,以实际履行地为合同履行地。

(2)加工承揽合同,以加工行为地为合同履行地,但合同中对履行地有约定的除外。

(3)财产租赁合同、融资租赁合同以租赁物使用地为合同履行地,但合同中对履行地有约定的除外。

(4)补偿贸易合同,以接受投资一方主要义务履行地为合同履行地。

(5)在借贷案件中,债权人起诉时,债务人下落不明的,由债务人原住所地或者其财产所在地人民法院管辖。

276. 如何理解公民的民事诉讼权利

公民,亦称自然人,是我国《民法通则》中确认的民事主体之一。根据我国《宪法》的规定,凡具有中华人民共和国国籍的自然人,都是中华人民共和国公民。中华人民共和国公民从出生时起到死亡时止,具有民事权利能力,可以成为民事法律关系的主体。公民作为主体的民事法律关系发生争议,可以自己的名义起诉、应诉,成为民事诉讼的当事人。

居住在我国领域内的外国人和无国籍人虽然不是中华人民共和国公民,但也可以依法进行民事活动,成为民事法律关系的主体。当该民事法律关系发生争议时,外国人和无国籍人也可以自己的名义起诉、应诉,成为民事诉讼当事人。

公民的诉讼权利能力与民事权利能力相一致,始于出生终于死亡。

277. 哪些民事纠纷法院不予受理

原告提起诉讼,凡是符合《民事诉讼法》第一百一十九条规定的起诉条件的,人民法院必须受理。根据《民事诉讼法》第一百二十四条的规定,人民法院对下列起诉,分别情形,予以处理:

第一,对不属于本院管辖的案件,告知原告向有管辖权的人民法院起诉。人民法院只能对本院有管辖权的案件行使管辖权,如果经过对原告起诉的审查,认为原告的起诉虽然属于人民法院受理民事诉讼的范围,但本院无管辖权的,应告知当事人到有管辖权的人民法院提出起诉的不予受理。婚姻关系的基础是夫妻的感情,法院判决不准离婚,调解和好都是基于双方的感情尚未完全破裂或者有和好的可能。为了有利于弥补夫妻双方的感情裂痕,有益于双方和好相处,需要给予他们一定的时间,如果马上又可以起诉,不利于缓和夫妻双方原已存在的纠纷,因此《民事诉讼法》规定,没有新情况、新理由,原告在 6 个月内起诉的,不予受理。但是,最高人民法院的第一百五十条又规定:"判决不准离婚、调解和好的离婚案件以及判决、调解维持收养关系的案件的被告向人民法院起诉的,不受《民事诉讼法》第一百一十一条第(七)项规定的条件的限制。"也就是说,如果在 6 个月内被告提起离婚的诉讼,法院应当受理;而所谓"新情况"、"新理由"是指提出的情况和理由不是原来起诉时提出过的,而是由于发生了重大的情况变化或具备了更重要的理由。如原判决不准离婚后,夫妻关系急剧恶化,以致可能发生凶杀、自杀等恶性事件,或者发生对方有通奸、姘居等行为。如果有这些情况,虽然在原判决生效后不满 6 个月又起诉的,但也应受理。原告提出的这些新情况、新理由,必须有证据或证据线索,并符合起诉的其他条件,否则不予受理。一般情况下,只是涉及人身关系的案件,如离婚案件,收养关系案件等,在一定条件下当事人可以再行起诉。而其他类型的案件,即使有新的证据足以推翻人民法院的裁判,也只能向人民法院提出申诉,不能再行起诉。对于已经生效的调解协议,一方当事人反悔的,也应告知当事人按申诉处理。

第二,依照法律规定在一定期限内不得起诉的案件,在不得起诉的期限内起诉的,不予受理。在特殊情况下,为保护当事人的合法权益,避免发生重复诉讼或者防止矛盾进一步激化,依法规定某类纠纷在一定期限内,一定条件下,当事人不得起诉。这只是程序上的一个规定,是对当事人行使起诉权期限的推迟,不涉及当事人的实体权益。例如,根据我国《婚姻法》的规定,女方在怀孕期间和分娩后一年内,男方不得提出离婚。那么,对这类案件,男方提出离婚的,人民法院应告知男方在一定期限内不得起诉。

第三,判决不准离婚和调解和好的离婚案件,判决、调解维持收养关系的案件,没有新情况、新理由,原告在 6 个月内又起诉的,不予受理。

第四,依照《行政诉讼法》的规定,属于行政诉讼受案范围的,告知原告提起行政诉讼。由于在行政诉讼案件中,也涉及当事人的人身权利和财产权利,所以行政诉讼争议与民事诉讼争议很相似,容易混同。但两者产生的原因和性质却完全不同。行政诉讼争议是基于一方当事人对国家行政机关的具体行政行为不服而产生的诉讼,产生争议的当事人不是基于平等地位发生的争议;而民事诉讼争议是当事人之间基于平等地位发生民事法律关系而产生的争议,双方当事人是平等的民事主体,没有隶属关系。人民法院在受理案件时要注意区分两类案件的不同性质,对属于行政诉讼争议的,应告知当事人依照行政诉讼法的有关规定起诉。

第五,对判决、裁定已经发生法律效力的案件,当事人又起诉的,告知原告按申诉处理,但是人民法院作出的准许撤诉的裁定除外。判决、裁定是人民法院行使审判权的结果,一旦发生法律效力,当事人不得以同一事实和同一诉讼标的再次提起诉讼,只能向人民法院申诉,通过再审程序解决。但是人民法院裁定准许当事人撤诉的,当事人撤回的只是起诉的权利,其实体的民事权利还存在,因此,当事人还可以同一事实和理由,就同一诉讼标的再起诉。

第六,依照法律规定,双方当事人达成书面仲裁协议申请仲裁、不得向人民法院起诉的,告知原告向仲裁机构申请仲裁;合同的双方当事人可以在合同中协议规定发生纠纷时由仲裁机关管辖,或由人民法院管辖;这一规定,扩大了当事人的诉讼权利,充分尊重了当事人选择管辖纠纷机关的权利。合同纠纷的双方当事人在纠纷发生之前或纠纷发生之后,可以协商选择管辖纠纷的仲裁机关和人民法院。如果当事人明确选择由仲裁机关处理的,应由仲裁机关进行仲裁;如果一方当事人向人民法院起诉的,人民法院不应受理,而应告知起诉人到协商确定的仲裁机关申请仲裁。根据最高人民法院有关法律、法规的规定,对合同纠纷的双方当事人没有选择管辖协议的,一方当事人向仲裁机关申请仲裁,仲裁机关已经立案并发出应诉通知书,而另一方拒绝应诉之后向人民法院起诉的,只要符合法律规定的起诉条件的,人民法院就应受理;但是,如果合同纠纷的一方当事人向仲裁机关申请仲裁,另一方当事人作出答辩或者表示同意应诉后又向人民法院起诉的,人民法院不予受理。仲裁机关裁决后当事人一方或者双方对裁决不服的,可以依法向有管辖权的人民法院起诉。

第七,依照法律规定,应当由其他机关处理的争议,告知原告向有关机关申请解决。如提升工资、颁发奖金、分配住房、录取学员等争议应向有关的主管部门申请解决。还有男女双方登记离婚后一方反悔,向人民法院提起诉讼的,应告知当事人向原婚姻登记机关申请解决,人民法院不予受理。

278. 如何理解原告、被告、起诉、再审这四个概念

民事诉讼中的原告,是指认为自己的民事权益或者受其管理支配的民事权益受到侵害,或者与他人发生争议,为维护其合法权益而向人民法院提起诉讼,引起诉讼程序发生的人。

民事诉讼中的被告,是指被诉称侵犯原告民事权益或与原告发生民事权益争议,被人民法院传唤应诉的人。在一般情况下,原告一方和被告一方都是一人,即单一的原告、被告。这在民事诉讼法学理论研究中称为狭义的当事人。广义的当事人,除单一的原告、被告外,还包括共同诉讼人、诉讼代理人、第三人。原告和被告都是民事诉讼的当事人,是基本的诉讼主体,诉讼当事人的特征在其身上有最充分的体现。原告和被告都以自己的名义参加诉讼,与案件有法律上的利害关系,为保护自己的民事权益进行诉讼,受人民法院裁判的拘束。

起诉是公民、法人或其他组织因其民事权益受到侵害或与他人发生争议,以自己的名义,请求人民法院行使审判权,给予司法保护的诉讼行为。起诉在民事诉讼中有重要作用,没有当事人的起诉行为就不会有受理、诉讼前的准备、开庭审理等一系列诉讼行为的发生。根据《民事诉讼法》第一百五十八条规定,对简单的民事案件,

原告可以口头起诉。书面方式为主要方式,即起诉在一般情况下都应当向人民法院呈递起诉状,只有在当事人书写确有困难的情况下,才可以口头方式起诉。起诉并不一定会引起诉讼程序的发生,原告起诉以后,还须由人民法院受理,诉讼程序才正式开始。

所谓再审就是人民法院根据法律的规定,为了纠正已经发生法律效力的判决或者裁定中的错误,按照上级人民法院的指令或者本院审判委员会的决定,或者根据人民检察院的抗诉,或者是人民法院审查当事人的申请认为符合本法规定的条件,对已经发生法律效力的案件再次进行审理。再审一般由原审人民法院进行。

279. 如何申请执行民事判决 法院应该如何处理被执行人隐匿财产的案件

发生法律效力的民事判决书、裁定书、调解书和其他应当由人民法院执行的法律文书,当事人必须履行。如果一方拒不履行,有的可以由审判员移送执行员执行,对方当事人也可向法院申请执行。申请执行要注意以下两点:一是申请执行时,要在法定期限内,递交《申请执行书》和据以执行的判决书、裁定书等法律文书及有关材料。二是对于法院的判决、裁定,应向第一审法院申请;对于其他法律文书的执行,如仲裁裁决等,应根据《民事诉讼法》第二百二十四条第二款的规定,由被执行人住所地或者被执行的财产所在地人民法院执行。

为了解决审判实践中严重存在的"执行难"的状况,《民事诉讼法》第二百四十八条明确规定,被执行人不履行法律文书确定的义务,并隐匿财产的,人民法院有权发出搜查令,对被执行人及其住所或者财产隐匿地进行搜查。

280. 采取执行措施后被执行人仍然不能偿还债务怎么办

在执行程序中,人民法院在采取查询、冻结、划拨被执行人的银行存款,扣留、提取被执行人的收入,查封、扣押、冻结、拍卖、变卖被执行人的财产等项执行措施后,被执行人仍不能履行法律文书确定的义务的,应当由其继续履行义务;债权人倘若发现被执行人还有其他财产的,可以随时请求人民法院执行,这就是继续执行制度。这项制度的实质,是被执行人债务的不豁免原则,即被执行人的债务不因清偿或分配而予以豁免,只要债务人还有剩余债务存在,就应当负责清偿,直至全部清偿完毕。法律规定,即便作为被执行人的公民死亡,作为被执行人的法人或者其他组织终止,其所负的债务也不能被免除,而应以其遗产偿还债务,或者由其权利义务承受人履行义务。《民事诉讼法》中规定继续执行制度,目的是加重债务人履行法律文书确定的义务的责任,切实保护债权人的合法权利,解决目前严重存在的"执行难"问题。

281. 什么是诉讼代理人

所谓诉讼代理人,就是指按照法律规定,由法院指定或受当事人委托,以当事人一方的名义,在一定权限范围内进行诉讼活动的人。被代理的一方当事人称为被代理人或委托人。代理当事人进行诉讼活动的权限称为诉讼代理权。诉讼代理的目的在于协助当事人实现诉讼权利和履行诉讼义务。诉讼代理人具有以下几个特点:

第一,诉讼代理人必须是有诉讼行为能力的人。根据诉讼代理权发生的根据不同,诉讼代理人分为法定代理人和委托代理人两种。

第二,诉讼代理人只能代理当事人一方,而不能在同一诉讼中代理当事人双方。

第三,诉讼代理人在代理权限范围内所实施的行为,其法律后果由被代理人承担。

第四,诉讼代理人参加诉讼的目的在于维护被代理人的权利和利益,而不是为了维护自己的权益。

第五,诉讼代理人只能以被代理人的名义进行诉讼活动,而不能以自己的名义进行诉讼活动。

282. 民事诉讼当事人可委托哪些人作为自己的诉讼代理人　当事人应向法院提供哪些证据

如果当事人要委托他人作为诉讼代理人,可以选择律师、当事人的近亲属作为代理人,其中近亲属包括其配偶、父母、子女、兄弟姐妹、祖父母、外祖父母、孙子女、外孙子女。同时,有关的社会团体或者当事人所在单位推荐的人、经法院许可的其他公民也都可以被委托为诉讼代理人。

当事人在诉讼中要求人民法院保护自己的权益时,就必须向人民法院提供证据,而当事人向人民法院如实提供的诉讼证据是证明案件事实的根据,是人民法院经过查证属实,正确应用法律,作出裁判的前提和保障。根据《民事诉讼法》第六十三条的规定,结合案件的实际情况,当事人应向法院提供以下几种具有证明力的证据:一是物证;二是书证;三是当事人的陈述;四是证人证言;五是勘验笔录;六是鉴定意见;七是视听资料;八是电子数据。当事人向人民法院提供的以上证据,经过人民法院查证属实,才能作为认定事实的根据。当事人提供的证据,必须具有客观性、相关性和合法性。

283. 离婚案件当事人应该向法院提供哪些证据

所谓离婚案件,就是指配偶一方以对方为被告,向人民法院提出的以解除现存的婚姻关系为目的的诉讼。《婚姻法》第三十二条第二款规定:"人民法院审理离婚案件,应当进行调解,如感情确已破裂,调解无效,应准予离婚。"因此,夫妻感情是否确已破裂,是人民法院判决准予离婚或不准予离婚的唯一标准,也是离婚案件中的主要证明对象。此外,夫妻共同财产的情况、子女的抚养问题、债务的清偿问题等,都需要证明。当事人应当向人民法院提供以下几个方面的证据:

第一,提供个人身份证及结婚证书。

第二,提供婚后感情的证据材料。例如,通过具体事例说明夫妻婚后感情好、不好,或者一般。夫妻是否已经分居、何时开始分居、分居原因等证据材料。

第三,提供子女情况的证明材料。例如,子女人数、姓名、性别、年龄、文化程度,是亲生的、收养的还是过继的;夫妻双方对子女的抚养条件如何;如果夫妻已分居,子女随母还是随父生活的证据材料。

第四,提供住房情况的证明材料。例如,现住房如果是租赁的,则应提供房屋租赁契约;现住房是私房,应提供房屋产权证明。

第五,如果双方已进行过离婚诉讼,则应提供原审法院的名称、承办审判员姓名、原案卷号,并提交原判决书、裁定书。

第六,提供家庭财产清单,并附上关于该财产是夫妻个人财产还是夫妻共有财产的证明材料。对性质有争议的财产,应提供该财产的来源和取得时间的证据材料。

第七,提供婚前基础状况的证据材料。例如,双方是自由恋爱,还是包办买卖婚姻,何时恋爱,恋爱期间有无波折,是初婚还是再婚的证据材料。

第八,提供引起离婚主要原因的证据材料。例如,对第三者插足的离婚案件,要提供第三者介入事实的证据材料,说明是关系暧昧,还是通奸;是非法姘居还是重婚;以及对夫妻关系的影响等情况的证据材料。

第九,提供双方经济收入情况及生活现状的证据材料。例如,双方的工资收入,如有存款,应提供开户姓名、储蓄所名称、账号、开户日期、金额、种类等;如有债务,则应提供借据或者证人证言等证明材料。

第十,提供与本案有关的其他证据材料。

284. 继承案件当事人应该向法院提供哪些证据

继承人之间为继承遗产发生纠纷,提起诉讼的案件称为继承案件。根据《继承法》的规定,财产继承有法定继承和遗嘱继承两种方式。法定继承,即依照《继承法》规定的范围和顺序,依次进行继承。遗嘱继承就是被继承人生前立有符合法律规定的遗嘱,在其死后由继承人按所立遗嘱继承遗产。继承案件情况比较复杂,当事人应围绕着自己的主张进行举证。主要提供的证据资料有:

(1)提供被继承人生前婚姻、生育和收养子女状况的证据材料,包括被继承人的配偶、父母、子女的姓名、性别、年龄、工作单位和住址等基本情况。

(2)当事人如果放弃继承权利的,应提交其亲笔书写的弃权书,如果认为当事人中有不应享有继承权的,也应提供其丧失继承权的证据材料。

(3)提供由公安机关或者有关部门出具的被继承人死亡的证明书。

(4)如果当事人是被继承人的妻子,主张保留胎儿的继承份额,应当提供医院开具的自己已怀有身孕的诊断证明。

(5)被继承人生前立有遗嘱的,应提供遗嘱原件(包括经过公证的遗嘱)。对自书遗嘱,应提供该遗嘱确系被继承人自己书写的证据材料(包括鉴定证明)。对口头遗嘱,要提供与继承人、受遗赠人无利害关系的两人以上的见证人名单。

(6)如果当事人是丧偶儿媳或者丧偶女婿,主张自己享有继承权,则应提供自己对公婆或者岳父母生前尽了主要扶养义务的证明材料。

(7)提供被继承人遗产状况的证据材料。例如,财产清单、房屋产权证书、存款单、自行车执照等说明遗产的位置、数量、质量和特征的证据。被继承人生前有债权、债务的,应提供有关债权、债务内容及数额的证据材料。

(8)应提供继承人与被继承人之间尽扶养义务的证据材料。

(9)提供与本案有关的其他证据材料。

285. 债务纠纷案件中当事人应向法院提供哪些证据

在债务纠纷案件中,当事人应该向法院提供以下几方面的证据:

(1)有债务担保人或者连带责任人的,应提供有关人员的姓名、性别、工作单位、职务、家庭住址及其应当承担责任的证据材料;

(2)提供债务人逾期不履行债务,以及其他违反合同行为的证据;

(3)提供借据、收据、合同等能够证明原告和被告之间存在着债权债务关系的证明材料;

(4)债务人可以提供债务的关系发生、变更或者已经消灭的证据材料;

(5)原告人应提供自己将标的物交给被告的时间、地点及交付经过的证据材料;

(6)要求返还物品的,应提供物品的数量、质量及存放地点的证据材料;

(7)提供其他与本案有关的证据材料;

(8)没有抵押权的债权,应提供抵押物的收据等,说明抵押物的种类、数量、价值等;

(9)提供被告具有偿付能力的证据材料。

286. 当事人在追索赡养费、扶养费、抚育费案件中应向法院提供哪些证据

在追索赡养费、扶养费、抚育费案件中,当事人应该向法院提供以下方面的证据:

(1)提供被告不履行赡养、扶养、抚育义务的事实和原因的证据材料;

(2)提供被告现实经济状况,说明他给付原告生活费用和提供劳务的可能性;

(3)提供结婚证书、户口簿、收养关系证书或者字据等说明原、被告之间存在着婚姻关系、直系血缘关系、收养关系或其他社会关系的证据材料;

(4)原告人应提供本人经济生活状况和需要赡养、扶养、抚育理由的证据材料;

(5)提供其他与本案有关的证据。

287. 法院在一方当事人拒不到庭的情况下能宣判吗

根据《民事诉讼法》第一百四十四条的规定,被告经传票传唤,无正当理由拒不到庭的,或者未经法庭许可中途退庭的,可以缺席判决。

根据《民事诉讼法》第一百四十三条的规定,原告经传票传唤,无正当理由拒不到庭的,或者未经法庭许可中途退庭的,可以按撤诉处理;被告反诉的,可以缺席判决。

根据《民事诉讼法》第一百四十三条、第一百四十四条的规定,对于法定代理人和第三人,经法院传票传唤,无正当理由拒不到庭

的,同样可以缺席判决。

人民法院开庭审理案件时,如果遇到有一方当事人拒不到庭的情况,可以仅就到庭的另一方当事人进行询问、核对证据、听取意见,在审查核实未到庭一方当事人提出的起诉状或者答辩状和证据后,在查清全部案件事实的情况下,可以依法作出缺席判决。缺席判决同样具有法律效力。

288. 民事案件如何上诉

根据《民事诉讼法》规定,当事人对一审判决或裁定不服,可以在法定期限内上诉。上诉虽然可以直接向二审法院提出,但由于二审法院接到上诉状后,还得在 5 日之内将其移交给原审法院,由原审法院连同其他材料一起报送给二审法院,所以,上诉应当通过原审法院提出。对判决不服,上诉期限为 15 日;对裁定不服,上诉期限为 10 日。上诉要用书面形式,要递交上诉状。上诉状的内容包括:

(1)原审人民法院名称、案件的编号和案由;

(2)当事人的姓名,如果当事人是法人,要写清法人的名称及其法定代表人的姓名;

(3)上诉的请求和理由。

递交一份上诉状正本的同时,还要递交与对方当事人或者代表人数目相同的副本,以便法院转交后供其答辩。上诉时,还要按规定预交案件受理费和其他费用。如果缴纳诉讼费用确有困难,可以按照规定,向人民法院申请缓交、减交或免交。

第十二章　农村行政法律知识

289. 什么是行政诉讼　它具有哪些特点

行政诉讼又被称为行政官司,是指公民、法人或其他组织认为国家行政机关和行政机关工作人员的具体行政行为侵犯其合法权益时,依照《行政诉讼法》向人民法院起诉,由人民法院审理并作出裁判的活动。即人们通常所说的"民告官"。行政官司具有以下几大特点:

(1)人民法院依法对具体行政行为是否合法进行审查,在诉讼期间行政决定不因原告提起诉讼而停止执行;

(2)行政诉讼必须由国家审判机关依照法定程序进行;

(3)行政诉讼不适用调解和反诉;

(4)诉讼当事人中的被告方必须是国家行政机关或是法律法规授权行使行政管理权的组织;

(5)行政诉讼活动是行政纠纷引起的,即具体行政行为被认为侵犯了相对人的合法权益,或是违法,或是越权、滥用职权;

(6)行政机关对自己作出的具体行政行为负有举证责任;

(7)原告必须是认为具体行政行为侵犯其合法权益的公民、法人或其他组织,也就是行政机关具体行政行为的相对人。

290. 行政诉讼应该向何地法院起诉

根据《行政诉讼法》第十八条、第十九条、第二十条和第二十一条规定,行政案件由最初作出行政行为的行政机关所在地人民法院管辖。经复议的案件,也可以由复议机关所在地人民法院管辖。经最高人民法院批准,高级人民法院可以根据审判工作的实际情况,确定若干人民法院跨行政区域管辖行政案件。对限制人身自由的行政强制措施不服提起的诉讼,由被告所在地或者原告所在地人民法院管辖。因不动产提起的行政诉讼,由不动产所在地人民法院管辖。两个以上人民法院都有管辖权的案件,原告可以选择其中一个人民法院提起诉讼。原告向两个以上有管辖权的人民法院提起诉讼的,由最先立案的人民法院管辖。

291. 行政诉讼开庭前原告应做哪些准备

开庭审理,是行政诉讼中的主要阶段。原告做开庭审理的准备,应从以下几个方面着手:

(1)要携带笔和纸,在法庭上,应记下被告答辩的要点,以便在辩论中,对应该辩驳的内容,根据事实、证据和法律,逐一辩驳,从而维护自己的诉讼请求,使自己的合法权益得到保护。

(2)能够熟记或熟读起诉状的内容,要认真做好陈述。

(3)要注意本案的审判人员、书记员、鉴定人、翻译人与本案是否有利害关系,以便法庭在交代回避权时,能及时、正确地决定是否申请回避。

292. 公民对行政机关的哪些行为可以向法院起诉

根据《行政诉讼法》第二条规定:"公民、法人或者其他组织认为行政机关和行政机关工作人员的具体行政行为侵犯其合法权益,有权依照本法向人民法院提起诉讼。"前款所称行政行为,包括法律、法规、规章授权的组织作出的行政行为。可见,并非所有行政行为都可以提起行政诉讼,只有具体行政行为可以。所谓具体行政行为,是指行政机关依法行使职权、针对特定的人就特定的事件所做的直接影响其权利义务的行为。例如,公安机关依照《治安管理处罚法》,将某公民行政拘留 10 天,这一行政处罚行为就属于具体行政行为的范畴。具体行政行为是相对抽象行政行为而言的。所谓抽象行政行为,是指行政机关依法行使职权过程中,针对非特定对象,制定可以反复适用的法规、规章及其他具有普遍约束力的规范性文件的行为。

具体说来,根据《行政诉讼法》第十二条的规定,人民法院受理公民、法人或者其他组织提起的下列诉讼:

(1)对行政拘留、暂扣或者吊销许可证和执照、责令停产停业、没收违法所得、没收非法财物、罚款、警告等行政处罚不服的;

(2)对限制人身自由或者对财产的查封、扣押、冻结等行政强制措施和行政强制执行不服的;

(3)申请行政许可,行政机关拒绝或者在法定期限内不予答复,或者对行政机关作出的有关行政许可的其他决定不服的;

(4)对行政机关作出的关于确认土地、矿藏、水流、森林、山岭、草原、荒地、滩涂、海域等自然资源的所有权或者使用权的决定不服的;

(5)对征收、征用决定及其补偿决定不服的;

(6)申请行政机关履行保护人身权、财产权等合法权益的法定职责,行政机关拒绝履行或者不予答复的;

(7)认为行政机关侵犯其经营自主权或者农村土地承包经营权、农村土地经营权的;

(8)认为行政机关滥用行政权力排除或者限制竞争的;

(9)认为行政机关违法集资、摊派费用或者违法要求履行其他

义务的;

(10)认为行政机关没有依法支付抚恤金、最低生活保障待遇或者社会保险待遇的;

(11)认为行政机关不依法履行、未按照约定履行或者违法变更、解除政府特许经营协议、土地房屋征收补偿协议等协议的;

(12)认为行政机关侵犯其他人身权、财产权等合法权益的。

除前款规定外,人民法院受理法律、法规规定可以提起诉讼的其他行政案件。

293. 人民法院不受理哪些行政诉讼事项

根据《行政诉讼法》第十三条的规定,人民法院不受理公民、法人或者其他组织对下列事项提起的诉讼:

(1)国防、外交等国家行为;

(2)行政法规、规章或者行政机关制定、发布的具有普遍约束力的决定、命令;

(3)行政机关对行政机关工作人员的奖惩、任免等决定;

(4)法律规定由行政机关最终裁决的行政行为。

294. 人民法院怎样判决行政诉讼案件

(1)《行政诉讼法》第六十九条规定,行政行为证据确凿,适用法律、法规正确,符合法定程序的,或者原告申请被告履行法定职责或者给付义务理由不成立的,人民法院判决驳回原告的诉讼请求。

(2)《行政诉讼法》第七十条规定,行政行为有下列情形之一的,人民法院判决撤销或者部分撤销,并可以判决被告重新作出行政行为:

①主要证据不足的;

②适用法律、法规错误的;

③违反法定程序的；

④超越职权的；

⑤滥用职权的；

⑥明显不当的。

（3）《行政诉讼法》第七十二条规定，人民法院经过审理，查明被告不履行法定职责的，判决被告在一定期限内履行。

（4）《行政诉讼法》第七十七条规定，行政处罚明显不当，或者其他行政行为涉及对款额的确定、认定确有错误的，人民法院可以判决变更。

人民法院判决变更，不得加重原告的义务或者减损原告的权益。但利害关系人同为原告，且诉讼请求相反的除外。

295. 行政案件的起诉期限是如何规定的

《行政诉讼法》第四十六条规定："公民、法人或者其他组织直接向人民法院提起诉讼的，应当自知道或者应当知道作出行政行为之日起六个月内提出。法律另有规定的除外。因不动产提起诉讼的案件自行政行为作出之日起超过二十年，其他案件自行政行为作出之日起超过五年提起诉讼的，人民法院不予受理。"

《行政诉讼法》第四十七条规定，公民、法人或者其他组织申请行政机关履行保护其人身权、财产权等合法权益的法定职责，行政机关在接到申请之日起两个月内不履行的，公民、法人或者其他组织可以向人民法院提起诉讼。法律、法规对行政机关履行职责的期限另有规定的，从其规定。

公民、法人或者其他组织在紧急情况下请求行政机关履行保护其人身权、财产权等合法权益的法定职责，行政机关不履行的，提起诉讼不受前款规定期限的限制。

296. 人民法院审理行政案件是怎样收取费用的

根据《行政诉讼法》第一百零二条规定,"人民法院审理行政案件,应当收取诉讼费用。"诉讼费用,是指当事人进行行政诉讼应当向人民法院交纳或支付的费用。征收诉讼费用,有利于减轻国家财政负担,增强当事人的法制观念,监督行政机关依法行政。

行政诉讼费用包括案件受理和其他诉讼费用。案件受理费是人民法院在受理行政案件时依据有关规定向当事人收取的费用。其征收标准是:治安行政案件,每件交纳 5 到 30 元;专利行政案件,每件交纳 50 到 4 130 元;其他行政案件,每件交纳 30 至 100 元。有财产争议其争议金额不满 1 000 元的,每件交纳 50 元;超过 1 000 元到 5 万元的部分,按 4% 交纳;超过 5 万元到 10 万元的部分,按 3% 交纳;超过 10 万元到 20 万元的部分,按 2% 交纳;超过 20 万元到 50 万元的部分,按 1.50% 交纳;超过 50 万元到 100 万元的部分,按 1% 交纳;超过 100 万元的部分,按 0.5% 交纳。

其他诉讼费用,包括鉴定费,翻译费,公告费,勘验费,证人、鉴定人或翻译人的误工补贴和车旅费,执行判决、裁决或调解协议实际应支出的费用,采取诉讼保全措施的申请费和实际支出的费用,以及人民法院认为应当由当事人支付的其他费用。其他诉讼费用的征收,由人民法院根据有关规定和实际情况决定金额。

297. 行政诉讼费用应当由谁预交、由谁承担

在第一审行政案件中,案件受理费由原告向人民法院预交。人民法院收到起诉状后,经审查,认为符合立案条件的,应当在 7 日内立案,并通知原告预交案件受理费。如果原告收到人民法院通知之日起 7 日内既没有预交案件受理费,也没有提出减交、免交或缓交案件受理费的申请,则按自动撤诉处理。同一案件中有两个以上原告

的,一般由最先提起诉讼的原告预交受理费;同时提起诉讼的,预交受理费由原告协商解决,协商不成的,由人民法院决定由谁预交。

在行政上诉案件中,上诉人是诉讼费用的预交人。上诉人应当自收到人民法院预交诉讼费用的通知起7日内预交诉讼费用。逾期不交,又不提出缓交、免交或减交申请的,按自动放弃上诉权处理。

根据《行政诉讼法》第一百零二条规定,诉讼费用由败诉方承担,双方都有责任的由双方承担。实践中,诉讼费用承担的具体方法是:

(1)在侵权赔偿诉讼中,如果是以调解方式结案的,诉讼费用可以由原、被告双方协商负担。协商不成的由人民法院决定。

(2)案件受理费以外的其他诉讼费用由申请人承担。

(3)诉讼过程中原告申请撤诉的案件,诉讼费用由原告承担。但是,如果原告申请撤诉是由于被告改变了它原来的具体行政行为,那么,经人民法院裁定准许撤诉后,案件受理费用由被告负担,减半收取。

(4)部分胜诉,部分败诉的,诉讼费用由原、被告按双方责任大小分担。

(5)一方胜诉,一方败诉的,诉讼费用由败诉方承担。

298. 乡政府有治安处罚权吗

根据规定,治安处罚权属于公安机关,乡政府没有直接的治安处罚权。根据《地方各级人民代表大会和地方各级人民政府组织法》的规定,乡人民政府是我国最基层一级的地方人民政府,属行政机关之列,有权管理本行政区域内的公安工作。但根据《治安管理处罚法》的规定,对扰乱公共秩序,妨害公共安全,侵犯人身权利、财产权利,妨害社会管理,具有社会危害性,依照《刑法》的规定构成犯罪的,依法追究刑事责任;尚不够刑事处罚的,由公安机关依照本法给予治安管理处罚。根据《治安管理处罚法》第九十一条规定,治安管理处罚由县级以上人民政府公安机关决定；其中警告、500 元以下的罚款可以由公安派出所决定。

299. 行政主体是否能放弃行使其法定职权

行政主体不能放弃行使其法定职权。与公民所拥有的权利不同，行政主体所拥有的行政职权并非是自然拥有的，而是来自于宪法、组织法或其他单行法律、法规的明示授权，没有法律、法规的明示授权或许可，行政主体一般不得从事相应的行政管理活动，国家对行政主体的授权也意味着在符合法定条件的情况下，行政主体必须依法认真行使其法定职权。国家设立行政权的目的就是通过行政主体的行政管理活动，维护公共秩序。如果行政主体任意放弃行使其法定职权，不但会损害行政管理活动所涉及的公民、法人或者其他组织的合法权益，而且会破坏国家行政管理活动的正常、有效、连续进行，损害公共利益的法治秩序，因此，行政主体在拥有国家授予的行政职权的同时，也承担了依法认真行使其职权的义务。行政职权不仅是一种权力（利），更是一种职责，一种义务，而行政主体职权与职责的一致性（或称重合性）则表明在法定条件满足的情况下，其不仅应该行使行政职权，也必须行使行政职权，而不得任意转让、放弃其职权，否则即构成行政失职，应承担相应的法律责任。

300. 哪些行政机关有权实施行政处罚

行政处罚原则上由国家行政机关行使。考虑到行政管理的实际需要和行政组织编制管理的现状，法律规定某些符合条件的组织，经过法律、法规的授权或行政机关的委托也可以实施行政处罚。

第一，法律、法规授权的组织。

为实施行政机关行使行政处罚权的例外，某些组织在法定条件下可以成为实施行政处罚的主体。主要条件是：

(1)在法定授权范围内行使行政处罚权;

(2)法律、法规的明文授权;

(3)该组织具有管理公共事务的职能。

授权组织的主体法律特征是:

(1)只要授权法律不改变,实施行政处罚就可成为该组织的固有职能;

(2)以自己的名义承担法律责任,参加诉讼并承担相应的法律后果;

(3)以自己的名义实施行政处罚,直接向法律负责。

第二,行政机关委托的组织。

某些组织可以接受行政机关的委托实施行政处罚,并与行政机关形成委托和被委托的法律关系。受委托组织必须具备下列法定条件:

(1)对违法行为需要进行技术检查或者技术鉴定的,应有组织进行相应检查鉴定的条件;

(2)该组织有熟悉有关法律、法规、规章和业务的工作人员;

(3)该组织是依法成立的管理公共事务的事业组织。

在行政处罚委托法律关系中,行政机关进行委托负有以下法律义务:

(1)对被委托组织实施行政处罚的行为后果承担法律责任;

(2)对被委托组织实施行政处罚的行为进行监督;

(3)委托事项必须在该机关的法定权限以内;

(4)具有法律、法规或者规章的依据。

受委托组织的法律义务是:

(1)不得再委托其他任何组织或者个人实施行政处罚;

(2)实施行政处罚不得超出委托范围;

(3)以委托行政机关的名义实施行政处罚。

第三,行政主管机关。

国家行政机关行使国家行政处罚权,应符合法律的要求。

(1)具有行政处罚权的行政机关只能在法定职权范围内实施处罚。法定职权包括两个方面:一是行政机关只能对自己主管业务内违反行政管理秩序的行为给予行政处罚;二是行政机关给予违法人以什么种类、多大幅度的处罚,要依法律对该机关授权。至于如何划分行政机关对违法案件的权限分工,则由管辖制度加以解决。

《行政处罚法》中对行政机关综合执法作了规定。行政机关一般是按业务特点设置工作部门的,单行的法律、法规往往也是分行业和管理领域,将包括行政处罚权在内的行政管理权授予某一行政主管机关。但是在行政管理实践中,往往需要将法律规定属于不同行政主管部门的处罚权集中于某一行政机关统一行使,以提高行政效果。因此,《行政处罚法》规定,除限制人身自由的行政处罚权只能由公安机关行使外,国务院或者经国务院授权的省、自治区、直辖市人民政府可以决定一个行政机关行使有关行政机关的行政处罚权。

(2)不是所有的行政机关都有行政处罚权。哪些行政机关有行政处罚权,由法律和国务院规定。

301. 违反卫生管理法规的行为应该受到什么处罚 对处罚不服的怎么办

目前,卫生管理方面主要的法规有:《中华人民共和国食品安全法》《中华人民共和国药品管理法》《中华人民共和国国境卫生检疫法》《公共场所卫生管理条例》等。对违反卫生管理法规的行为,卫生行政部门可以依法作出相应的行政处罚决定。

(1)违反《放射性同位素与射线装置安全和防护条例》的行为,包括:未经许可新建、改建放射工作场所的放射防护设施并擅自启用;未经许可登记从事生产、使用、销售放射线装置;放射性同位素的生产、使用贮存场所或射线装置的生产,使用场所不设置防护设施;未经许可或在登记范围之外从事放射性同位素的订购、销售、转让、调拨或借用等。对这类违法行为,卫生行政部门可以视其情节,给予警告并限期改进,停工或停业整顿、罚款、没收违法所得等行政处罚。当事人对行政处罚不服的,在接到处罚决定通知之日起15日内,可以向决定处罚的上一级卫生行政部门申请复议。对复议结果不服的,在收到复议书之日起15日内,可以向人民法院起诉。

(2)对违反药品管理法规,生产销售假药,生产销售劣药,未取得许可证而生产经营药品或配制剂的,卫生行政管理部门可以给予没收假药、劣药和违法所得、罚款、责令该单位停业整顿、吊销药品生产许可证、药品经营许可证、制剂许可证的行政处罚。

(3)对单位或个人违反公共卫生管理法规,卫生质量不符合国家标准和要求而继续营业,未获得"健康合格证"而从事直接为顾客服务的工作,拒绝卫生监督,未获得卫生许可证而擅自营业的,卫生防疫机构可以根据情节轻重给予警告、罚款、停业整顿、吊销卫生许可证的行政处罚。

(4)违反国境卫生检疫法,逃避检疫,向国境卫生检疫机构隐瞒真实情况的人员以及未经国境卫生检疫机构许可,装卸行李、货物、邮包等物品,不听劝阻的人员,国境卫生检疫机关可以根据情节轻重,给予警告或罚款的处罚。

被处罚人对主管行政部门作出的行政处罚不服的,可以在接到处罚决定通知之日起15日内向有管辖权的人民法院提起行政诉讼,有的则必须首先经过上级卫生行政机关的复议程序。

(5)违反食品安全法规定,未经许可从事食品生产经营活动,或者未经许可生产食品添加剂的,由有关主管部门按照各自职责分工,没收违法所得、违法生产经营的食品、食品添加剂和用于违法生产经营的工具、设备、原料等物品;违法生产经营的食品、食品添加剂货值金额不足10 000元的,并处2 000元以上五万元以下罚款;货值金额1万元以上的,并处货值金额5倍以上10倍以下罚款。

302. 对同一行政违法行为能多次处罚吗

根据《行政处罚法》第二十四条规定了对当事人的同一违法行为,不得给予两次以上罚款的行政处罚。简称"一事不再罚"原则。同一行为是指同一行为主体基于同一个事实和理由实施的一次性行为。对同一违法行为,根据法律规定和处罚管辖权的规定,有时可以给予两次以上除罚款以外的其他行政处罚。

以下情形不适用"一事不再罚"规则:

第一,行政处罚与执行罚对同一违法者一并适用。当行为人被施以行政处罚后,又拒不履行行政处罚决定设定的义务,行政机关可依法处以罚款以促使其履行义务。

第二,行政违法中的屡犯。行为人在因某一违法行为被处罚后不久,又重新实施同一性质的违法行为,行政机关可以对重新实施的违法行为再次给予处罚。

第三,某些法律规定行政机关对行为人处以一种处罚后,处罚难以执行的,行政机关可以改施另一种形式的行政处罚。例如,《中华人民共和国外国人入境出境管理法实施细则》规定,公安机关对违反本规定的外国人给予罚款处罚后,外国人无力缴纳罚款的,公安机关可改处拘留。

第四,一个行为同时违反了行政法规范和其他法律规范的,由有权机关依据相关法律各自实施多种处罚。

第五,多个不同的行为违反了同一种行政法规范的,可以由行政机关分别裁决,合并执行。每一种违法行为均应给予一次处罚。

303. 对精神病人、未成年人的行政违法行为怎样处罚

(1)精神病人在不能辨认或者不能控制自己行为时有违法行为

的,不予行政处罚,但应当责令监护人严加看管和治疗。间歇性精神病人在精神正常时实施违法行为,应当给予行政处罚。

(2)不满 14 岁的人有违法行为的,不予行政处罚,但责令监护人加以管教;已满 14 岁未满 18 岁的人有违法行为的,从轻或减轻处罚,并将处罚措施与教育措施一并适用。从轻处罚指在法定的处罚幅度内适用较轻的处罚,减轻处罚指适用低于法定处罚的幅度或轻于法定处罚种类的处罚;对已满 14 周岁的未成年人犯罪的,不予刑事处罚或免予刑事处罚的,可适用行政处罚措施与教育措施,包括予以训诫、责令具结悔过或由主管部门给予行政处罚。

(3)又聋又哑的人或盲人因其生理缺陷实施违法行为的,不给予行政处罚。除此之外,应当给予处罚。

304. 行政违法行为在两年内未被发现的还能处罚吗

根据《行政处罚法》第二十九条规定:"违法行为在两年内未被发现的,不再给予行政处罚,法律另有规定的除外。"……前款规定的期限,从违法行为发生之日起计算;违法行为有连续或者继续状态的,从行为终止之日起计算。适用此条款须注意以下几点:

第一,违法行为有连续或继续状态的,自行为终了之日起计算。所谓连续行为,指行为人在一定时间内连续数次实施了同一性质完全相同的违法行为。如某人在 1 个月内 3 次偷盗少量公私财物。所谓继续行为,指一个违法行为发生后,该行为以及由此造成的不法状态一直处于持续状态。如非法存放枪支弹药。有连续或继续状态的违法行为,自最后一个违法行为实施完毕的期限,可长于两年,或短于两年。

第二,两年的期限从行为发生之日起计算。行为发生日指违法行为完成日或停止日。

第三,在违法行为发生后的两年内,对该违法行为有管辖权的行政机关未发现这一违法行为,在两年后,无论何时发现了这一违法行为,对行为人都不能再给予行政处罚。

305. 行政机关可作出罚款决定并直接收缴罚款的情况有哪些

根据《行政处罚法》第四十七条、第四十八条的规定和实践情况,以下三种情况行政机关可收缴罚款:

第一,依法采取执行和措施收缴的罚款,如《行政处罚法》第五十一条规定:当事人逾期不履行行政处罚决定的,行政机关可根据法律规定,将查封、扣押的财物拍卖或者将冻结的存款划拨抵缴罚款,这意味着行政机关可以直接收受罚款。除法定情况外,作出行政处罚决定的行政机关及其执法人员不得自行收缴罚款,而应由当事人自收到行政处罚决定书之日起 15 日内,到指定的银行缴纳罚款,银行收受罚款后,将罚款直接上缴国库。行政机关违反《行政处罚法》的有关规定自行收缴罚款的,由上级行政机关或者有关部门责令改正,对直接负责的主管人员和其他直接责任人员依法给予行政处分。

第二,在边远、水上、交通不便地区,行政机关及其执法人员依法经简易程序或一般程序作出罚款决定,当事人向指定的银行缴纳罚款确有困难的,经当事人提出,行政机关及其执法人员可以当场收缴罚款;但行政机关及其执法人员当场收缴罚款的,必须向当事人出具省、自治区、直辖市财政部门统一制发的罚款收据;并且应当自收缴罚款之日起 2 日内,交至行政机关,在水上当场收缴的罚款,应当自抵岸之日起 2 日内交至行政机关;行政机关应当在 2 日内将罚款缴付指定的银行。

第三,依法当场作出行政处罚决定,给予 20 元以下的罚款,或者不当场收缴事后难以执行的,执法人员可当场收缴罚款。

306. 哪些机关有权作出治安管理处罚决定 哪些机关有权扣留居民身份证

根据《治安管理处罚法》第九十二条规定,治安管理处罚由县级以上人民政府公安机关决定;其中警告、500 元以下的罚款可以由公安派出所决定。

有权扣留居民身份证的唯一机关是公安机关。当然,公安机关也只有在依法对犯罪嫌疑人或者被告人采取强制措施时,才能扣留居民身份证。除此之外,任何单位和个人都不能以任何理由扣留公民的居民身份证,也不能作为抵押。

307. 当事人对公安机关的行政拘留不服能向人民法院起诉吗

根据《治安管理处罚法》第一百零二条规定,被处罚人对治安管理处罚决定不服的,可以依法申请行政复议或者提起行政诉讼。《治安管理处罚法》第一百零七条规定,被处罚人不服行政拘留处罚决定,申请行政复议、提起行政诉讼的,可以向公安机关提出暂缓执行行政拘留的申请。

根据《行政诉讼法》第四十四条第一款规定,对属于人民法院受案范围的行政案件,公民、法人或者其他组织可以先向行政机关申请复议,对复议决定不服的,再向人民法院提起诉讼;也可以直接向人民法院提起诉讼。但《行政诉讼法》第四十四条第一款同时又规定:"法律、法规规定应当先向行政机关申请复议,对复议决定不服再向人民法院提起诉讼的,依照法律、法规的规定。"这叫"复议前置"。所以,对公安机关的行政拘留不服的,不能直接向法院提起行政诉讼,而必须先向上级公安机关提起行政复议。

308. 当事人对公安交警部门作出的交通事故责任认定不服能向人民法院起诉吗

根据国务院《道路交通事故处理程序规定》第五十一条规定："当事人对道路交通事故认定有异议的,可以自道路交通事故认定书送达之日起三日内,向上一级公安机关交通管理部门提出书面复核申请。复核申请应当载明复核请求及其理由和主要证据。"由此可见,当事人对公安交警部门交通事故责任认定不服的,可以在规定的时间内向上一级公安机关申请复核。

公安部《道路交通事故处理程序规定》第五十三条规定,上一级公安机关交通管理部门自受理复核申请之日起三十日内,对下列内容进行审查,并作出复核结论:

(1)道路交通事故事实是否清楚,证据是否确实充分,适用法律是否正确;

(2)道路交通事故责任划分是否公正;

(3)道路交通事故调查及认定程序是否合法。

复核原则上采取书面审查的办法,但是当事人提出要求或者公安机关交通管理部门认为有必要时,可以召集各方当事人到场,听取各方当事人的意见。

复核审查期间,任何一方当事人就该事故向人民法院提起诉讼并经法院受理的,公安机关交通管理部门都应当终止复核。

309. 行政处罚有何特征 当事人不服怎么办

行政处罚是行政机关依照法律、法规的规定对违反法律、法规、规章尚未构成犯罪的行为给予的法律制裁。

行政处罚一般具有以下几个特征:

一是行政处罚具有惩罚性,但这种惩罚不能免除被处罚人在行政法上应当履行的义务。

二是行政处罚的对象是违法的公民、法人或其他组织。

三是行政处罚必须由行政机关依法作出,行政机关不得超越自己的职权范围进行处罚。即某一特定的行政处罚,只能由某一特定的行政机关作出。例如,拘留这种行政处罚,只能由公安机关依职权作出,其他任何行政机关无权作出拘留处罚决定。

四是必须以被处罚人违反法律、法规、规章规定的义务为前提。公民、法人或其他组织无违法行为,行政机关就不能给予行政处罚。

行政处罚的种类很多,涉及治安、工商、税务、环保、食品卫生、审计、财政、金融、外汇管理、土地、水流、矿产、森林等管理的各个领域。如果进行归类,可以把行政处罚大体分为以下四类:

一是交付财产的处罚,如罚款、征收超生费;

二是限制行为能力的处罚,如吊销营业执照、卫生许可证、药品生产许可证、进出口贸易许可证、驾驶证等;

三是限制人身自由的处罚,主要是拘留;

四是其他行政处罚,如没收财产、没收非法所得、责令停产停业、责令关闭、征收滞纳金、销毁、拆除、停止贷款、警告等。

公民、法人或其他组织对行政机关作出的行政处罚不服的,除法律特别规定的以外,可以依照《行政诉讼法》在法律规定的期限内向管辖区的人民法院提起行政诉讼。

310. 当事人对行政机关采取的强制措施不服怎么办

行政强制措施,是行政机关强制公民、法人或其他组织履行某种义务,或行政机关为防止、制止危害社会的行为而采取的带有强制性的措施。

行政强制措施的种类可分为两类：

(1)限制财产权利行使的强制措施,包括查封财产、扣押财产、冻结财产、变卖财产、强行划拨银行存款、强行扣缴、强制退还、强制检验、强制许可、强制销毁、强制扣除等。

(2)限制人身自由的行政强制措施,包括劳动教养、强制收容审查、海关扣留、强制戒毒、强制治疗、强制隔离、强制遣返等;

公民、法人或其他组织不服行政机关作出的行政强制措施的,除法律有特别规定以外,依照《行政诉讼法》第二条,可以向人民法院提起行政诉讼。

311. 当事人认为行政机关侵犯了自己的经营自主权怎么办

经营自主权,是企业或其他经济组织和个人,在遵守国家政策、法律的前提下,应当享有对自己的人力、物力、财力自行调配和自行组织生产经营活动的权利。法律规定的经营自主权得到法律的保护,集体组织或个人,包括行政机关不得加以限制或剥夺。否则,就是侵犯法定的经营自主权。

经营自主权的内容非常广泛。享有经营自主权的经济主体不同,经营自主权的内容和范围也不同。

目前,在我国依照政策或法律规定,享有经营自主权的组织或个人有:全民所有制企业、集体所有制企业(包括城市和乡、村、镇的集体所有制企业)、中外合资经营企业、中外合作经营企业、外商独资企业、承包经营企业、租赁经营企业、私营企业、个体工商户、农村承包经营户等。它们依法都享有一定的经营自主权。

然而,只有当行政机关侵犯法律有规定的经营自主权时,公民、法人或其他组织不服的,才能向人民法院起诉。例如,《中华人民共和国全民所有制工业企业法》规定,企业对国家授予其经营管理的财产享有占有、使用或依法处分的权利,企业根据政府主管部门的决定,可以采取承包、租赁等经营责任制形式。这是法律规定的全民所有制企业的经营自主权,如果行政机关加以限制和剥夺,就是侵犯了合法的经营自主权。又如,《城乡个体工商户管理暂行条例》规定,个体工商户可以在国家法律和政策允许的范围内,经营工业、手工业、建筑业、交通运输业、商业、饮食业、服务业、修理业及其他行业。

个体工商户既可以是个人经营,也可以是家庭经营。个体工商户可以根据经营情况请1~2个帮手,有技术的可以带3~5个学徒。这是法律规定的个体工商户的经营自主权,如果受到行政机关的侵犯,就可以提起诉讼。行政机关对公民、法人或其他组织违法经营的行为给予处罚,不属于侵犯经营权的行为,不能以该项理由向人民法院提起诉讼,只能以不服行政处罚为由向人民法院起诉。

另外,只有当侵犯法律规定的经营自主权的主体是行政机关时,公民、法人或其他组织不服的,才能向人民法院起诉。如果是行政机关以外的其他组织,如党的某级组织、村民委员会、居民委员会、专业银行等侵犯合法经营自主权的,个人或企业即使不服也不能向人民法院提起行政诉讼。

第十三章　农村刑事法律知识

312. 什么是自首　对自首犯怎么处理

自首，指犯罪分子在犯罪以后，自动投案，如实供述自己的罪行，接受国家审查和裁判的行为。被采取强制措施的犯罪嫌疑人、被告人和正在服刑的罪犯，如实供述司法机关还未掌握的本人其他罪行的，以自首论。

一般来说，自首必须具备以下三个条件：

（1）犯罪人自动投案。指犯罪事实或犯罪人尚未被发现，或者已经发现犯罪人但未采取讯问或强制措施的情况下，犯罪人主动向司法机关承认自己实施了犯罪并听候处理的行为。对于司法机关尚未掌握的本人的其他罪行，被采取了强制措施的犯罪嫌疑人、被告人和正在服刑的罪犯如实供述的行为也视为自首。

（2）犯罪人自动交代自己的罪行。自动投案的目的是向司法机关坦白自己的罪行，因此，投案后必须自动地交代自己的主要犯罪事实，才能算自首。自动投案后拒绝交代自己的罪行，或者作虚假的交代以掩盖其真正的罪行，或者在投案后先不交代罪行，直至司法机关对其进行多次讯问或采取强制措施后才被迫交代自己的罪行，都不能算作自首。而无论是否自动投案，在侦查、起诉审判中或判决执行中，犯罪人主动交代了司法机关尚未掌握的另外一种犯罪事实，对后一种犯罪的交代，也视为自首。

（3）犯罪人必须接受国家的审判。自动投案甚至向司法机关交代罪行后，犯罪分子还必须真正接受国家的审判。自动投案后又畏罪潜逃的，不算自首。一方面向司法机关告知自己的罪行，另一方面又逃匿的，也不算自首。

自首后不一定从轻处罚。《刑法》第六十七条规定，对于自首的犯罪分子，可以从轻或者减轻处罚。其中，犯罪较轻的可以免除处罚。犯罪以后自首的，"可以"从宽处罚，表明我国刑法对于自首采取的是相对从宽处罚原则。在刑法中，"可以"和"应当"的适用是相当严格的。"可以"表明具有自由选择的一定余地，而"应当"则表明只能无条件地遵照执行，无任何灵活性可言。因此，犯罪以后自首"可以"从宽处罚，就是说，并非对每一自首的犯罪人都一律从宽处罚，而是既可以从宽处罚，也可以不予从宽处罚。究竟对自首的犯罪人是否从宽处罚，则由审判机关根据全案的具体情况决定。有些犯罪后果特别严重，情节特别恶劣，社会危害性很大，依法应当从重处罚，这样，即使有自首情节，也不一定会对其从轻处罚。

313. 什么是有期徒刑、无期徒刑、死刑 哪些人不适用死刑

（1）有期徒刑是剥夺犯罪分子一定期限的人身自由，并实行强制劳动和教育改造的刑罚方法。有期徒刑是我国刑罚方法中适用最为广泛的一种刑罚。有期徒刑的期限，为6个月以上15年以下，数罪并罚时最高不能超过20年。有期徒刑的刑期，从判决执行之日起计算；判决执行以前先行羁押的，羁押1日折抵刑期1日。有期徒刑在监狱或者其他执行场所执行。

（2）无期徒刑是剥夺犯罪分子终身自由，并实行强制劳动和教育改造的刑罚方法。无期徒刑是介于有期徒刑和死刑之间的一种严厉的刑罚。对于那些罪行严重，需要与社会永久隔离，但又不必判处死刑，而判处有期徒刑又不足以打击的犯罪分子，保留无期徒

刑的适用是十分必要的。一方面,无期徒刑能够有效地遏止某些重大刑事犯罪;另一方面,又可以填补死刑与有期徒刑最高期限之间的空隙,从而减少死刑的适用。无期徒刑在监狱或者其他执行场所执行。

(3)死刑是剥夺犯罪分子生命的刑罚方法。它是我国刑罚中最严厉的一种,只适用于罪行极其严重的犯罪分子。死刑有死刑立即执行和死刑缓期 2 年执行两种执行方式。为了严格限制死刑的适用,我国刑法作出了以下规定:①死刑只适用于罪行极其严重的犯罪分子,即犯罪的性质、程度特别严重、情节特别恶劣的犯罪分子。②对于应当判处死刑的犯罪分子,如果不是必须立即执行的,可判处死刑同时宣告缓期 2 年执行,实行劳动改造,以观后效。③死刑有严格的核准程序。死刑除依法由最高人民法院判决的以外,都应当报请最高人民法院核准。死刑缓期执行的,可以由高级人民法院判决或者核准。④死刑适用对象有所限制。《刑法》第四十九条规定:"犯罪的时候不满 18 周岁的人和审判的时候怀孕的妇女,不适用死刑。"这里的不适用死刑,指不能判处死刑,也不能判处死刑缓期 2 年执行。对于犯罪时已满 14 周岁未满 18 周岁的人不能判处死刑。也就是说,无论其犯罪情节多严重、手段多残忍都不能判处死刑。这是基于他们的个性生理发育特点,对社会认识程度,以及智力和意志功能发展程度而作出的体现人道主义精神的硬性规定。"审判的时候怀孕的妇女"是指在人民法院审判的时候被告人是怀孕的妇女,也包括审判前在羁押受审时已经怀孕的妇女。对这种人,在羁押或受审期间,不应当为了判处死刑而给她进行人工流产。已经人工流产、自然流产的以及分娩的,仍然视为审判时怀孕,也不适用死刑。对审判时怀孕的妇女不适用死刑是为了保护胎儿的权利。因为怀孕妇女犯罪,而胎儿是无辜的,不能因为母亲有罪而株连胎儿。同时,这样规定也有利于保护幼小儿童,是一种人道主义精神在刑罚制度上的体现。

314. 什么是假释　适用假释应符合哪些条件

假释是一种附条件将罪犯提前释放的刑罚制度。我国《刑法》中规定的假释制度是:对被判处有期徒刑或者无期徒刑的犯罪分子,在执行一定刑期之后,如果确有悔改表现,不致再危害社会的,规定一定的考验期限,予以提前释放。

依据我国《刑法》的规定,适用假释必须具备以下条件:

(1)适用假释的对象是被判处有期徒刑和无期徒刑的犯罪分子。

(2)适用假释的犯罪分子,必须已执行一定期限的刑期。这是适用假释的限制性条件。《刑法》第八十一条第一款规定,被判处有期徒刑的犯罪分子,执行原判刑期 1/2 以上,被判处无期徒刑的犯罪分子,实际执行刑期 13 年以上可以适用假释。

我国《刑法》第八十一条第二款明确规定了对累犯以及因故意杀人、强奸、抢劫、绑架、放火、爆炸、投放危险物质或者有组织的暴力性犯罪被判处十年以上有期徒刑、无期徒刑的犯罪分子,不得假释。对犯罪分子决定假释时,应当考虑其假释后对所居住社区的影响。

被判处死缓,如果没有犯罪的话,两年后就减为无期徒刑,或者在两年中有重大立功表现,两年后就减为 15 年以上 20 年以下有期徒刑,在这种情况下,可以适用假释,但第一种情况要经过 12 年,第二种情况下要经过 10 年。

(3)适用假释的犯罪分子,必须确有悔改表现,假释后不致再危害社会。这是适用假释的实质性条件。

(4)假释必须遵守严格的程序,必须由执行机关向中级以上人民法院提出假释建议书,人民法院组成合议庭进行审理,对确有悔改或者立功表现的,裁定予以假释。非经法定程序不得假释。

适用假释应当有适当的考验期限,以便对假释犯进行监督改造。依据法律规定,有期徒刑的假释考验期限是没有执行完毕的刑期,无期徒刑的假释考验期限是 13 年。假释的考验期限,从假释之日起计算。假释由公安机关予以监督。被宣告假释的犯罪分子,应当遵守下列规定:①遵守法律、行政法规,服从监督;②按照监督机关的规定报告自己的活动情况;③遵守监督机关关于会客的规定;④离开所居住的市、县或者迁居,应当报经监督机关批准。

315. 什么是重伤与轻伤

最高人民法院、最高人民检察院、公安部、司法部、国家安全部联合颁布了《人体损伤程度鉴定标准》,该《标准》将人体损失程度由重至轻划分为重伤一级、重伤二级、轻伤一级、轻伤二级和轻微伤五个等级,将重伤分为重伤一级和重伤二级;轻伤分为轻伤一级和轻伤二级。重伤二级是重伤的下限,与重伤一级相衔接,重伤一级的上限是致人死亡;轻伤二级是轻伤的下限,与轻伤一级相衔接,轻伤一级的上限与重伤二级相衔接。更加符合诉讼要求,为法官提供了更明确的量刑依据,同时也通过技术标准限制了法官的自由裁量权。

所谓重伤,是指使人肢体残废、毁人容貌、丧失听觉、丧失视觉、丧失其他器官功能或者其他对于人身健康有重大伤害的损伤,包括重伤一级和重伤二级。

(1)重伤一级。各种致伤因素所致的原发性损伤或者由原发性损伤引起的并发症,严重危及生命;遗留肢体严重残废或者重度容貌毁损;严重丧失听觉、视觉或者其他重要器官功能。

(2)重伤二级。各种致伤因素所致的原发性损伤或者由原发性损伤引起的并发症,危及生命;遗留肢体残废或者轻度容貌毁损;丧失听觉、视觉或者其他重要器官功能。

所谓轻伤,是指使人肢体或者容貌损害,听觉、视觉或者其他器官功能部分障碍或者其他对于人身健康有中度伤害的损伤,包括轻伤一级和轻伤二级。

(1)轻伤一级。各种致伤因素所致的原发性损伤或者由原发性损伤引起的并发症，未危及生命；遗留组织器官结构、功能中度损害或者明显影响容貌。

(2)轻伤二级。各种致伤因素所致的原发性损伤或者由原发性损伤引起的并发症，未危及生命；遗留组织器官结构、功能轻度损害或者影响容貌。

316. 故意杀人犯罪应负什么刑事责任

故意杀人罪，是指非法故意剥夺他人生命的行为。故意杀人罪是侵犯了他人生命权利的犯罪，自杀不构成本罪。任何公民的生命价值，在法律上都是平等的，被害人的生理、心理、身份等状态，均不影响本罪的成立。人的生命始于出生，终于死亡，因此溺婴是故意杀人行为；但对胎儿与死尸进行残害、毁损等行为，不构成本罪。实施安乐死，在我国一般以故意杀人罪论处。

故意杀人罪必须具有非法剥夺他人生命的行为，即杀人行为。其特点是直接或间接地作用于他人的身体，使人的生命终结。剥夺他人生命的方式不论，既可以是积极的行为，如刀砍、斧劈、拳击、枪杀等，也可以是消极的行为，如母亲故意不给婴儿哺乳致其死亡等。针对他人生命，采用投毒、放火、爆炸、欺诈自杀等，亦可认为是故意杀人罪。剥夺他人生命的行为必须是非法的，如果合法地剥夺他人的生命，如依法执行枪决处置罪犯、正当防卫等，不构成故意杀人罪。杀人行为不要求发生他人死亡的结果。发生死亡结果成立既遂；没有发生死亡结果的，成立故意杀人未遂、中止或者预备。

故意杀人罪必须是故意，即明知行为会致人死亡，而希望或放任其结果发生。

教唆或帮助他人自杀、逼迫他人自杀，所谓的大义灭亲而杀人等，均构成故意杀人罪。

《刑法》规定,故意杀人的,处死刑、无期徒刑或者 10 年以上有期徒刑;情节较轻的,处 3 年以上 10 年以下有期徒刑。

317. 什么是重婚罪 它与非法姘居有何区别

重婚罪,是指有配偶而又与他人结婚,或者明知他人有配偶而与之结婚的行为。

重婚有两种:一种是男子有妻或女子有夫的人仍与其他女子或者男子结婚,即一人两个婚姻关系同时存在,违反了我国婚姻法中关于一夫一妻制的规定,构成名副其实的重婚。另一种俗称相婚者,指其本身并无配偶,与有配偶的人结婚亦属首次,但因其明知他人已有配偶仍与之结婚,从而在客观上妨害了他人的婚姻家庭关系,故属于重婚。重婚犯罪一般是必要的共犯,一个人不可能实施重婚行为,而相婚者恰恰是重婚的另一方,如没有他的行为,重婚行为也不可能发生,因此,明知他人有配偶而故意与其结婚的人,虽然是首次结婚,也可构成重婚罪。

构成重婚罪还必须是出于故意。已婚者明知自己有配偶仍然决意与他人结婚;未婚者明知对方已有配偶仍然决意与对方结婚,方构成重婚罪。如果因受对方欺骗不知其有配偶而结婚者,不属明知故犯,不构成重婚罪。

所谓"与他人结婚",既包括到婚姻登记机关进行合法登记的结婚,也包括没有到婚姻登记机关登记但以夫妻关系共同生活的事实婚。

重婚与非法姘居、通奸是不同的。男女双方通奸是暗地里发生自愿的性行为,时间可长可短,通常没有共同的经济生活,也不以夫妻名义同居和共同生活。非法姘居多为临时的同居或隐蔽的奸合,不以夫妻名义共同生活,也不可能有合法的婚姻关系,所以一般不认为构成重婚罪。但明知是现役军人的配偶仍与之同居,则可能构成破坏军婚罪。

犯重婚罪,处 2 年以下有期徒刑或者拘役。

318. 什么是虐待罪 该如何处罚

对共同生活的家庭成员,经常采用打骂、冻饿、捆绑、禁闭、凌辱人格、限制自由、强迫过度劳动、有病不予治疗等手段,从肉体上和精神上进行摧残、折磨、迫害,情节恶劣的行为,就可构成犯罪,罪名是虐待罪,在我国刑法中有明文规定。

构成虐待罪,只可能是与被虐待者共同生活的同一家庭的成员,相互之间存在着一定的亲属关系或扶养关系,如丈夫虐待妻子,父母虐待子女,兄弟虐待姐妹,媳妇虐待公婆等。非家庭成员不能构成本罪。

在行为上,要有对被害人肉体和精神进行摧残、折磨、迫害的行为,如殴打、捆绑、禁闭、讽刺、谩骂、侮辱、限制自由、强迫超负荷劳动等,且行为具有经常性和一贯性。偶尔的打骂、冻饿、赶出家门,不能认定为虐待行为,不以犯罪论处。

虐待家庭成员还必须属于情节恶劣才能以虐待罪论处。所谓情节恶劣,主要是指长期虐待被害人,恶劣摧残其身心健康的;虐待手段凶暴残忍的;出于重男轻女思想,逼迫妻子离婚进行虐待的;虐待年老、年幼、患病、残废、怀有身孕的妇女的;虐待多次,屡教不改的;因虐待行为造成严重后果或者引起公愤的等。只有符合上述情节之一的,才能认定为构成了虐待罪。

如果不是在家庭成员之间发生上述虐待行为,即使相互之间存在着一种特殊的身份关系,如监管人员对人犯、军官对部属等,也不构成虐待罪,情节恶劣造成严重后果的,构成其他犯罪,可以处罚,如故意伤害罪、虐待被监管人员罪、虐待部属罪等。

我国刑法规定,虐待家庭成员,情节恶劣的,处二年以下有期徒刑、拘役或者管制。

犯前款罪,致使被害人重伤、死亡的,处二年以上七年以下有期徒刑。第一款罪,告诉的才处理。告诉的才处理,就是说,只有被害人或者近亲属向人民法院提起诉讼,法院才受理并加以处理,否则不予处理。但是,如果虐待他人致其重伤或死亡,则不属于告诉才处理的犯罪,应当由人民检察院提起公诉。被害人或者近亲属可以向公安机关告发。

319. 什么是强奸妇女罪 其构成须具备什么条件

强奸妇女罪即强奸罪,是指违背妇女意志,以暴力、胁迫或其他手段,强行与之性交的行为。构成强奸罪必须具备下列四项条件:

(1)本罪所侵犯的是妇女性的不可侵犯的权利。犯罪对象是年满 14 周岁妇女。

(2)犯本罪的人是年满 14 周岁以上具有刑事责任能力的男性。妇女不会单独构成强奸罪,但在共同犯罪中教唆或帮助他人强奸的,以强奸罪共犯论处。

(3)犯本罪必须出于故意,即明知而故犯,并且具有强行奸淫妇女的犯罪目的。具体说就是,明知妇女不愿意,仍然采取强行手段决意实施奸淫。

(4)本罪最典型的特征是,违背妇女意志,以暴力、胁迫或者其他手段强行与其性交的行为。所谓违背妇女意志,就是违背妇女自愿性交的意志,如果妇女愿意或同意或通奸,均不构成强奸罪。

四个条件必须同时具备才能构成强奸罪,缺一不可。我国刑法规定,婚内无强奸,通奸一般不定罪,未婚男女恋爱中的性行为一般不是强奸罪。

犯强奸罪的,处 3 年以上 10 年以下有期徒刑;有下列情形之一的,处 10 年以上有期徒刑、无期徒刑或者死刑:强奸情节恶劣的;强奸多人的;在公共场所当众强奸的;二人以上轮奸的;致使被害人重伤、死亡或者造成其他严重后果的。

320. 什么是抢劫罪　该如何处罚

抢劫罪,是指以非法占有为目的,使用暴力、胁迫或者其他方法,当场强行劫取公私财物的行为。抢劫罪既侵犯公私财产的所有权,同时又威胁到被抢者的人身安全。

抢劫罪的最显著特征,是采取了暴力、胁迫或者其他手段。所谓暴力,是指对被害人的身体实行打击或者强制,如殴打、捆绑、伤害、禁闭,甚至杀害等,从而使被害人处于不能或者不敢反抗的状态;所谓胁迫,是指以对被害人立即实施暴力相威胁,实行精神上的恐吓或强制,使被害人恐惧不敢反抗,这种胁迫一般是针对被害人的,有时也针对在场的被害人的亲属;所谓其他方法,是指使用除暴力、胁迫以外的足以使被害人处于不知反抗或者不能反抗状态的方法,如用酒灌醉、用药物麻醉等。我国刑法对抢劫财物的数额未作要求,一般情况下,只要实施了抢劫行为,不问其是否抢到或抢多抢少,均构成抢劫罪。同时,我国刑法还规定,犯盗窃、诈骗、抢夺罪,为窝藏赃物、抗拒抓捕或者毁灭罪证而当场使用暴力或者以暴力相威胁的,按抢劫罪论处。

根据刑法规定,犯抢劫罪的,处3年以上10年以下有期徒刑,并处罚金;有下列情形之一的,处10年以上有期徒刑、无期徒刑或者死刑,并处罚金或者没收财产:①入户抢劫的;②在公共交通工具上抢劫的;③抢劫银行或者其他金融机构的;④多次抢劫或者抢劫数额巨大的;⑤抢劫致人重伤、死亡的;⑥冒充军警人员抢劫的;⑦持枪抢劫的;⑧抢劫军用物资或者抢险、救灾、救济物资的。

321. 什么是诈骗罪　该如何处罚

诈骗罪,是指以非法占有为目的,采用虚构事实或者隐瞒真相的方法,骗取数额较大的公私财物的行为。

构成诈骗罪,一般应具备下列条件:

(1)犯罪人必须出于故意,并且具有非法占有公私财物的犯罪目的。如果是将虚构的事实误认为是真实的事实而告诉他人并使被害人错误地处分了财物,则不构成本罪。

(2)犯罪人必须采用虚构的事实或隐瞒真相的方法,骗取公私财物,数额较大。

同时,骗取公私财物必须达到数额较大。一般情况下,诈骗但未取得财物,不认为是犯罪。根据有关司法解释,个人诈骗公私财物数额在 2 000 元至 4 000 元的;以单位名义实施诈骗行为归单位所有的,数额在 5 万元至 10 万元的,可以认定为诈骗罪。该数额不包括案发前被追回的被骗款。

(3)诈骗罪的犯罪对象是普通的公私财物。如果是利用诈骗手段或方法进行金融诈骗的,则分别按具体行为定罪,如集资诈骗罪、贷款诈骗罪、票据诈骗罪、保险诈骗罪,等等。

诈骗罪与招摇撞骗罪不同,后者是冒充国家机关工作人员进行招摇撞骗,其对象并不绝对为财物,其主要目的是运用国家机关威信捞取个人好处和便利;如果骗取公私财物,则同时触犯两罪,一般定招摇撞骗罪,但骗取财物数额特别巨大或具有特别严重情节的,定诈骗罪,以防重罪轻判,因为诈骗罪最高法定刑可达无期徒刑。

322. 什么是累犯 该如何处罚

刑法中所称的累犯,是指被判处一定刑罚的犯罪人,在该刑罚执行完毕或者赦免以后的一定期限内,再犯应当判处一定刑罚之罪的犯罪人。这是世界各国都承认的一种制度。

我国刑法规定的一般累犯,是被判处有期徒刑以上刑罚的犯罪分子,刑罚执行完毕或者赦免以后,在五年以内再犯应当判处有期徒刑以上刑罚之罪的,是累犯,应当从重处罚,但是过失犯罪和不满18 周岁的人犯罪的除外。并且前罪与后罪都应当是故意犯罪。

由此可知,构成累犯必然涉及两次犯两罪,前罪是已经被判处有期徒刑以上,刑满释放或者被赦免以后,后罪应当实际上被判处有期徒刑以上的刑罚,并且都是故意犯罪,如果其中有一罪是过失罪,则不构成累犯。另一方面,前罪与后罪的间隔时间是 5 年以内,如果超过 5 年仍不构成累犯。5 年时间是指前罪刑罚执行完毕或赦免之日起到后罪犯罪之日的时间间隔。

对累犯的量刑,刑法规定为应当从重处罚,即以后罪实际法定刑的较重刑种和较长刑期决定量刑。

另外,我国刑法还规定了危害国家安全的特别累犯制度,危害国家安全犯罪、恐怖活动犯罪、黑社会性质的组织犯罪的犯罪分子,在刑罚执行完毕或者赦免以后,在任何时候再犯上述任一类罪的,都以累犯论处。

323. 什么是过失犯罪 该如何处罚

在过失心理支配下实施的犯罪,称为过失犯罪。我国《刑法》中明确规定,应当预见到自己的行为可能发生危害社会的结果,因为疏忽大意而没有预见,或者已经预见而轻信能够避免,以致发生危害结果的,是过失犯罪。根据刑法规定,过失分为疏忽大意的过失和过于自信的过失两种类型。疏忽大意的过失是指行为人应当预见到自己的某项行为可能发生危害社会的结果,因为疏忽大意而没有预见,以致发生这种结果的心理态度。如果行为人能够认真负责,小心谨慎,就能够预见。那么,怎样判断一个人在特定情况下"应当预见"呢?在刑法上,通常情况下,社会上一般人都能预见的危险,如果行为人没有预见,那么行为人就违背了应当预见的义务,就属于疏忽大意。在特殊业务中,只有针对该行业中的业务常识才能确定应当预见的义务,对一般人不作要求。例如,汽车司机出车前应当仔细检查制动闸。过于自信的过失是指已经预见自己的行为可能发生危害社会的结果,但轻信能够避免,以致发生这种危害结果的心理态度。这种过失表现为,行为人已经预见到自己的行为可能发生危害社会的结果,但同时又轻信危害结果可以避免,最终由于自身能力不足或者客观环境不利等因素而导致结果的产生,行为人就应对该危害结果负责。刑法规定,过失犯罪都要求有危害结果的发生,不造成危害结果的过失不构成犯罪。过失犯罪,法律有明文规定的才负刑事责任。

324. 什么是交通肇事罪 该如何处罚

交通肇事罪,是指违反交通运输管理法规而发生重大事故,致人重伤、死亡或者使公私财产遭受重大损失的行为。交通运输肇事后逃逸或者有其他特别恶劣情节的和因逃逸致人死亡的,都属于本罪加重处罚的情节。本罪的客体是铁路运输和民用航空运输以外的交通运输的正常秩序和安全。本罪在主观方面来说,尽管行为人违反交通规则往往是明知故犯,但对造成严重后果的心理状态而言却是过失。本罪的客观方面包括:①前提是违反交通运输管理法规。"交通运输管理法规",是指一切为了保证交通运输正常进行和交通运输安全的法律、法规。②在公共交通领域发生了重大事故,致人重伤、死亡或者使公私财产遭受重大损失的行为。"重大事故",是指造成1人以上的死亡或者3人以上的重伤,或者情节恶劣、后果严重的,或者造成公私财产直接损失数额在3万元至6万元之间的。③违反交通运输管理法规的行为与重大事故之间具有刑法上的因果关系。

325. 什么是犯罪未遂 该如何处罚

犯罪未遂,是指已经着手实行犯罪,但由于犯罪分子意志以外的原因而未能全部完成犯罪行为的一种行为状态。构成犯罪未遂必须具备三个条件:

(1)行为人已经着手实行犯罪,这是区别于犯罪预备的主要标志。所谓"已经着手",是指犯罪人已经开始实施刑法分则中规定的某一具体犯罪构成的行为要件(客观要件),它标志着故意犯罪已开始由预备阶段进入实行阶段,此时的行为不再是为实行犯罪做准备,而是直接实现其犯罪意图的行为。

(2)犯罪还未得逞,还未完成某一犯罪所必须具备的全部构成要件。犯罪行为是否与刑法分则中规定的某一种犯罪罪状相符合,是区别犯罪既遂与未遂的标志,如果刑法分则中规定某一种犯罪要求出现法定的危害结果,那么没有这种结果就是未遂。刑法中大部分犯罪要求以结果为既遂标准,那么,无结果即未得逞,即是未遂。但刑法中有些犯罪不要求出现结果,如破坏交通工具的危险犯,偷越国境的行为犯等,只要实施行为完毕就构成既遂。

(3)犯罪未得逞是由于犯罪人意志以外的原因所导致。从犯罪人本意来讲,他还想继续完成犯罪,之所以未能完成,是因为出现了意志之外的原因阻止了犯罪行为的进一步发展,从而被迫停止。如果出于行为人本身意志在犯罪未完成前而自动停止下来,则不是犯罪未遂,构成犯罪的,以犯罪中止论处。

犯罪未遂的行为人是未遂犯。对于未遂犯,可以比照既遂犯从轻或减轻处罚。刑法规定的刑事责任是可以从轻或者减轻,而不是应当从轻或者减轻处罚,因而并不是所有的未遂犯都能从轻或减轻。对于下列情节的未遂犯,司法机关一般不予从轻或减轻:犯罪性质特别严重;犯罪情节特别恶劣;造成特别严重后果;累犯或者惯犯。

326. 什么是主犯与从犯 该如何处罚

主犯,是指组织、领导犯罪集团进行犯罪活动或者在共同犯罪中起主要作用的共犯。我国刑法规定的主犯有三种情况:①组织、领导犯罪集团进行犯罪活动的共同犯罪人。②在聚众犯罪中起组织、策划、指挥作用的首要分子。③在共同犯罪中起主要作用的犯罪人。

对于主犯的处罚分为两种情况分别对待:①对组织、领导犯罪集团的首要分子,按照集团所犯的全部罪行处罚。②犯罪集团首要分子以外的其他主犯,应当按照其所参与的或者组织、指挥的全部犯罪处罚。

从犯,是指在共同犯罪中起次要或者辅助作用的共同犯罪人。从犯有两种情况:①在共同犯罪中起次要作用的从犯,他们虽参加了犯罪的实行活动,但在整个犯罪活动中仅起次要作用,处于从属地位。②在共同犯罪中起辅助作用的从犯,即通常所说的帮助犯。

我国刑法明确规定了从犯的刑事责任。对于从犯,应当从轻、减轻处罚或者免除处罚。所谓应当,就是必须从轻、减轻或免除处罚。

327. 什么情况下可以减刑

被判处管制、拘役、有期徒刑、无期徒刑的犯罪分子,在执行期间,如果认真遵守监规,接受教育改造,确有悔改表现的,或者有立功表现的,可以减刑;有下列重大立功表现之一的,应当减刑:

(1)阻止他人重大犯罪活动的;

(2)检举监狱内外重大犯罪活动,经查证属实的;

(3)有发明创造或者重大技术革新的;

(4)在日常生产、生活中舍己救人的;

(5)在抗御自然灾害或者排除重大事故中,有突出表现的;

(6)对国家和社会有其他重大贡献的。

减刑以后实际执行的刑期,判处管制、拘役、有期徒刑的,不能少于原判刑期的 1/2;判处无期徒刑的,不能少于 13 年。

328. 什么是教唆犯 该如何处罚

教唆犯是指故意唆使他人实施犯罪的人。教唆犯具有以下特征：

(1)从主观上讲，行为人必须具有教唆他人犯罪的故意。即明知自己的教唆行为会使他人产生犯罪意图，进而实施犯罪危害社会，并且希望或者放任这种结果的发生。需要指出的是，无论被教唆人是否实施了行为人所教唆的犯罪，行为人均构成教唆犯。

(2)从客观上讲，行为人必须具有教唆他人犯罪的行为。教唆他人犯罪是指教唆他人实施某种具体的犯罪行为，而不是教唆他人实施一般的违法行为或者违反道德的行为。至于教唆的手段和方式，包括以金钱、物质、美女或者其他利益引诱他人犯罪，以威胁、暴力、揭发隐私等胁迫他人犯罪，以嘲弄、侮辱、蔑视等方式刺激他人犯罪。教唆的方式也可以是多种多样的，如口头、书面、手势、眼神等。值得注意的是，如果行为人不仅教唆他人犯罪而且向他人传授犯罪方法，则行为人触犯了另一个罪，即传授犯罪方法罪，应按此处罚。如果行为人向不同的对象分别实施了这两种行为，则应当对其数罪并罚。

(3)从对象上看，教唆犯教唆的对象必须是达到刑事责任年龄具有刑事责任能力的人，并且该对象是特定的。如果教唆对象是没有刑事责任能力的人，则行为人只是自己犯罪，被教唆的人只是作为工具被利用，其结果应由教唆人承担。如果被教唆对象已经具有犯罪意图，也不成立教唆犯。

关于教唆犯应负的刑事责任，《刑法》第二十九条规定了三种不同的情况：

(1)教唆他人犯罪的，应按照他在共同犯罪中所起的作用处罚，这是指被教唆人已经实施了所教唆犯罪的情况，包括被教唆人实施了所教唆犯罪的预备行为或者已经着手犯罪而未遂，或者已经完成了被教唆的犯罪。

(2)教唆不满18周岁的人犯罪的,应当从重处罚。这是从教唆犯的主观恶性和其行为的社会危害性两个方面出发确立的对这类教唆犯的处罚原则。

(3)如果被教唆人没有犯所教唆之罪的,对于教唆犯可以从轻或者减轻处罚。具体包括:①被教唆人拒绝了教唆犯的教唆;②被教唆人当时接受了教唆,但实际上并没有进行任何犯罪;③被教唆人接受了教唆,但却实行了被教唆之罪以外的犯罪;④教唆犯进行教唆时,被教唆人已经具有了实施被教唆之罪的决断,即教唆行为与被教唆人实施的犯罪之间没有因果联系。

329. 刑事案件当事人的含义是什么

刑事案件当事人是指与刑事案件事实和诉讼结局有直接利害关系,为保护自身利益而参加诉讼的人。包括被害人、自诉人、犯罪嫌疑人、被告人、附带民事诉讼原告人和附带民事诉讼被告人。

(1)被害人。被害人是其合法权益遭受犯罪行为直接侵害的人。在刑事诉讼中,被害人可能以不同的身份参加诉讼:在法定的自诉案件中,被害人以自诉人身份提起刑事诉讼,称为自诉人;在刑事诉讼中,由于被告人的犯罪行为而遭受物质损失的被害人,有权提起附带民事诉讼,称为附带民事诉讼原告人;在人民检察院代表国家提起公诉的刑事案件中,以个人身份参与诉讼,并与人民检察院共同行使控诉职能的称为被害人。一般来说,刑事诉讼法中所称的被害人仅指公诉案件的被害人,不包括其他。

(2)自诉人。在刑事自诉案件中,依法直接向人民法院提起诉讼的人是自诉人。自诉人是法律规定的自诉案件中特有的当事人,相当于自诉案件的原告。刑事自诉程序由于自诉人的起诉而启动,如果没有自诉人的起诉,就没有刑事自诉案件的审判。

(3)犯罪嫌疑人、被告人。犯罪嫌疑人和被告人是对因涉嫌犯罪而受到刑事追诉的人,在不同的刑事诉讼程序中的两种不同的称谓。在公诉案件中,因涉嫌犯罪而受到刑事追诉的人在人民检察院向人民法院提起公诉以前,是犯罪嫌疑人。在人民检察院向人民法院提起公诉以后,是被告人。两种不同的称谓反映出被追究刑事责任之人法律地位的变化,在刑事案件的侦查阶段和审查起诉阶段,被追究刑事责任的人只是具有犯罪嫌疑,受到有关机关的侦查和审查,但尚未被正式起诉,称其为"犯罪嫌疑人"是恰当的。经过审查起诉,认为具备法定的提起公诉条件的,人民检察院以正式的起诉书将其诉至人民法院,要求法院给予定罪和量刑的,是名副其实的"被告人"。

(4)附带民事诉讼当事人。附带民事诉讼当事人包括附带民事诉讼原告人和被告人。在刑事附带民事诉讼中,因被告人的犯罪行为遭受物质损失而提起赔偿请求的人是附带民事诉讼原告人。附带民事诉讼原告人既可以是遭受犯罪行为直接侵害的被害人本人,也可以是已经死亡的被害人的近亲属。无行为能力或者限制行为能力被害人的法定代理人,也有权提起附带民事诉讼。

330. 什么是逮捕　被错误逮捕怎么办

逮捕是刑事诉讼强制措施中最严厉的一种,是在一定时期内剥夺犯罪嫌疑人、被告人的人身自由并予以羁押的强制方法。《刑事诉讼法》第七十九条规定,对有证据证明有犯罪事实,可能判处徒刑以上刑罚的犯罪嫌疑人、被告人,采取取保候审尚不足以防止发生下列社会危险性的,应当予以逮捕:

(1)可能实施新的犯罪的;

(2)有危害国家安全、公共安全或者社会秩序的现实危险的;

(3)可能毁灭、伪造证据,干扰证人作证或者串供的;

(4)可能对被害人、举报人、控告人实施打击报复的;

(5)企图自杀或者逃跑的。

对有证据证明有犯罪事实,可能判处十年有期徒刑以上刑罚的,或者有证据证明有犯罪事实,可能判处徒刑以上刑罚,曾经故意犯罪或者身份不明的,应当予以逮捕。

被取保候审、监视居住的犯罪嫌疑人、被告人违反取保候审、监视居住规定,情节严重的,可以予以逮捕。

国家赔偿法中所称的错误逮捕,是指对没有犯罪事实的人的错误逮捕。因为逮捕是与严重的刑事犯罪分子做斗争的有力手段,因此实施逮捕必须以犯罪事实存在为根本前提。如果事实上根本不存在犯罪事实而对被告人施以逮捕,那么,这种逮捕显然是错误的,国家理应予以赔偿。当然,国家承担因错误逮捕引起的赔偿责任是有条件的。

根据《国家赔偿法》规定,构成错误逮捕的国家赔偿责任,必须同时具备以下 4 个条件:

(1)检察机关或人民法院作出了错误的逮捕决定。这一般是由于决定机关的疏忽、不负责任或者案件的复杂性导致的。

(2)被逮捕的人无罪,这是形成错误逮捕的本质要素。对确已构成犯罪、其主要犯罪事实业已查清的犯罪嫌疑人实行逮捕,符合刑事诉讼法的要求,不存在错误逮捕问题。

(3)被逮捕的人有被实际羁押的事实,如果检察机关或者人民法院虽然已作出了逮捕的决定,但是,在执行逮捕前发现决定错误而及时予以纠正,并未对决定逮捕的人施以逮捕和实际羁押的,国家不担负赔偿责任。

(4)错误的逮捕决定与无罪羁押之间有因果关系。

根据《刑事诉讼法》的规定,对错误逮捕的认定,应当基于以下司法行为而作出:一是公安机关因发现被羁押的人无罪而作出撤销案件的决定;二是检察机关因发现被羁押的人无罪而作出不起诉或者撤销案件决定;三是人民法院在第一审程序、第二审程序或者审判监督程序中所做的生效判决宣告被告人无罪,对该被告人的逮捕应认定为错误逮捕。

从司法实践看,错误逮捕的情形主要有:

(1)对根本不存在犯罪事实,或者仅存在轻微违法行为尚不构成犯罪的人,予以逮捕的;

(2)逮捕后经讯问发现捕错了人或者不应逮捕,但却拒绝释放或者延期释放的;

(3)逮捕前认为存在犯罪事实,逮捕后经侦查不构成犯罪的。相反,如果作出逮捕决定时并没有查清犯罪事实,在逮捕后查清有罪的,不认为是错误逮捕,不发生国家赔偿问题。因为这种逮捕毕竟是应当施加于被告人的,被告人并未因此受到损害。

对无犯罪事实的人错误逮捕的才符合《国家赔偿法》第十七条第二项规定的国家赔偿条件,应依法予以赔偿。

331. 什么是刑讯逼供

刑讯逼供是指司法工作人员在办案过程中对公民使用酷刑(肉刑或变相肉刑)逼取口供的行为。其基本特征是:

(1)实施刑讯逼供的是司法工作人员,包括公安机关、安全机关、检察机关、审判机关的工作人员。

(2)刑讯逼供的时间是发生在办案过程中。

(3)刑讯逼供的手段是酷刑,即肉刑或变相肉刑,而不是如诱供、指名问供的手段,包括各种形式的殴打、捆绑、冻饿、车轮战等。

(4)刑讯逼供的目的是逼取口供。

332. 什么是拘留、拘役和违法拘禁

刑事诉讼中的拘留是公安机关、人民检察院在侦查过程中,遇到紧急情况时,对于现行犯或者重大嫌疑分子所采取的临时限制其人身自由的强制方法。《刑事诉讼法》第八十条规定,公安机关对于现行犯或者重大嫌疑分子,如果有下列情形之一的,可以先行拘留:

(1)正在预备犯罪、实行犯罪或者在犯罪后即时被发觉的；

(2)被害人或者在场亲眼看见的人指认他犯罪的；

(3)在身边或者住处发现有犯罪证据的；

(4)犯罪后企图自杀、逃跑或者在逃的；

(5)有毁灭、伪造证据或者串供可能的；

(6)不讲真实姓名、住址，身份不明的；

(7)有流窜作案、多次作案、结伙作案重大嫌疑的。

拘役是短期剥夺犯罪分子的人身自由，就近实行教育改造的刑罚方法。拘役是介于管制与有期徒刑之间的一种较轻的刑罚，主要适用于罪行较轻，但仍需短期关押改造的犯罪分子。拘役的期限为1个月以上6个月以下，数罪并罚时最高刑不能超过1年。拘役的刑期，从判决执行之日起计算；判决执行以前先行羁押的，羁押1日折抵刑期1日。被判处拘役的犯罪分子，在执行期间，每月可以回家一天至两天并且回家的天数计算在刑期之内；参加劳动的，可以酌量发给报酬。拘役，由公安机关就近执行。

违法拘禁是指行政机关及其工作人员在行政管理活动中，采取非法手段剥夺特定公民的人身自由权利。构成违法拘禁行为一般应具备以下几个条件：

(1)采取拘禁的主体必须是行政机关及其工作人员。非行政机关及其工作人员所采取的拘禁行为，不是《国家赔偿法》所讲的违法拘禁行为。

(2)在行政管理活动中，行使行政职权的行为。行政机关工作人员在行政管理活动之外，所采取的拘禁行为，也不属于《国家赔偿法》中所说的违法拘禁行为。

(3)被拘禁的对象是自然人，具体包括：成年人和未成年人，健康人或残疾人，等等。

(4)在没有法律、法规依据的情况下，实施了禁闭、强行关押、隔离审查、绑架等方法，使特定的公民在一定的时间内失去行动自由的行为。

(5)在主观上是故意。即行为人明知自己实施的拘禁行为为非法,而希望或放任这种结果的发生。违法拘禁行为使公民人身自由受到损害,行政机关应承担行政赔偿责任。

333. 适用刑事拘留需要注意什么问题

(1)需有拒不履行义务的行为。这是执行人员作出拘留裁定的前提条件,如果被拘留人没有拒不履行义务的行为就不能进行拘留,这是《民事诉讼法》中明确规定的。在实际执行中,有的执行人员变拘留为一种执行手段,在不对当事人财产详细调查或采取查封、扣押、拍卖等措施的情况下,以执代拘,把拘留作为考验被执行人履行能力或向申请人作交代的方法,违反法律程序,是严重错误的。

(2)需经院长批准。司法拘留作为限制人身自由的一项强制措施,属于执行工作中的重大事项,应当经过三名以上执行员讨论,报本院院长批准。实践中,对某人是否适用拘留往往由承办人个人决定,法律规定的程序如同虚设。同时执行人员"先斩后奏"的情形也屡屡出现,人已经拘留,但院长还没有签字批准。当然,执行人员在执行过程中遇到暴力抗拒、阻挠执行等情况的,可以立即采取拘留手续,但过后必须立即报院长补办批准手续。

(3)异地拘留应当符合规定。根据最高人民法院的规定,对不在本辖区的被拘留人,作出拘留决定的人民法院应当派人到被拘留人所在法院,请该院协助执行。这是对异地拘留的限制性规定。实践中,有的法院可能出于避免地方保护主义的考虑,往往自己直接到异地进行拘留,如果稍有不慎,会激化矛盾,遭到围攻,执行人员身体、装备将遭到不法侵害,因此在执行异地拘留前,要充分考虑可能会发生的情况,积极争取当地法院的配合和协助。

(4)告知被拘留人法定权利。对被拘留人,根据《民事诉讼法》第一百零五条的规定,对决定不服的,可以向上一级人民法院申请复议。执行人员应当明确告知被拘留人上述权利。另一方面,虽然目前的法律没有明确的规定应当通知被拘留人家属,但将被执行人拘留的原因和理由及关押的处所告之其家属,应有现实的意义。而这一点并没有得到很好的落实。

(5)提前解除拘留事由必须合理。根据规定,在拘留期间,被拘留人承认并改正错误的,人民法院可以提前解除拘留。但"承认并改正错误"作为解除拘留的唯一条件规定得过于笼统,有的法院只要被执行人出具一份具结悔过书就提前解除,有的法院要求被执行人象征性地履行一部分义务也提前解除。为了维护法律的严肃性和公正性,应当进一步严格提前解除拘留的决定,对拒不履行判决、裁定的,必须在被拘留人全部履行了判决、裁定确定的义务后方得解除拘留;对其他妨碍执行行为的被拘留人,一般不提前解除拘留。

334. 刑事拘留程序和期限有何规定

公安机关拘留人的时候,必须出示拘留证。拘留证由县级以上公安机关的负责人签发。执行拘留时,应当向被拘留人出示拘留证,并向其宣布对其实行拘留。被拘留人应当在拘留证上签名并且按指印。拒绝签名或者按指印的,执行拘留的人员应当予以注明。被拘留人如果抗拒拘留,公安机关的执行人员有权使用强制方法,包括使用械具。

拘留后,除有碍侦查或者无法通知的情形以外,应当把拘留的原因和羁押的处所,在 24 小时以内,通知被拘留人的家属或者其所在单位。所谓"有碍侦查的情况"指:其同伙闻讯后有可能逃跑、隐匿或者毁灭证据;有可能互相串供、订立攻守同盟的;或者其他同案犯有待查证的。所谓"无法通知的情况"指:被拘留人不讲真实姓名、住址的;被拘留人无家属或者工作单位的。

公安机关对于被拘留的人,应当在拘留后的 24 小时以内进行讯问。在发现不应当拘留的时候,必须立即释放,发给释放证明。对需要逮捕而证据还不充足的,可以取保候审或者监视居住。

公安机关对被拘留的人,认为需要逮捕的,应当在拘留后的 3 日以内提请人民检察院审查批准。在特殊情况下,提请审查批准的时间可以延长 1 日至 4 日。所谓特殊情况,是指案件比较复杂,或者在交通不便的边远地区,3 日以内难以报请批捕的。

对于流窜作案、多次作案、结伙作案的重大嫌疑分子,提请审查批准的时间可以延长至 30 日。此类案件的犯罪嫌疑显然在 3 日或者 7 日之内难以查明,因此法律规定可以延长至 30 日,以适应打击刑事犯罪的需要。

人民检察院应当自接到公安机关提请批准逮捕书后的 7 日以内,作出批准逮捕或者不批准逮捕的决定。人民检察院不批准逮捕的,公安机关应当在接到通知后将在押人立即释放,并且将执行情况及时通知人民检察院。对于需要继续侦查,并且符合取保候审、监视居住条件的,依法取保候审或者监视居住。

人民检察院对其直接受理的刑事案件中被拘留的人,认为需要逮捕的,应当在 10 日内作出决定。在特殊情况下决定逮捕的时间可以延长 1 日至 4 日。对于不需要逮捕的,应当立即释放。对于需要继续侦查,并且符合取保候审、监视居住条件的,依法取保候审或者监视居住。

综上所述,一般情况下,刑事诉讼拘留的期限最长为 14 日。流窜作案、多次作案、结伙作案的重大嫌疑分子,拘留期限最长为 37 日。

对于人民检察院直接受理的案件,人民检察院作出的拘留决定,应当送达公安机关执行,公安机关应当立即执行,人民检察院可以协助公安机关执行。

335. 刑事案件怎样上诉 上诉时要注意哪些问题

根据《刑事诉讼法》第二百一十六条规定,被告人、自诉人和他们的法定代理人,不服地方各级人民法院第一审的判决、裁定,有权用书状或者口头向上一级人民法院上诉。被告人的辩护人和近亲属,经被告人同意,可以提出上诉。

附带民事诉讼的当事人和他们的法定代理人,可以对地方各级人民法院第一审的判决、裁定中的附带民事诉讼部分,提出上诉。

对被告人的上诉权,不得以任何借口加以剥夺。

刑事案件上诉时,需要注意以下两个方面的问题:

(1)上诉要在法定期限内提出。对判决不服,上诉期限为 10 日;不服裁定的上诉期限为 5 日。在法定期限内上诉,一审的判决或裁定暂不生效,二审的判决或判定是终审的,才发生法律效力。过了上诉期限再上诉,上诉则无效,应按一审的判决或裁定执行。

(2)除特殊情况外,上诉应该用书面形式,即提交上诉状。上诉要针对判决或裁定认定的事实和适用法律提出。

336. 什么是辩护人 哪些人不得被委托为辩护人

辩护人是在刑事诉讼中接受犯罪嫌疑人、被告人及其法定代理人的委托,或者接受人民法院的指定,为犯罪嫌疑人、被告人依法进行辩护、帮助其行使辩护权,以维护其合法权益的人。在我国刑事诉讼中,可以依法接受委托担任犯罪嫌疑人、被告人的辩护人的人包括:律师;人民团体或者犯罪嫌疑人、被告人所在单位推荐的人;犯罪嫌疑人、被告人的监护人、亲友。在刑事案件的审判阶段,可以依法接受人民法院指定担任被告人的辩护人的只能是承担法律援助义务的律师。辩护人是重要的诉讼参与人之一,其诉讼地位是独立的,在刑事诉讼中执行辩护职能。辩护人的职责是依据事实和法律,提出证明犯罪嫌疑人、被告人无罪、罪轻或者减轻、免除其刑事责任的材料和意见,维护犯罪嫌疑人、被告人的合法权益。人民法院审判案件过程中,应当充分保证被告人行使的辩护权利。正在被执行刑罚或者依法被剥夺、限制人身自由的人，不得担任辩护人。

337. 犯罪嫌疑人、被告人可以委托哪些人作为辩护人

犯罪嫌疑人、被告人除自己行使辩护权以外，还可以委托一至两人作为辩护人。下列的人可以被委托为辩护人：

(1)律师；

(2)人民团体或者犯罪嫌疑人、被告人所在单位推荐的人；

(3)犯罪嫌疑人、被告人的监护人、亲友。

正在被执行刑罚或者依法被剥夺、限制人身自由的人，不得担任辩护人。

公诉案件自案件移送审查起诉之日起，犯罪嫌疑人有权委托辩护人。自诉案件的被告人有权随时委托辩护人。

人民检察院自收到移送审查起诉的案件材料之日起 3 日以内，应当告知犯罪嫌疑人有权委托辩护人。人民法院自受理自诉案件之日起 3 日以内，应当告知被告人有权委托辩护人。

公诉人出庭公诉的案件，被告人因经济困难或者其他原因没有委托辩护人的，人民法院可以指定承担法律援助义务的律师为其提供辩护。

被告人是盲、聋、哑或者未成年人而没有委托辩护人的，人民法院应当指定承担法律援助义务的律师为其提供辩护。

被告人可能被判处死刑而没有委托辩护人的，人民法院应当指定承担法律援助义务的律师为其提供辩护。

辩护人的责任是根据事实和法律，提出证明犯罪嫌疑人、被告人无罪、罪轻或者减轻、免除其刑事责任的材料和意见，维护犯罪嫌疑人、被告人的合法权益。

辩护律师自人民检察院对案件审查起诉之日起，可以查阅、摘抄、复制本案的诉讼文书、技术性鉴定材料，可以同在押的犯罪嫌

人会见和通信。其他辩护人经人民检察院许可,也可以查阅、摘抄、复制上述材料,同在押的犯罪嫌疑人会见和通信。

辩护律师自人民法院受理案件之日起,可以查阅、摘抄、复制本案所指控的犯罪事实的材料,可以同在押的被告人会见和通信。其他辩护人经人民法院许可,也可以查阅、摘抄、复制上述材料,同在押的被告人会见和通信。

338. 取保候审、监视居住的期限是多久

人民法院、人民检察院和公安机关对犯罪嫌疑人、被告人取保候审最长不得超过 12 个月,监视居住最长不得超过 6 个月。在取保候审、监视居住期间,不得中断对案件的侦查、起诉和审理。对于发现不应当追究刑事责任或者取保候审、监视居住期限届满的,应当及时解除取保候审、监视居住。解除取保候审、监视居住,应当及时通知被取保候审、监视居住人和有关单位。

339. 何种情形下可暂予监外执行

对于被判处有期徒刑或者拘役的罪犯,有下列情形之一的,可以暂予监外执行:(1)有严重疾病需要保外就医的;(2)怀孕或者正在哺乳自己婴儿的妇女。对适用保外就医可能有社会危险性的罪犯,或者自伤自残的罪犯,不得保外就医。对于罪犯确有严重疾病,必须保外就医的,由省级人民政府指定的医院开具证明文件,依照法律规定的程序审批。发现被保外就医的罪犯不符合保外就医条件的,或者严重违反有关保外就医的规定的,应当及时收监。对被判处有期徒刑、拘役,生活不能自理,适用暂予监外执行不致危害社会的罪犯,可以暂予监外执行。对暂予监外执行的罪犯,由居住地公安机关执行,执行机关应当对其严格管理监督,基层组织或者罪犯的原所在单位协助进行监督。

340. 犯罪嫌疑人、被告人的诉讼权利和诉讼义务有哪些

犯罪嫌疑人、被告人的诉讼权利有：

(1)辩护权。辩护权是犯罪嫌疑人、被告人最重要的诉讼权利。其具体内容包括：犯罪嫌疑人、被告人有权在刑事诉讼中自行辩护，公安司法机关应当保障犯罪嫌疑人、被告人的辩护权；公诉案件自审查起诉之日起，犯罪嫌疑人有权委托辩护人；自诉案件被告人有权随时委托辩护人；在审判阶段，遇有法律规定的情形时，被告人有权获得由承担法律援助义务的律师提供的刑事法律援助。

(2)在被侦查机关第一次讯问以后或者被采取强制措施之日起，犯罪嫌疑人有权聘请律师提供法律咨询、代理申诉和控告。犯罪嫌疑人被逮捕的，其聘请的律师还可以代为申请取保候审。

(3)有权拒绝辩护人继续为其辩护，有权另行委托辩护人。

(4)被告人有权参加法庭调查和法庭辩论，就起诉书所指控的犯罪事实作出陈述和辩解。有权辨认或者鉴别证据，可以对证据发表意见。经审判长许可，被告人有权向证人、鉴定人等发问。有权申请新的证人到庭，调取新的物证，申请重新鉴定或者勘验。

(5)被告人有最后陈述权。即在审判长宣布法庭辩论结束后，被告人有权发表最后的意见。

(6)对于公安司法机关采取强制措施超过法定期限的，犯罪嫌疑人、被告人有权要求解除。

(7)在侦查中，对于侦查人员提问的与本案无关的问题，有权拒绝回答。

(8)对于地方各级人民法院所作的没有发生法律效力的第一审裁定或者判决，被告人有权提出上诉。

(9)对于各级人民法院所做的已经发生法律效力的判决或者裁定，有权提出申诉。

(10)有权对于公安司法人员侵犯其诉讼权利或者人身侮辱的行为提出控告。

(11)在依法告诉才处理的和被害人有证据证明的轻微刑事案件中,作为自诉案件的被告人有权对自诉人提起反诉。

在刑事诉讼中,犯罪嫌疑人、被告人应当全面履行其诉讼义务,如有违反,就会产生一定的后果。其主要诉讼义务包括:

(1)对于侦查人员的讯问,犯罪嫌疑人应当如实回答。

(2)接受公安司法机关及其工作人员依法进行的侦查、审查起诉和审判活动,不得逃避。

(3)不得进行毁灭、伪造证据或者串供,干扰证人做证等妨碍刑事诉讼的行为。

(4)按时出席法庭审判。

(5)执行人民法院已经发生法律效力的判决和裁定。

341. 怎样根据案件的具体情形认定盗窃罪的情节

审理盗窃案件,应当根据案件的具体情形认定盗窃罪的情节:

(1)盗窃公私财物接近"数额较大"的起点,具有下列情形之一的,可以追究刑事责任:

①以破坏性手段盗窃造成公私财产损失的;

②盗窃残疾人、孤寡老人或者丧失劳动能力的人的财物的;

③造成严重后果或者具有其他恶劣情节的。

(2)盗窃公私财物虽已达到"数额较大"的起点,但情节轻微,并具有下列情形之一的,可不作为犯罪处理:

①已满16周岁不满18周岁的未成年人作案的;

②全部退赃、退赔的;

③主动投案的;

④被胁迫参加盗窃活动,没有分赃或者获赃较少的;

⑤其他情节轻微、危害不大的。

（3）盗窃数额达到"数额较大"或者"数额巨大"的起点，并具有下列情形之一的，可以分别认定为"其他严重情节"或者"其他特别严重情节"：

①犯罪集团的首要分子或者共同犯罪中情节严重的主犯；

②盗窃金融机构的；

③流窜作案危害严重的；

④累犯；

⑤导致被害人死亡、精神失常或者其他严重后果的；

⑥盗窃救灾、抢险、防汛、优抚、扶贫、移民、救济、医疗款物，造成严重后果的；

⑦盗窃生产资料，严重影响生产的；

⑧造成其他重大损失的。

342. 亲属是否可以依法要求释放被超期关押的犯罪嫌疑人

亲属等可以依法要求释放违法超期被关押的犯罪嫌疑人。

《中华人民共和国刑事诉讼法》对此有如下规定：

第八十九条：公安机关对被拘留的人，认为需要逮捕的，应当在拘留后的三日以内，提请人民检察院审查批准。在特殊情况下，提请审查批准的时间可以延长一日至四日。

对于流窜作案、多次作案、结伙作案的重大嫌疑分子，提请审查批准的时间可以延长至三十日。

人民检察院应当自接到公安机关提请批准逮捕书后的七日以内，作出批准逮捕或者不批准逮捕的决定。人民检察院不批准逮捕的，公安机关应当在接到通知后立即释放，并且将执行情况及时通知人民检察院。对于需要继续侦查，并且符合取保候审、监视居住条件的，依法取保候审或者监视居住。

第九十二条：公安机关逮捕人的时候，必须出示逮捕证。

逮捕后,应当立即将被逮捕人送看守所羁押。除无法通知的以外,应当在逮捕后二十四小时以内,通知被逮捕人的家属。

第九十五条:犯罪嫌疑人、被告人及其法定代理人、近亲属或者辩护人有权申请变更强制措施。人民法院、人民检察院和公安机关收到申请后,应当在三日以内作出决定;不同意变更强制措施的,应当告知申请人,并说明不同意的理由。

343. 什么是正当防卫 公民在什么情况下可实施正当防卫

正当防卫,是指为了使国家、公共利益、本人或者他人的人身、财产和其他权利免受正在进行的不法侵害,而采取的制止不法侵害并对不法侵害人造成损害的行为。根据我国刑法规定的精神,公民在实施正当防卫时必须清楚以下五个条件:

1. 正当防卫的前提条件是必须存在不法侵害。一般来说,不法侵害是指违反法律规定、具有社会危害性并且带有较明显的紧迫性或攻击性的行为。对于合法行为如公安人员的拘留、逮捕行为,群众捉拿或扭送罪犯等,不能进行所谓的正当防卫。

2. 正当防卫的时间条件是必须针对正在进行的不法侵害。所谓正在进行,就是不法侵害已经开始,尚未结束。如果凭借错误的想象和推测而事先防卫,则属于假想防卫;不法侵害已经结束,再对不法分子进行防卫,则属于事后防卫,是一种非法的报复行为,构成犯罪,应负刑事责任。

3. 正当防卫的对象条件是不法侵害人本人。不法侵害者可以是一人或数人,均可对其进行防卫,但不能错误地针对第三人或者其亲朋好友,否则便不是正当防卫。

4. 正当防卫的主观条件是正当的防卫意图。所谓正当的防卫意图,是指防卫人是为了保护国家、公共利益、本人或他人合法的人身、财产和其他权利免受不法侵害。

5.正当防卫的限度条件是没有超过必要限度。超过必要限度的防卫,称为防卫过当。刑法中明文规定,明显超过必要限度造成重大损害的,应当负刑事责任。

344. 应该向哪些机关控告、检举犯罪行为,同时应注意什么问题

犯罪行为对被害人的合法权益造成侵害时,被害者向有关的国家机关告发,要求追究犯罪人的法律责任,一般称为控告。认为某人有犯罪事实,尽管这种犯罪没有直接侵害自己的合法权益,但为了不使犯罪者逍遥法外,因而向有关的国家机关举报揭露,这种举报揭露一般称为检举。控告、检举犯罪,是机关、团体、企业、事业单位和公民的权利,也是应当履行的一项重要义务。为了使罪犯受到及时地揭露和惩罚,以维护国家利益、集体利益和公民合法权益不受侵犯,维护社会秩序的稳定,控告人、检举人提出控告或进行检举时,最好明确向有义务受理控告、检举的机关提出,否则容易耽误时间,甚至达不到控告、检举的目的。首先,如果控告、检举的是他人的犯罪行为,而不是其他违法行为或错误行为,就应当向公安机关、人民检察院或者向人民法院提出控告和检举。其次,按照《刑事诉讼法》第一百零八条规定,任何单位和个人发现有犯罪事实或者犯罪嫌疑人,有权利也有义务向公安机关、人民检察院或者人民法院报案或者举报。被害人对侵犯其人身、财产权利的犯罪事实或者犯罪嫌疑人,有权向公安机关、人民检察院或者人民法院报案或者控告。公安机关、人民检察院或者人民法院对于报案、控告、举报,都应当接受。对于不属于自己管辖的,应当移送主管机关处理,并且通知报案人、控告人、举报人;对于不属于自己管辖而又必须采取紧急措施的,应当先采取紧急措施,然后移送主管机关。

根据法律规定,贪污罪、侵犯公民民主权利罪、渎职罪以及人民检察院认为需要自己直接受理的其他案件,由人民检察院立案侦查

和决定是否提起公诉。其他案件的侦查，都由公安机关进行。

具体讲，侮辱罪、诽谤罪、暴力干涉他人婚姻自由罪、虐待罪、轻伤害罪、抗拒执行判决、裁定罪、重婚罪、破坏现役军人婚姻罪、遗弃罪，应直接向人民法院控告。下列犯罪应直接向检察机关控告、检举：重大责任事故罪，刑讯逼供罪，诬告陷害罪，破坏选举罪，非法拘禁罪，非法管制、非法搜查、非法侵入他人住宅罪，报复陷害罪，非法剥夺公民宗教信仰自由和侵犯少数民族风俗习惯罪，伪证、陷害、隐匿罪证罪，侵犯公民通信自由罪，重婚罪，泄露国家重要机密罪，玩忽职守罪，枉法追诉、裁判罪，私放罪犯罪，体罚虐待被监管人员罪，妨害邮电通信罪，贪污罪，贿赂罪，偷税、抗税罪，假冒商标罪，挪用救灾、抢险防汛、优抚、救济款物罪。除上述以外的其他犯罪，都应该向公安机关控告、检举，其中间谍、特务案应向国家安全机关检举，都应当接受，对于不属于自己管辖的案件先接受，再移送主管机关处理。

首先，控告、检举都要有事实根据，有可能的话还要提供能够查明犯罪事实的证据、线索。切忌"说风就是雨"，凭他人不负责任的传说或自己的怀疑就向司法机关告发，更不得为泄私愤或其他不良目的、捏造事实诬告，诬告他人犯罪是要负法律责任的。

其次，注意所控告、检举的事实应当是一种违法犯罪的事实，不要把违章违纪的一般错误或违反道德范围的一般错误也向司法机关告发。

最后，凡司法机关控告、检举犯罪事实或犯罪嫌疑人，既可以采取书面形式，也可以口头提出。但无论采取哪种形式，都必须向接受控告、检举的机关讲明自己的真实姓名和地址，并在控告、检举信上或控告、检举笔记上签名或盖章。写匿名信或口头提出控告、检举时不讲真实姓名，不利于司法机关及时查明犯罪事实。如果控告人、检举人出于某种顾虑，不愿公开自己的姓名，依照法律，在侦查期间，司法机关将为控告人、检举人保守秘密。

附录　相关主要法律法规

中共中央关于
全面推进依法治国若干重大问题的决定

（2014 年 10 月 23 日中国共产党第十八届中央委员会第四次全体会议通过）

为贯彻落实党的十八大作出的战略部署，加快建设社会主义法治国家，十八届中央委员会第四次全体会议研究了全面推进依法治国若干重大问题，作出如下决定。

一、坚持走中国特色社会主义法治道路，建设中国特色社会主义法治体系

依法治国，是坚持和发展中国特色社会主义的本质要求和重要保障，是实现国家治理体系和治理能力现代化的必然要求，事关我们党执政兴国，事关人民幸福安康，事关党和国家长治久安。

全面建成小康社会、实现中华民族伟大复兴的中国梦，全面深化改革、完善和发展中国特色社会主义制度，提高党的执政能力和执政水平，必须全面推进依法治国。

我国正处于社会主义初级阶段，全面建成小康社会进入决定性阶段，改革进入攻坚期和深水区，国际形势复杂多变，我们党面对的改革发展稳定任务之重前所未有、矛盾风险挑战之多前所未有，依法治国在党和国家工作全局中的地位更加突出、作用更加重大。面对新形势新任务,我们党要更好统筹国内国际两个大局,更好维护和运用我国发展的重要战略机遇期,更好统筹社会力量、平衡社会利益、调节社会关系、规范社会行为,使我国社会在深刻变革中既生机勃勃又井然有序,实现经济发展、政治清明、文化昌盛、社会公正、生态良好,实现我国和平发展的战略目标,必须更好发挥法治的引领和规范作用。

我们党高度重视法治建设。长期以来,特别是党的十一届三中全会以来,我们党深刻总结我国社会主义法治建设的成功经验和深刻教训,提出为了保障人民民主,必须加强法治,必须使民主制度化、法律化,把依法治国确定为党领导人民治理国家的基本方略,把依法执政确定为党治国理政的基本方式,积极建设社会主义法治,取得历史性成就。目前,中国特色社会主义法律体系已经形成,法治政府建设稳步推进,司法体制不断完善,全社会法治观念明显增强。

同时,必须清醒看到,同党和国家事业发展要求相比,同人民群众期待相比,同推进国家治理体系和治理能力现代化目标相比,法治建设还存在许多不适应、不符合的问题,主要表现为:有的法律法规未能全面反映客观规律和人民意愿,针对性、可操作性不强,立法工作中部门化倾向、争权诿责现象较为突出;有法不依、执法不严、违法不究现象比较严重,执法体制权责脱节、多头执法、选择性执法现象仍然存在,执法司法不规范、不严格、不透明、不文明现象较为突出,群众对执法司法不公和腐败问题反映强烈;部分社会成员尊法信法守法用法、依法维权意识不强,一些国家工作人员特别是领导干部依法办事观念不强、能力不足,知法犯法、以言代法、以权压法、徇私枉法现象依然存在。这些问题,违背社会主义法治原则,损害人民群众利益,妨碍党和国家事业发展,必须下大气力加以解决。

全面推进依法治国,必须贯彻落实党的十八大和十八届三中全会精神,高举中国特色社会主义伟大旗帜,以马克思列宁主义、毛泽东思想、邓小平理论、"三个代表"重要思想、科学发展观为指导,深入贯彻习近平总书记系列重要讲话精神,坚持党的领导、人民当家做主、依法治国有机统一,坚定不移走中国特色社会主义法治道路,坚决维护宪法法律权威,依法维护人民权益、维护社会公平正义、维护国家安全稳定,为实现"两个一百年"奋斗目标、实现中华民族伟大复兴的中国梦提供有力法治保障。

全面推进依法治国，总目标是建设中国特色社会主义法治体系，建设社会主义法治国家。这就是，在中国共产党领导下，坚持中国特色社会主义制度，贯彻中国特色社会主义法治理论，形成完备的法律规范体系、高效的法治实施体系、严密的法治监督体系、有力的法治保障体系，形成完善的党内法规体系，坚持依法治国、依法执政、依法行政共同推进，坚持法治国家、法治政府、法治社会一体建设，实现科学立法、严格执法、公正司法、全民守法，促进国家治理体系和治理能力现代化。

实现这个总目标，必须坚持以下原则。

——坚持中国共产党的领导。党的领导是中国特色社会主义最本质的特征，是社会主义法治最根本的保证。把党的领导贯彻到依法治国全过程和各方面，是我国社会主义法治建设的一条基本经验。我国宪法确立了中国共产党的领导地位。坚持党的领导，是社会主义法治的根本要求，是党和国家的根本所在、命脉所在，是全国各族人民的利益所系、幸福所系，是全面推进依法治国的题中应有之义。党的领导和社会主义法治是一致的，社会主义法治必须坚持党的领导，党的领导必须依靠社会主义法治。只有在党的领导下依法治国、厉行法治，人民当家做主才能充分实现，国家和社会生活法治化才能有序推进。依法执政，既要求党依据宪法法律治国理政，也要求党依据党内法规管党治党。必须坚持党领导立法、保证执法、支持司法、带头守法，把依法治国基本方略同依法执政基本方式统一起来，把党总揽全局、协调各方同人大、政府、政协、审判机关、检察机关依法依章程履行职能、开展工作统一起来，把党领导人民制定和实施宪法法律同党坚持在宪法法律范围内活动统一起来，善于使党的主张通过法定程序成为国家意志，善于使党组织推荐的人选通过法定程序成为国家政权机关的领导人员，善于通过国家政权机关实施党对国家和社会的领导，善于运用民主集中制原则维护中央权威、维护全党全国团结统一。

——坚持人民主体地位。人民是依法治国的主体和力量源泉，人民代表大会制度是保证人民当家做主的根本政治制度。必须坚持法治建设为了人民、依靠人民、造福人民、保护人民,以保障人民根本权益为出发点和落脚点,保证人民依法享有广泛的权利和自由、承担应尽的义务,维护社会公平正义,促进共同富裕。必须保证人民在党的领导下,依照法律规定,通过各种途径和形式管理国家事务,管理经济文化事业,管理社会事务。必须使人民认识到法律既是保障自身权利的有力武器,也是必须遵守的行为规范,增强全社会学法尊法守法用法意识,使法律为人民所掌握、所遵守、所运用。

——坚持法律面前人人平等。平等是社会主义法律的基本属性。任何组织和个人都必须尊重宪法法律权威,都必须在宪法法律范围内活动,都必须依照宪法法律行使权力或权利、履行职责或义务,都不得有超越宪法法律的特权。必须维护国家法制统一、尊严、权威,切实保证宪法法律有效实施,绝不允许任何人以任何借口任何形式以言代法、以权压法、徇私枉法。必须以规范和约束公权力为重点,加大监督力度,做到有权必有责、用权受监督、违法必追究,坚决纠正有法不依、执法不严、违法不究行为。

——坚持依法治国和以德治国相结合。国家和社会治理需要法律和道德共同发挥作用。必须坚持一手抓法治、一手抓德治,大力弘扬社会主义核心价值观,弘扬中华传统美德,培育社会公德、职业道德、家庭美德、个人品德,既重视发挥法律的规范作用,又重视发挥道德的教化作用,以法治体现道德理念、强化法律对道德建设的促进作用,以道德滋养法治精神、强化道德对法治文化的支撑作用,实现法律和道德相辅相成、法治和德治相得益彰。

——坚持从中国实际出发。中国特色社会主义道路、理论体系、制度是全面推进依法治国的根本遵循。必须从我国基本国情出发,同改革开放不断深化相适应,总结和运用党领导人民实行法治的成功经验,围绕社会主义法治建设重大理论和实践问题,推进法治理论创新,发展符合中国实际、具有中国特色、体现社会发展规律的社会主义法治理论,为依法治国提供理论指导和学理支撑。汲取中华法律文化精华,借鉴国外法治有益经验,但决不照搬外国法治理念和模式。

全面推进依法治国是一个系统工程,是国家治理领域一场广泛而深刻的革命,需要付出长期艰苦努力。全党同志必须更加自觉地坚持依法治国、更加扎实地推进依法治国,努力实现国家各项工作法治化,向着建设法治中国不断前进。

二、完善以宪法为核心的中国特色社会主义法律体系,加强宪法实施

法律是治国之重器,良法是善治之前提。建设中国特色社会主义法治体系,必须坚持立法先行,发挥立法的引领和推动作用,抓住提高立法质量这个关键。要恪守以民为本、立法为民理念,贯彻社会主义核心价值观,使每一项立法都符合宪法精神、反映人民意志、得到人民拥护。要把公正、公平、公开原则贯穿立法全过程,完善立法体制机制,坚持立改废释并举,增强法律法规的及时性、系统性、针对性、有效性。

(一)健全宪法实施和监督制度。宪法是党和人民意志的集中体现,是通过科学民主程序形成的根本法。坚持依法治国首先要坚持依宪治国,坚持依法执政首先要坚持依宪执政。全国各族人民、一切国家机关和武装力量、各政党和各社会团体、各企业事业组织,都必须以宪法为根本的活动准则,并且负有维护宪法尊严、保证宪法实施的职责。一切违反宪法的行为都必须予以追究和纠正。

完善全国人大及其常委会宪法监督制度,健全宪法解释程序机制。加强备案审查制度和能力建设,把所有规范性文件纳入备案审查范围,依法撤销和纠正违宪违法的规范性文件,禁止地方制发带有立法性质的文件。

将每年十二月四日定为国家宪法日。在全社会普遍开展宪法教育,弘扬宪法精神。建立宪法宣誓制度,凡经人大及其常委会选举或者决定任命的国家工作人员正式就职时公开向宪法宣誓。

(二)完善立法体制。加强党对立法工作的领导,完善党对立法工作中重大问题决策的程序。凡立法涉及重大体制和重大政策调整的,必须报党中央讨论决定。党中央向全国人大提出宪法修改建议,依照宪法规定的程序进行宪法修改。法律制定和修改的重大问题由全国人大常委会党组向党中央报告。

健全有立法权的人大主导立法工作的体制机制,发挥人大及其常委会在立法工作中的主导作用。建立由全国人大相关专门委员会、全国人大常委会法制工作委员会组织有关部门参与起草综合性、全局性、基础性等重要法律草案制度。增加有法治实践经验的专职常委比例。依法建立健全专门委员会、工作委员会立法专家顾问制度。

加强和改进政府立法制度建设，完善行政法规、规章制定程序，完善公众参与政府立法机制。重要行政管理法律法规由政府法制机构组织起草。

明确立法权力边界，从体制机制和工作程序上有效防止部门利益和地方保护主义法律化。对部门间争议较大的重要立法事项，由决策机关引入第三方评估，充分听取各方意见，协调决定，不能久拖不决。加强法律解释工作，及时明确法律规定含义和适用法律依据。明确地方立法权限和范围，依法赋予设区的市地方立法权。

（三）深入推进科学立法、民主立法。加强人大对立法工作的组织协调，健全立法起草、论证、协调、审议机制，健全向下级人大征询立法意见机制，建立基层立法联系点制度，推进立法精细化。健全法律法规规章起草征求人大代表意见制度，增加人大代表列席人大常委会会议人数，更多发挥人大代表参与起草和修改法律作用。完善立法项目征集和论证制度。健全立法机关主导、社会各方有序参与立法的途径和方式。探索委托第三方起草法律法规草案。

健全立法机关和社会公众沟通机制，开展立法协商，充分发挥政协委员、民主党派、工商联、无党派人士、人民团体、社会组织在立法协商中的作用，探索建立有关国家机关、社会团体、专家学者等对立法中涉及的重大利益调整论证咨询机制。拓宽公民有序参与立法途径，健全法律法规规章草案公开征求意见和公众意见采纳情况反馈机制，广泛凝聚社会共识。

完善法律草案表决程序，对重要条款可以单独表决。

（四）加强重点领域立法。依法保障公民权利，加快完善体现权利公平、机会公平、规则公平的法律制度，保障公民人身权、财产权、基本政治权利等各项权利不受侵犯，保障公民经济、文化、社会等各方面权利得到落实，实现公民权利保障法治化。增强全社会尊重和保障人权意识,健全公民权利救济渠道和方式。

社会主义市场经济本质上是法治经济。要使市场在资源配置中起决定性作用和更好发挥政府作用,必须以保护产权、维护契约、统一市场、平等交换、公平竞争、有效监管为基本导向,完善社会主义市场经济法律制度。健全以公平为核心原则的产权保护制度,加强对各种所有制经济组织和自然人财产权的保护,清理有违公平的法律法规条款。创新适应公有制多种实现形式的产权保护制度,加强对国有、集体资产所有权、经营权和各类企业法人财产权的保护。国家保护企业以法人财产权依法自主经营、自负盈亏,企业有权拒绝任何组织和个人无法律依据的要求。加强企业社会责任立法。完善激励创新的产权制度、知识产权保护制度和促进科技成果转化的体制机制。加强市场法律制度建设,编纂民法典,制定和完善发展规划、投资管理、土地管理、能源和矿产资源、农业、财政税收、金融等方面法律法规,促进商品和要素自由流动、公平交易、平等使用。依法加强和改善宏观调控、市场监管,反对垄断,促进合理竞争,维护公平竞争的市场秩序。加强军民融合深度发展法治保障。

制度化、规范化、程序化是社会主义民主政治的根本保障。以保障人民当家做主为核心,坚持和完善人民代表大会制度,坚持和完善中国共产党领导的多党合作和政治协商制度、民族区域自治制度以及基层群众自治制度,推进社会主义民主政治法治化。加强社会主义协商民主制度建设,推进协商民主广泛多层制度化发展,构建程序合理、环节完整的协商民主体系。完善和发展基层民主制度,依法推进基层民主和行业自律,实行自我管理、自我服务、自我教育、自我监督。完善国家机构组织法,完善选举制度和工作机制。加快推进反腐败国家立法,完善惩治和预防腐败体系,形成不敢腐、不能腐、不想腐的有效机制,坚决遏制和预防腐败现象。完善惩治贪污贿赂犯罪法律制度,把贿赂犯罪对象由财物扩大为财物和其他财产性利益。

建立健全坚持社会主义先进文化前进方向、遵循文化发展规律、有利于激发文化创造活力、保障人民基本文化权益的文化法律制度。制定公共文化服务保障法,促进基本公共文化服务标准化、均等化。制定文化产业促进法,把行之有效的文化经济政策法定化,健全促进社会效益和经济效益有机统一的制度规范。制定国家勋章和国家荣誉称号法,表彰有突出贡献的杰出人士。加强互联网领域立法,完善网络信息服务、网络安全保护、网络社会管理等方面的法律法规,依法规范网络行为。

加快保障和改善民生、推进社会治理体制创新法律制度建设。依法加强和规范公共服务,完善教育、就业、收入分配、社会保障、医疗卫生、食品安全、扶贫、慈善、社会救助和妇女儿童、老年人、残疾人合法权益保护等方面的法律法规。加强社会组织立法,规范和引导各类社会组织健康发展。制定社区矫正法。

贯彻落实总体国家安全观,加快国家安全法治建设,抓紧出台反恐怖等一批急需法律,推进公共安全法治化,构建国家安全法律制度体系。

用严格的法律制度保护生态环境,加快建立有效约束开发行为和促进绿色发展、循环发展、低碳发展的生态文明法律制度,强化生产者环境保护的法律责任,大幅度提高违法成本。建立健全自然资源产权法律制度,完善国土空间开发保护方面的法律制度,制定完善生态补偿和土壤、水、大气污染防治及海洋生态环境保护等法律法规,促进生态文明建设。

实现立法和改革决策相衔接,做到重大改革于法有据、立法主动适应改革和经济社会发展需要。实践证明行之有效的,要及时上升为法律。实践条件还不成熟、需要先行先试的,要按照法定程序作出授权。对不适应改革要求的法律法规,要及时修改和废止。

三、深入推进依法行政,加快建设法治政府

法律的生命力在于实施,法律的权威也在于实施。各级政府必须坚持在党的领导下、在法治轨道上开展工作,创新执法体制,完善执法程序,推进综合执法,严格执法责任,建立权责统一、权威高效的依法行政体制,加快建设职能科学、权责法定、执法严明、公开公正、廉洁高效、守法诚信的法治政府。

(一)依法全面履行政府职能。完善行政组织和行政程序法律制度,推进机构、职能、权限、程序、责任法定化。行政机关要坚持法定职责必须为、法无授权不可为,勇于负责、敢于担当,坚决纠正不作为、乱作为,坚决克服懒政、怠政,坚决惩处失职、渎职。行政机关不得法外设定权力,没有法律法规依据不得作出减损公民、法人和其他组织合法权益或者增加其义务的决定。推行政府权力清单制度,坚决消除权力设租寻租空间。

推进各级政府事权规范化、法律化,完善不同层级政府特别是中央和地方政府事权法律制度,强化中央政府宏观管理、制度设定职责和必要的执法权,强化省级政府统筹推进区域内基本公共服务均等化职责,强化市县政府执行职责。

(二)健全依法决策机制。把公众参与、专家论证、风险评估、合法性审查、集体讨论决定确定为重大行政决策法定程序,确保决策制度科学、程序正当、过程公开、责任明确。建立行政机关内部重大决策合法性审查机制,未经合法性审查或经审查不合法的,不得提交讨论。

积极推行政府法律顾问制度,建立政府法制机构人员为主体、吸收专家和律师参加的法律顾问队伍,保证法律顾问在制定重大行政决策、推进依法行政中发挥积极作用。

建立重大决策终身责任追究制度及责任倒查机制,对决策严重失误或者依法应该及时作出决策但久拖不决造成重大损失、恶劣影响的,严格追究行政首长、负有责任的其他领导人员和相关责任人员的法律责任。

(三)深化行政执法体制改革。根据不同层级政府的事权和职能,按照减少层次、整合队伍、提高效率的原则,合理配置执法力量。

推进综合执法,大幅减少市县两级政府执法队伍种类,重点在食品药品安全、工商质检、公共卫生、安全生产、文化旅游、资源环境、农林水利、交通运输、城乡建设、海洋渔业等领域内推行综合执法,有条件的领域可以推行跨部门综合执法。

完善市县两级政府行政执法管理,加强统一领导和协调。理顺行政强制执行体制。理顺城管执法体制,加强城市管理综合执法机构建设,提高执法和服务水平。

严格实行行政执法人员持证上岗和资格管理制度,未经执法资格考试合格,不得授予执法资格,不得从事执法活动。严格执行罚缴分离和收支两条线管理制度,严禁收费罚没收入同部门利益直接或者变相挂钩。

健全行政执法和刑事司法衔接机制,完善案件移送标准和程序,建立行政执法机关、公安机关、检察机关、审判机关信息共享、案情通报、案件移送制度,坚决克服有案不移、有案难移、以罚代刑现象,实现行政处罚和刑事处罚无缝对接。

(四)坚持严格规范公正文明执法。依法惩处各类违法行为,加大关系群众切身利益的重点领域执法力度。完善执法程序,建立执法全过程记录制度。明确具体操作流程,重点规范行政许可、行政处罚、行政强制、行政征收、行政收费、行政检查等执法行为。严格执行重大执法决定法制审核制度。

建立健全行政裁量权基准制度,细化、量化行政裁量标准,规范裁量范围、种类、幅度。加强行政执法信息化建设和信息共享,提高执法效率和规范化水平。

全面落实行政执法责任制,严格确定不同部门及机构、岗位执法人员执法责任和责任追究机制,加强执法监督,坚决排除对执法活动的干预,防止和克服地方和部门保护主义,惩治执法腐败现象。

(五)强化对行政权力的制约和监督。加强党内监督、人大监督、民主监督、行政监督、司法监督、审计监督、社会监督、舆论监督制度建设,努力形成科学有效的权力运行制约和监督体系,增强监督合力和实效。

加强对政府内部权力的制约,是强化对行政权力制约的重点。对财政资金分配使用、国有资产监管、政府投资、政府采购、公共资源转让、公共工程建设等权力集中的部门和岗位实行分事行权、分岗设权、分级授权,定期轮岗,强化内部流程控制,防止权力滥用。完善政府内部层级监督和专门监督,改进上级机关对下级机关的监督,建立常态化监督制度。完善纠错问责机制,健全责令公开道歉、停职检查、引咎辞职、责令辞职、罢免等问责方式和程序。

完善审计制度,保障依法独立行使审计监督权。对公共资金、国有资产、国有资源和领导干部履行经济责任情况实行审计全覆盖。强化上级审计机关对下级审计机关的领导。探索省以下地方审计机关人财物统一管理。推进审计职业化建设。

（六）全面推进政务公开。坚持以公开为常态、不公开为例外原则，推进决策公开、执行公开、管理公开、服务公开、结果公开。各级政府及其工作部门依据权力清单，向社会全面公开政府职能、法律依据、实施主体、职责权限、管理流程、监督方式等事项。重点推进财政预算、公共资源配置、重大建设项目批准和实施、社会公益事业建设等领域的政府信息公开。

涉及公民、法人或其他组织权利和义务的规范性文件，按照政府信息公开要求和程序予以公布。推行行政执法公示制度。推进政务公开信息化，加强互联网政务信息数据服务平台和便民服务平台建设。

四、保证公正司法，提高司法公信力

公正是法治的生命线。司法公正对社会公正具有重要引领作用，司法不公对社会公正具有致命破坏作用。必须完善司法管理体制和司法权力运行机制，规范司法行为，加强对司法活动的监督，努力让人民群众在每一个司法案件中感受到公平正义。

（一）完善确保依法独立公正行使审判权和检察权的制度。各级党政机关和领导干部要支持法院、检察院依法独立公正行使职权。建立领导干部干预司法活动、插手具体案件处理的记录、通报和责任追究制度。任何党政机关和领导干部都不得让司法机关做违反法定职责、有碍司法公正的事情，任何司法机关都不得执行党政机关和领导干部违法干预司法活动的要求。对干预司法机关办案的，给予党纪政纪处分；造成冤假错案或者其他严重后果的，依法追究刑事责任。

健全行政机关依法出庭应诉、支持法院受理行政案件、尊重并执行法院生效裁判的制度。完善惩戒妨碍司法机关依法行使职权、拒不执行生效裁判和决定、蔑视法庭权威等违法犯罪行为的法律规定。

建立健全司法人员履行法定职责保护机制。非因法定事由，非经法定程序，不得将法官、检察官调离、辞退或者作出免职、降级等处分。

（二）优化司法职权配置。健全公安机关、检察机关、审判机关、司法行政机关各司其职,侦查权、检察权、审判权、执行权相互配合、相互制约的体制机制。

完善司法体制,推动实行审判权和执行权相分离的体制改革试点。完善刑罚执行制度,统一刑罚执行体制。改革司法机关人财物管理体制,探索实行法院、检察院司法行政事务管理权和审判权、检察权相分离。

最高人民法院设立巡回法庭,审理跨行政区域重大行政和民商事案件。探索设立跨行政区划的人民法院和人民检察院,办理跨地区案件。完善行政诉讼体制机制,合理调整行政诉讼案件管辖制度,切实解决行政诉讼立案难、审理难、执行难等突出问题。

改革法院案件受理制度,变立案审查制为立案登记制,对人民法院依法应该受理的案件,做到有案必立、有诉必理,保障当事人诉权。加大对虚假诉讼、恶意诉讼、无理缠诉行为的惩治力度。完善刑事诉讼中认罪认罚从宽制度。

完善审级制度,一审重在解决事实认定和法律适用,二审重在解决事实法律争议、实现二审终审,再审重在解决依法纠错、维护裁判权威。完善对涉及公民人身、财产权益的行政强制措施实行司法监督制度。检察机关在履行职责中发现行政机关违法行使职权或者不行使职权的行为,应该督促其纠正。探索建立检察机关提起公益诉讼制度。

明确司法机关内部各层级权限,健全内部监督制约机制。司法机关内部人员不得违反规定干预其他人员正在办理的案件,建立司法机关内部人员过问案件的记录制度和责任追究制度。完善主审法官、合议庭、主任检察官、主办侦查员办案责任制,落实谁办案谁负责。

加强职务犯罪线索管理,健全受理、分流、查办、信息反馈制度,明确纪检监察和刑事司法办案标准和程序衔接,依法严格查办职务犯罪案件。

(三)推进严格司法。坚持以事实为根据、以法律为准绳,健全事实认定符合客观真相、办案结果符合实体公正、办案过程符合程序公正的法律制度。加强和规范司法解释和案例指导,统一法律适用标准。

推进以审判为中心的诉讼制度改革,确保侦查、审查起诉的案件事实证据经得起法律的检验。全面贯彻证据裁判规则,严格依法收集、固定、保存、审查、运用证据,完善证人、鉴定人出庭制度,保证庭审在查明事实、认定证据、保护诉权、公正裁判中发挥决定性作用。

明确各类司法人员工作职责、工作流程、工作标准,实行办案质量终身负责制和错案责任倒查问责制,确保案件处理经得起法律和历史检验。

(四)保障人民群众参与司法。坚持人民司法为人民,依靠人民推进公正司法,通过公正司法维护人民权益。在司法调解、司法听证、涉诉信访等司法活动中保障人民群众参与。完善人民陪审员制度,保障公民陪审权利,扩大参审范围,完善随机抽选方式,提高人民陪审制度公信度。逐步实行人民陪审员不再审理法律适用问题,只参与审理事实认定问题。

构建开放、动态、透明、便民的阳光司法机制,推进审判公开、检务公开、警务公开、狱务公开,依法及时公开执法司法依据、程序、流程、结果和生效法律文书,杜绝暗箱操作。加强法律文书释法说理,建立生效法律文书统一上网和公开查询制度。

(五)加强人权司法保障。强化诉讼过程中当事人和其他诉讼参与人的知情权、陈述权、辩护辩论权、申请权、申诉权的制度保障。健全落实罪刑法定、疑罪从无、非法证据排除等法律原则的法律制度。完善对限制人身自由司法措施和侦查手段的司法监督,加强对刑讯逼供和非法取证的源头预防,健全冤假错案有效防范、及时纠正机制。

切实解决执行难,制定强制执行法,规范查封、扣押、冻结、处理涉案财物的司法程序。加快建立失信被执行人信用监督、威慑和惩戒法律制度。依法保障胜诉当事人及时实现权益。

落实终审和诉讼终结制度,实行诉访分离,保障当事人依法行使申诉权利。对不服司法机关生效裁判、决定的申诉,逐步实行由律师代理制度。对聘不起律师的申诉人,纳入法律援助范围。

(六)加强对司法活动的监督。完善检察机关行使监督权的法律制度,加强对刑事诉讼、民事诉讼、行政诉讼的法律监督。完善人民监督员制度,重点监督检察机关查办职务犯罪的立案、羁押、扣押冻结财物、起诉等环节的执法活动。司法机关要及时回应社会关切。规范媒体对案件的报道,防止舆论影响司法公正。

依法规范司法人员与当事人、律师、特殊关系人、中介组织的接触、交往行为。严禁司法人员私下接触当事人及律师、泄露或者为其打探案情、接受吃请或者收受其财物、为律师介绍代理和辩护业务等违法违纪行为,坚决惩治司法掮客行为,防止利益输送。

对因违法违纪被开除公职的司法人员、吊销执业证书的律师和公证员,终身禁止从事法律职业,构成犯罪的要依法追究刑事责任。

坚决破除各种潜规则,绝不允许法外开恩,绝不允许办关系案、人情案、金钱案。坚决反对和克服特权思想、衙门作风、霸道作风,坚决反对和惩治粗暴执法、野蛮执法行为。对司法领域的腐败"零容忍",坚决清除害群之马。

五、增强全民法治观念,推进法治社会建设

法律的权威源自人民的内心拥护和真诚信仰。人民权益要靠法律保障,法律权威要靠人民维护。必须弘扬社会主义法治精神,建设社会主义法治文化,增强全社会厉行法治的积极性和主动性,形成守法光荣、违法可耻的社会氛围,使全体人民都成为社会主义法治的忠实崇尚者、自觉遵守者、坚定捍卫者。

(一)推动全社会树立法治意识。坚持把全民普法和守法作为依法治国的长期基础性工作,深入开展法治宣传教育,引导全民自觉守法、遇事找法、解决问题靠法。坚持把领导干部带头学法、模范守法作为树立法治意识的关键,完善国家工作人员学法用法制度,把宪法法律列入党委(党组)中心组学习内容,列为党校、行政学院、干部学院、社会主义学院必修课。把法治教育纳入国民教育体系,从青少年抓起,在中小学设立法治知识课程。

健全普法宣传教育机制,各级党委和政府要加强对普法工作的领导,宣传、文化、教育部门和人民团体要在普法教育中发挥职能作用。实行国家机关"谁执法谁普法"的普法责任制,建立法官、检察官、行政执法人员、律师等以案释法制度,加强普法讲师团、普法志愿者队伍建设。把法治教育纳入精神文明创建内容,开展群众性法治文化活动,健全媒体公益普法制度,加强新媒体新技术在普法中的运用,提高普法实效。

牢固树立有权力就有责任、有权利就有义务观念。加强社会诚信建设,健全公民和组织守法信用记录,完善守法诚信褒奖机制和违法失信行为惩戒机制,使尊法守法成为全体人民共同追求和自觉行动。

加强公民道德建设,弘扬中华优秀传统文化,增强法治的道德底蕴,强化规则意识,倡导契约精神,弘扬公序良俗。发挥法治在解决道德领域突出问题中的作用,引导人们自觉履行法定义务、社会责任、家庭责任。

(二)推进多层次多领域依法治理。坚持系统治理、依法治理、综合治理、源头治理,提高社会治理法治化水平。深入开展多层次多形式法治创建活动,深化基层组织和部门、行业依法治理,支持各类社会主体自我约束、自我管理。发挥市民公约、乡规民约、行业规章、团体章程等社会规范在社会治理中的积极作用。

发挥人民团体和社会组织在法治社会建设中的积极作用。建立健全社会组织参与社会事务、维护公共利益、救助困难群众、帮教特殊人群、预防违法犯罪的机制和制度化渠道。支持行业协会商会类社会组织发挥行业自律和专业服务功能。发挥社会组织对其成员的行为导引、规则约束、权益维护作用。加强在华境外非政府组织管理,引导和监督其依法开展活动。

高举民族大团结旗帜,依法妥善处置涉及民族、宗教等因素的社会问题,促进民族关系、宗教关系和谐。

(三)建设完备的法律服务体系。推进覆盖城乡居民的公共法律服务体系建设,加强民生领域法律服务。完善法律援助制度,扩大援助范围,健全司法救助体系,保证人民群众在遇到法律问题或者权利受到侵害时获得及时有效法律帮助。

发展律师、公证等法律服务业,统筹城乡、区域法律服务资源,发展涉外法律服务业。健全统一司法鉴定管理体制。

(四)健全依法维权和化解纠纷机制。强化法律在维护群众权益、化解社会矛盾中的权威地位,引导和支持人们理性表达诉求、依法维护权益,解决好群众最关心、最直接、最现实的利益问题。

构建对维护群众利益具有重大作用的制度体系,建立健全社会矛盾预警机制、利益表达机制、协商沟通机制、救济救助机制,畅通群众利益协调、权益保障法律渠道。把信访纳入法治化轨道,保障合理合法诉求依照法律规定和程序就能得到合理合法的结果。

健全社会矛盾纠纷预防化解机制,完善调解、仲裁、行政裁决、行政复议、诉讼等有机衔接、相互协调的多元化纠纷解决机制。加强行业性、专业性人民调解组织建设,完善人民调解、行政调解、司法调解联动工作体系。完善仲裁制度,提高仲裁公信力。健全行政裁决制度,强化行政机关解决同行政管理活动密切相关的民事纠纷功能。

深入推进社会治安综合治理,健全落实领导责任制。完善立体化社会治安防控体系,有效防范化解管控影响社会安定的问题,保障人民生命财产安全。依法严厉打击暴力恐怖、涉黑犯罪、邪教和黄赌毒等违法犯罪活动,绝不允许其形成气候。依法强化危害食品药品安全、影响安全生产、损害生态环境、破坏网络安全等重点问题治理。

六、加强法治工作队伍建设

全面推进依法治国,必须大力提高法治工作队伍思想政治素质、业务工作能力、职业道德水准,着力建设一支忠于党、忠于国家、忠于人民、忠于法律的社会主义法治工作队伍,为加快建设社会主义法治国家提供强有力的组织和人才保障。

(一)建设高素质法治专门队伍。把思想政治建设摆在首位,加强理想信念教育,深入开展社会主义核心价值观和社会主义法治理念教育,坚持党的事业、人民利益、宪法法律至上,加强立法队伍、行政执法队伍、司法队伍建设。抓住立法、执法、司法机关各级领导班子建设这个关键,突出政治标准,把善于运用法治思维和法治方式推动工作的人选拔到领导岗位上来。畅通立法、执法、司法部门干部和人才相互之间以及与其他部门具备条件的干部和人才交流渠道。

推进法治专门队伍正规化、专业化、职业化,提高职业素养和专业水平。完善法律职业准入制度,健全国家统一法律职业资格考试制度,建立法律职业人员统一职前培训制度。建立从符合条件的律师、法学专家中招录立法工作者、法官、检察官制度,畅通具备条件的军队转业干部进入法治专门队伍的通道,健全从政法专业毕业生中招录人才的规范便捷机制。加强边疆地区、民族地区法治专门队伍建设。加快建立符合职业特点的法治工作人员管理制度,完善职业保障体系,建立法官、检察官、人民警察专业职务序列及工资制度。

建立法官、检察官逐级遴选制度。初任法官、检察官由高级人民法院、省级人民检察院统一招录,一律在基层法院、检察院任职。上级人民法院、人民检察院的法官、检察官一般从下一级人民法院、人民检察院的优秀法官、检察官中遴选。

(二)加强法律服务队伍建设。加强律师队伍思想政治建设,把拥护中国共产党领导、拥护社会主义法治作为律师从业的基本要求,增强广大律师走中国特色社会主义法治道路的自觉性和坚定性。构建社会律师、公职律师、公司律师等优势互补、结构合理的律师队伍。提高律师队伍业务素质,完善执业保障机制。加强律师事务所管理,发挥律师协会自律作用,规范律师执业行为,监督律师严格遵守职业道德和职业操守,强化准入、退出管理,严格执行违法违规执业惩戒制度。加强律师行业党的建设,扩大党的工作覆盖面,切实发挥律师事务所党组织的政治核心作用。

各级党政机关和人民团体普遍设立公职律师,企业可设立公司律师,参与决策论证,提供法律意见,促进依法办事,防范法律风险。明确公职律师、公司律师法律地位及权利义务,理顺公职律师、公司律师管理体制机制。

发展公证员、基层法律服务工作者、人民调解员队伍。推动法律服务志愿者队伍建设。建立激励法律服务人才跨区域流动机制,逐步解决基层和欠发达地区法律服务资源不足和高端人才匮乏问题。

(三)创新法治人才培养机制。坚持用马克思主义法学思想和中国特色社会主义法治理论全方位占领高校、科研机构法学教育和法学研究阵地,加强法学基础理论研究,形成完善的中国特色社会主义法学理论体系、学科体系、课程体系,组织编写和全面采用国家统一的法律类专业核心教材,纳入司法考试必考范围。坚持立德树人、德育为先导向,推动中国特色社会主义法治理论进教材进课堂进头脑,培养造就熟悉和坚持中国特色社会主义法治体系的法治人才及后备力量。建设通晓国际法律规则、善于处理涉外法律事务的涉外法治人才队伍。

健全政法部门和法学院校、法学研究机构人员双向交流机制,实施高校和法治工作部门人员互聘计划,重点打造一支政治立场坚定、理论功底深厚、熟悉中国国情的高水平法学家和专家团队,建设高素质学术带头人、骨干教师、专兼职教师队伍。

七、加强和改进党对全面推进依法治国的领导

党的领导是全面推进依法治国、加快建设社会主义法治国家最根本的保证。必须加强和改进党对法治工作的领导,把党的领导贯彻到全面推进依法治国全过程。

(一)坚持依法执政。依法执政是依法治国的关键。各级党组织和领导干部要深刻认识到,维护宪法法律权威就是维护党和人民共同意志的权威,捍卫宪法法律尊严就是捍卫党和人民共同意志的尊严,保证宪法法律实施就是保证党和人民共同意志的实现。各级领导干部要对法律怀有敬畏之心,牢记法律红线不可逾越、法律底线不可触碰,带头遵守法律,带头依法办事,不得违法行使权力,更不能以言代法、以权压法、徇私枉法。

健全党领导依法治国的制度和工作机制,完善保证党确定依法治国方针政策和决策部署的工作机制和程序。加强对全面推进依法治国统一领导、统一部署、统筹协调。完善党委依法决策机制,发挥政策和法律的各自优势,促进党的政策和国家法律互联互动。党委要定期听取政法机关工作汇报,做促进公正司法、维护法律权威的表率。党政主要负责人要履行推进法治建设第一责任人职责。各级党委要领导和支持工会、共青团、妇联等人民团体和社会组织在依法治国中积极发挥作用。

人大、政府、政协、审判机关、检察机关的党组织和党员干部要坚决贯彻党的理论和路线方针政策,贯彻党委决策部署。各级人大、政府、政协、审判机关、检察机关的党组织要领导和监督本单位模范遵守宪法法律,坚决查处执法犯法、违法用权等行为。

政法委员会是党委领导政法工作的组织形式,必须长期坚持。各级党委政法委员会要把工作着力点放在把握政治方向、协调各方职能、统筹政法工作、建设政法队伍、督促依法履职、创造公正司法环境上,带头依法办事,保障宪法法律正确统一实施。政法机关党组织要建立健全重大事项向党委报告制度。加强政法机关党的建设,在法治建设中充分发挥党组织政治保障作用和党员先锋模范作用。

(二)加强党内法规制度建设。党内法规既是管党治党的重要依据,也是建设社会主义法治国家的有力保障。党章是最根本的党内法规,全党必须一体严格遵行。完善党内法规制定体制机制,加大党内法规备案审查和解释力度,形成配套完备的党内法规制度体系。注重党内法规同国家法律的衔接和协调,提高党内法规执行力,运用党内法规把党要管党、从严治党落到实处,促进党员、干部带头遵守国家法律法规。

党的纪律是党内规矩。党规党纪严于国家法律,党的各级组织和广大党员干部不仅要模范遵守国家法律,而且要按照党规党纪以更高标准严格要求自己,坚定理想信念,践行党的宗旨,坚决同违法乱纪行为作斗争。对违反党规党纪的行为必须严肃处理,对苗头性倾向性问题必须抓早抓小,防止小错酿成大错、违纪走向违法。

依纪依法反对和克服形式主义、官僚主义、享乐主义和奢靡之风,形成严密的长效机制。完善和严格执行领导干部政治、工作、生活待遇方面各项制度规定,着力整治各种特权行为。深入开展党风廉政建设和反腐败斗争,严格落实党风廉政建设党委主体责任和纪委监督责任,对任何腐败行为和腐败分子,必须依纪依法予以坚决惩处,决不手软。

(三)提高党员干部法治思维和依法办事能力。党员干部是全面推进依法治国的重要组织者、推动者、实践者,要自觉提高运用法治思维和法治方式深化改革、推动发展、化解矛盾、维护稳定能力,高级干部尤其要以身作则、以上率下。把法治建设成效作为衡量各级领导班子和领导干部工作实绩的重要内容,纳入政绩考核指标体系。把能不能遵守法律、依法办事作为考察干部的重要内容,在相同条件下,优先提拔使用法治素养好、依法办事能力强的干部。对特权思想严重、法治观念淡薄的干部要批评教育,不改正的要调离领导岗位。

(四)推进基层治理法治化。全面推进依法治国,基础在基层,工作重点在基层。发挥基层党组织在全面推进依法治国中的战斗堡垒作用,增强基层干部法治观念、法治为民的意识,提高依法办事能力。加强基层法治机构建设,强化基层法治队伍,建立重心下移、力量下沉的法治工作机制,改善基层基础设施和装备条件,推进法治干部下基层活动。

(五)深入推进依法治军、从严治军。党对军队绝对领导是依法治军的核心和根本要求。紧紧围绕党在新形势下的强军目标,着眼全面加强军队革命化现代化正规化建设,创新发展依法治军理论和实践,构建完善的中国特色军事法治体系,提高国防和军队建设法治化水平。

坚持在法治轨道上积极稳妥推进国防和军队改革,深化军队领导指挥体制、力量结构、政策制度等方面改革,加快完善和发展中国特色社会主义军事制度。

健全适应现代军队建设和作战要求的军事法规制度体系,严格规范军事法规制度的制定权限和程序,将所有军事规范性文件纳入审查范围,完善审查制度,增强军事法规制度的科学性、针对性、适用性。

坚持从严治军铁律,加大军事法规执行力度,明确执法责任,完善执法制度,健全执法监督机制,严格责任追究,推动依法治军落到实处。

健全军事法制工作体制,建立完善领导机关法制工作机构。改革军事司法体制机制,完善统一领导的军事审判、检察制度,维护国防利益,保障军人合法权益,防范打击违法犯罪。建立军事法律顾问制度,在各级领导机关设立军事法律顾问,完善重大决策和军事行动法律咨询保障制度。改革军队纪检监察体制。

强化官兵法治理念和法治素养,把法律知识学习纳入军队院校教育体系、干部理论学习和部队教育训练体系,列为军队院校学员必修课和部队官兵必学必训内容。完善军事法律人才培养机制。加强军事法治理论研究。

(六)依法保障"一国两制"实践和推进祖国统一。坚持宪法的最高法律地位和最高法律效力,全面准确贯彻"一国两制"、"港人治港"、"澳人治澳"、高度自治的方针,严格依照宪法和基本法办事,完善与基本法实施相关的制度和机制,依法行使中央权力,依法保障高度自治,支持特别行政区行政长官和政府依法施政,保障内地与香港、澳门经贸关系发展和各领域交流合作,防范和反对外部势力干预港澳事务,保持香港、澳门长期繁荣稳定。

运用法治方式巩固和深化两岸关系和平发展,完善涉台法律法规,依法规范和保障两岸人民关系、推进两岸交流合作。运用法律手段捍卫一个中国原则、反对"台独",增进维护一个中国框架的共同认知,推进祖国和平统一。

依法保护港澳同胞、台湾同胞权益。加强内地同香港和澳门、大陆同台湾的执法司法协作,共同打击跨境违法犯罪活动。

(七)加强涉外法律工作。适应对外开放不断深化,完善涉外法律法规体系,促进构建开放型经济新体制。积极参与国际规则制定,推动依法处理涉外经济、社会事务,增强我国在国际法律事务中的话语权和影响力,运用法律手段维护我国主权、安全、发展利益。强化涉外法律服务,维护我国公民、法人在海外及外国公民、法人在我国的正当权益,依法维护海外侨胞权益。深化司法领域国际合作,完善我国司法协助体制,扩大国际司法协助覆盖面。加强反腐败国际合作,加大海外追赃追逃、遣返引渡力度。积极参与执法安全国际合作,共同打击暴力恐怖势力、民族分裂势力、宗教极端势力和贩毒走私、跨国有组织犯罪。

各级党委要全面准确贯彻本决定精神,健全党委统一领导和各方分工负责、齐抓共管的责任落实机制,制定实施方案,确保各项部署落到实处。

全党同志和全国各族人民要紧密团结在以习近平同志为总书记的党中央周围,高举中国特色社会主义伟大旗帜,积极投身全面推进依法治国伟大实践,开拓进取,扎实工作,为建设法治中国而奋斗!

中华人民共和国宪法

（1982 年 12 月 4 日第五届全国人民代表大会第五次会议通过，1982 年 12 月 4 日全国人民代表大会公告公布施行。根据 1988 年 4 月 12 日第七届全国人民代表大会第一次会议通过的《中华人民共和国宪法修正案》、1993 年 3 月 29 日第八届全国人民代表大会第一次会议通过的《中华人民共和国宪法修正案》、1999 年 3 月 15 日第九届全国人民代表大会第二次会议通过的《中华人民共和国宪法修正案》和 2004 年 3 月 14 日第十届全国人民代表大会第二次会议通过的《中华人民共和国宪法修正案》修正）

目　　录

序　言

中国是世界上历史最悠久的国家之一。中国各族人民共同创造了光辉灿烂的文化，具有光荣的革命传统。

一八四〇年以后，封建的中国逐渐变成半殖民地、半封建的国家。中国人民为国家独立、民族解放和民主自由进行了前仆后继的英勇奋斗。

二十世纪，中国发生了翻天覆地的伟大历史变革。

一九一一年孙中山先生领导的辛亥革命，废除了封建帝制，创立了中华民国。但是，中国人民反对帝国主义和封建主义的历史任务还没有完成。

一九四九年，以毛泽东主席为领袖的中国共产党领导中国各族人民，在经历了长期的艰难曲折的武装斗争和其他形式的斗争以后，终于推翻了帝国主义、封建主义和官僚资本主义的统治，取得了新民主主义革命的伟大胜利，建立了中华人民共和国。从此，中国人民掌握了国家的权力，成为国家的主人。

中华人民共和国成立以后，我国社会逐步实现了由新民主主义到社会主义的过渡。生产资料私有制的社会主义改造已经完成，人剥削人的制度已经消灭，社会主义制度已经确立。工人阶级领导的、以工农联盟为基础的人民民主专政，实质上即无产阶级专政，得到巩固和发展。中国人民和中国人民解放军战胜了帝国主义、霸权主义的侵略、破坏和武装挑衅，维护了国家的独立和安全，增强了国防。经济建设取得了重大的成就，独立的、比较完整的社会主义工业体系已经基本形成，农业生产显著提高。教育、科学、文化等事业有了很大的发展，社会主义思想教育取得了明显的成效。广大人民的生活有了较大的改善。

中国新民主主义革命的胜利和社会主义事业的成就，是中国共产党领导中国各族人民，在马克思列宁主义、毛泽东思想的指引下，坚持真理，修正错误，战胜许多艰难险阻而取得的。我国将长期处于社会主义初级阶段。国家的根本任务是，沿着中国特色社会主义道路，集中力量进行社会主义现代化建设。中国各族人民将继续在中国共产党领导下,在马克思列宁主义、毛泽东思想、邓小平理论和"三个代表"重要思想指引下,坚持人民民主专政,坚持社会主义道路,坚持改革开放,不断完善社会主义的各项制度,发展社会主义市场经济,发展社会主义民主,健全社会主义法制,自力更生,艰苦奋斗,逐步实现工业、农业、国防和科学技术的现代化,推动物质文明、政治文明和精神文明协调发展,把我国建设成为富强、民主、文明的社会主义国家。

在我国,剥削阶级作为阶级已经消灭,但是阶级斗争还将在一定范围内长期存在。中国人民对敌视和破坏我国社会主义制度的国内外的敌对势力和敌对分子,必须进行斗争。

台湾是中华人民共和国的神圣领土的一部分。完成统一祖国的大业是包括台湾同胞在内的全中国人民的神圣职责。

社会主义的建设事业必须依靠工人、农民和知识分子,团结一切可以团结的力量。在长期的革命和建设过程中,已经结成由中国共产党领导的,有各民主党派和各人民团体参加的,包括全体社会主义劳动者、社会主义事业的建设者、拥护社会主义的爱国者和拥护祖国统一的爱国者的广泛的爱国统一战线,这个统一战线将继续巩固和发展。中国人民政治协商会议是有广泛代表性的统一战线组织,过去发挥了重要的历史作用,今后在国家政治生活、社会生活和对外友好活动中,在进行社会主义现代化建设、维护国家的统一和团结的斗争中,将进一步发挥它的重要作用。中国共产党领导的多党合作和政治协商制度将长期存在和发展。

中华人民共和国是全国各族人民共同缔造的统一的多民族国家。平等、团结、互助的社会主义民族关系已经确立,并将继续加强。在维护民族团结的斗争中,要反对大民族主义,主要是大汉族主义,也要反对地方民族主义。国家尽一切努力,促进全国各民族的共同繁荣。

中国革命和建设的成就是同世界人民的支持分不开的。中国的前途是同世界的前途紧密地联系在一起的。中国坚持独立自主的对外政策,坚持互相尊重主权和领土完整、互不侵犯、互不干涉内政、平等互利、和平共处的五项原则,发展同各国的外交关系和经济、文化的交流;坚持反对帝国主义、霸权主义、殖民主义,加强同世界各国人民的团结,支持被压迫民族和发展中国家争取和维护民族独立、发展民族经济的正义斗争，为维护世界和平和促进人类进步事业而努力。

本宪法以法律的形式确认了中国各族人民奋斗的成果，规定了国家的根本制度和根本任务，是国家的根本法，具有最高的法律效力。全国各族人民、一切国家机关和武装力量、各政党和各社会团体、各企业事业组织，都必须以宪法为根本的活动准则，并且负有维护宪法尊严、保证宪法实施的职责。

第一章　总　纲

第一条　中华人民共和国是工人阶级领导的、以工农联盟为基础的人民民主专政的社会主义国家。

社会主义制度是中华人民共和国的根本制度。禁止任何组织或者个人破坏社会主义制度。

第二条　中华人民共和国的一切权力属于人民。

人民行使国家权力的机关是全国人民代表大会和地方各级人民代表大会。

人民依照法律规定，通过各种途径和形式，管理国家事务，管理经济和文化事业，管理社会事务。

第三条　中华人民共和国的国家机构实行民主集中制的原则。

全国人民代表大会和地方各级人民代表大会都由民主选举产生，对人民负责，受人民监督。

国家行政机关、审判机关、检察机关都由人民代表大会产生，对它负责，受它监督。

中央和地方的国家机构职权的划分，遵循在中央的统一领导下，充分发挥地方的主动性、积极性的原则。

第四条　中华人民共和国各民族一律平等。国家保障各少数民族的合法的权利和利益，维护和发展各民族的平等、团结、互助关系。禁止对任何民族的歧视和压迫，禁止破坏民族团结和制造民族分裂的行为。

国家根据各少数民族的特点和需要，帮助各少数民族地区加速经济和文化的发展。

各少数民族聚居的地方实行区域自治,设立自治机关,行使自治权。各民族自治地方都是中华人民共和国不可分离的部分。

各民族都有使用和发展自己的语言文字的自由,都有保持或者改革自己的风俗习惯的自由。

第五条 中华人民共和国实行依法治国,建设社会主义法治国家。

国家维护社会主义法制的统一和尊严。

一切法律、行政法规和地方性法规都不得同宪法相抵触。

一切国家机关和武装力量、各政党和各社会团体、各企业事业组织都必须遵守宪法和法律。一切违反宪法和法律的行为,必须予以追究。

任何组织或者个人都不得有超越宪法和法律的特权。

第六条 中华人民共和国的社会主义经济制度的基础是生产资料的社会主义公有制,即全民所有制和劳动群众集体所有制。社会主义公有制消灭人剥削人的制度,实行各尽所能、按劳分配的原则。

国家在社会主义初级阶段,坚持公有制为主体、多种所有制经济共同发展的基本经济制度,坚持按劳分配为主体、多种分配方式并存的分配制度。

第七条 国有经济,即社会主义全民所有制经济,是国民经济中的主导力量。国家保障国有经济的巩固和发展。

第八条 农村集体经济组织实行家庭承包经营为基础、统分结合的双层经营体制。农村中的生产、供销、信用、消费等各种形式的合作经济,是社会主义劳动群众集体所有制经济。参加农村集体经济组织的劳动者,有权在法律规定的范围内经营自留地、自留山、家庭副业和饲养自留畜。

城镇中的手工业、工业、建筑业、运输业、商业、服务业等行业的各种形式的合作经济,都是社会主义劳动群众集体所有制经济。

国家保护城乡集体经济组织的合法的权利和利益,鼓励、指导和帮助集体经济的发展。

第九条 矿藏、水流、森林、山岭、草原、荒地、滩涂等自然资源,都属于国家所有,即全民所有;由法律规定属于集体所有的森林和山岭、草原、荒地、滩涂除外。

国家保障自然资源的合理利用,保护珍贵的动物和植物。禁止任何组织或者个人用任何手段侵占或者破坏自然资源。

第十条　城市的土地属于国家所有。

农村和城市郊区的土地,除由法律规定属于国家所有的以外,属于集体所有;宅基地和自留地、自留山,也属于集体所有。

国家为了公共利益的需要,可以依照法律规定对土地实行征收或者征用并给予补偿。

任何组织或者个人不得侵占、买卖或者以其他形式非法转让土地。土地的使用权可以依照法律的规定转让。

一切使用土地的组织和个人必须合理地利用土地。

第十一条　在法律规定范围内的个体经济、私营经济等非公有制经济,是社会主义市场经济的重要组成部分。

国家保护个体经济、私营经济等非公有制经济的合法的权利和利益。国家鼓励、支持和引导非公有制经济的发展,并对非公有制经济依法实行监督和管理。

第十二条　社会主义的公共财产神圣不可侵犯。

国家保护社会主义的公共财产。禁止任何组织或者个人用任何手段侵占或者破坏国家的和集体的财产。

第十三条　公民的合法的私有财产不受侵犯。

国家依照法律规定保护公民的私有财产权和继承权。

国家为了公共利益的需要,可以依照法律规定对公民的私有财产实行征收或者征用并给予补偿。

第十四条　国家通过提高劳动者的积极性和技术水平,推广先进的科学技术,完善经济管理体制和企业经营管理制度,实行各种形式的社会主义责任制,改进劳动组织,以不断提高劳动生产率和经济效益,发展社会生产力。

国家厉行节约,反对浪费。

国家合理安排积累和消费,兼顾国家、集体和个人的利益,在发展生产的基础上,逐步改善人民的物质生活和文化生活。

国家建立健全同经济发展水平相适应的社会保障制度。

第十五条 国家实行社会主义市场经济。

国家加强经济立法,完善宏观调控。

国家依法禁止任何组织或者个人扰乱社会经济秩序。

第十六条 国有企业在法律规定的范围内有权自主经营。

国有企业依照法律规定,通过职工代表大会和其他形式,实行民主管理。

第十七条 集体经济组织在遵守有关法律的前提下,有独立进行经济活动的自主权。

集体经济组织实行民主管理,依照法律规定选举和罢免管理人员,决定经营管理的重大问题。

第十八条 中华人民共和国允许外国的企业和其他经济组织或者个人依照中华人民共和国法律的规定在中国投资,同中国的企业或者其他经济组织进行各种形式的经济合作。

在中国境内的外国企业和其他外国经济组织以及中外合资经营的企业,都必须遵守中华人民共和国的法律。它们的合法的权利和利益受中华人民共和国法律的保护。

第十九条 国家发展社会主义的教育事业,提高全国人民的科学文化水平。

国家举办各种学校,普及初等义务教育,发展中等教育、职业教育和高等教育,并且发展学前教育。

国家发展各种教育设施,扫除文盲,对工人、农民、国家工作人员和其他劳动者进行政治、文化、科学、技术、业务的教育,鼓励自学成才。

国家鼓励集体经济组织、国家企业事业组织和其他社会力量依照法律规定举办各种教育事业。

国家推广全国通用的普通话。

第二十条 国家发展自然科学和社会科学事业,普及科学和技术知识,奖励科学研究成果和技术发明创造。

第二十一条 国家发展医疗卫生事业,发展现代医药和我国传统医药,鼓励和支持农村集体经济组织、国家企业事业组织和街道组织举办各种医疗卫生设施,开展群众性的卫生活动,保护人民健康。

国家发展体育事业,开展群众性的体育活动,增强人民体质。

第二十二条　国家发展为人民服务、为社会主义服务的文学艺术事业、新闻广播电视事业、出版发行事业、图书馆博物馆文化馆和其他文化事业,开展群众性的文化活动。

国家保护名胜古迹、珍贵文物和其他重要历史文化遗产。

第二十三条　国家培养为社会主义服务的各种专业人才,扩大知识分子的队伍,创造条件,充分发挥他们在社会主义现代化建设中的作用。

第二十四条　国家通过普及理想教育、道德教育、文化教育、纪律和法制教育,通过在城乡不同范围的群众中制定和执行各种守则、公约,加强社会主义精神文明的建设。

国家提倡爱祖国、爱人民、爱劳动、爱科学、爱社会主义的公德,在人民中进行爱国主义、集体主义和国际主义、共产主义的教育,进行辩证唯物主义和历史唯物主义的教育,反对资本主义的、封建主义的和其他的腐朽思想。

第二十五条　国家推行计划生育,使人口的增长同经济和社会发展计划相适应。

第二十六条　国家保护和改善生活环境和生态环境,防治污染和其他公害。

国家组织和鼓励植树造林,保护林木。

第二十七条　一切国家机关实行精简的原则,实行工作责任制,实行工作人员的培训和考核制度,不断提高工作质量和工作效率,反对官僚主义。

一切国家机关和国家工作人员必须依靠人民的支持,经常保持同人民的密切联系,倾听人民的意见和建议,接受人民的监督,努力为人民服务。

第二十八条　国家维护社会秩序,镇压叛国和其他危害国家安全的犯罪活动,制裁危害社会治安、破坏社会主义经济和其他犯罪的活动,惩办和改造犯罪分子。

第二十九条　中华人民共和国的武装力量属于人民。它的任务是巩固国防,抵抗侵略,保卫祖国,保卫人民的和平劳动,参加国家建设事业,努力为人民服务。

国家加强武装力量的革命化、现代化、正规化的建设,增强国防力量。

第三十条　中华人民共和国的行政区域划分如下:

(一)全国分为省、自治区、直辖市;

(二)省、自治区分为自治州、县、自治县、市;

(三)县、自治县分为乡、民族乡、镇。

直辖市和较大的市分为区、县。自治州分为县、自治县、市。

自治区、自治州、自治县都是民族自治地方。

第三十一条　国家在必要时得设立特别行政区。在特别行政区内实行的制度按照具体情况由全国人民代表大会以法律规定。

第三十二条　中华人民共和国保护在中国境内的外国人的合法权利和利益,在中国境内的外国人必须遵守中华人民共和国的法律。

中华人民共和国对于因为政治原因要求避难的外国人,可以给予受庇护的权利。

第二章　公民的基本权利和义务

第三十三条　凡具有中华人民共和国国籍的人都是中华人民共和国公民。

中华人民共和国公民在法律面前一律平等。

国家尊重和保障人权。

任何公民享有宪法和法律规定的权利,同时必须履行宪法和法律规定的义务。

第三十四条　中华人民共和国年满十八周岁的公民,不分民族、种族、性别、职业、家庭出身、宗教信仰、教育程度、财产状况、居住期限,都有选举权和被选举权;但是依照法律被剥夺政治权利的人除外。

第三十五条　中华人民共和国公民有言论、出版、集会、结社、游行、示威的自由。

第三十六条　中华人民共和国公民有宗教信仰自由。

任何国家机关、社会团体和个人不得强制公民信仰宗教或者不信仰宗教，不得歧视信仰宗教的公民和不信仰宗教的公民。

国家保护正常的宗教活动。任何人不得利用宗教进行破坏社会秩序、损害公民身体健康、妨碍国家教育制度的活动。

宗教团体和宗教事务不受外国势力的支配。

第三十七条　中华人民共和国公民的人身自由不受侵犯。

任何公民，非经人民检察院批准或者决定或者人民法院决定，并由公安机关执行，不受逮捕。

禁止非法拘禁和以其他方法非法剥夺或者限制公民的人身自由，禁止非法搜查公民的身体。

第三十八条　中华人民共和国公民的人格尊严不受侵犯。禁止用任何方法对公民进行侮辱、诽谤和诬告陷害。

第三十九条　中华人民共和国公民的住宅不受侵犯。禁止非法搜查或者非法侵入公民的住宅。

第四十条　中华人民共和国公民的通信自由和通信秘密受法律的保护。除因国家安全或者追查刑事犯罪的需要，由公安机关或者检察机关依照法律规定的程序对通信进行检查外，任何组织或者个人不得以任何理由侵犯公民的通信自由和通信秘密。

第四十一条　中华人民共和国公民对于任何国家机关和国家工作人员，有提出批评和建议的权利；对于任何国家机关和国家工作人员的违法失职行为，有向有关国家机关提出申诉、控告或者检举的权利，但是不得捏造或者歪曲事实进行诬告陷害。

对于公民的申诉、控告或者检举，有关国家机关必须查清事实，负责处理。任何人不得压制和打击报复。

由于国家机关和国家工作人员侵犯公民权利而受到损失的人，有依照法律规定取得赔偿的权利。

第四十二条　中华人民共和国公民有劳动的权利和义务。

国家通过各种途径，创造劳动就业条件，加强劳动保护，改善劳动条件，并在发展生产的基础上，提高劳动报酬和福利待遇。

劳动是一切有劳动能力的公民的光荣职责。国有企业和城乡集体经济组织的劳动者都应当以国家主人翁的态度对待自己的劳动。国家提倡社会主义劳动竞赛,奖励劳动模范和先进工作者。国家提倡公民从事义务劳动。

国家对就业前的公民进行必要的劳动就业训练。

第四十三条 中华人民共和国劳动者有休息的权利。

国家发展劳动者休息和休养的设施,规定职工的工作时间和休假制度。

第四十四条 国家依照法律规定实行企业事业组织的职工和国家机关工作人员的退休制度。退休人员的生活受到国家和社会的保障。

第四十五条 中华人民共和国公民在年老、疾病或者丧失劳动能力的情况下,有从国家和社会获得物质帮助的权利。国家发展为公民享受这些权利所需要的社会保险、社会救济和医疗卫生事业。

国家和社会保障残废军人的生活,抚恤烈士家属,优待军人家属。

国家和社会帮助安排盲、聋、哑和其他有残疾的公民的劳动、生活和教育。

第四十六条 中华人民共和国公民有受教育的权利和义务。

国家培养青年、少年、儿童在品德、智力、体质等方面全面发展。

第四十七条 中华人民共和国公民有进行科学研究、文学艺术创作和其他文化活动的自由。国家对于从事教育、科学、技术、文学、艺术和其他文化事业的公民的有益于人民的创造性工作,给以鼓励和帮助。

第四十八条 中华人民共和国妇女在政治的、经济的、文化的、社会的和家庭的生活等各方面享有同男子平等的权利。

国家保护妇女的权利和利益,实行男女同工同酬,培养和选拔妇女干部。

第四十九条 婚姻、家庭、母亲和儿童受国家的保护。

夫妻双方有实行计划生育的义务。

父母有抚养教育未成年子女的义务,成年子女有赡养扶助父母的义务。

禁止破坏婚姻自由,禁止虐待老人、妇女和儿童。

　　第五十条　中华人民共和国保护华侨的正当的权利和利益,保护归侨和侨眷的合法的权利和利益。

　　第五十一条　中华人民共和国公民在行使自由和权利的时候,不得损害国家的、社会的、集体的利益和其他公民的合法的自由和权利。

　　第五十二条　中华人民共和国公民有维护国家统一和全国各民族团结的义务。

　　第五十三条　中华人民共和国公民必须遵守宪法和法律,保守国家秘密,爱护公共财产,遵守劳动纪律,遵守公共秩序,尊重社会公德。

　　第五十四条　中华人民共和国公民有维护祖国的安全、荣誉和利益的义务,不得有危害祖国的安全、荣誉和利益的行为。

　　第五十五条　保卫祖国、抵抗侵略是中华人民共和国每一个公民的神圣职责。

　　依照法律服兵役和参加民兵组织是中华人民共和国公民的光荣义务。

　　第五十六条　中华人民共和国公民有依照法律纳税的义务。

第三章　国家机构

第一节　全国人民代表大会

　　第五十七条　中华人民共和国全国人民代表大会是最高国家权力机关。它的常设机关是全国人民代表大会常务委员会。

　　第五十八条　全国人民代表大会和全国人民代表大会常务委员会行使国家立法权。

　　第五十九条　全国人民代表大会由省、自治区、直辖市、特别行政区和军队选出的代表组成。各少数民族都应当有适当名额的代表。

　　全国人民代表大会代表的选举由全国人民代表大会常务委员会主持。

　　全国人民代表大会代表名额和代表产生办法由法律规定。

　　第六十条　全国人民代表大会每届任期五年。

　　全国人民代表大会任期届满的两个月以前,全国人民代表大会常务委员会必须完成下届全国人民代表大会代表的选举。如果遇到不能进行选举的非常情况,由全国人民代表大会常务委员会以全体组成人员的三分之二以上的多数通过,可以推迟选举,延长本届全国人民代表大会的任期。在非常情况结束后一年内,必须完成下届全国人民代表大会代表的选举。

第六十一条　全国人民代表大会会议每年举行一次,由全国人民代表大会常务委员会召集。如果全国人民代表大会常务委员会认为必要,或者有五分之一以上的全国人民代表大会代表提议,可以临时召集全国人民代表大会会议。

全国人民代表大会举行会议的时候,选举主席团主持会议。

第六十二条　全国人民代表大会行使下列职权:

(一)修改宪法;

(二)监督宪法的实施;

(三)制定和修改刑事、民事、国家机构的和其他的基本法律;

(四)选举中华人民共和国主席、副主席;

(五)根据中华人民共和国主席的提名,决定国务院总理的人选;根据国务院总理的提名,决定国务院副总理、国务委员、各部部长、各委员会主任、审计长、秘书长的人选;

(六)选举中央军事委员会主席;根据中央军事委员会主席的提名,决定中央军事委员会其他组成人员的人选;

(七)选举最高人民法院院长;

(八)选举最高人民检察院检察长;

(九)审查和批准国民经济和社会发展计划和计划执行情况的报告;

(十)审查和批准国家的预算和预算执行情况的报告;

(十一)改变或者撤销全国人民代表大会常务委员会不适当的决定;

(十二)批准省、自治区和直辖市的建置;

(十三)决定特别行政区的设立及其制度;

(十四)决定战争和和平的问题;

（十五）应当由最高国家权力机关行使的其他职权。

第六十三条　全国人民代表大会有权罢免下列人员：

（一）中华人民共和国主席、副主席；

（二）国务院总理、副总理、国务委员、各部部长、各委员会主任、审计长、秘书长；

（三）中央军事委员会主席和中央军事委员会其他组成人员；

（四）最高人民法院院长；

（五）最高人民检察院检察长。

第六十四条　宪法的修改，由全国人民代表大会常务委员会或者五分之一以上的全国人民代表大会代表提议，并由全国人民代表大会以全体代表的三分之二以上的多数通过。

法律和其他议案由全国人民代表大会以全体代表的过半数通过。

第六十五条　全国人民代表大会常务委员会由下列人员组成：

委员长，

副委员长若干人，

秘书长，

委员若干人。

全国人民代表大会常务委员会组成人员中，应当有适当名额的少数民族代表。

全国人民代表大会选举并有权罢免全国人民代表大会常务委员会的组成人员。

全国人民代表大会常务委员会的组成人员不得担任国家行政机关、审判机关和检察机关的职务。

第六十六条　全国人民代表大会常务委员会每届任期同全国人民代表大会每届任期相同，它行使职权到下届全国人民代表大会选出新的常务委员会为止。

委员长、副委员长连续任职不得超过两届。

第六十七条　全国人民代表大会常务委员会行使下列职权：

（一）解释宪法，监督宪法的实施；

（二）制定和修改除应当由全国人民代表大会制定的法律以外的其

他法律；

（三）在全国人民代表大会闭会期间，对全国人民代表大会制定的法律进行部分补充和修改，但是不得同该法律的基本原则相抵触；

（四）解释法律；

（五）在全国人民代表大会闭会期间，审查和批准国民经济和社会发展计划、国家预算在执行过程中所必须作的部分调整方案；

（六）监督国务院、中央军事委员会、最高人民法院和最高人民检察院的工作；

（七）撤销国务院制定的同宪法、法律相抵触的行政法规、决定和命令；

（八）撤销省、自治区、直辖市国家权力机关制定的同宪法、法律和行政法规相抵触的地方性法规和决议；

（九）在全国人民代表大会闭会期间，根据国务院总理的提名，决定部长、委员会主任、审计长、秘书长的人选；

（十）在全国人民代表大会闭会期间，根据中央军事委员会主席的提名，决定中央军事委员会其他组成人员的人选；

（十一）根据最高人民法院院长的提请，任免最高人民法院副院长、审判员、审判委员会委员和军事法院院长；

（十二）根据最高人民检察院检察长的提请，任免最高人民检察院副检察长、检察员、检察委员会委员和军事检察院检察长，并且批准省、自治区、直辖市的人民检察院检察长的任免；

（十三）决定驻外全权代表的任免；

（十四）决定同外国缔结的条约和重要协定的批准和废除；

（十五）规定军人和外交人员的衔级制度和其他专门衔级制度；

（十六）规定和决定授予国家的勋章和荣誉称号；

（十七）决定特赦；

（十八）在全国人民代表大会闭会期间，如果遇到国家遭受武装侵犯或者必须履行国际间共同防止侵略的条约的情况，决定战争状态的宣布；

（十九）决定全国总动员或者局部动员；

（二十）决定全国或者个别省、自治区、直辖市进入紧急状态；

（二十一）全国人民代表大会授予的其他职权。

第六十八条　全国人民代表大会常务委员会委员长主持全国人民代表大会常务委员会的工作，召集全国人民代表大会常务委员会会议。副委员长、秘书长协助委员长工作。

委员长、副委员长、秘书长组成委员长会议，处理全国人民代表大会常务委员会的重要日常工作。

第六十九条　全国人民代表大会常务委员会对全国人民代表大会负责并报告工作。

第七十条　全国人民代表大会设立民族委员会、法律委员会、财政经济委员会、教育科学文化卫生委员会、外事委员会、华侨委员会和其他需要设立的专门委员会。在全国人民代表大会闭会期间，各专门委员会受全国人民代表大会常务委员会的领导。

各专门委员会在全国人民代表大会和全国人民代表大会常务委员会领导下，研究、审议和拟订有关议案。

第七十一条　全国人民代表大会和全国人民代表大会常务委员会认为必要的时候，可以组织关于特定问题的调查委员会，并且根据调查委员会的报告，作出相应的决议。

调查委员会进行调查的时候，一切有关的国家机关、社会团体和公民都有义务向它提供必要的材料。

第七十二条　全国人民代表大会代表和全国人民代表大会常务委员会组成人员，有权依照法律规定的程序分别提出属于全国人民代表大会和全国人民代表大会常务委员会职权范围内的议案。

第七十三条　全国人民代表大会代表在全国人民代表大会开会期间，全国人民代表大会常务委员会组成人员在常务委员会开会期间，有权依照法律规定的程序提出对国务院或者国务院各部、各委员会的质询案。受质询的机关必须负责答复。

第七十四条　全国人民代表大会代表，非经全国人民代表大会会议主席团许可，在全国人民代表大会闭会期间非经全国人民代表大会常务委员会许可，不受逮捕或者刑事审判。

第七十五条 全国人民代表大会代表在全国人民代表大会各种会议上的发言和表决,不受法律追究。

第七十六条 全国人民代表大会代表必须模范地遵守宪法和法律,保守国家秘密,并且在自己参加的生产、工作和社会活动中,协助宪法和法律的实施。

全国人民代表大会代表应当同原选举单位和人民保持密切的联系,听取和反映人民的意见和要求,努力为人民服务。

第七十七条 全国人民代表大会代表受原选举单位的监督。原选举单位有权依照法律规定的程序罢免本单位选出的代表。

第七十八条 全国人民代表大会和全国人民代表大会常务委员会的组织和工作程序由法律规定。

第二节 中华人民共和国主席

第七十九条 中华人民共和国主席、副主席由全国人民代表大会选举。

有选举权和被选举权的年满四十五周岁的中华人民共和国公民可以被选为中华人民共和国主席、副主席。

中华人民共和国主席、副主席每届任期同全国人民代表大会每届任期相同,连续任职不得超过两届。

第八十条 中华人民共和国主席根据全国人民代表大会的决定和全国人民代表大会常务委员会的决定,公布法律,任免国务院总理、副总理、国务委员、各部部长、各委员会主任、审计长、秘书长,授予国家的勋章和荣誉称号,发布特赦令,宣布进入紧急状态,宣布战争状态,发布动员令。

第八十一条 中华人民共和国主席代表中华人民共和国,进行国事活动,接受外国使节;根据全国人民代表大会常务委员会的决定,派遣和召回驻外全权代表,批准和废除同外国缔结的条约和重要协定。

第八十二条 中华人民共和国副主席协助主席工作。

中华人民共和国副主席受主席的委托,可以代行主席的部分职权。

第八十三条 中华人民共和国主席、副主席行使职权到下届全国人民代表大会选出的主席、副主席就职为止。

第八十四条　中华人民共和国主席缺位的时候，由副主席继任主席的职位。

中华人民共和国副主席缺位的时候，由全国人民代表大会补选。

中华人民共和国主席、副主席都缺位的时候，由全国人民代表大会补选；在补选以前，由全国人民代表大会常务委员会委员长暂时代理主席职位。

第三节　国务院

第八十五条　中华人民共和国国务院，即中央人民政府，是最高国家权力机关的执行机关，是最高国家行政机关。

第八十六条　国务院由下列人员组成：

总理，

副总理若干人，

国务委员若干人，

各部部长，

各委员会主任，

审计长，

秘书长。

国务院实行总理负责制。各部、各委员会实行部长、主任负责制。

国务院的组织由法律规定。

第八十七条　国务院每届任期同全国人民代表大会每届任期相同。

总理、副总理、国务委员连续任职不得超过两届。

第八十八条　总理领导国务院的工作。副总理、国务委员协助总理工作。

总理、副总理、国务委员、秘书长组成国务院常务会议。

总理召集和主持国务院常务会议和国务院全体会议。

第八十九条　国务院行使下列职权：

（一）根据宪法和法律，规定行政措施，制定行政法规，发布决定和

命令;

(二)向全国人民代表大会或者全国人民代表大会常务委员会提出议案;

(三)规定各部和各委员会的任务和职责,统一领导各部和各委员会的工作,并且领导不属于各部和各委员会的全国性的行政工作;

(四)统一领导全国地方各级国家行政机关的工作,规定中央和省、自治区、直辖市的国家行政机关的职权的具体划分;

(五)编制和执行国民经济和社会发展计划和国家预算;

(六)领导和管理经济工作和城乡建设;

(七)领导和管理教育、科学、文化、卫生、体育和计划生育工作;

(八)领导和管理民政、公安、司法行政和监察等工作;

(九)管理对外事务,同外国缔结条约和协定;

(十)领导和管理国防建设事业;

(十一)领导和管理民族事务,保障少数民族的平等权利和民族自治地方的自治权利;

(十二)保护华侨的正当的权利和利益,保护归侨和侨眷的合法的权利和利益;

(十三)改变或者撤销各部、各委员会发布的不适当的命令、指示和规章;

(十四)改变或者撤销地方各级国家行政机关的不适当的决定和命令;

(十五)批准省、自治区、直辖市的区域划分,批准自治州、县、自治县、市的建置和区域划分;

(十六)依照法律规定决定省、自治区、直辖市的范围内部分地区进入紧急状态;

(十七)审定行政机构的编制,依照法律规定任免、培训、考核和奖惩行政人员;

(十八)全国人民代表大会和全国人民代表大会常务委员会授予的其他职权。

第九十条 国务院各部部长、各委员会主任负责本部门的工作;召集和主持部务会议或者委员会会议、委务会议,讨论决定本部门工作的重大问题。

各部、各委员会根据法律和国务院的行政法规、决定、命令,在本部门的权限内,发布命令、指示和规章。

第九十一条　国务院设立审计机关,对国务院各部门和地方各级政府的财政收支,对国家的财政金融机构和企业事业组织的财务收支,进行审计监督。

审计机关在国务院总理领导下,依照法律规定独立行使审计监督权,不受其他行政机关、社会团体和个人的干涉。

第九十二条　国务院对全国人民代表大会负责并报告工作;在全国人民代表大会闭会期间,对全国人民代表大会常务委员会负责并报告工作。

第四节　中央军事委员会

第九十三条　中华人民共和国中央军事委员会领导全国武装力量。

中央军事委员会由下列人员组成:

主席,

副主席若干人,

委员若干人。

中央军事委员会实行主席负责制。

中央军事委员会每届任期同全国人民代表大会每届任期相同。

第九十四条　中央军事委员会主席对全国人民代表大会和全国人民代表大会常务委员会负责。

第五节　地方各级人民代表大会和地方各级人民政府

第九十五条　省、直辖市、县、市、市辖区、乡、民族乡、镇设立人民代表大会和人民政府。

地方各级人民代表大会和地方各级人民政府的组织由法律规定。

自治区、自治州、自治县设立自治机关。自治机关的组织和工作根据宪法第三章第五节、第六节规定的基本原则由法律规定。

第九十六条 地方各级人民代表大会是地方国家权力机关。

县级以上的地方各级人民代表大会设立常务委员会。

第九十七条 省、直辖市、设区的市的人民代表大会代表由下一级的人民代表大会选举；县、不设区的市、市辖区、乡、民族乡、镇的人民代表大会代表由选民直接选举。

地方各级人民代表大会代表名额和代表产生办法由法律规定。

第九十八条 地方各级人民代表大会每届任期五年。

第九十九条 地方各级人民代表大会在本行政区域内，保证宪法、法律、行政法规的遵守和执行；依照法律规定的权限，通过和发布决议，审查和决定地方的经济建设、文化建设和公共事业建设的计划。

县级以上的地方各级人民代表大会审查和批准本行政区域内的国民经济和社会发展计划、预算以及它们的执行情况的报告；有权改变或者撤销本级人民代表大会常务委员会不适当的决定。

民族乡的人民代表大会可以依照法律规定的权限采取适合民族特点的具体措施。

第一百条 省、直辖市的人民代表大会和它们的常务委员会，在不同宪法、法律、行政法规相抵触的前提下，可以制定地方性法规，报全国人民代表大会常务委员会备案。

第一百零一条 地方各级人民代表大会分别选举并且有权罢免本级人民政府的省长和副省长、市长和副市长、县长和副县长、区长和副区长、乡长和副乡长、镇长和副镇长。

县级以上的地方各级人民代表大会选举并且有权罢免本级人民法院院长和本级人民检察院检察长。选出或者罢免人民检察院检察长，须报上级人民检察院检察长提请该级人民代表大会常务委员会批准。

第一百零二条 省、直辖市、设区的市的人民代表大会代表受原选举单位的监督；县、不设区的市、市辖区、乡、民族乡、镇的人民代表大会代表受选民的监督。

地方各级人民代表大会代表的选举单位和选民有权依照法律规定的程序罢免由他们选出的代表。

第一百零三条 县级以上的地方各级人民代表大会常务委员会由

主任、副主任若干人和委员若干人组成,对本级人民代表大会负责并报告工作。

县级以上的地方各级人民代表大会选举并有权罢免本级人民代表大会常务委员会的组成人员。

县级以上的地方各级人民代表大会常务委员会的组成人员不得担任国家行政机关、审判机关和检察机关的职务。

第一百零四条 县级以上的地方各级人民代表大会常务委员会讨论、决定本行政区域内各方面工作的重大事项;监督本级人民政府、人民法院和人民检察院的工作;撤销本级人民政府的不适当的决定和命令;撤销下一级人民代表大会的不适当的决议;依照法律规定的权限决定国家机关工作人员的任免;在本级人民代表大会闭会期间,罢免和补选上一级人民代表大会的个别代表。

第一百零五条 地方各级人民政府是地方各级国家权力机关的执行机关,是地方各级国家行政机关。

地方各级人民政府实行省长、市长、县长、区长、乡长、镇长负责制。

第一百零六条 地方各级人民政府每届任期同本级人民代表大会每届任期相同。

第一百零七条 县级以上地方各级人民政府依照法律规定的权限,管理本行政区域内的经济、教育、科学、文化、卫生、体育事业、城乡建设事业和财政、民政、公安、民族事务、司法行政、监察、计划生育等行政工作,发布决定和命令,任免、培训、考核和奖惩行政工作人员。

乡、民族乡、镇的人民政府执行本级人民代表大会的决议和上级国家行政机关的决定和命令,管理本行政区域内的行政工作。

省、直辖市的人民政府决定乡、民族乡、镇的建置和区域划分。

第一百零八条 县级以上的地方各级人民政府领导所属各工作部门和下级人民政府的工作,有权改变或者撤销所属各工作部门和下级人民政府的不适当的决定。

第一百零九条 县级以上的地方各级人民政府设立审计机关。地方各级审计机关依照法律规定独立行使审计监督权,对本级人民政府和上一级审计机关负责。

第一百一十条 地方各级人民政府对本级人民代表大会负责并报告工作。县级以上的地方各级人民政府在本级人民代表大会闭会期间,对本级人民代表大会常务委员会负责并报告工作。

地方各级人民政府对上一级国家行政机关负责并报告工作。全国地方各级人民政府都是国务院统一领导下的国家行政机关,都服从国务院。

第一百一十一条 城市和农村按居民居住地区设立的居民委员会或者村民委员会是基层群众性自治组织。居民委员会、村民委员会的主任、副主任和委员由居民选举。居民委员会、村民委员会同基层政权的相互关系由法律规定。

居民委员会、村民委员会设人民调解、治安保卫、公共卫生等委员会,办理本居住地区的公共事务和公益事业,调解民间纠纷,协助维护社会治安,并且向人民政府反映群众的意见、要求和提出建议。

第六节 民族自治地方的自治机关

第一百一十二条 民族自治地方的自治机关是自治区、自治州、自治县的人民代表大会和人民政府。

第一百一十三条 自治区、自治州、自治县的人民代表大会中,除实行区域自治的民族的代表外,其他居住在本行政区域内的民族也应当有适当名额的代表。

自治区、自治州、自治县的人民代表大会常务委员会中应当有实行区域自治的民族的公民担任主任或者副主任。

第一百一十四条 自治区主席、自治州州长、自治县县长由实行区域自治的民族的公民担任。

第一百一十五条 自治区、自治州、自治县的自治机关行使宪法第三章第五节规定的地方国家机关的职权,同时依照宪法、民族区域自治法和其他法律规定的权限行使自治权,根据本地方实际情况贯彻执行国家的法律、政策。

第一百一十六条 民族自治地方的人民代表大会有权依照当地民族的政治、经济和文化的特点,制定自治条例和单行条例。自治区的自治条例和单行条例,报全国人民代表大会常务委员会批准后生效。自治州、自治县的自治条例和单行条例,报省或者自治区的人民代表大会常务委员会批准后生效,并报全国人民代表大会常务委员会备案。

第一百一十七条　民族自治地方的自治机关有管理地方财政的自治权。凡是依照国家财政体制属于民族自治地方的财政收入,都应当由民族自治地方的自治机关自主地安排使用。

第一百一十八条　民族自治地方的自治机关在国家计划的指导下,自主地安排和管理地方性的经济建设事业。

国家在民族自治地方开发资源、建设企业的时候,应当照顾民族自治地方的利益。

第一百一十九条　民族自治地方的自治机关自主地管理本地方的教育、科学、文化、卫生、体育事业,保护和整理民族的文化遗产,发展和繁荣民族文化。

第一百二十条　民族自治地方的自治机关依照国家的军事制度和当地的实际需要,经国务院批准,可以组织本地方维护社会治安的公安部队。

第一百二十一条　民族自治地方的自治机关在执行职务的时候,依照本民族自治地方自治条例的规定,使用当地通用的一种或者几种语言文字。

第一百二十二条　国家从财政、物资、技术等方面帮助各少数民族加速发展经济建设和文化建设事业。

国家帮助民族自治地方从当地民族中大量培养各级干部、各种专业人才和技术工人。

第七节　人民法院和人民检察院

第一百二十三条　中华人民共和国人民法院是国家的审判机关。

第一百二十四条　中华人民共和国设立最高人民法院、地方各级人民法院和军事法院等专门人民法院。

最高人民法院院长每届任期同全国人民代表大会每届任期相同,连续任职不得超过两届。

人民法院的组织由法律规定。

第一百二十五条 人民法院审理案件,除法律规定的特别情况外,一律公开进行。被告人有权获得辩护。

第一百二十六条 人民法院依照法律规定独立行使审判权,不受行政机关、社会团体和个人的干涉。

第一百二十七条 最高人民法院是最高审判机关。

最高人民法院监督地方各级人民法院和专门人民法院的审判工作,上级人民法院监督下级人民法院的审判工作。

第一百二十八条 最高人民法院对全国人民代表大会和全国人民代表大会常务委员会负责。地方各级人民法院对产生它的国家权力机关负责。

第一百二十九条 中华人民共和国人民检察院是国家的法律监督机关。

第一百三十条 中华人民共和国设立最高人民检察院、地方各级人民检察院和军事检察院等专门人民检察院。

最高人民检察院检察长每届任期同全国人民代表大会每届任期相同,连续任职不得超过两届。

人民检察院的组织由法律规定。

第一百三十一条 人民检察院依照法律规定独立行使检察权,不受行政机关、社会团体和个人的干涉。

第一百三十二条 最高人民检察院是最高检察机关。

最高人民检察院领导地方各级人民检察院和专门人民检察院的工作,上级人民检察院领导下级人民检察院的工作。

第一百三十三条 最高人民检察院对全国人民代表大会和全国人民代表大会常务委员会负责。地方各级人民检察院对产生它的国家权力机关和上级人民检察院负责。

第一百三十四条 各民族公民都有用本民族语言文字进行诉讼的权利。人民法院和人民检察院对于不通晓当地通用的语言文字的诉讼参与人,应当为他们翻译。

在少数民族聚居或者多民族共同居住的地区,应当用当地通用的语言进行审理;起诉书、判决书、布告和其他文书应当根据实际需要使用当地通用的一种或者几种文字。

第一百三十五条　人民法院、人民检察院和公安机关办理刑事案件,应当分工负责,互相配合,互相制约,以保证准确有效地执行法律。

第四章　国旗、国歌、国徽、首都

第一百三十六条　中华人民共和国国旗是五星红旗。

中华人民共和国国歌是《义勇军进行曲》。

第一百三十七条　中华人民共和国国徽,中间是五星照耀下的天安门,周围是谷穗和齿轮。

第一百三十八条　中华人民共和国首都是北京。

中华人民共和国农业法

（1993 年 7 月 2 日第八届全国人民代表大会常务委员会第二次会议通过,2002 年 12 月 28 日第九届全国人民代表大会常务委员会第三十一次会议修订。根据 2009 年 8 月 27 日第十一届全国人民代表大会常务委员会第十次会议《关于修改部分法律的决定》,2012 年 12 月 28 日第十一届全国人民代表大会常务委员会第三十次会议《关于修改〈中华人民共和国农业法〉的决定》修正）

目　录

第一章　总　则

第一条　为了巩固和加强农业在国民经济中的基础地位,深化农村改革,发展农业生产力,推进农业现代化,维护农民和农业生产经营组织的合法权益,增加农民收入,提高农民科学文化素质,促进农业和农村经济的持续、稳定、健康发展,实现全面建设小康社会的目标,制定本法。

第二条　本法所称农业,是指种植业、林业、畜牧业和渔业等产业,包括与其直接相关的产前、产中、产后服务。

本法所称农业生产经营组织,是指农村集体经济组织、农民专业合作经济组织、农业企业和其他从事农业生产经营的组织。

第三条　国家把农业放在发展国民经济的首位。

农业和农村经济发展的基本目标是:建立适应发展社会主义市场经济要求的农村经济体制,不断解放和发展农村生产力,提高农业的整体素质和效益,确保农产品供应和质量,满足国民经济发展和人口增长、生活改善的需求,提高农民的收入和生活水平,促进农村富余劳动力向非农产业和城镇转移,缩小城乡差别和区域差别,建设富裕、民主、文明的社会主义新农村,逐步实现农业和农村现代化。

第四条　国家采取措施,保障农业更好地发挥在提供食物、工业原料和其他农产品,维护和改善生态环境,促进农村经济社会发展等多方面的作用。

第五条　国家坚持和完善公有制为主体、多种所有制经济共同发展的基本经济制度,振兴农村经济。

国家长期稳定农村以家庭承包经营为基础、统分结合的双层经营体制,发展社会化服务体系,壮大集体经济实力,引导农民走共同富裕的道路。

国家在农村坚持和完善以按劳分配为主体、多种分配方式并存的分配制度。

第六条　国家坚持科教兴农和农业可持续发展的方针。

国家采取措施加强农业和农村基础设施建设,调整、优化农业和农村经济结构,推进农业产业化经营,发展农业科技、教育事业,保护农业生态环境,促进农业机械化和信息化,提高农业综合生产能力。

第七条　国家保护农民和农业生产经营组织的财产及其他合法权益不受侵犯。

各级人民政府及其有关部门应当采取措施增加农民收入,切实减轻农民负担。

第八条　全社会应当高度重视农业,支持农业发展。

国家对发展农业和农村经济有显著成绩的单位和个人,给予奖励。

第九条　各级人民政府对农业和农村经济发展工作统一负责,组织各有关部门和全社会做好发展农业和为发展农业服务的各项工作。

国务院农业行政主管部门主管全国农业和农村经济发展工作,国务院林业行政主管部门和其他有关部门在各自的职责范围内,负责有关的农业和农村经济发展工作。

县级以上地方人民政府各农业行政主管部门负责本行政区域内的种植业、畜牧业、渔业等农业和农村经济发展工作,林业行政主管部门负责本行政区域内的林业工作。县级以上地方人民政府其他有关部门在各自的职责范围内,负责本行政区域内有关的为农业生产经营服务的工作。

第二章　农业生产经营休制

第十条　国家实行农村土地承包经营制度,依法保障农村土地承包关系的长期稳定,保护农民对承包土地的使用权。

农村土地承包经营的方式、期限、发包方和承包方的权利义务、土地承包经营权的保护和流转等,适用《中华人民共和国土地管理法》和《中华人民共和国农村土地承包法》。

农村集体经济组织应当在家庭承包经营的基础上,依法管理集体资产,为其成员提供生产、技术、信息等服务,组织合理开发、利用集体资源,壮大经济实力。

第十一条 国家鼓励农民在家庭承包经营的基础上自愿组成各类专业合作经济组织。

农民专业合作经济组织应当坚持为成员服务的宗旨,按照加入自愿、退出自由、民主管理、盈余返还的原则,依法在其章程规定的范围内开展农业生产经营和服务活动。

农民专业合作经济组织可以有多种形式,依法成立、依法登记。任何组织和个人不得侵犯农民专业合作经济组织的财产和经营自主权。

第十二条 农民和农业生产经营组织可以自愿按照民主管理、按劳分配和按股分红相结合的原则,以资金、技术、实物等入股,依法兴办各类企业。

第十三条 国家采取措施发展多种形式的农业产业化经营,鼓励和支持农民和农业生产经营组织发展生产、加工、销售一体化经营。

国家引导和支持从事农产品生产、加工、流通服务的企业、科研单位和其他组织,通过与农民或者农民专业合作经济组织订立合同或者建立各类企业等形式,形成收益共享、风险共担的利益共同体,推进农业产业化经营,带动农业发展。

第十四条 农民和农业生产经营组织可以按照法律、行政法规成立各种农产品行业协会,为成员提供生产、营销、信息、技术、培训等服务,发挥协调和自律作用,提出农产品贸易救济措施的申请,维护成员和行业的利益。

第三章 农业生产

第十五条 县级以上人民政府根据国民经济和社会发展的中长期

规划、农业和农村经济发展的基本目标和农业资源区划，制定农业发展规划。

省级以上人民政府农业行政主管部门根据农业发展规划，采取措施发挥区域优势，促进形成合理的农业生产区域布局，指导和协调农业和农村经济结构调整。

第十六条　国家引导和支持农民和农业生产经营组织结合本地实际按照市场需求，调整和优化农业生产结构，协调发展种植业、林业、畜牧业和渔业，发展优质、高产、高效益的农业，提高农产品国际竞争力。

种植业以优化品种、提高质量、增加效益为中心，调整作物结构、品种结构和品质结构。

加强林业生态建设，实施天然林保护、退耕还林和防沙治沙工程，加强防护林体系建设，加速营造速生丰产林、工业原料林和薪炭林。

加强草原保护和建设，加快发展畜牧业，推广圈养和舍饲，改良畜禽品种，积极发展饲料工业和畜禽产品加工业。

渔业生产应当保护和合理利用渔业资源，调整捕捞结构，积极发展水产养殖业、远洋渔业和水产品加工业。

县级以上人民政府应当制定政策，安排资金，引导和支持农业结构调整。

第十七条　各级人民政府应当采取措施，加强农业综合开发和农田水利、农业生态环境保护、乡村道路、农村能源和电网、农产品仓储和流通、渔港、草原围栏、动植物原种良种基地等农业和农村基础设施建设，改善农业生产条件，保护和提高农业综合生产能力。

第十八条　国家扶持动植物品种的选育、生产、更新和良种的推广使用，鼓励品种选育和生产、经营相结合，实施种子工程和畜禽良种工程。国务院和省、自治区、直辖市人民政府设立专项资金，用于扶持动植物良种的选育和推广工作。

第十九条　各级人民政府和农业生产经营组织应当加强农田水利设施建设，建立健全农田水利设施的管理制度，节约用水，发展节水型农业，严格依法控制非农业建设占用灌溉水源，禁止任何组织和个人非法占用或者毁损农田水利设施。

国家对缺水地区发展节水型农业给予重点扶持。

第二十条 国家鼓励和支持农民和农业生产经营组织使用先进、适用的农业机械,加强农业机械安全管理,提高农业机械化水平。

国家对农民和农业生产经营组织购买先进农业机械给予扶持。

第二十一条 各级人民政府应当支持为农业服务的气象事业的发展,提高对气象灾害的监测和预报水平。

第二十二条 国家采取措施提高农产品的质量,建立健全农产品质量标准体系和质量检验检测监督体系,按照有关技术规范、操作规程和质量卫生安全标准,组织农产品的生产经营,保障农产品质量安全。

第二十三条 国家支持依法建立健全优质农产品认证和标志制度。

国家鼓励和扶持发展优质农产品生产。县级以上地方人民政府应当结合本地情况,按照国家有关规定采取措施,发展优质农产品生产。

符合国家规定标准的优质农产品可以依照法律或者行政法规的规定申请使用有关的标志。符合规定产地及生产规范要求的农产品可以依照有关法律或者行政法规的规定申请使用农产品地理标志。

第二十四条 国家实行动植物防疫、检疫制度,健全动植物防疫、检疫体系,加强对动物疫病和植物病、虫、杂草、鼠害的监测、预警、防治,建立重大动物疫情和植物病虫害的快速扑灭机制,建设动物无规定疫病区,实施植物保护工程。

第二十五条 农药、兽药、饲料和饲料添加剂、肥料、种子、农业机械等可能危害人畜安全的农业生产资料的生产经营,依照相关法律、行政法规的规定实行登记或者许可制度。

各级人民政府应当建立健全农业生产资料的安全使用制度,农民和农业生产经营组织不得使用国家明令淘汰和禁止使用的农药、兽药、饲料添加剂等农业生产资料和其他禁止使用的产品。

农业生产资料的生产者、销售者应当对其生产、销售的产品的质量负责,禁止以次充好、以假充真、以不合格的产品冒充合格的产品;禁止生产和销售国家明令淘汰的农药、兽药、饲料添加剂、农业机械等农业生产资料。

第四章　农产品流通与加工

第二十六条　农产品的购销实行市场调节。国家对关系国计民生的重要农产品的购销活动实行必要的宏观调控,建立中央和地方分级储备调节制度,完善仓储运输体系,做到保证供应,稳定市场。

第二十七条　国家逐步建立统一、开放、竞争、有序的农产品市场体系,制定农产品批发市场发展规划。对农村集体经济组织和农民专业合作经济组织建立农产品批发市场和农产品集贸市场,国家给予扶持。

县级以上人民政府工商行政管理部门和其他有关部门按照各自的职责,依法管理农产品批发市场,规范交易秩序,防止地方保护与不正当竞争。

第二十八条　国家鼓励和支持发展多种形式的农产品流通活动。支持农民和农民专业合作经济组织按照国家有关规定从事农产品收购、批发、贮藏、运输、零售和中介活动。鼓励供销合作社和其他从事农产品购销的农业生产经营组织提供市场信息,开拓农产品流通渠道,为农产品销售服务。

县级以上人民政府应当采取措施,督促有关部门保障农产品运输畅通,降低农产品流通成本。有关行政管理部门应当简化手续,方便鲜活农产品的运输,除法律、行政法规另有规定外,不得扣押鲜活农产品的运输工具。

第二十九条　国家支持发展农产品加工业和食品工业,增加农产品的附加值。县级以上人民政府应当制定农产品加工业和食品工业发展规划,引导农产品加工企业形成合理的区域布局和规模结构,扶持农民专业合作经济组织和乡镇企业从事农产品加工和综合开发利用。

国家建立健全农产品加工制品质量标准,完善检测手段,加强农产品加工过程中的质量安全管理和监督,保障食品安全。

第三十条　国家鼓励发展农产品进出口贸易。

国家采取加强国际市场研究、提供信息和营销服务等措施,促进农产品出口。

为维护农产品产销秩序和公平贸易,建立农产品进口预警制度,当某些进口农产品已经或者可能对国内相关农产品的生产造成重大的不利影响时,国家可以采取必要的措施。

第五章　粮食安全

第三十一条　国家采取措施保护和提高粮食综合生产能力,稳步提高粮食生产水平,保障粮食安全。

国家建立耕地保护制度,对基本农田依法实行特殊保护。

第三十二条　国家在政策、资金、技术等方面对粮食主产区给予重点扶持,建设稳定的商品粮生产基地,改善粮食收贮及加工设施,提高粮食主产区的粮食生产、加工水平和经济效益。

国家支持粮食主产区与主销区建立稳定的购销合作关系。

第三十三条　在粮食的市场价格过低时,国务院可以决定对部分粮食品种实行保护价制度。保护价应当根据有利于保护农民利益、稳定粮食生产的原则确定。

农民按保护价制度出售粮食,国家委托的收购单位不得拒收。

县级以上人民政府应当组织财政、金融等部门以及国家委托的收购单位及时筹足粮食收购资金,任何部门、单位或者个人不得截留或者挪用。

第三十四条　国家建立粮食安全预警制度,采取措施保障粮食供给。国务院应当制定粮食安全保障目标与粮食储备数量指标,并根据需要组织有关主管部门进行耕地、粮食库存情况的核查。

国家对粮食实行中央和地方分级储备调节制度,建设仓储运输体系。承担国家粮食储备任务的企业应当按照国家规定保证储备粮的数量和质量。

第三十五条　国家建立粮食风险基金,用于支持粮食储备、稳定粮食市场和保护农民利益。

第三十六条　国家提倡珍惜和节约粮食,并采取措施改善人民的食物营养结构。

第六章　农业投入与支持保护

第三十七条　国家建立和完善农业支持保护体系,采取财政投入、税收优惠、金融支持等措施,从资金投入、科研与技术推广、教育培训、农业生产资料供应、市场信息、质量标准、检验检疫、社会化服务以及灾害救助等方面扶持农民和农业生产经营组织发展农业生产,提高农民的收入水平。

在不与我国缔结或加入的有关国际条约相抵触的情况下,国家对农民实施收入支持政策,具体办法由国务院制定。

第三十八条　国家逐步提高农业投入的总体水平。中央和县级以上地方财政每年对农业总投入的增长幅度应当高于其财政经常性收入的增长幅度。

各级人民政府在财政预算内安排的各项用于农业的资金应当主要用于:加强农业基础设施建设;支持农业结构调整,促进农业产业化经营;保护粮食综合生产能力,保障国家粮食安全;健全动植物检疫、防疫体系,加强动物疫病和植物病、虫、杂草、鼠害防治;建立健全农产品质量标准和检验检测监督体系、农产品市场及信息服务体系;支持农业科研教育、农业技术推广和农民培训;加强农业生态环境保护建设;扶持贫困地区发展;保障农民收入水平等。

县级以上各级财政用于种植业、林业、畜牧业、渔业、农田水利的农业基本建设投入应当统筹安排,协调增长。

国家为加快西部开发,增加对西部地区农业发展和生态环境保护的投入。

第三十九条　县级以上人民政府每年财政预算内安排的各项用于农业的资金应当及时足额拨付。各级人民政府应当加强对国家各项农业资金分配、使用过程的监督管理,保证资金安全,提高资金的使用效率。

任何单位和个人不得截留、挪用用于农业的财政资金和信贷资金。审计机关应当依法加强对用于农业的财政和信贷等资金的审计监督。

第四十条　国家运用税收、价格、信贷等手段,鼓励和引导农民和农业生产经营组织增加农业生产经营性投入和小型农田水利等基本建设投入。

国家鼓励和支持农民和农业生产经营组织在自愿的基础上依法采取多种形式,筹集农业资金。

第四十一条 国家鼓励社会资金投向农业,鼓励企业事业单位、社会团体和个人捐资设立各种农业建设和农业科技、教育基金。

国家采取措施,促进农业扩大利用外资。

第四十二条 各级人民政府应当鼓励和支持企业事业单位及其他各类经济组织开展农业信息服务。

县级以上人民政府农业行政主管部门及其他有关部门应当建立农业信息搜集、整理和发布制度,及时向农民和农业生产经营组织提供市场信息等服务。

第四十三条 国家鼓励和扶持农用工业的发展。

国家采取税收、信贷等手段鼓励和扶持农业生产资料的生产和贸易,为农业生产稳定增长提供物质保障。

国家采取宏观调控措施,使化肥、农药、农用薄膜、农业机械和农用柴油等主要农业生产资料和农产品之间保持合理的比价。

第四十四条 国家鼓励供销合作社、农村集体经济组织、农民专业合作经济组织、其他组织和个人发展多种形式的农业生产产前、产中、产后的社会化服务事业。县级以上人民政府及其各有关部门应当采取措施对农业社会化服务事业给予支持。

对跨地区从事农业社会化服务的,农业、工商管理、交通运输、公安等有关部门应当采取措施给予支持。

第四十五条 国家建立健全农村金融体系,加强农村信用制度建设,加强农村金融监管。

有关金融机构应当采取措施增加信贷投入,改善农村金融服务,对农民和农业生产经营组织的农业生产经营活动提供信贷支持。

农村信用合作社应当坚持为农业、农民和农村经济发展服务的宗旨,优先为当地农民的生产经营活动提供信贷服务。

国家通过贴息等措施,鼓励金融机构向农民和农业生产经营组织的农业生产经营活动提供贷款。

第四十六条　国家建立和完善农业保险制度。

国家逐步建立和完善政策性农业保险制度。鼓励和扶持农民和农业生产经营组织建立为农业生产经营活动服务的互助合作保险组织，鼓励商业性保险公司开展农业保险业务。

农业保险实行自愿原则。任何组织和个人不得强制农民和农业生产经营组织参加农业保险。

第四十七条　各级人民政府应当采取措施，提高农业防御自然灾害的能力，做好防灾、抗灾和救灾工作，帮助灾民恢复生产，组织生产自救，开展社会互助互济；对没有基本生活保障的灾民给予救济和扶持。

第七章　农业科技与农业教育

第四十八条　国务院和省级人民政府应当制定农业科技、农业教育发展规划，发展农业科技、教育事业。

县级以上人民政府应当按照国家有关规定逐步增加农业科技经费和农业教育经费。

国家鼓励、吸引企业等社会力量增加农业科技投入，鼓励农民、农业生产经营组织、企业事业单位等依法举办农业科技、教育事业。

第四十九条　国家保护植物新品种、农产品地理标志等知识产权，鼓励和引导农业科研、教育单位加强农业科学技术的基础研究和应用研究，传播和普及农业科学技术知识，加速科技成果转化与产业化，促进农业科学技术进步。

国务院有关部门应当组织农业重大关键技术的科技攻关。国家采取措施促进国际农业科技、教育合作与交流，鼓励引进国外先进技术。

第五十条　国家扶持农业技术推广事业，建立政府扶持和市场引导相结合，有偿与无偿服务相结合，国家农业技术推广机构和社会力量相结合的农业技术推广体系，促使先进的农业技术尽快应用于农业生产。

第五十一条　国家设立的农业技术推广机构应当以农业技术试验示范基地为依托，承担公共所需的关键性技术的推广和示范等公益性职责,为农民和农业生产经营组织提供无偿农业技术服务。

县级以上人民政府应当根据农业生产发展需要,稳定和加强农业技术推广队伍,保障农业技术推广机构的工作经费。

各级人民政府应当采取措施,按照国家规定保障和改善从事农业技术推广工作的专业科技人员的工作条件、工资待遇和生活条件,鼓励他们为农业服务。

第五十二条 农业科研单位、有关学校、农民专业合作社、涉农企业、群众性科技组织及有关科技人员,根据农民和农业生产经营组织的需要,可以提供无偿服务,也可以通过技术转让、技术服务、技术承包、技术咨询和技术入股等形式,提供有偿服务,取得合法收益。农业科研单位、有关学校、农民专业合作社、涉农企业、群众性科技组织及有关科技人员应当提高服务水平,保证服务质量。

对农业科研单位、有关学校、农业技术推广机构举办的为农业服务的企业,国家在税收、信贷等方面给予优惠。

国家鼓励和支持农民、供销合作社、其他企业事业单位等参与农业技术推广工作。

第五十三条 国家建立农业专业技术人员继续教育制度。县级以上人民政府农业行政主管部门会同教育、人事等有关部门制定农业专业技术人员继续教育计划,并组织实施。

第五十四条 国家在农村依法实施义务教育,并保障义务教育经费。国家在农村举办的普通中小学校教职工工资由县级人民政府按照国家规定统一发放,校舍等教学设施的建设和维护经费由县级人民政府按照国家规定统一安排。

第五十五条 国家发展农业职业教育。国务院有关部门按照国家职业资格证书制度的统一规定,开展农业行业的职业分类、职业技能鉴定工作,管理农业行业的职业资格证书。

第五十六条 国家采取措施鼓励农民采用先进的农业技术,支持农民举办各种科技组织,开展农业实用技术培训、农民绿色证书培训和其他就业培训,提高农民的文化技术素质。

第八章　农业资源与农业环境保护

第五十七条　发展农业和农村经济必须合理利用和保护土地、水、森林、草原、野生动植物等自然资源,合理开发和利用水能、沼气、太阳能、风能等可再生能源和清洁能源,发展生态农业,保护和改善生态环境。

县级以上人民政府应当制定农业资源区划或者农业资源合理利用和保护的区划,建立农业资源监测制度。

第五十八条　农民和农业生产经营组织应当保养耕地,合理使用化肥、农药、农用薄膜,增加使用有机肥料,采用先进技术,保护和提高地力,防止农用地的污染、破坏和地力衰退。

县级以上人民政府农业行政主管部门应当采取措施,支持农民和农业生产经营组织加强耕地质量建设,并对耕地质量进行定期监测。

第五十九条　各级人民政府应当采取措施,加强小流域综合治理,预防和治理水土流失。从事可能引起水土流失的生产建设活动的单位和个人,必须采取预防措施,并负责治理因生产建设活动造成的水土流失。

各级人民政府应当采取措施,预防土地沙化,治理沙化土地。国务院和沙化土地所在地区的县级以上地方人民政府应当按照法律规定制定防沙治沙规划,并组织实施。

第六十条　国家实行全民义务植树制度。各级人民政府应当采取措施,组织群众植树造林,保护林地和林木,预防森林火灾,防治森林病虫害,制止滥伐、盗伐林木,提高森林覆盖率。

国家在天然林保护区域实行禁伐或者限伐制度,加强造林护林。

第六十一条　有关地方人民政府,应当加强草原的保护、建设和管理,指导、组织农(牧)民和农(牧)业生产经营组织建设人工草场、饲草饲料基地和改良天然草原,实行以草定畜,控制载畜量,推行划区轮牧、休牧和禁牧制度,保护草原植被,防止草原退化沙化和盐渍化。

第六十二条　禁止毁林毁草开垦、烧山开垦以及开垦国家禁止开垦的陡坡地,已经开垦的应当逐步退耕还林、还草。

禁止围湖造田以及围垦国家禁止围垦的湿地。已经围垦的,应当逐步退耕还湖、还湿地。

对在国务院批准规划范围内实施退耕的农民,应当按照国家规定予以补助。

第六十三条 各级人民政府应当采取措施,依法执行捕捞限额和禁渔、休渔制度,增殖渔业资源,保护渔业水域生态环境。

国家引导、支持从事捕捞业的农(渔)民和农(渔)业生产经营组织从事水产养殖业或者其他职业,对根据当地人民政府统一规划转产转业的农(渔)民,应当按照国家规定予以补助。

第六十四条 国家建立与农业生产有关的生物物种资源保护制度,保护生物多样性,对稀有、濒危、珍贵生物资源及其原生地实行重点保护。从境外引进生物物种资源应当依法进行登记或者审批,并采取相应安全控制措施。

农业转基因生物的研究、试验、生产、加工、经营及其他应用,必须依照国家规定严格实行各项安全控制措施。

第六十五条 各级农业行政主管部门应当引导农民和农业生产经营组织采取生物措施或者使用高效低毒低残留农药、兽药,防治动植物病、虫、杂草、鼠害。

农产品采收后的秸秆及其他剩余物质应当综合利用,妥善处理,防止造成环境污染和生态破坏。

从事畜禽等动物规模养殖的单位和个人应当对粪便、废水及其他废弃物进行无害化处理或者综合利用,从事水产养殖的单位和个人应当合理投饵、施肥、使用药物,防止造成环境污染和生态破坏。

第六十六条 县级以上人民政府应当采取措施,督促有关单位进行治理,防治废水、废气和固体废弃物对农业生态环境的污染。排放废水、废气和固体废弃物造成农业生态环境污染事故的,由环境保护行政主管部门或者农业行政主管部门依法调查处理;给农民和农业生产经营组织造成损失的,有关责任者应当依法赔偿。

第九章 农民权益保护

第六十七条 任何机关或者单位向农民或者农业生产经营组织收

取行政、事业性费用必须依据法律、法规的规定。收费的项目、范围和标准应当公布。没有法律、法规依据的收费,农民和农业生产经营组织有权拒绝。

任何机关或者单位对农民或者农业生产经营组织进行罚款处罚必须依据法律、法规、规章的规定。没有法律、法规、规章依据的罚款,农民和农业生产经营组织有权拒绝。

任何机关或者单位不得以任何方式向农民或者农业生产经营组织进行摊派。除法律、法规另有规定外,任何机关或者单位以任何方式要求农民或者农业生产经营组织提供人力、财力、物力的,均属于摊派。农民和农业生产经营组织有权拒绝任何方式的摊派。

第六十八条 各级人民政府及其有关部门和所属单位不得以任何方式向农民或者农业生产经营组织集资。

没有法律、法规依据或者未经国务院批准,任何机关或者单位不得在农村进行任何形式的达标、升级、验收活动。

第六十九条 农民和农业生产经营组织依照法律、行政法规的规定承担纳税义务。税务机关及代扣、代收税款的单位应当依法征税,不得违法摊派税款及以其他违法方法征税。

第七十条 农村义务教育除按国务院规定收取的费用外,不得向农民和学生收取其他费用。禁止任何机关或者单位通过农村中小学校向农民收费。

第七十一条 国家依法征收农民集体所有的土地,应当保护农民和农村集体经济组织的合法权益,依法给予农民和农村集体经济组织征地补偿,任何单位和个人不得截留、挪用征地补偿费用。

第七十二条 各级人民政府、农村集体经济组织或者村民委员会在农业和农村经济结构调整、农业产业化经营和土地承包经营权流转等过程中,不得侵犯农民的土地承包经营权,不得干涉农民自主安排的生产经营项目,不得强迫农民购买指定的生产资料或者按指定的渠道销售农产品。

第七十三条 农村集体经济组织或者村民委员会为发展生产或者兴办公益事业,需要向其成员(村民)筹资筹劳的,应当经成员(村民)会议或者成员(村民)代表会议过半数通过后,方可进行。

农村集体经济组织或者村民委员会依照前款规定筹资筹劳的,不得超过省级以上人民政府规定的上限控制标准,禁止强行以资代劳。

农村集体经济组织和村民委员会对涉及农民利益的重要事项,应当向农民公开,并定期公布财务账目,接受农民的监督。

第七十四条 任何单位和个人向农民或者农业生产经营组织提供生产、技术、信息、文化、保险等有偿服务,必须坚持自愿原则,不得强迫农民和农业生产经营组织接受服务。

第七十五条 农产品收购单位在收购农产品时,不得压级压价,不得在支付的价款中扣缴任何费用。法律、行政法规规定代扣、代收税款的,依照法律、行政法规的规定办理。

农产品收购单位与农产品销售者因农产品的质量等级发生争议的,可以委托具有法定资质的农产品质量检验机构检验。

第七十六条 农业生产资料使用者因生产资料质量问题遭受损失的,出售该生产资料的经营者应当予以赔偿,赔偿额包括购货价款、有关费用和可得利益损失。

第七十七条 农民或者农业生产经营组织为维护自身的合法权益,有向各级人民政府及其有关部门反映情况和提出合法要求的权利,人民政府及其有关部门对农民或者农业生产经营组织提出的合理要求,应当按照国家规定及时给予答复。

第七十八条 违反法律规定,侵犯农民权益的,农民或者农业生产经营组织可以依法申请行政复议或者向人民法院提起诉讼,有关人民政府及其有关部门或者人民法院应当依法受理。

人民法院和司法行政主管机关应当依照有关规定为农民提供法律援助。

第十章 农村经济发展

第七十九条 国家坚持城乡协调发展的方针,扶持农村第二、第三产业发展,调整和优化农村经济结构,增加农民收入,促进农村经济全面发展,逐步缩小城乡差别。

第八十条　各级人民政府应当采取措施,发展乡镇企业,支持农业的发展,转移富余的农业劳动力。

国家完善乡镇企业发展的支持措施,引导乡镇企业优化结构,更新技术,提高素质。

第八十一条　县级以上地方人民政府应当根据当地的经济发展水平、区位优势和资源条件,按照合理布局、科学规划、节约用地的原则,有重点地推进农村小城镇建设。

地方各级人民政府应当注重运用市场机制,完善相应政策,吸引农民和社会资金投资小城镇开发建设,发展第二、第三产业,引导乡镇企业相对集中发展。

第八十二条　国家采取措施引导农村富余劳动力在城乡、地区间合理有序流动。地方各级人民政府依法保护进入城镇就业的农村劳动力的合法权益,不得设置不合理限制,已经设置的应当取消。

第八十三条　国家逐步完善农村社会救济制度,保障农村五保户、贫困残疾农民、贫困老年农民和其他丧失劳动能力的农民的基本生活。

第八十四条　国家鼓励、支持农民巩固和发展农村合作医疗和其他医疗保障形式,提高农民健康水平。

第八十五条　国家扶持贫困地区改善经济发展条件,帮助进行经济开发。省级人民政府根据国家关于扶持贫困地区的总体目标和要求,制定扶贫开发规划,并组织实施。

各级人民政府应当坚持开发式扶贫方针,组织贫困地区的农民和农业生产经营组织合理使用扶贫资金,依靠自身力量改变贫穷落后面貌,引导贫困地区的农民调整经济结构、开发当地资源。扶贫开发应当坚持与资源保护、生态建设相结合,促进贫困地区经济、社会的协调发展和全面进步。

第八十六条　中央和省级财政应当把扶贫开发投入列入年度财政预算,并逐年增加,加大对贫困地区的财政转移支付和建设资金投入。

国家鼓励和扶持金融机构、其他企业事业单位和个人投入资金支持贫困地区开发建设。

禁止任何单位和个人截留、挪用扶贫资金。审计机关应当加强扶贫资金的审计监督。

第十一章　执法监督

第八十七条　县级以上人民政府应当采取措施逐步完善适应社会主义市场经济发展要求的农业行政管理体制。

县级以上人民政府农业行政主管部门和有关行政主管部门应当加强规划、指导、管理、协调、监督、服务职责，依法行政，公正执法。

县级以上地方人民政府农业行政主管部门应当在其职责范围内健全行政执法队伍，实行综合执法，提高执法效率和水平。

第八十八条　县级以上人民政府农业行政主管部门及其执法人员履行执法监督检查职责时，有权采取下列措施：

（一）要求被检查单位或者个人说明情况，提供有关文件、证照、资料；

（二）责令被检查单位或者个人停止违反本法的行为，履行法定义务。

农业行政执法人员在履行监督检查职责时，应当向被检查单位或者个人出示行政执法证件，遵守执法程序。有关单位或者个人应当配合农业行政执法人员依法执行职务，不得拒绝和阻碍。

第八十九条　农业行政主管部门与农业生产、经营单位必须在机构、人员、财务上彻底分离。农业行政主管部门及其工作人员不得参与和从事农业生产经营活动。

第十二章　法律责任

第九十条　违反本法规定，侵害农民和农业生产经营组织的土地承包经营权等财产权或者其他合法权益的，应当停止侵害，恢复原状；造成损失、损害的，依法承担赔偿责任。

国家工作人员利用职务便利或者以其他名义侵害农民和农业生产经营组织的合法权益的，应当赔偿损失，并由其所在单位或者上级主管机关给予行政处分。

第九十一条　违反本法第十九条、第二十五条、第六十二条、第七十一条规定的,依照相关法律或者行政法规的规定予以处罚。

第九十二条　有下列行为之一的,由上级主管机关责令限期归还被截留、挪用的资金,没收非法所得,并由上级主管机关或者所在单位给予直接负责的主管人员和其他直接责任人员行政处分;构成犯罪的,依法追究刑事责任:

(一)违反本法第三十三条第三款规定,截留、挪用粮食收购资金的;

(二)违反本法第三十九条第二款规定,截留、挪用用于农业的财政资金和信贷资金的;

(三)违反本法第八十六条第三款规定,截留、挪用扶贫资金的。

第九十三条　违反本法第六十七条规定,向农民或者农业生产经营组织违法收费、罚款、摊派的,上级主管机关应当予以制止,并予公告;已经收取钱款或者已经使用人力、物力的,由上级主管机关责令限期归还已经收取的钱款或者折价偿还已经使用的人力、物力,并由上级主管机关或者所在单位给予直接负责的主管人员和其他直接责任人员行政处分;情节严重,构成犯罪的,依法追究刑事责任。

第九十四条　有下列行为之一的,由上级主管机关责令停止违法行为,并给予直接负责的主管人员和其他直接责任人员行政处分,责令退还违法收取的集资款、税款或者费用:

(一)违反本法第六十八条规定,非法在农村进行集资、达标、升级、验收活动的;

(二)违反本法第六十九条规定,以违法方法向农民征税的;

(三)违反本法第七十条规定,通过农村中小学校向农民超额、超项目收费的。

第九十五条　违反本法第七十三条第二款规定,强迫农民以资代劳的,由乡(镇)人民政府责令改正,并退还违法收取的资金。

第九十六条　违反本法第七十四条规定,强迫农民和农业生产经营组织接受有偿服务的,由有关人民政府责令改正,并返还其违法收取的费用;情节严重的,给予直接负责的主管人员和其他直接责任人员行政处分;造成农民和农业生产经营组织损失的,依法承担赔偿责任。

第九十七条 县级以上人民政府农业行政主管部门的工作人员违反本法规定参与和从事农业生产经营活动的,依法给予行政处分;构成犯罪的,依法追究刑事责任。

第十三章 附 则

第九十八条 本法有关农民的规定,适用于国有农场、牧场、林场、渔场等企业事业单位实行承包经营的职工。

第九十九条 本法自 2003 年 3 月 1 日起施行。

中华人民共和国村民委员会组织法

(1998 年 11 月 4 日第九届全国人民代表大会常务委员会第五次会议通过。2010 年 10 月 28 日第十一届全国人民代表大会常务委员会第十七次会议修订)

目 录

第一章 总 则

第一条 为了保障农村村民实行自治,由村民依法办理自己的事情,发展农村基层民主,维护村民的合法权益,促进社会主义新农村建设,根据宪法,制定本法。

第二条 村民委员会是村民自我管理、自我教育、自我服务的基层群众性自治组织,实行民主选举、民主决策、民主管理、民主监督。

村民委员会办理本村的公共事务和公益事业,调解民间纠纷,协助维护社会治安,向人民政府反映村民的意见、要求和提出建议。

村民委员会向村民会议、村民代表会议负责并报告工作。

第三条　村民委员会根据村民居住状况、人口多少,按照便于群众自治,有利于经济发展和社会管理的原则设立。

村民委员会的设立、撤销、范围调整,由乡、民族乡、镇的人民政府提出,经村民会议讨论同意,报县级人民政府批准。

村民委员会可以根据村民居住状况、集体土地所有权关系等分设若干村民小组。

第四条　中国共产党在农村的基层组织,按照中国共产党章程进行工作,发挥领导核心作用,领导和支持村民委员会行使职权;依照宪法和法律,支持和保障村民开展自治活动、直接行使民主权利。

第五条　乡、民族乡、镇的人民政府对村民委员会的工作给予指导、支持和帮助,但是不得干预依法属于村民自治范围内的事项。

村民委员会协助乡、民族乡、镇的人民政府开展工作。

第二章　村民委员会的组成和职责

第六条　村民委员会由主任、副主任和委员共三至七人组成。

村民委员会成员中,应当有妇女成员,多民族村民居住的村应当有人数较少的民族的成员。

对村民委员会成员,根据工作情况,给予适当补贴。

第七条　村民委员会根据需要设人民调解、治安保卫、公共卫生与计划生育等委员会。村民委员会成员可以兼任下属委员会的成员。人口少的村的村民委员会可以不设下属委员会,由村民委员会成员分工负责人民调解、治安保卫、公共卫生与计划生育等工作。

第八条　村民委员会应当支持和组织村民依法发展各种形式的合作经济和其他经济,承担本村生产的服务和协调工作,促进农村生产建设和经济发展。

村民委员会依照法律规定,管理本村属于村农民集体所有的土地和其他财产,引导村民合理利用自然资源,保护和改善生态环境。

村民委员会应当尊重并支持集体经济组织依法独立进行经济活动的自主权,维护以家庭承包经营为基础、统分结合的双层经营体制,保障集体经济组织和村民、承包经营户、联户或者合伙的合法财产权和其他合法权益。

第九条 村民委员会应当宣传宪法、法律、法规和国家的政策,教育和推动村民履行法律规定的义务,爱护公共财产,维护村民的合法权益,发展文化教育,普及科技知识,促进男女平等,做好计划生育工作,促进村与村之间的团结、互助,开展多种形式的社会主义精神文明建设活动。

村民委员会应当支持服务性、公益性、互助性社会组织依法开展活动,推动农村社区建设。

多民族村民居住的村,村民委员会应当教育和引导各民族村民增进团结、互相尊重、互相帮助。

第十条 村民委员会及其成员应当遵守宪法、法律、法规和国家的政策,遵守并组织实施村民自治章程、村规民约,执行村民会议、村民代表会议的决定、决议,办事公道,廉洁奉公,热心为村民服务,接受村民监督。

第三章　村民委员会的选举

第十一条 村民委员会主任、副主任和委员,由村民直接选举产生。任何组织或者个人不得指定、委派或者撤换村民委员会成员。

村民委员会每届任期三年,届满应当及时举行换届选举。村民委员会成员可以连选连任。

第十二条 村民委员会的选举,由村民选举委员会主持。

村民选举委员会由主任和委员组成,由村民会议、村民代表会议或者各村民小组会议推选产生。

村民选举委员会成员被提名为村民委员会成员候选人,应当退出村民选举委员会。

村民选举委员会成员退出村民选举委员会或者因其他原因出缺

的,按照原推选结果依次递补,也可以另行推选。

第十三条　年满十八周岁的村民,不分民族、种族、性别、职业、家庭出身、宗教信仰、教育程度、财产状况、居住期限,都有选举权和被选举权;但是,依照法律被剥夺政治权利的人除外。

村民委员会选举前,应当对下列人员进行登记,列入参加选举的村民名单:

(一)户籍在本村并且在本村居住的村民;

(二)户籍在本村,不在本村居住,本人表示参加选举的村民;

(三)户籍不在本村,在本村居住一年以上,本人申请参加选举,并且经村民会议或者村民代表会议同意参加选举的公民。

已在户籍所在村或者居住村登记参加选举的村民,不得再参加其他地方村民委员会的选举。

第十四条　登记参加选举的村民名单应当在选举日的二十日前由村民选举委员会公布。

对登记参加选举的村民名单有异议的,应当自名单公布之日起五日内向村民选举委员会申诉,村民选举委员会应当自收到申诉之日起三日内作出处理决定,并公布处理结果。

第十五条　选举村民委员会,由登记参加选举的村民直接提名候选人。村民提名候选人,应当从全体村民利益出发,推荐奉公守法、品行良好、公道正派、热心公益、具有一定文化水平和工作能力的村民为候选人。候选人的名额应当多于应选名额。村民选举委员会应当组织候选人与村民见面,由候选人介绍履行职责的设想,回答村民提出的问题。

选举村民委员会,有登记参加选举的村民过半数投票,选举有效;候选人获得参加投票的村民过半数的选票,始得当选。当选人数不足应选名额的,不足的名额另行选举。另行选举的,第一次投票未当选的人员得票多的为候选人,候选人以得票多的当选,但是所得票数不得少于已投选票总数的三分之一。

选举实行无记名投票、公开计票的方法,选举结果应当当场公布。选举时,应当设立秘密写票处。

登记参加选举的村民,选举期间外出不能参加投票的,可以书面委托本村有选举权的近亲属代为投票。村民选举委员会应当公布委托人和受委托人的名单。

具体选举办法由省、自治区、直辖市的人民代表大会常务委员会规定。

第十六条 本村五分之一以上有选举权的村民或者三分之一以上的村民代表联名,可以提出罢免村民委员会成员的要求,并说明要求罢免的理由。被提出罢免的村民委员会成员有权提出申辩意见。

罢免村民委员会成员,须有登记参加选举的村民过半数投票,并须经投票的村民过半数通过。

第十七条 以暴力、威胁、欺骗、贿赂、伪造选票、虚报选举票数等不正当手段当选村民委员会成员的,当选无效。

对以暴力、威胁、欺骗、贿赂、伪造选票、虚报选举票数等不正当手段,妨害村民行使选举权、被选举权,破坏村民委员会选举的行为,村民有权向乡、民族乡、镇的人民代表大会和人民政府或者县级人民代表大会常务委员会和人民政府及其有关主管部门举报,由乡级或者县级人民政府负责调查并依法处理。

第十八条 村民委员会成员丧失行为能力或者被判处刑罚的,其职务自行终止。

第十九条 村民委员会成员出缺,可以由村民会议或者村民代表会议进行补选。补选程序参照本法第十五条的规定办理。补选的村民委员会成员的任期到本届村民委员会任期届满时止。

第二十条 村民委员会应当自新一届村民委员会产生之日起十日内完成工作移交。工作移交由村民选举委员会主持,由乡、民族乡、镇的人民政府监督。

第四章 村民会议和村民代表会议

第二十一条 村民会议由本村十八周岁以上的村民组成。

村民会议由村民委员会召集。有十分之一以上的村民或者三分之一以上的村民代表提议,应当召集村民会议。召集村民会议,应当提前十天通知村民。

第二十二条　召开村民会议,应当有本村十八周岁以上村民的过半数,或者本村三分之二以上的户的代表参加,村民会议所作决定应当经到会人员的过半数通过。法律对召开村民会议及作出决定另有规定的,依照其规定。

召开村民会议,根据需要可以邀请驻本村的企业、事业单位和群众组织派代表列席。

第二十三条　村民会议审议村民委员会的年度工作报告,评议村民委员会成员的工作;有权撤销或者变更村民委员会不适当的决定;有权撤销或者变更村民代表会议不适当的决定。

村民会议可以授权村民代表会议审议村民委员会的年度工作报告,评议村民委员会成员的工作,撤销或者变更村民委员会不适当的决定。

第二十四条　涉及村民利益的下列事项,经村民会议讨论决定方可办理:

(一)本村享受误工补贴的人员及补贴标准;

(二)从村集体经济所得收益的使用;

(三)本村公益事业的兴办和筹资筹劳方案及建设承包方案;

(四)土地承包经营方案;

(五)村集体经济项目的立项、承包方案;

(六)宅基地的使用方案;

(七)征地补偿费的使用、分配方案;

(八)以借贷、租赁或者其他方式处分村集体财产;

(九)村民会议认为应当由村民会议讨论决定的涉及村民利益的其他事项。

村民会议可以授权村民代表会议讨论决定前款规定的事项。

法律对讨论决定村集体经济组织财产和成员权益的事项另有规定的,依照其规定。

第二十五条　人数较多或者居住分散的村,可以设立村民代表会议,讨论决定村民会议授权的事项。村民代表会议由村民委员会成员和村民代表组成,村民代表应当占村民代表会议组成人员的五分之四以上,妇女村民代表应当占村民代表会议组成人员的三分之一以上。

村民代表由村民按每五户至十五户推选一人,或者由各村民小组推选若干人。村民代表的任期与村民委员会的任期相同。村民代表可以连选连任。

村民代表应当向其推选户或者村民小组负责,接受村民监督。

第二十六条 村民代表会议由村民委员会召集。村民代表会议每季度召开一次。有五分之一以上的村民代表提议,应当召集村民代表会议。

村民代表会议有三分之二以上的组成人员参加方可召开,所作决定应当经到会人员的过半数同意。

第二十七条 村民会议可以制定和修改村民自治章程、村规民约,并报乡、民族乡、镇的人民政府备案。

村民自治章程、村规民约以及村民会议或者村民代表会议的决定不得与宪法、法律、法规和国家的政策相抵触,不得有侵犯村民的人身权利、民主权利和合法财产权利的内容。

村民自治章程、村规民约以及村民会议或者村民代表会议的决定违反前款规定的,由乡、民族乡、镇的人民政府责令改正。

第二十八条 召开村民小组会议,应当有本村民小组十八周岁以上的村民三分之二以上,或者本村民小组三分之二以上的户的代表参加,所作决定应当经到会人员的过半数同意。

村民小组组长由村民小组会议推选。村民小组组长任期与村民委员会的任期相同,可以连选连任。

属于村民小组的集体所有的土地、企业和其他财产的经营管理以及公益事项的办理,由村民小组会议依照有关法律的规定讨论决定,所作决定及实施情况应当及时向本村民小组的村民公布。

第五章 民主管理和民主监督

第二十九条 村民委员会应当实行少数服从多数的民主决策机制和公开透明的工作原则,建立健全各种工作制度。

第三十条　村民委员会实行村务公开制度。

村民委员会应当及时公布下列事项,接受村民的监督:

(一)本法第二十三条、第二十四条规定的由村民会议、村民代表会议讨论决定的事项及其实施情况;

(二)国家计划生育政策的落实方案;

(三)政府拨付和接受社会捐赠的救灾救助、补贴补助等资金、物资的管理使用情况;

(四)村民委员会协助人民政府开展工作的情况;

(五)涉及本村村民利益,村民普遍关心的其他事项。

前款规定事项中,一般事项至少每季度公布一次;集体财务往来较多的,财务收支情况应当每月公布一次;涉及村民利益的重大事项应当随时公布。

村民委员会应当保证所公布事项的真实性,并接受村民的查询。

第三十一条　村民委员会不及时公布应当公布的事项或者公布的事项不真实的,村民有权向乡、民族乡、镇的人民政府或者县级人民政府及其有关主管部门反映,有关人民政府或者主管部门应当负责调查核实,责令依法公布;经查证确有违法行为的,有关人员应当依法承担责任。

第三十二条　村应当建立村务监督委员会或者其他形式的村务监督机构,负责村民民主理财,监督村务公开等制度的落实,其成员由村民会议或者村民代表会议在村民中推选产生,其中应有具备财会、管理知识的人员。村民委员会成员及其近亲属不得担任村务监督机构成员。村务监督机构成员向村民会议和村民代表会议负责,可以列席村民委员会会议。

第三十三条　村民委员会成员以及由村民或者村集体承担误工补贴的聘用人员,应当接受村民会议或者村民代表会议对其履行职责情况的民主评议。民主评议每年至少进行一次,由村务监督机构主持。

村民委员会成员连续两次被评议不称职的,其职务终止。

第三十四条　村民委员会和村务监督机构应当建立村务档案。村务档案包括:选举文件和选票,会议记录,土地发包方案和承包合同,经济合同、集体财务账目、集体资产登记文件、公益设施基本资料、基本建设资料、宅基地使用方案、征地补偿费使用及分配方案等。村务档案应当真实、准确、完整、规范。

第三十五条 村民委员会成员实行任期和离任经济责任审计,审计包括下列事项:

(一)本村财务收支情况;

(二)本村债权债务情况;

(三)政府拨付和接受社会捐赠的资金、物资管理使用情况;

(四)本村生产经营和建设项目的发包管理以及公益事业建设项目招标投标情况;

(五)本村资金管理使用以及本村集体资产、资源的承包、租赁、担保、出让情况,征地补偿费的使用、分配情况;

(六)本村五分之一以上的村民要求审计的其他事项。

村民委员会成员的任期和离任经济责任审计,由县级人民政府农业部门、财政部门或者乡、民族乡、镇的人民政府负责组织,审计结果应当公布,其中离任经济责任审计结果应当在下一届村民委员会选举之前公布。

第三十六条 村民委员会或者村民委员会成员作出的决定侵害村民合法权益的,受侵害的村民可以申请人民法院予以撤销,责任人依法承担法律责任。

村民委员会不依照法律、法规的规定履行法定义务的,由乡、民族乡、镇的人民政府责令改正。

乡、民族乡、镇的人民政府干预依法属于村民自治范围事项的,由上一级人民政府责令改正。

第六章 附 则

第三十七条 人民政府对村民委员会协助政府开展工作应当提供必要的条件;人民政府有关部门委托村民委员会开展工作需要经费的,由委托部门承担。

村民委员会办理本村公益事业所需的经费,由村民会议通过筹资筹劳解决；经费确有困难的，由地方人民政府给予适当支持。

第三十八条　驻在农村的机关、团体、部队、国有及国有控股企业、事业单位及其人员不参加村民委员会组织，但应当通过多种形式参与农村社区建设，并遵守有关村规民约。

村民委员会、村民会议或者村民代表会议讨论决定与前款规定的单位有关的事项，应当与其协商。

第三十九条　地方各级人民代表大会和县级以上地方各级人民代表大会常务委员会在本行政区域内保证本法的实施，保障村民依法行使自治权利。

第四十条　省、自治区、直辖市的人民代表大会常务委员会根据本法，结合本行政区域的实际情况，制定实施办法。

第四十一条　本法自公布之日起施行。

中华人民共和国土地管理法

（1986 年 6 月 25 日第六届全国人民代表大会常务委员会第十六次会议通过。根据 1988 年 12 月 29 日第七届全国人民代表大会常务委员会第五次会议《关于修改〈中华人民共和国土地管理法〉的决定》第一次修正，1998 年 8 月 29 日第九届全国人民代表大会常务委员会第四次会议修订，根据 2004 年 8 月 28 日第十届全国人民代表大会常务委员会第十一次会议《关于修改〈中华人民共和国土地管理法〉的决定》第二次修正）

目　　录

第一章　总　则

第一条　为了加强土地管理,维护土地的社会主义公有制,保护、开发土地资源,合理利用土地,切实保护耕地,促进社会经济的可持续发展,根据宪法,制定本法。

第二条　中华人民共和国实行土地的社会主义公有制,即全民所有制和劳动群众集体所有制。

全民所有,即国家所有土地的所有权由国务院代表国家行使。

任何单位和个人不得侵占、买卖或者以其他形式非法转让土地。土地使用权可以依法转让。

国家为了公共利益的需要,可以依法对土地实行征收或者征用并给予补偿。

国家依法实行国有土地有偿使用制度。但是,国家在法律规定的范围内划拨国有土地使用权的除外。

第三条　十分珍惜、合理利用土地和切实保护耕地是我国的基本国策。各级人民政府应当采取措施,全面规划,严格管理,保护、开发土地资源,制止非法占用土地的行为。

第四条　国家实行土地用途管制制度。

国家编制土地利用总体规划,规定土地用途,将土地分为农用地、建设用地和未利用地。严格限制农用地转为建设用地,控制建设用地总量,对耕地实行特殊保护。

前款所称农用地是指直接用于农业生产的土地,包括耕地、林地、草地、农田水利用地、养殖水面等;建设用地是指建造建筑物、构筑物的土地,包括城乡住宅和公共设施用地、工矿用地、交通水利设施用地、旅游用地、军事设施用地等;未利用地是指农用地和建设用地以外的土地。

使用土地的单位和个人必须严格按照土地利用总体规划确定的用途使用土地。

第五条 国务院土地行政主管部门统一负责全国土地的管理和监督工作。

县级以上地方人民政府土地行政主管部门的设置及其职责,由省、自治区、直辖市人民政府根据国务院有关规定确定。

第六条 任何单位和个人都有遵守土地管理法律、法规的义务,并有权对违反土地管理法律、法规的行为提出检举和控告。

第七条 在保护和开发土地资源、合理利用土地以及进行有关的科学研究等方面成绩显著的单位和个人,由人民政府给予奖励。

第二章 土地的所有权和使用权

第八条 城市市区的土地属于国家所有。

农村和城市郊区的土地,除由法律规定属于国家所有的以外,属于农民集体所有;宅基地和自留地、自留山,属于农民集体所有。

第九条 国有土地和农民集体所有的土地,可以依法确定给单位或者个人使用。使用土地的单位和个人,有保护、管理和合理利用土地的义务。

第十条 农民集体所有的土地依法属于村农民集体所有的,由村集体经济组织或者村民委员会经营、管理;已经分别属于村内两个以上农村集体经济组织的农民集体所有的,由村内各该农村集体经济组织或者村民小组经营、管理;已经属于乡(镇)农民集体所有的,由乡(镇)农村集体经济组织经营、管理。

第十一条 农民集体所有的土地,由县级人民政府登记造册,核发证书,确认所有权。

农民集体所有的土地依法用于非农业建设的,由县级人民政府登记造册,核发证书,确认建设用地使用权。

单位和个人依法使用的国有土地,由县级以上人民政府登记造册,核发证书,确认使用权;其中,中央国家机关使用的国有土地的具体登记发证机关,由国务院确定。

确认林地、草原的所有权或者使用权,确认水面、滩涂的养殖使用权,分别依照《中华人民共和国森林法》《中华人民共和国草原法》和《中华人民共和国渔业法》的有关规定办理。

第十二条 依法改变土地权属和用途的,应当办理土地变更登记手续。

第十三条 依法登记的土地的所有权和使用权受法律保护,任何单位和个人不得侵犯。

第十四条 农民集体所有的土地由本集体经济组织的成员承包经营,从事种植业、林业、畜牧业、渔业生产。土地承包经营期限为三十年。发包方和承包方应当订立承包合同,约定双方的权利和义务。承包经营土地的农民有保护和按照承包合同约定的用途合理利用土地的义务。农民的土地承包经营权受法律保护。

在土地承包经营期限内,对个别承包经营者之间承包的土地进行适当调整的,必须经村民会议三分之二以上成员或者三分之二以上村民代表的同意,并报乡(镇)人民政府和县级人民政府农业行政主管部门批准。

第十五条 国有土地可以由单位或者个人承包经营,从事种植业、林业、畜牧业、渔业生产。农民集体所有的土地,可以由本集体经济组织以外的单位或者个人承包经营,从事种植业、林业、畜牧业、渔业生产。发包方和承包方应当订立承包合同,约定双方的权利和义务。土地承包经营的期限由承包合同约定。承包经营土地的单位和个人,有保护和按照承包合同约定的用途合理利用土地的义务。

农民集体所有的土地由本集体经济组织以外的单位或者个人承包经营的,必须经村民会议三分之二以上成员或者三分之二以上村民代表的同意,并报乡(镇)人民政府批准。

第十六条 土地所有权和使用权争议,由当事人协商解决;协商不成的,由人民政府处理。

单位之间的争议,由县级以上人民政府处理;个人之间、个人与单位之间的争议,由乡级人民政府或者县级以上人民政府处理。

当事人对有关人民政府的处理决定不服的,可以自接到处理决定通知之日起三十日内,向人民法院起诉。

在土地所有权和使用权争议解决前,任何一方不得改变土地利用现状。

第三章　土地利用总体规划

第十七条　各级人民政府应当依据国民经济和社会发展规划、国土整治和资源环境保护的要求、土地供给能力以及各项建设对土地的需求,组织编制土地利用总体规划。

土地利用总体规划的规划期限由国务院规定。

第十八条　下级土地利用总体规划应当依据上一级土地利用总体规划编制。

地方各级人民政府编制的土地利用总体规划中的建设用地总量不得超过上一级土地利用总体规划确定的控制指标,耕地保有量不得低于上一级土地利用总体规划确定的控制指标。

省、自治区、直辖市人民政府编制的土地利用总体规划,应当确保本行政区域内耕地总量不减少。

第十九条　土地利用总体规划按照下列原则编制:

(一)严格保护基本农田,控制非农业建设占用农用地;

(二)提高土地利用率;

(三)统筹安排各类、各区域用地;

(四)保护和改善生态环境,保障土地的可持续利用;

(五)占用耕地与开发复垦耕地相平衡。

第二十条　县级土地利用总体规划应当划分土地利用区,明确土地用途。

乡(镇)土地利用总体规划应当划分土地利用区,根据土地使用条件,确定每一块土地的用途,并予以公告。

第二十一条　土地利用总体规划实行分级审批。

省、自治区、直辖市的土地利用总体规划,报国务院批准。

省、自治区人民政府所在地的市、人口在一百万以上的城市以及国务院指定的城市的土地利用总体规划,经省、自治区人民政府审查同意后,报国务院批准。

本条第二款、第三款规定以外的土地利用总体规划,逐级上报省、自治区、直辖市人民政府批准;其中,乡(镇)土地利用总体规划可以由省级人民政府授权的设区的市、自治州人民政府批准。

土地利用总体规划一经批准,必须严格执行。

第二十二条 城市建设用地规模应当符合国家规定的标准,充分利用现有建设用地,不占或者尽量少占农用地。

城市总体规划、村庄和集镇规划,应当与土地利用总体规划相衔接,城市总体规划、村庄和集镇规划中建设用地规模不得超过土地利用总体规划确定的城市和村庄、集镇建设用地规模。

在城市规划区内、村庄和集镇规划区内,城市和村庄、集镇建设用地应当符合城市规划、村庄和集镇规划。

第二十三条 江河、湖泊综合治理和开发利用规划,应当与土地利用总体规划相衔接。在江河、湖泊、水库的管理和保护范围以及蓄洪滞洪区内,土地利用应当符合江河、湖泊综合治理和开发利用规划,符合河道、湖泊行洪、蓄洪和输水的要求。

第二十四条 各级人民政府应当加强土地利用计划管理,实行建设用地总量控制。

土地利用年度计划,根据国民经济和社会发展计划、国家产业政策、土地利用总体规划以及建设用地和土地利用的实际状况编制。土地利用年度计划的编制审批程序与土地利用总体规划的编制审批程序相同,一经审批下达,必须严格执行。

第二十五条 省、自治区、直辖市人民政府应当将土地利用年度计划的执行情况列为国民经济和社会发展计划执行情况的内容,向同级人民代表大会报告。

第二十六条 经批准的土地利用总体规划的修改,须经原批准机关批准;未经批准,不得改变土地利用总体规划确定的土地用途。

经国务院批准的大型能源、交通、水利等基础设施建设用地,需要改变土地利用总体规划的,根据国务院的批准文件修改土地利用总体规划。

经省、自治区、直辖市人民政府批准的能源、交通、水利等基础设施建设用地,需要改变土地利用总体规划的,属于省级人民政府土地利用总体规划批准权限内的,根据省级人民政府的批准文件修改土地利用总体规划。

第二十七条　国家建立土地调查制度。

县级以上人民政府土地行政主管部门会同同级有关部门进行土地调查。土地所有者或者使用者应当配合调查,并提供有关资料。

第二十八条　县级以上人民政府土地行政主管部门会同同级有关部门根据土地调查成果、规划土地用途和国家制定的统一标准,评定土地等级。

第二十九条　国家建立土地统计制度。

县级以上人民政府土地行政主管部门和同级统计部门共同制定统计调查方案,依法进行土地统计,定期发布土地统计资料。土地所有者或者使用者应当提供有关资料,不得虚报、瞒报、拒报、迟报。

土地行政主管部门和统计部门共同发布的土地面积统计资料是各级人民政府编制土地利用总体规划的依据。

第三十条　国家建立全国土地管理信息系统,对土地利用状况进行动态监测。

第四章　耕地保护

第三十一条　国家保护耕地,严格控制耕地转为非耕地。

国家实行占用耕地补偿制度。非农业建设经批准占用耕地的,按照"占多少,垦多少"的原则,由占用耕地的单位负责开垦与所占用耕地的数量和质量相当的耕地;没有条件开垦或者开垦的耕地不符合要求的,应当按照省、自治区、直辖市的规定缴纳耕地开垦费,专款用于开垦新的耕地。

省、自治区、直辖市人民政府应当制定开垦耕地计划,监督占用耕地的单位按照计划开垦耕地或者按照计划组织开垦耕地,并进行验收。

第三十二条　县级以上地方人民政府可以要求占用耕地的单位将所占用耕地耕作层的土壤用于新开垦耕地、劣质地或者其他耕地的土壤改良。

第三十三条　省、自治区、直辖市人民政府应当严格执行土地利用总体规划和土地利用年度计划,采取措施,确保本行政区域内耕地总量不减少;耕地总量减少的,由国务院责令在规定期限内组织开垦与所减少耕地的数量与质量相当的耕地,并由国务院土地行政主管部门会同农业行政主管部门验收。个别省、直辖市确因土地后备资源匮乏,新增建设用地后,新开垦耕地的数量不足以补偿所占用耕地的数量的,必须报经国务院批准减免本行政区域内开垦耕地的数量,进行易地开垦。

第三十四条　国家实行基本农田保护制度。下列耕地应当根据土地利用总体规划划入基本农田保护区,严格管理:

(一)经国务院有关主管部门或者县级以上地方人民政府批准确定的粮、棉、油生产基地内的耕地;

(二)有良好的水利与水土保持设施的耕地,正在实施改造计划以及可以改造的中、低产田;

(三)蔬菜生产基地;

(四)农业科研、教学试验田;

(五)国务院规定应当划入基本农田保护区的其他耕地。

各省、自治区、直辖市划定的基本农田应当占本行政区域内耕地的百分之八十以上。

基本农田保护区以乡(镇)为单位进行划区定界,由县级人民政府土地行政主管部门会同同级农业行政主管部门组织实施。

第三十五条　各级人民政府应当采取措施,维护排灌工程设施,改良土壤,提高地力,防止土地荒漠化、盐渍化、水土流失和污染土地。

第三十六条　非农业建设必须节约使用土地,可以利用荒地的,不得占用耕地;可以利用劣地的,不得占用好地。

禁止占用耕地建窑、建坟或者擅自在耕地上建房、挖砂、采石、采矿、取土等。

禁止占用基本农田发展林果业和挖塘养鱼。

第三十七条　禁止任何单位和个人闲置、荒芜耕地。已经办理审批手续的非农业建设占用耕地,一年内不用而又可以耕种并收获的,应当由原耕种该幅耕地的集体或者个人恢复耕种,也可以由用地单位组织耕种;一年以上未动工建设的,应当按照省、自治区、直辖市的规定缴纳闲置费;连续二年未使用的,经原批准机关批准,由县级以上人民政府无偿收回用地单位的土地使用权;该幅土地原为农民集体所有的,应当交由原农村集体经济组织恢复耕种。

在城市规划区范围内,以出让方式取得土地使用权进行房地产开发的闲置土地,依照《中华人民共和国城市房地产管理法》的有关规定办理。

承包经营耕地的单位或者个人连续二年弃耕抛荒的,原发包单位应当终止承包合同,收回发包的耕地。

第三十八条　国家鼓励单位和个人按照土地利用总体规划,在保护和改善生态环境、防止水土流失和土地荒漠化的前提下,开发未利用的土地;适宜开发为农用地的,应当优先开发成农用地。

国家依法保护开发者的合法权益。

第三十九条　开垦未利用的土地,必须经过科学论证和评估,在土地利用总体规划划定的可开垦的区域内,经依法批准后进行。禁止毁坏森林、草原开垦耕地,禁止围湖造田和侵占江河滩地。

根据土地利用总体规划,对破坏生态环境开垦、围垦的土地,有计划有步骤地退耕还林、还牧、还湖。

第四十条　开发未确定使用权的国有荒山、荒地、荒滩从事种植业、林业、畜牧业、渔业生产的,经县级以上人民政府依法批准,可以确定给开发单位或者个人长期使用。

第四十一条　国家鼓励土地整理。县、乡(镇)人民政府应当组织农村集体经济组织,按照土地利用总体规划,对田、水、路、林、村综合整治,提高耕地质量,增加有效耕地面积,改善农业生产条件和生态环境。

地方各级人民政府应当采取措施,改造中、低产田,整治闲散地和废弃地。

第四十二条　因挖损、塌陷、压占等造成土地破坏,用地单位和个人应当按照国家有关规定负责复垦;没有条件复垦或者复垦不符合要求的,应当缴纳土地复垦费,专项用于土地复垦。复垦的土地应当优先用于农业。

第五章　建设用地

第四十三条　任何单位和个人进行建设,需要使用土地的,必须依法申请使用国有土地;但是,兴办乡镇企业和村民建设住宅经依法批准使用本集体经济组织农民集体所有的土地的,或者乡(镇)村公共设施和公益事业建设经依法批准使用农民集体所有的土地的除外。

前款所称依法申请使用的国有土地包括国家所有的土地和国家征收的原属于农民集体所有的土地。

第四十四条　建设占用土地,涉及农用地转为建设用地的,应当办理农用地转用审批手续。

省、自治区、直辖市人民政府批准的道路、管线工程和大型基础设施建设项目、国务院批准的建设项目占用土地,涉及农用地转为建设用地的,由国务院批准。

在土地利用总体规划确定的城市和村庄、集镇建设用地规模范围内,为实施该规划而将农用地转为建设用地的,按土地利用年度计划分批次由原批准土地利用总体规划的机关批准。在已批准的农用地转用范围内,具体建设项目用地可以由市、县人民政府批准。

本条第二款、第三款规定以外的建设项目占用土地,涉及农用地转为建设用地的,由省、自治区、直辖市人民政府批准。

第四十五条　征收下列土地的,由国务院批准:

(一)基本农田;

(二)基本农田以外的耕地超过三十五公顷的;

(三)其他土地超过七十公顷的。

征收前款规定以外的土地的,由省、自治区、直辖市人民政府批准,并报国务院备案。

征收农用地的,应当依照本法第四十四条的规定先行办理农用地转用审批。其中,经国务院批准农用地转用的,同时办理征地审批手续,不再另行办理征地审批;经省、自治区、直辖市人民政府在征地批准权限内批准农用地转用的,同时办理征地审批手续,不再另行办理征地审批,超过征地批准权限的,应当依照本条第一款的规定另行办理征地审批。

第四十六条　国家征收土地的,依照法定程序批准后,由县级以上地方人民政府予以公告并组织实施。

被征收土地的所有权人、使用权人应当在公告规定期限内,持土地权属证书到当地人民政府土地行政主管部门办理征地补偿登记。

第四十七条　征收土地的,按照被征收土地的原用途给予补偿。

征收耕地的补偿费用包括土地补偿费、安置补助费以及地上附着物和青苗的补偿费。征收耕地的土地补偿费,为该耕地被征收前三年平均年产值的六至十倍。征收耕地的安置补助费,按照需要安置的农业人口数计算。需要安置的农业人口数,按照被征收的耕地数量除以征地前被征收单位平均每人占有耕地的数量计算。每一个需要安置的农业人口的安置补助费标准,为该耕地被征收前三年平均年产值的四至六倍。但是,每公顷被征收耕地的安置补助费,最高不得超过被征收前三年平均年产值的十五倍。

征收其他土地的土地补偿费和安置补助费标准,由省、自治区、直辖市参照征收耕地的土地补偿费和安置补助费的标准规定。

被征收土地上的附着物和青苗的补偿标准,由省、自治区、直辖市规定。

征收城市郊区的菜地,用地单位应当按照国家有关规定缴纳新菜地开发建设基金。

依照本条第二款的规定支付土地补偿费和安置补助费,尚不能使需要安置的农民保持原有生活水平的,经省、自治区、直辖市人民政府批准,可以增加安置补助费。但是,土地补偿费和安置补助费的总和不得超过土地被征收前三年平均年产值的三十倍。

国务院根据社会、经济发展水平,在特殊情况下,可以提高征收耕地的土地补偿费和安置补助费的标准。

第四十八条 征地补偿安置方案确定后,有关地方人民政府应当公告,并听取被征地的农村集体经济组织和农民的意见。

第四十九条 被征地的农村集体经济组织应当将征收土地的补偿费用的收支状况向本集体经济组织的成员公布,接受监督。

禁止侵占、挪用被征收土地单位的征地补偿费用和其他有关费用。

第五十条 地方各级人民政府应当支持被征地的农村集体经济组织和农民从事开发经营,兴办企业。

第五十一条 大中型水利、水电工程建设征收土地的补偿费标准和移民安置办法,由国务院另行规定。

第五十二条 建设项目可行性研究论证时,土地行政主管部门可以根据土地利用总体规划、土地利用年度计划和建设用地标准,对建设用地有关事项进行审查,并提出意见。

第五十三条 经批准的建设项目需要使用国有建设用地的,建设单位应当持法律、行政法规规定的有关文件,向有批准权的县级以上人民政府土地行政主管部门提出建设用地申请,经土地行政主管部门审查,报本级人民政府批准。

第五十四条 建设单位使用国有土地,应当以出让等有偿使用方式取得;但是,下列建设用地,经县级以上人民政府依法批准,可以以划拨方式取得:

(一)国家机关用地和军事用地;

(二)城市基础设施用地和公益事业用地;

(三)国家重点扶持的能源、交通、水利等基础设施用地;

(四)法律、行政法规规定的其他用地。

第五十五条 以出让等有偿使用方式取得国有土地使用权的建设单位,按照国务院规定的标准和办法,缴纳土地使用权出让金等土地有偿使用费和其他费用后,方可使用土地。

自本法施行之日起,新增建设用地的土地有偿使用费,百分之三十上缴中央财政,百分之七十留给有关地方人民政府,都专项用于耕地开发。

第五十六条 建设单位使用国有土地的,应当按照土地使用权出让等有偿使用合同的约定或者土地使用权划拨批准文件的规定使用土地;确需改变该幅土地建设用途的,应当经有关人民政府土地行政主管部门同意,报原批准用地的人民政府批准。其中,在城市规划区内改变土地用途的,在报批前,应当先经有关城市规划行政主管部门同意。

第五十七条　建设项目施工和地质勘查需要临时使用国有土地或者农民集体所有的土地的,由县级以上人民政府土地行政主管部门批准。其中,在城市规划区内的临时用地,在报批前,应当先经有关城市规划行政主管部门同意。土地使用者应当根据土地权属,与有关土地行政主管部门或者农村集体经济组织、村民委员会签订临时使用土地合同,并按照合同的约定支付临时使用土地补偿费。

临时使用土地的使用者应当按照临时使用土地合同约定的用途使用土地,并不得修建永久性建筑物。

临时使用土地期限一般不超过二年。

第五十八条　有下列情形之一的,由有关人民政府土地行政主管部门报经原批准用地的人民政府或者有批准权的人民政府批准,可以收回国有土地使用权:

(一)为公共利益需要使用土地的;

(二)为实施城市规划进行旧城区改建,需要调整使用土地的;

(三)土地出让等有偿使用合同约定的使用期限届满,土地使用者未申请续期或者申请续期未获批准的;

(四)因单位撤销、迁移等原因,停止使用原划拨的国有土地的;

(五)公路、铁路、机场、矿场等经核准报废的。

依照前款第(一)项、第(二)项的规定收回国有土地使用权的,对土地使用权人应当给予适当补偿。

第五十九条　乡镇企业、乡(镇)村公共设施、公益事业、农村村民住宅等乡(镇)村建设,应当按照村庄和集镇规划,合理布局,综合开发,配套建设;建设用地,应当符合乡(镇)土地利用总体规划和土地利用年度计划,并依照本法第四十四条、第六十条、第六十一条、第六十二条的规定办理审批手续。

第六十条　农村集体经济组织使用乡(镇)土地利用总体规划确定

的建设用地兴办企业或者与其他单位、个人以土地使用权入股、联营等形式共同举办企业的,应当持有关批准文件,向县级以上地方人民政府土地行政主管部门提出申请,按照省、自治区、直辖市规定的批准权限,由县级以上地方人民政府批准;其中,涉及占用农用地的,依照本法第四十四条的规定办理审批手续。

按照前款规定兴办企业的建设用地,必须严格控制。省、自治区、直辖市可以按照乡镇企业的不同行业和经营规模,分别规定用地标准。

第六十一条 乡(镇)村公共设施、公益事业建设,需要使用土地的,经乡(镇)人民政府审核,向县级以上地方人民政府土地行政主管部门提出申请,按照省、自治区、直辖市规定的批准权限,由县级以上地方人民政府批准;其中,涉及占用农用地的,依照本法第四十四条的规定办理审批手续。

第六十二条 农村村民一户只能拥有一处宅基地,其宅基地的面积不得超过省、自治区、直辖市规定的标准。

农村村民建住宅,应当符合乡(镇)土地利用总体规划,并尽量使用原有的宅基地和村内空闲地。

农村村民住宅用地,经乡(镇)人民政府审核,由县级人民政府批准;其中,涉及占用农用地的,依照本法第四十四条的规定办理审批手续。

农村村民出卖、出租住房后,再申请宅基地的,不予批准。

第六十三条 农民集体所有的土地的使用权不得出让、转让或者出租用于非农业建设;但是,符合土地利用总体规划并依法取得建设用地的企业,因破产、兼并等情形致使土地使用权依法发生转移的除外。

第六十四条 在土地利用总体规划制定前已建的不符合土地利用总体规划确定的用途的建筑物、构筑物,不得重建、扩建。

第六十五条 有下列情形之一的,农村集体经济组织报经原批准用地的人民政府批准,可以收回土地使用权:

(一)为乡(镇)村公共设施和公益事业建设,需要使用土地的;

(二)不按照批准的用途使用土地的;

(三)因撤销、迁移等原因而停止使用土地的。

依照前款第(一)项规定收回农民集体所有的土地的,对土地使用权人应当给予适当补偿。

第六章　监督检查

第六十六条　县级以上人民政府土地行政主管部门对违反土地管理法律、法规的行为进行监督检查。

土地管理监督检查人员应当熟悉土地管理法律、法规,忠于职守、秉公执法。

第六十七条　县级以上人民政府土地行政主管部门履行监督检查职责时,有权采取下列措施:

(一)要求被检查的单位或者个人提供有关土地权利的文件和资料,进行查阅或者予以复制;

(二)要求被检查的单位或者个人就有关土地权利的问题作出说明;

(三)进入被检查单位或者个人非法占用的土地现场进行勘测;

(四)责令非法占用土地的单位或者个人停止违反土地管理法律、法规的行为。

第六十八条　土地管理监督检查人员履行职责,需要进入现场进行勘测、要求有关单位或者个人提供文件、资料和作出说明的,应当出示土地管理监督检查证件。

第六十九条　有关单位和个人对县级以上人民政府土地行政主管部门就土地违法行为进行的监督检查应当支持与配合,并提供工作方便,不得拒绝与阻碍土地管理监督检查人员依法执行职务。

第七十条　县级以上人民政府土地行政主管部门在监督检查工作中发现国家工作人员的违法行为,依法应当给予行政处分的,应当依法予以处理;自己无权处理的,应当向同级或者上级人民政府的行政监察机关提出行政处分建议书,有关行政监察机关应当依法予以处理。

第七十一条　县级以上人民政府土地行政主管部门在监督检查工作中发现土地违法行为构成犯罪的,应当将案件移送有关机关,依法追究刑事责任;尚不构成犯罪的,应当依法给予行政处罚。

第七十二条　依照本法规定应当给予行政处罚,而有关土地行政主管部门不给予行政处罚的,上级人民政府土地行政主管部门有权责令有关土地行政主管部门作出行政处罚决定或者直接给予行政处罚,并给予有关土地行政主管部门的负责人行政处分。

第七章　法律责任

第七十三条　买卖或者以其他形式非法转让土地的,由县级以上人民政府土地行政主管部门没收违法所得;对违反土地利用总体规划擅自将农用地改为建设用地的,限期拆除在非法转让的土地上新建的建筑物和其他设施,恢复土地原状,对符合土地利用总体规划的,没收在非法转让的土地上新建的建筑物和其他设施;可以并处罚款;对直接负责的主管人员和其他直接责任人员,依法给予行政处分;构成犯罪的,依法追究刑事责任。

第七十四条　违反本法规定,占用耕地建窑、建坟或者擅自在耕地上建房、挖砂、采石、采矿、取土等,破坏种植条件的,或者因开发土地造成土地荒漠化、盐渍化的,由县级以上人民政府土地行政主管部门责令限期改正或者治理,可以并处罚款;构成犯罪的,依法追究刑事责任。

第七十五条　违反本法规定,拒不履行土地复垦义务的,由县级以上人民政府土地行政主管部门责令限期改正;逾期不改正的,责令缴纳复垦费,专项用于土地复垦,可以处罚款。

第七十六条　未经批准或者采取欺骗手段骗取批准,非法占用土地的,由县级以上人民政府土地行政主管部门责令退还非法占用的土地,对违反土地利用总体规划擅自将农用地改为建设用地的,限期拆除在非法占用的土地上新建的建筑物和其他设施,恢复土地原状,对符合土地利用总体规划的,没收在非法占用的土地上新建的建筑物和其他设施,可以并处罚款;对非法占用土地单位的直接负责的主管人员和其他直接责任人员,依法给予行政处分;构成犯罪的,依法追究刑事责任。

超过批准的数量占用土地,多占的土地以非法占用土地论处。

第七十七条　农村村民未经批准或者采取欺骗手段骗取批准,非法占用土地建住宅的,由县级以上人民政府土地行政主管部门责令退还非法占用的土地,限期拆除在非法占用的土地上新建的房屋。

超过省、自治区、直辖市规定的标准,多占的土地以非法占用土地论处。

第七十八条 无权批准征收、使用土地的单位或者个人非法批准占用土地的,超越批准权限非法批准占用土地的,不按照土地利用总体规划确定的用途批准用地的,或者违反法律规定的程序批准占用、征收土地的,其批准文件无效,对非法批准征收、使用土地的直接负责的主管人员和其他直接责任人员,依法给予行政处分;构成犯罪的,依法追究刑事责任。非法批准、使用的土地应当收回,有关当事人拒不归还的,以非法占用土地论处。

非法批准征收、使用土地,对当事人造成损失的,依法应当承担赔偿责任。

第七十九条 侵占、挪用被征收土地单位的征地补偿费用和其他有关费用,构成犯罪的,依法追究刑事责任;尚不构成犯罪的,依法给予行政处分。

第八十条 依法收回国有土地使用权当事人拒不交出土地的,临时使用土地期满拒不归还的,或者不按照批准的用途使用国有土地的,由县级以上人民政府土地行政主管部门责令交还土地,处以罚款。

第八十一条 擅自将农民集体所有的土地的使用权出让、转让或者出租用于非农业建设的,由县级以上人民政府土地行政主管部门责令限期改正,没收违法所得,并处罚款。

第八十二条 不依照本法规定办理土地变更登记的,由县级以上人民政府土地行政主管部门责令其限期办理。

第八十三条 依照本法规定,责令限期拆除在非法占用的土地上新建的建筑物和其他设施的,建设单位或者个人必须立即停止施工,自行拆除;对继续施工的,作出处罚决定的机关有权制止。建设单位或者个人对责令限期拆除的行政处罚决定不服的,可以在接到责令限期拆除决定之日起十五日内,向人民法院起诉;期满不起诉又不自行拆除的,由作出处罚决定的机关依法申请人民法院强制执行,费用由违法者承担。

第八十四条 土地行政主管部门的工作人员玩忽职守、滥用职权、徇私舞弊，构成犯罪的，依法追究刑事责任；尚不构成犯罪的，依法给予行政处分。

第八章 附 则

第八十五条 中外合资经营企业、中外合作经营企业、外资企业使用土地的，适用本法；法律另有规定的，从其规定。

第八十六条 本法自1999年1月1日起施行。

基本农田保护条例

(1998年12月27日国务院令第257号发布)

目 录

第一章 总 则

第一条 为了对基本农田实行特殊保护，促进农业生产和社会经济的可持续发展，根据《中华人民共和国农业法》和《中华人民共和国土地管理法》，制定本条例。

第二条 国家实行基本农田保护制度。

本条例所称基本农田，是指按照一定时期人口和社会经济发展对农产品的需求，依据土地利用总体规划确定的不得占用的耕地。

本条例所称基本农田保护区,是指为对基本农田实行特殊保护而依据土地利用总体规划和依照法定程序确定的特定保护区域。

第三条　基本农田保护实行全面规划、合理利用、用养结合、严格保护的方针。

第四条　县级以上地方各级人民政府应当将基本农田保护工作纳入国民经济和社会发展计划,作为政府领导任期目标责任制的一项内容,并由上一级人民政府监督实施。

第五条　任何单位和个人都有保护基本农田的义务,并有权检举、控告侵占、破坏基本农田和其他违反本条例的行为。

第六条　国务院土地行政主管部门和农业行政主管部门按照国务院规定的职责分工,依照本条例负责全国的基本农田保护管理工作。

县级以上地方各级人民政府土地行政主管部门和农业行政主管部门按照本级人民政府规定的职责分工,依照本条例负责本行政区域内的基本农田保护管理工作。

乡(镇)人民政府负责本行政区域内的基本农田保护管理工作。

第七条　国家对在基本农田保护工作中取得显著成绩的单位和个人,给予奖励。

第二章　划　定

第八条　各级人民政府在编制土地利用总体规划时,应当将基本农田保护作为规划的一项内容,明确基本农田保护的布局安排、数量指标和质量要求。

县级和乡(镇)土地利用总体规划应当确定基本农田保护区。

第九条　省、自治区、直辖市划定的基本农田应当占本行政区域内耕地总面积的百分之八十以上,具体数量指标根据全国土地利用总体规划逐级分解下达。

第十条　下列耕地应当划入基本农田保护区,严格管理:

(一)经国务院有关主管部门或者县级以上地方人民政府批准确定的粮、棉、油生产基地内的耕地;

(二)有良好的水利与水土保持设施的耕地,正在实施改造计划以

及可以改造的中、低产田;

(三)蔬菜生产基地;

(四)农业科研、教学试验田。

根据土地利用总体规划,铁路、公路等交通沿线,城市和村庄、集镇建设用地区周边的耕地,应当优先划入基本农田保护区;需要退耕还林、还牧、还湖的耕地,不应当划入基本农田保护区。

第十一条 基本农田保护区以乡(镇)为单位划区定界,由县级人民政府土地行政主管部门会同同级农业行政主管部门组织实施。

划定的基本农田保护区,由县级人民政府设立保护标志,予以公告,由县级人民政府土地行政主管部门建立档案,并抄送同级农业行政主管部门。任何单位和个人不得破坏或者擅自改变基本农田保护区的保护标志。

基本农田划区定界后,由省、自治区、直辖市人民政府组织土地行政主管部门和农业行政主管部门验收确认,或者由省、自治区人民政府授权设区的市、自治州人民政府组织土地行政主管部门和农业行政主管部门验收确认。

第十二条 划定基本农田保护区时,不得改变土地承包者的承包经营权。

第十三条 划定基本农田保护区的技术规程,由国务院土地行政主管部门会同国务院农业行政主管部门制定。

第三章 保 护

第十四条 地方各级人民政府应当采取措施,确保土地利用总体规划确定的本行政区域内基本农田的数量不减少。

第十五条 基本农田保护区经依法划定后,任何单位和个人不得改变或者占用。国家能源、交通、水利、军事设施等重点建设项目选址确实无法避开基本农田保护区,需要占用基本农田,涉及农用地转用或者征用土地的,必须经国务院批准。

第十六条 经国务院批准占用基本农田的,当地人民政府应当按照国务院的批准文件修改土地利用总体规划,并补充划入数量和质量

422

相当的基本农田。占用单位应当按照占多少、垦多少的原则,负责开垦与所占基本农田的数量与质量相当的耕地;没有条件开垦或者开垦的耕地不符合要求的,应当按照省、自治区、直辖市的规定缴纳耕地开垦费,专款用于开垦新的耕地。

占用基本农田的单位应当按照县级以上地方人民政府的要求,将所占用基本农田耕作层的土壤用于新开垦耕地、劣质地或者其他耕地的土壤改良。

第十七条　禁止任何单位和个人在基本农田保护区内建窑、建房、建坟、挖砂、采石、采矿、取土、堆放固体废弃物或者进行其他破坏基本农田的活动。

禁止任何单位和个人占用基本农田发展林果业和挖塘养鱼。

第十八条　禁止任何单位和个人闲置、荒芜基本农田。经国务院批准的重点建设项目占用基本农田的,满 1 年不使用而又可以耕种并收获的,应当由原耕种该幅基本农田的集体或者个人恢复耕种,也可以由用地单位组织耕种;1 年以上未动工建设的,应当按照省、自治区、直辖市的规定缴纳闲置费;连续 2 年未使用的,经国务院批准,由县级以上人民政府无偿收回用地单位的土地使用权;该幅土地原为农民集体所有的,应当交由原农村集体经济组织恢复耕种,重新划入基本农田保护区。

承包经营基本农田的单位或者个人连续 2 年弃耕抛荒的,原发包单位应当终止承包合同,收回发包的基本农田。

第十九条　国家提倡和鼓励农业生产者对其经营的基本农田施用有机肥料,合理施用化肥和农药。利用基本农田从事农业生产的单位和个人应当保持和培肥地力。

第二十条　县级人民政府应当根据当地实际情况制定基本农田地力分等定级办法,由农业行政主管部门会同土地行政主管部门组织实施,对基本农田地力分等定级,并建立档案。

第二十一条　农村集体经济组织或者村民委员会应当定期评定基本农田地力等级。

第二十二条　县级以上地方各级人民政府农业行政主管部门应当

逐步建立基本农田地力与施肥效益长期定位监测网点,定期向本级人民政府提出基本农田地力变化状况报告以及相应的地力保护措施,并为农业生产者提供施肥指导服务。

第二十三条 县级以上人民政府农业行政主管部门应当会同同级环境保护行政主管部门对基本农田环境污染进行监测和评价,并定期向本级人民政府提出环境质量与发展趋势的报告。

第二十四条 经国务院批准占用基本农田兴建国家重点建设项目的,必须遵守国家有关建设项目环境保护管理的规定。在建设项目环境影响报告书中,应当有基本农田环境保护方案。

第二十五条 向基本农田保护区提供肥料和作为肥料的城市垃圾、污泥的,应当符合国家有关标准。

第二十六条 因发生事故或者其他突然性事件,造成或者可能造成基本农田环境污染事故的,当事人必须立即采取措施处理,并向当地环境保护行政主管部门和农业行政主管部门报告,接受调查处理。

第四章 监督管理

第二十七条 在建立基本农田保护区的地方,县级以上地方人民政府应当与下一级人民政府签订基本农田保护责任书;乡(镇)人民政府应当根据与县级人民政府签订的基本农田保护责任书的要求,与农村集体经济组织或者村民委员会签订基本农田保护责任书。

基本农田保护责任书应当包括下列内容:

(一)基本农田的范围、面积、地块;

(二)基本农田的地力等级;

(三)保护措施;

(四)当事人的权利与义务;

(五)奖励与处罚。

第二十八条 县级以上地方人民政府应当建立基本农田保护监督检查制度,定期组织土地行政主管部门、农业行政主管部门以及其他有关部门对基本农田保护情况进行检查,将检查情况书面报告上一级人民政府。被检查的单位和个人应当如实提供有关情况和资料,不得拒绝。

第二十九条　县级以上地方人民政府土地行政主管部门、农业行政主管部门对本行政区域内发生的破坏基本农田的行为,有权责令纠正。

第五章　法律责任

第三十条　违反本条例规定,有下列行为之一的,依照《中华人民共和国土地管理法》和《中华人民共和国土地管理法实施条例》的有关规定,从重给予处罚:

(一)未经批准或者采取欺骗手段骗取批准,非法占用基本农田的;

(二)超过批准数量,非法占用基本农田的;

(三)非法批准占用基本农田的;

(四)买卖或者以其他形式非法转让基本农田的。

第三十一条　违反本条例规定,应当将耕地划入基本农田保护区而不划入的,由上一级人民政府责令限期改正;拒不改正的,对直接负责的主管人员和其他直接责任人员依法给予行政处分或者纪律处分。

第三十二条　违反本条例规定,破坏或者擅自改变基本农田保护区标志的,由县级以上地方人民政府土地行政主管部门或者农业主管部门责令恢复原状,可以处1 000元以下罚款。

第三十三条　违反本条例规定,占用基本农田建窑、建房、建坟、挖砂、采石、采矿、取土、堆放固体废弃物或者从事其他活动破坏基本农田,毁坏种植条件的,由县级以上人民政府土地行政主管部门责令改正或者治理,恢复原种植条件,处占用基本农田的耕地开垦费1倍以上2倍以下的罚款;构成犯罪的,依法追究刑事责任。

第三十四条　侵占、挪用基本农田的耕地开垦费,构成犯罪的,依法追究刑事责任;尚不构成犯罪的,依法给予行政处分或者纪律处分。

第六章　附　则

第三十五条　省、自治区、直辖市人民政府可以根据当地实际情况,将其他农业生产用地划为保护区。保护区内的其他农业生产用地的保护和管理,可以参照本条例执行。

　　第三十六条　本条例自 1999 年 1 月 1 日起施行。1994 年 8 月 18 日国务院发布的《基本农田保护条例》同时废止。

参考文献

[1] 王明,宋才发.村民自治[M].北京:人民法院出版社,2005.

[2] 郭捷.乡镇企业法律知识[M].北京:中国法制出版社,2001.

[3] 漆浩.民营企业权益保护手册[M].北京:蓝天出版社,2003.

[4] 漆浩.打工族权益保护手册[M].北京:蓝天出版社,2003.

[5] 黄文武,杨帆,王方玉.平民百姓讨公道[M].北京:民主与建设出版社,2005.

[6]《农民权益保护法律政策读本》编委会.农村税收[M].北京:中国林业出版社,2004.

[7] 中共中央国务院关于推进社会主义新农村建设的若干意见[M].北京:人民出版社,2006.

[8] 祝铭山.土地行政诉讼[M].北京:中国法制出版社,2004.

[9] 陈民,等.农民工维权百问[M].北京:中国工人出版社,2003.

[10] 窦瀚修.农村常用法律300问[M].北京:中国农业出版社,2002.

[11] 卢小传.农村征地、安置、补偿[M].北京:中国法制出版社,2006.

[12] 余世平,刘新.劳动法实务与案例评析[M].北京:中国工

商出版社,2004.

　　[13] 王玉芬. 农民负担问题政策法律解答[M]. 郑州:河南人民出版社,2005.

　　[14] 王明,宋才发. 耕地宅基地[M]. 北京:人民法院出版社,2005.

　　[15] 胡明生. 基层党组织建设[M]. 北京:中国法制出版社,2006.

　　[16] 张浩主. 新编怎样到法院打官司1000问[M]. 北京:蓝天出版社,2005.

　　[17] 耿显连,彭开华. 农业行政执法指南[M]. 北京:中国农业出版社,2004.

　　[18] 佘国满,等. 农民法律顾问[M]. 长沙:湖南人民出版社,2005.

　　[19] 王明,宋才发. 计划生育[M]. 北京:人民法院出版社,2005.

　　[20] 樊志杰. 帮农民朋友打官司[M]. 山西:山西经济出版社,2000.

　　[21] 王明,宋才发. 进城打工[M]. 北京:人民法院出版社,2005.

　　[22] 田永源,刘晓霞. 最新农民实用法律知识[M]. 北京:中国农业出版社,2005.

　　[23] 白光. 农民权益保护手册[M]. 北京:蓝天出版社,2003.

　　[24] 焦占营,张明新. 经济权利的法律保护[M]. 南京:南京大学出版社,2001.

　　[25] 编写组. 农业、林业、渔业、矿产资源行政许可实务[M]. 北京:中国民主法制出版社,2005.

　　[26] 全国人大常委会办公厅,全国人大常委会法制工作委员会组织编写. 环境保护法律问答[M]. 北京:中国民主法制出版社,2001.

[27] 黎国智,张玉敏. 新合同法基本知识[M]. 北京:中国检察出版社,1999.

[28] 李纶. 农民常见法律问题解答[M]. 北京:中国法制出版社,2004.

[29] 王坤. 农民维权 300 问[M]. 杭州:浙江人民出版社,2005.

[30] 中国法制出版社. 信访条例问答[M]. 北京:中国法制出版社,2005.

[31] 刘仲元. 公证知识 200 问[M]. 长沙:湖南人民出版社,2003.

[32] 王明,宋才发. 村民自治[M]. 北京:人民法院出版社,2005.

[33] 李大伟. 土地转让和房屋买卖[M]. 北京:中国法制出版社,2006.

[34] 唐贵忠,冉云霞. 计划生育管理[M]. 重庆:重庆大学出版社,2006.

[35] 陆学艺,向洪. 农民权益[M]. 重庆:重庆大学出版社,2006.

[36] 武汉大学社会弱者权利保护中心. 农民如何维护自己的权益[M]. 北京:人民法院出版社,2004.

[37] 刘凝,代莉莉. 农民法律知识手册[M]. 北京:法律出版社,2006.

[38] 谢良敏,毕颖. 农民工权益维护手册[M]. 北京:中国工人出版社,2006.

[39] 齐香真. 农民工劳动权益保护问题政策法律解答[M]. 郑州:河南人民出版社,2005.

[40] 杨来运,等. 农村土地问题政策法律解答[M]. 郑州:河南人民出版社,2005.

[41] 闫信良. 农资产品质量[M]. 北京:中国法制出版

社,2006.

[42] 朱民强．环境污染与保护[M]．北京：中国法制出版社,2006.

[43] 刘晓,曹绪红．农村经营活动常见法律问题100例[M]．北京：中国人民大学出版社,2011.

[44] 王海民．新农村土地与房屋法律知识读本[M]．北京：中国劳动社会保障出版社,2013.

[45] 中国法制出版社．法律适用全书[M]．北京：中国法制出版社,2014.

[46] 高峰,崔本强,陈璐．中国农村居民最低生活保障法律制度研究[M]．北京：中国农业出版社,2014.

[47] 胡志斌．农村实用农业经济法解读[M]．合肥：安徽大学出版社,2014.

[48] 祝之舟．农村集体土地统一经营法律制度研究[M]．北京：中国政法大学出版社,2014.